Hellmut G. Haasis

Joseph Süß Oppenheimer,
genannt **Jud Süß**

Finanzier, Freidenker, Justizopfer

Rowohlt

1. Auflage Januar 1998
Copyright © 1998 by Rowohlt Verlag GmbH,
Reinbek bei Hamburg
Alle Rechte vorbehalten
Lektorat Wolfgang Müller
Umschlaggestaltung Nina Rothfos
Abbildung: Wahre Abbildung ... Iuden Ioseph Süss
Oppenheimers. Kupferstich, 1738. Moldovan
Family Collection, New York
Gesetzt aus der Palatino (Linotronic 500)
Gesamtherstellung Clausen & Bosse, Leck
Printed in Germany
ISBN 3 498 02917 7

Inhalt

Ursprünge im Nebel?

Diese Biographie will, so gut es geht, auf sicherem Boden gründen, sie verzichtet deshalb auf Spekulationen, Legenden, Sagen und Gerüchte, die im Laufe von 250 Jahren den historischen Joseph Süß Oppenheimer verhüllt haben. Die Quellen zu seinem Leben liegen in Archiven, noch unveröffentlicht. Von zentraler Bedeutung sind die Stuttgarter Prozeßakten, die für diese Biographie erstmals vollständig ausgewertet wurden; wichtig auch die bisher nicht beachteten Kurpfälzer Akten in Karlsruhe, der Nachlaß in Frankfurt und die Münzakten in Darmstadt.

Die frühe Zeit von Joseph Süß ist unterschiedlich dicht dokumentiert; seine Mannheimer Jahre gut nur für die Vorgänge um das Stempelpapier, die Privatakten sind dürftig. Welchen unterschiedlichen Geschäften Süß seinen Aufstieg verdankte, läßt sich nicht mehr feststellen. Kassenbücher tauchen erst in Stuttgart auf, Bilanzen erstellte er sein Leben lang nicht. So konzentriert sich diese Biographie auf Zeitabschnitte, Tätigkeiten und Orte, zu denen sichere und ausreichende Quellen vorliegen. Diese unterschiedlich ergiebige Überlieferung stellt freilich keinen Einzelfall dar. Seine prominente Rolle in Stuttgart und die Verstrickung in den Hochverratsprozeß hatten jedoch einen seltenen amtlichen Sammeleifer zur Folge. Über weit reichere Hoffaktoren und Geschäftsleute des 18. Jahrhunderts existieren nicht annähernd so viele Quellen wie über Joseph Süß.

Das Leben des Heidelberger Finanziers wird hier nicht aus der Perspektive der sowieso klügeren Nachgeborenen beschrieben. Verzichtet wird auf Schubladen einer theoriefixierten Geschichtsdarstellung und erst recht auf eine eher verschleiernde als erklärende abstrakte Fachsprache, der die historische Gestalt als abgemagertes Beweisstück für ein vorgefertigtes Muster dient. In voller Lebenskraft soll Joseph Süß erscheinen, mit aller Widersprüchlichkeit, sein Privatleben nicht länger einer neidverzerrten Phantasie überlassen oder einfach gestrichen werden. Die Einsichten in seine Biographie werden aus den Quellen erzählt, fallen nicht einfach vom Himmel. Aus diesem Grund finden sich häufig Auszüge aus Schriftstücken. So wird die Möglichkeit eröffnet, sich selbständig in die Lebenslinien einzulesen und ein eigenes Urteil zu gewinnen.

Die Verzerrungen der Gestalt des Joseph Süß gehen in ihrem ältesten Kern auf gezielte Irreführungen seiner württembergischen Zeitgenossen zurück; die späteren Generationen schlossen sich gerne an. Die meisten Nachschlagewerke und die historische Literatur lassen Joseph Süß Oppenheimer 1692 im Heidelberger Getto auf die Welt kommen. Manche Autoren dichteten Süß eine uneheliche Abstammung von dem Heidelberger Kommandanten Heddersdorf an und überzogen Süß' Mutter mit hämischem Verdacht. Die liebgewonnene Unkenntnis erhob Rolf Schneider in seinem Essayband «Süß und Dreyfus» zum Dogma: «die etwas unklare Quellenlage» habe Süß zu einer Demonstrationsfigur werden lassen, für Philosemiten wie für Antisemiten. «Heute, da sich die Wissenschaft problemlos mit dem Gegenstand befassen könnte, besteht offenbar kaum noch das Bedürfnis dazu.» Problemlos? So einfach ist der Zugang zu Süß nicht. Für Schneider wenigstens wurde die Masse der Akten zum unlösbaren Problem. Kaum noch ein Bedürfnis nach einer wahren Darstellung? Was soll die selbstzufriedene Einwilligung in die Unwissenheit? Eher peinlich, nicht aufklärend.

Ein weiterer Teil der Verzerrungen geht zu Lasten der bösartigen Stimmung in Heidelberg, wo Juden den Bürgern ein Dorn im Auge waren. Joseph Süß kam in einer zerstörten Stadt auf die Welt. Nach dem Verwüstungsfeldzug der Franzosen (1688–93) lag die kurpfälzische Residenz als Trümmerhaufen da, eine Schloßruine überragte die Stadt. Die meisten Heidelberger lebten als Flüchtlinge auswärts. Den zurückkehrenden, aufbauwilligen Juden schlugen vom ersten Tag an Neid, Haß und Gewalt des christlichen Wirtschaftsbürgertums entgegen. Rechtsbrüche des Stadtrats gegen die Juden waren an der Tagesordnung. Im Vergleich zur traditionellen kurpfälzischen Judentoleranz nahm Heidelberg einen traurigen Sonderstatus ein. Über allem wachte als letzte Zuflucht ein Kurfürst, der «seinen» Juden häufig beistand. Süß' Hoffnungen konzentrierten sich deshalb zwangsläufig auf den Hof, der bis 1722 in Heidelberg residierte. Die frühe Annäherung an die fürstliche Gesellschaft erleichterte es ihm, in die neue Residenz Mannheim zu übersiedeln.

Heidelbergs jüdische Gemeinde, bei seiner Geburt kein Dutzend Familien stark, blieb eine kleine Welt, konzentriert auf wenige Straßen. Hier dominierten Patriarchen, besonders die aus Worms stammenden Oppenheimers, zu deren Anhängern Josephs Vater gehört haben dürfte. Die Einengung infolge des Kriegs erforderte eine starke Solidarität der jüdischen Familien, als sie nach der Einäscherung Mannheims 1688 zusammenrückten und zahlreiche jüdische Flüchtlingsfamilien aufnahmen. Beim Synagogenneubau führte die Enge zum Bruch. Der Kurfürst beseitigte die Spaltung der Gemeinde durch das Verbot einer separatistischen Privatsynagoge. Seinen Lebensweg entwarf Joseph Süß jenseits der jüdischen Gemeinde als Freidenker, auf niemanden gestützt, aber sein Leben lang fühlte er sich als

Heidelberger. Mit zwei Häusern setzte er sich in seiner Geburts-
stadt fest.

Die Angaben, die Joseph Süß im Hochverratsprozeß zu seiner
Familie und Herkunft machte, wurden nie ernst genommen, die
Stuttgarter Akten las niemand richtig. Dreimal äußerte sich der
Häftling zu seinem Alter. Das erste Mal, als er am 28. März 1737
auf dem Hohenneuffen verhört wurde. Auf die allererste Frage,
wie er heiße, antwortete er: «Joseph Süß, Oppenheimer, von
Heidelberg.» Die beiden Kommata haben Gewicht und verdanken sich vielleicht einer Anweisung des Häftlings. Süß wußte,
anders als die Christen, daß «Oppenheimer» keinen Familien-
namen darstellte, sondern die in der Erinnerung haftengeblie-
bene Herkunft der Familie meinte. Nach der Übersiedlung an
einen anderen Ort konnte ein Jude seinen letzten Wohnort als
neuen Namenszusatz wählen. Der kaiserliche Hoffaktor Samuel
Oppenheimer, ein Heidelberger, nannte sich in Wien gerne
Samuel Heidelberg, geboren war er jedoch in Worms. Süß' 1738
aus Stuttgart geflohener Kassier Isaac Samuel Levi lebte später
in Berlin als Isaac Heidelberg. Ein mit Süß in Stuttgart geschäftlich verbundener Händler hieß Elias Hayum, auch Elias Bing
genannt. Sein Großvater Joseph Elias war Rabbiner in Bingen
gewesen. Erst 1746 wurde Elias Hayum aus Stuttgart ausgewiesen, später gehörte er in Mannheim zu den Häuptern der Orthodoxie. Nun nannte er sich Elias Stuttgart, die Synagoge seiner
Talmudschule hieß die «Stuttgarter Schul».

Die zweite Frage in den Verhören auf dem Hohenneuffen galt
dem Alter. Süß antwortete knapp, desinteressiert: «Zwischen
38 und 39 Jahre.» Auch den beiden Untersuchungsrichtern Johann Christoph von Pflug und Dr. Philipp Friedrich Jäger waren
diese Formalien unwichtig, sie bestanden nicht auf einer Klä-
rung. Wußte Süß seinen Geburtstag nicht? Kurz vor seinem Tod

sehen wir, daß er sein Alter sehr wohl kannte. Doch in der Aufregung des Verhörs hatte er keine Lust, sein Alter aus dem jüdischen Kalender in den christlichen umzurechnen.

Das zweite Mal kam Süß von sich aus auf sein Alter zu sprechen, am 1. Februar 1738, einem Sabbat. In der Todeszelle, drei Tage vor der Hinrichtung, erklärte er dem Sekretär Johann Philipp Pregizer nebenbei, er sei «bald vierzig Jahre alt». Das dritte Mal, als der Vikar Immanuel Hoffmann den vierten Bekehrungsversuch unternahm. Süß wollte jedoch auf den «Glauben Abrahams, Isaacs und Jacobs» leben und sterben, der auch der Glaube seiner Väter gewesen sei und den er «über 40 Jahre» beibehalten habe. Das Wörtchen «über» meint hier die Dauer von 40 Jahren, nicht eine Zeit darüber hinaus.

Wie notwendig es ist, auf die schwer zugänglichen Quellen zurückzugreifen, beweist endlich ein Heidelberger Stadtführer. Dort, wo man noch am ehesten Aufklärung und Wissen erwarten darf, verlieren sich die Ursprünge von Joseph Süß' Leben im Nebel. So läßt Michael Buselmeier in seinen «Literarischen Führungen durch Heidelberg» in dumpfem Ton verlauten: Süß war eine schillernde, aus dem «Dunkel» kommende «Persönlichkeit». Das «Dunkel» setzt Assoziationen frei, die ungewollt die braune Verdächtigung über das Einschleichen der Juden ins deutsche Volk beschwören.

Die Süßkinds in Heidelberg

Als Geburtsmonat von Joseph Süß ist nach den Angaben des Häftlings Februar oder März 1698 anzunehmen. Auch die Richter und Beamten in Stuttgart hätten dies wissen können, aber unter ihnen kursierte das Gerücht, Süß, der beneidete Frauenheld, habe sich sechs Jahre jünger gemacht. Und so setzte sich das falsche Geburtsjahr 1692 fest. Eine der ersten Fälschungen, die bald Nachfolgerinnen finden sollte.

Joseph Süß kam auch nicht im Getto auf die Welt, denn in Heidelberg gab es keines. Die christlichen Kaufleute verlangten zwar immer wieder die Verbannung der Juden in eine abseits gelegene Gasse, aber die Kurfürsten gaben der Krämerzunft nicht nach. Das Geburtshaus ist unbekannt, es dürfte auf der Oberen Straße zu suchen sein, wo die Familie Süßkind bis 1700 bei einem Christen in Miete wohnte. Das Gebäude Ingramgasse 8, bisher für das Geburtshaus gehalten, ist erst seit 1700 als väterliches Haus nachgewiesen. 1698 stand es vermutlich gar nicht, oder es war noch eine Ruine. Im März 1699 kauften Issachar Süßkind Oppenheimer und seine Ehefrau Michele einen Bauplatz in der Ingramgasse, der an einen weiteren ihnen gehörenden Platz grenzte. Vermutlich entstand das Gebäude Nr. 8 auf diesen beiden Bauplätzen. 1722 heißt es dann, Joseph Süß besitze in der Ingramgasse zwei Häuser. Beim heutigen Augenschein fallen als ähnlich auf die dreigeschossigen Gebäude Nr. 8 und Nr. 10, beide mit Pilastergliederung, Satteldach, Giebel und kleinen Gaupen. Nr. 8 ist breiter, bei Nr. 10 sind die Fenster höher angesetzt. Eine Übereinstimmung herrscht nur im Erdgeschoß. Bei den beiden Bauten war offensichtlich derselbe Bauherr tätig, jedoch zu unterschiedlichen Zeiten. Das Süßkind-Haus (Nr. 8) zeugt nicht von ärmlichen Verhältnissen. Am 12. Juli 1735 kaufte Joseph Süß, inzwischen württembergischer Resident in Frankfurt und Kurkölner Agent, für 1450 Gulden das Nachbarhaus Ingramgasse 6 hinzu.

Nach dem Vater lautete der vollständige Name Joseph Ben Issachar Süßkind Oppenheim. Die Süßkinds nannten sich auch «Süß» oder «Sieß». Bei Joseph Süß' zweitem Erbvergleich (1718) mit dem Stiefbruder Daniel unterschrieben beide noch mit «Sieß». Später führte Joseph vor allem den Namen Süß. Erst als sein wirtschaftlicher Aufstieg begann, pflegte er «Oppenheimer» hinzuzufügen. Den letzten Brief vor der Hinrichtung unterschrieb er nur mit «Süs».

Während der Verhöre äußerte sich Süß nur einmal zu seiner Familie: am 4. Juni 1737. Als Vater nannte er den Handelsmann Süß Oppenheimer zu Heidelberg, einen Juden, als Mutter Michal. Sie selbst schrieb sich Michele. Über seine Geschwister erklärte er: «Vier, zwei Brüder davon seien Christen worden und befinden sich zu Heidelberg, wie auch der dritte zu Heidelberg sei, jüdischer Religion, und eine Schwester, die in der Neustadt ohnfern Landau, im Elsaß, wohne; wovon zwei Halbgeschwister seien.» Diese flüchtige Angabe gibt Rätsel auf, die durch die verschiedenen Ehen der Eltern noch komplizierter werden. Issachar Süßkind Oppenheimer war schon früher Vater zweier Söhne geworden, Süß' Stiefbrüder väterlicherseits. Der ältere hieß Moyses, heiratete 1702 und wohnte im ersten Ehejahr, dem «Kostjahr», noch im väterlichen Haus, ohne einer Handelstätigkeit nachzugehen. Dazu berechtigte ihn der väterliche Judenschutzbrief. Später trat Moyses zum Christen-

tum über und erhielt den stigmatisierenden Namen Tauffenberg. Dieser Übertritt dürfte mit der numerischen Beschränkung jüdischer Familien in Heidelberg zusammenhängen. Der
futterneidische Magistrat wachte mit Argusaugen darüber, daß
die Zahl der niedergelassenen Judenfamilien nicht durch Heiraten anstieg. Was sollte ein Jungvermählter machen, wenn er
nicht auswandern wollte oder konnte? Der Übertritt zum Christentum war für ihn die einfachste Lösung, erzwungen von der
Intoleranz der Stadt. Am 8. Juli 1717 mußte Tauffenberg in Heidelberg den Bankrott erklären. Noch 1737 wohnte er in der
Stadt, aber nicht mehr im väterlichen Haus. Sein jüngerer und
erfolgreicher Stiefbruder Joseph hatte ihn schon lange hinausge-
kauft.

Der zweite Stiefbruder väterlicherseits hieß Daniel. Am 29.
März 1718 war er vorzeitig für volljährig erklärt worden, was mit
Beziehungen und Geld möglich war. Das Volljährigkeitsalter lag
für Männer bei 25 Jahren. Daniel muß also nach 1693 auf die
Welt gekommen sein. Wenn Moyses 1702 schon heiraten
konnte, also mindestens 25 Jahre alt war und Daniel nach 1693
geboren wurde, so lagen die beiden Brüder im Alter um mindestens 17 Jahre auseinander, stammten also kaum von derselben Mutter. Der Vater wird wohl vor seiner Ehe mit Michele
schon zweimal verheiratet gewesen sein. Wäre Josephs Geburtsjahr 1692 richtig, so käme der Ältere, Daniel, aus der zweiten Ehe des Vaters erst auf die Welt, als der Jüngere, Joseph, aus
der dritten Ehe schon mindestens zwei Jahre alt war. So recht
ein Unding.

Joseph Süß kümmerte sich später am meisten um Daniel, er
beschäftigte ihn bei sich in Heidelberg. Anfang 1736 verlobte
sich Daniel mit der Tochter des Heidelbergers Moses Oppenheimer. Zuletzt war er Knecht bei Hirschel Baruch in Mannheim.
Im Mai 1737 reichte er dem Reichskammergericht in Wetzlar die

Klageschrift für die sofortige Freilassung seines Bruders Joseph ein. Daniel starb kinderlos, nicht lange nach Joseph.

Aus der Ehe des Vaters mit der Frankfurterin Michele gingen ein Sohn und zwei Töchter hervor: Joseph, Thamar und Esther. Thamar heiratete in Heidelberg Mayer Hertz und hatte mit ihm fünf Kinder. Sie siedelte nach Neustadt/Weinstraße über. Aus der damaligen Zugehörigkeit der Festungsstadt Landau zu Frankreich, zum nördlichen Elsaß, erklärt sich die verwirrende Angabe «Landau, im Elsaß» in Süß' Verhör. Tatsächlich lebte die Schwester mit ihrem Mann jedoch schon 1722 in Edenkoben, im kurpfälzischen Oberamt Neustadt an der Haardt. Während seiner Stuttgarter Zeit ließ Süß seinen Edenkobener Schwager ab und zu ein Faß koscheren Weines liefern. Michele, die Mutter, verbrachte nach dem Tod ihres zweiten Mannes ihren Lebensabend bei der Tochter in Edenkoben und starb dort 1753 im Alter von 75 Jahren. Josephs Schwester Esther lebte schon 1714 nicht mehr, sie muß spätestens mit sechs Jahren gestorben sein.

Wer war nun der dritte Bruder? Michele hatte bald nach dem Tod ihres ersten Mannes den Händler Nathan Gabriel von Wassertrüdingen bei Ansbach geheiratet und drei Söhne geboren: Juda (starb ledig), Nathan (verheiratet) und Hirsch. Mehr ist über diese Kinder nicht bekannt. Wenn die Reihenfolge stimmt, müßte Hirsch der Jüngste gewesen sein. Als Michele Gabriel am 30. Juli 1737 bei der Fahrt von Wassertrüdingen nach Heidelberg verhaftet wurde, gab sie an, sie reise zu ihrem jüngeren Sohn nach Heidelberg. Sie führte eine Rechnung des Stiefbruders Hirsch an Joseph Süß mit sich. Hirsch hatte Süß – vermutlich im Jahr 1735 – über fünf Monate lang in Heidelberg mit Essen und Trinken versorgt und verlangte dafür 138 Gulden Bezahlung. Da Michele eine starke, ihre Kinder lenkende orthodoxe Jüdin gewesen zu sein scheint, wäre anzunehmen, daß nicht Süß' jüngerer Stiefbruder Hirsch, sondern der ältere Daniel zum

Christentum übergetreten war. Daniel blieb jedoch bis zu seinem Lebensende unter Josephs Einfluß und dem Judentum verbunden. Bei der Einreichung der Klageschrift in Wetzlar nannte er sich «Schutzjud zu Heidelberg». Folglich müßte Hirsch konvertiert sein – merkwürdig dann das gute Verhältnis der orthodoxen Mutter zu ihm. Ein Flüchtigkeitsfehler unterlief Joseph Süß bei der Angabe, er habe zwei Halbgeschwister. Tatsächlich waren es drei: Moyses, Daniel und Hirsch. Aber Moyses war aus Josephs Gesichtskreis schon lange verschwunden. Wenn Süß im übrigen recht hatte, müßten Juda und Nathan Ben Gabriel im Sommer 1737 schon tot gewesen sein.

Der Vater hatte also in dritter Ehe Michele geheiratet, vermutlich 1697 in Frankfurt. Er scheint im Ansehen der jüdischen Gemeinden sehr hoch gestanden zu haben, denn er bekam zur Frau die überaus schöne, noch sehr junge Tochter des weithin berühmten Vorsängers von Frankfurt, der größten Judengemeinde im Deutschen Reich. Ihr Vater hieß Salomon, wurde auch Selmele Chasan genannt, «Chasan» meinte den Vorsänger. Noch in der Todeszelle, beim letzten Gespräch mit dem Lektor Christoph David Bernard, war Joseph Süß stolz auf diesen berühmten Großvater. So überliefert Bernard: «Er [Süß] fing wieder an, seinen schmählichen Tod, welchen er morgen ausstehen sollte, zu bejammern, und bedaurete sein vornehmes Geschlecht, wie es durch seinen Tod werde verschimpfet werden, und sprach: Der Herr Professor [Bernard] wird gewiß von meinem Großvater R. Selmele Chasan, i. e. Salomon gehöret haben, er war ein Vorsinger zu Frankfurt, der seinesgleichen im Singen unter den Juden in viel hundert Jahren nicht gehabt hat.»

Aus Micheles Altersangaben in den Verhören läßt sich errechnen, daß sie in der zweiten Hälfte des Jahres 1679 auf die Welt kam. Wäre das Geburtsjahr 1692 ihres Joseph richtig, dann müßte sie mit 12 oder 13 Jahren Mutter geworden sein – und das in

einer als unauffällig geltenden Ehe. Jüdinnen wurden damals
mit 22 Jahren mündig, ihr durchschnittliches Heiratsalter lag bei
25 Jahren, so zum Beispiel in der Gemeinde Metz (Frankreich).
Die jüdischen Zeitgenossen hätten sich den Mund über eine
Kinderehe zerrissen. Issachar Süßkind hätte obendrein in Biga-
mie gelebt, denn Daniel, aus der zweiten Ehe stammend, kam
erst nach 1693 auf die Welt. Als Autoritätsperson in der jüdischen Gemeinde wäre Issachar erledigt gewesen. Noch unsin-
niger ist die Behauptung der unehelichen Abkunft von Joseph
Süß. Auch die Stuttgarter Justiz kaute 1737 die Legende wieder,
Süß' leiblicher Vater sei der Heidelberger Kommandant Georg
Eberhard Freiherr von Heddersdorf gewesen. Der von Nazi-
Ideen eingefärbte Heinrich Schnee folgte in seinem sechsbändi-
gen Standardwerk «Die Hoffinanz und der moderne Staat»
(1953–67) freudig diesem Holzweg. Da Süß allein schon wegen
des Alters seiner Mutter nicht vor 1698 geboren sein kann,
müßte der General ein Verhältnis zu Michele spätestens 1697
unterhalten haben. Heddersdorf hatte 1693 die fränkischen
Kreistruppen in Heidelberg kommandiert. Ohne von der französischen Armee bedrängt worden zu sein, gab er am 22. Mai
1693 kopflos die Stadt preis, zog sich auf das Schloß zurück und
kapitulierte ohne Widerstand. Die Zeche hatten die Heidelberger zu bezahlen. Die Franzosen plünderten die Stadt, hieben
nieder, wen sie antrafen, vergewaltigten die Frauen, trieben die
Überlebenden in einer Kirche zusammen und steckten das Gebäude in Brand. Ganz Heidelberg wurde eingeäschert.

Am 17. Juli 1693 stand Heddersdorf in Heilbronn vor einem
Gericht des Deutschritterordens. Er wurde als Verbrecher abge-
urteilt, aus dem Orden ausgestoßen und am 20. Juli vor die ver-
sammelte Armee gestellt. Dort fällte man sein Todesurteil. Am
Ende behielt er zwar das Leben, wurde aber unter entehrenden
Umständen aus den schwäbischen, fränkischen und ober-

rheinischen Reichskreisen ausgewiesen und auf einem Hen-
kerskarren über den Neckar gefahren. Später habe man ihn, so
erzählte man sich, in einem nahen Weinberg übel zerschlagen
aufgefunden. Der Ausgestoßene flüchtete sich nach Neckarsulm in ein Kapuzinerkloster, lebte dann inkognito bis zu
seinem Tod (1728) im Frauenkloster von Waltingerode (Stift
Hildesheim). Wie und wo sollte sich Michele mit diesem Ge-
brandmarkten eingelassen haben? Ein Ding der Unmöglichkeit.
Heddersdorf war im Kloster inhaftiert; Michele wiederum
stammte aus einer der angesehensten jüdischen Familien Frank-
furts und lebte noch in der geschlossenen Gesellschaft des deutschen Judentums nach den Regeln der Orthodoxie.

Hinter dem Gerücht von Josephs unehelicher Herkunft
könnte sich eine Heidelberger Rache an Süß' Vater verbergen, zeitgenössische Berichte legen dies nahe. Bei der ersten
Annäherung französischer Truppen habe Heddersdorf einigen
Juden Pässe für 50 Taler und mehr verkauft, mit denen sie ihre
Familien und ihre Habe aus der Stadt in Sicherheit bringen
konnten. Als die Gefahr größer wurde, sei der Preis für die Freipässe gestiegen. Davon hätten auch die Juden profitiert, die mit
übriggebliebenen Pässen Handel getrieben und sie mit riesigen
Zuschlägen weiterverkauft hätten. So erzählte man sich in Heidelberg. Freilich unterschlugen die Neider, daß der General für
einen Paß von den Christen nur 15 Gulden nahm, von den Juden aber bis zu 100. Ein gewisser «Süßkind Oppenheim, so des
Kommandanten Herz in Händen hatte», habe solche Pässe bekommen, wie eine Chronik erzählt. Josephs Vater mit besonders guten Beziehungen zum Kommandanten? Das ist durchaus denkbar und hätte sich aus der Handelstätigkeit ergeben
können, bei der Juden mit besseren Beziehungen nach auswärts
und mit mehr Mut zum Geschäftsrisiko unentbehrlich waren.
Als der General die Stadt ins Unglück stürzte, mag der Haß der

Heidelberger auf den jüdischen Händler Süßkind übergesprungen sein.

Josephs Vater starb Anfang Februar 1707. Die Datierung ergibt sich aus Süß' Fastentag in der Todeszelle. Als Bernard am Montag, dem 3. Februar 1738, um 14 Uhr zu Süß kam, hatte dieser immer noch die Gebetsriemen angelegt, was man nur nüchtern tun durfte, und las in der Beichte. Nach dem Grund befragt, erklärte Süß, er faste heute wegen des Todestags seines Vaters, 31 Jahre nach dessen Tod. Einer der stärksten Belege für seinen Familiensinn, der auch Licht wirft auf seine jüdische Identität.

Die Mutter Michele scheint nach dem Tod ihres Mannes mit dem Heidelberger Gemeindevorstand zerfallen zu sein, die Strafe war ein übler Leumund. Michele muß sich selbstbewußt und manchmal unkonventionell gegeben haben, im Aufbegehren ihrem Ältesten ähnlich. Eine jüdische Quelle aus dem Gemeindevorstand, die der erst 27 Jahre alten, hübschen Witwe Übles nachredete, dürfte auf den Vorsteher Feist Oppenheimer zurückgehen, den Vormund ihrer beiden Kinder aus erster Ehe. Diese trübe Quelle steckt voller Fehler und steht dieser Frau völlig fremd gegenüber. Michele sei 17 Jahre mit Issachar verheiratet gewesen. Dann müßte sie 1689 geheiratet haben, mit zehn Jahren. – Ein Unsinn. – Im Todesjahr ihres Mannes habe sie Heidelberg ohne ihre Kinder verlassen, habe ein Vagabundenleben, einen liederlichen Lebenswandel geführt, zum Ärger der Verwandtschaft und aller Heidelberger Juden. Als sie sich 1710 wieder in Heidelberg niederlassen wollte, hätten die jüdischen Vorsteher sie abgewiesen, darauf habe die kurpfälzische Regierung die Ausweisung ausgesprochen. Diese Quelle erscheint auch deshalb zweifelhaft, weil sie nichts von Micheles Ehe mit Nathan Gabriel weiß.

Die 1707 nach dem Tod des Vaters in Heidelberg zurückbleibenden Kinder, auch Daniel, brauchten einen Vormund. Feist Oppenheimer, der Vorsteher der kleinen jüdischen Gemeinde in Heidelberg, war dazu bereit. In seinem Haus Merianstraße 3, das er selbst hatte bauen lassen, befand sich der erste Heidelberger Betraum, eine kleine private Synagoge. Da eine Vormundschaft möglichst innerhalb der Verwandtschaft blieb, läßt sich daraus schließen, daß Süß vermutlich verwandt war mit Feist und dessen Bruder, dem reichen Samuel Oppenheimer in Wien, um 1700 größter Kreditgeber des österreichischen Staates.

Auf diese berühmten Verwandten stürzten sich mit Vorliebe Joseph Süß feindlich gesinnte Darstellungen, von der württembergischen Landesgeschichte bis zum angebräunten Heinrich Schnee. Von einer Lehrzeit Josephs in Heidelberg sprach dennoch niemand. Tatsächlich könnte Joseph bereits in Heidelberg zwischen 1712 und 1718 bei seinen vermutlichen Verwandten Oppenheimer – Gemeindevorstehern, kurpfälzischen Hoffaktoren und Pächtern des Taschengeleits – den Händlerberuf gelernt haben. Dann wäre es nicht nötig, ihn auf Ausbildungsreisen nach Amsterdam, Prag und Wien zu schicken. Selbst Selma Stern, die Autorin der einzigen ernstzunehmenden Süß-Biographie, schreibt kühn: «Es steht fest, daß er [Süß] in seiner Jugend, wohl zwischen den Jahren 1713 und 1717, große Reisen unternahm, daß er sich längere Zeit in Böhmen und Österreich aufhielt.» Die Autorin stützt sich hier auf die zweifelhaftesten Quellen: den Band 4 der Stuttgarter Prozeßakten «und übereinstimmend sämtliche Flugschriften und Biographien». Der Aktenband bietet in diesem Punkt jedoch nur unbewiesene Behauptungen des Untersuchungsgerichts; die zeitgenössischen Publikationen verdienen angesichts ihrer offen judenfeindlichen Tendenzen und zahlloser nachweisbarer Fehler kein Vertrauen. Die Asperger Verhöre belegen nur, daß Süß irgendwann in Prag einige Male als Barbier arbeitete, um der Langeweile zu entgehen. Die einzige Spur ist der Schneider Moses Dopper aus Prag, der später bei Süß auftauchte. Süß selbst berief sich nie auf Verwandte oder seine Erfahrungen in europäischen Handelsmetropolen. Im Nachlaß findet sich allerdings kein Hinweis auf die Verwandtschaft mit den Oppenheimers. Von einem Amsterdamer, Prager oder Wiener Hintergrund ist nichts zu spüren. Süß war Kurpfälzer, die Horizonte seiner politischen wie wirtschaftlichen Orientierung verdankten sich Mannheim, nicht einer der europäischen Metropolen.

Die jüdische Gemeinde
Heidelberg

Mit Mannheim und Frankenthal gehörte Heidelberg zu den drei bevorrechtigten Hauptstädten der Kurpfalz. Anders als das judenfeindliche Heidelberg eröffnete Mannheims Aufstieg ab der Mitte des 17. Jahrhunderts den Juden eine Chance, wie in ganz Deutschland nicht. Mannheim war dank der fürstlichen Toleranz das Jerusalem nicht bloß der Kurpfalz, sondern des ganzen Deutschen Reiches.

In Fragen der Religion waren die Kurpfälzer Juden von der jahrhundertealten Gemeinde in Worms abhängig, die Rechtsprechung lag beim Wormser Rabbinat. Wer einer unangenehmen Entscheidung ausweichen oder sie wenigstens abgemildert haben wollte, konnte sich an das Frankfurter Rabbinat wenden. Die Wormser Judenschaft selbst stand unter dem doppelten Schutz von Kurmainz und Kurpfalz. Sie streckte dem Kurfürsten von der Pfalz das «Taschengeleit» vor, wie der jüdische Leibzoll hieß. Beim Passieren einer kurpfälzischen Zollstelle mußte ein kurpfälzischer Jude eine Quittung vorweisen, daß er bei der Wormser Judenschaft das Judengeleit bezahlt hatte. Der Einzug des Leibzolls wurde in Pacht vergeben und mußte dem Pächter Gewinn bringen, sonst hätte niemand diese Aufgabe übernommen.

Joseph Süß erlebte noch den ersten kurpfälzischen Landesrabbiner Hirsch Fränkel, der 1702 nach Heidelberg berufen wurde. Später entpuppte sich Fränkel als begeisterter Kabbalist.

1708 übernahm er das Landesrabbinat Ansbach mit Sitz in Schwabach, wo sein Bruder Elkan als angesehener Hoffaktor wirkte. 1712 wurden die Brüder Opfer absolutistischer Herrscherwillkür und eines innerjüdischen Konkurrenzkampfes. Elkan blieb bis zu seinem Tod 1720 in Haft, Hirsch 24 Jahre im Schwabacher Gefängnisturm, bis 1737. Der Kabbalist kam gebrochen heraus und starb drei Jahre später. Als Grundlage seiner Verurteilung diente ein Gutachten der Universität Altdorf bei Nürnberg: Hirschs kabbalistische Bücher hielt man für eine schwere Gefahr.

Als nächster kurpfälzischer Landesrabbiner wirkte von 1708 bis 1728 Matisjahu Ahrweiler, danach der umstrittene David Ullmann, ein Bruder des Mannheimer Hoffaktors Jacob Ullmann. Rabbiner in Heidelberg war Simon Joseph Krautheimer, der im Herbst 1737 nach Stuttgart gerufen wurde, um den jüdischen Belastungszeugen gegen Süß den Judeneid abzunehmen. Zu Süß in die Todeszelle holte man ihn nicht mehr, trotz Süß' mehrmaligem Wunsch.

Die erste Heidelberger Synagoge richtete Feist Oppenheimer 1704 in seinem geräumigen Haus Meriangasse 3 ein. Es handelte sich um ein einziges Zimmer, eine Privatsynagoge. Hier, dem Jesuitenkolleg gegenüber, erhielt Joseph seine erste religiöse Erziehung. Als dieser kleine Betraum bereits seit zehn Jahren besucht wurde, beklagten sich 1714 die Jesuiten «wegen früh und spaten unerträglichen Geschrei von nächstgelegener Judenschul und öfterer Zusammenlaufung der Juden in dasiger Nachbarschaft». Neben «einem stillen geistlichen Haus» wollten sie nicht «eine geschreivolle Synagoge» haben. Ein traditioneller Vorwurf. Nebenbei erfahren wir, daß die Jesuitenschüler «durch der Juden Geschrei öfter zum Unwillen und Steinwerfen angelockt werden». Außerdem verführe ein Judenhaus in der Nähe einer Kirche die Christen an Sonn- und Feiertagen zu Handelsgeschäften, die Synagoge solle deshalb geschlossen werden. Anstatt die Gewalttaten der Schüler zu ahnden, dienten sie als Vorwand, um die Synagoge zu beseitigen. Die kleine jüdische Gemeinde, 13 Familien stark, spaltete sich. Die Mehrheit beschloß, eine neue Synagoge zu bauen, das Haus Zur blauen Lilie in der Großen Mantelgasse 1–3. Die Baupolizei verlangte, das Haus müsse kleiner als eine Kirche gebaut werden, die Fenster gegen die Straße seien zuzumauern. Von außen glich das Versammlungshaus einem zweistöckigen Privathaus mit einem Walmdach, der in Deutschland damals verbreitete Synagogentypus für kleine, wenig bemittelte Gemeinden.

Nach dem Dreißigjährigen Krieg begann ein neuer Abschnitt in der Geschichte der Heidelberger Juden. Um 1660 ließen sich fünf jüdische Familien in der Stadt nieder und wurden in den kurpfälzischen Schutz aufgenommen: Samuel Oppenheimer (1630–1703), Moses Oppenheimer (Obervorsteher, flüchtete nach der ersten Zerstörung Heidelbergs 1689 nach Fürth bei Nürnberg, kehrte 1693 zurück, starb 1702 in Heidelberg), Löw Oppenheimer (wohnte in der Floringasse), Feist Oppenheimer und Wolf Oppenheimer. Wenn Süß kurz vor seinem Tod gegenüber dem Tübinger Universitätslektor Bernard von «seinem vornehmen Geschlecht» sprach, so meinte er neben dem Frankfurter Großvater wohl die miteinander verwandten Oppenheimer-Familien. Drei Söhne des 1664 in Worms gestorbenen Simon Wolf Oppenheimer nahmen führende Positionen ein: Samuel Oppenheimer als Hoffaktor in Wien, Moses Oppenheimer als Obervorsteher in Heidelberg, Abraham Oppenheimer als Vorsteher in Worms.

Die ersten Einnehmer der kurpfälzischen Konzessionsgelder für die Landjudenschaft waren Samuel und Wolf Oppenheimer. Sie mußten die Summe vorstrecken, also ihrerseits Kredit aufnehmen. Samuel hatte für die kurpfälzische Landjudenschaft auf vier Jahre hinaus 12000 Gulden auszulegen. Eine gewaltige Summe, im Wert acht Häusern entsprechend. Als viele Juden sich weigerten zu zahlen, kamen die Steuereinnehmer in Schwierigkeiten. So bat Moses 1674 die Regierung um die zwangsweise Eintreibung der ausstehenden Gelder. 1703 war Süß' Vater Einsammler der Konzessionsgelder und des Taschengeleits für das Oberamt Heidelberg. Der Obervorsteher, bis 1702 Moses Oppenheimer, danach sein Sohn, der Hofjude Lazarus Oppenheimer, vertraten die ganze kurpfälzische Judenschaft gegenüber der Regierung und hatte die vollständige Bezahlung aller obrigkeitlichen Abgaben zu verantworten. So war er der Vorgesetzte von Issachar Süßkind.

Den Verzicht auf die Verpflichtung, daß Juden einen diskriminierenden gelben Ring oder sonst ein Judenzeichen an ihrer Kleidung zu tragen hatten, ließen sich die Kurfürsten mit einer weiteren Abgabe versilbern: dem Zeichengeld. Um zu verhindern, daß arme Juden sich in der Kurpfalz ansiedelten, wurde 1684 verordnet, ein Jude dürfe sich nur beim Nachweis von 300 Gulden Vermögen niederlassen. Alles müsse eigenes Geld sein, kein geliehenes. Die Kurpfalz hatte bei christlichen Geldgebern wucherische Finanzierungstricks beobachtet: «Nachdem auch viel Christen arme Juden damit anziehen und unterhalten, daß sie gegen sonderlichen Vorteil ihnen Geld und anderes zu Handlungen und Treibung Wuchers vorschießen, lehnen und solcher Gestalt durch arme Juden schlimme Händel treiben».

Beim Beginn des französischen Krieges gegen die Pfalz (1688) wohnte eine neue jüdische Familie in Heidelberg, die sich Siess nannte, ihr Oberhaupt war Josephs Vater. Viele Heidelberger flüchteten vor den Truppen, die Juden unter ihnen konnten ihren Besitz im Frankfurter Getto in Sicherheit bringen. Am 2. März 1689 wurde Heidelberg zum erstenmal in Brand gesteckt, aber gemeinsam durch Bürger und Juden vor der Zerstörung bewahrt. Der Jude Löb rettete die Judengasse (heute Dreikönigstraße) vor dem Brand, indem er französischen Soldaten 100 Gulden für einen Schutzbrief zahlte. Als Mannheim 1688 vom französischen Militär eingeäschert wurde, flohen 60 bis 70 jüdische Familien aus der Stadt; 35 jüdische Familien mit 167 Personen, die nicht nur aus Mannheim stammten, kamen vorübergehend in Heidelberg unter, sie wohnten nicht weit von Süß' Vaterhaus. In der Gegend zwischen Heiliggeist- und Jesuitenkirche, in der Pfaffengasse, Judengasse, Unteren Straße, Floringasse, Kettengasse, Krämergasse und Apothekergasse, konzentrierten sich die jüdischen Einwohner. Auch in nächster Nachbarschaft von Süßkinds Haus wohnten drei Flüchtlingsfamilien in der Floringasse.

Der Kurfürst Johann Wilhelm war in seine heimatliche Residenz Neuburg an der Donau geflohen, nach wenigen Wochen erließ er den Befehl, die jüdischen Flüchtlinge aus Heidelberg auszuweisen. Der Obervorsteher Moses Oppenheimer mußte die Anweisung in der Synagoge bekanntgeben. Er allein hatte drei Familien mit elf Personen bei sich aufgenommen. Nach seinem Tod übernahmen seine Söhne Lazarus und Isaac Moses Oppenheimer, ebenfalls Hofjuden, das Taschengeleit. Während der unsicheren Kriegszeiten wurde dieses Unternehmen zum Fiasko, weil kaum mehr jemand genügend Geld besaß.

Die Juden schienen im Krieg zerrieben zu werden: zwischen der französischen Armee, die das eingeäscherte Mannheim noch nicht verlassen hatte, und der christlichen Verschlossenheit. Am unteren Neckar zog sich ein breiter Streifen verbrannter Orte bis nach Heilbronn hin. Wohin sollten die Flüchtlinge gehen? In den abseits gelegenen, verschonten Ortschaften wollte man sie auch nicht haben.

Das niedergebrannte Mannheim selbst verdankte unendlich

viel seinen Juden. Um sich nach 1666 dort niederlassen zu dürfen, mußte eine jüdische Familie ein großes, genau vorgeschriebenes Haus bauen und die enorm hohe Kaution von 1000 Talern (1500 Gulden) hinterlegen. Ein Viertel der Häuser in der Stadt entstand aus jüdischer Bautätigkeit, eine Leistung, die die unvergleichliche Bedeutung Mannheims für das Judentum und zugleich des Judentums für Mannheim unterstreicht. Am Ende ließ man die Mannheimer Flüchtlinge doch in Heidelberg. Aber als auch diese Stadt am 23. Mai 1693 unterging, mußten sie weiterziehen.

Erst fünf Jahre später konnten die Heidelberger Juden beginnen, ihre Häuser wiederaufzubauen. 1700 wohnte Sießkind Oppenheimer in der Ingramgasse 8 und erklärte, seinen Schutzbrief habe er einst direkt vom Kurfürsten bekommen. Im folgenden Jahr gab er an, ein Haus gebaut zu haben, wie es die Kurpfälzer Judenordnung vorsehe. Im Dezember 1702 wohnte in seinem Haus außer seinem jungverheirateten Sohn Moyses auch Schay von Bamberg, ein Proviantlieferant.

Im Jahr 1704 schlug der Heidelberger Stadtrat Alarm. Er zählte schon 13 jüdische Familien in seinen Mauern, während nach dem städtischen Privileg von 1698 nur zwei bis drei hier wohnen durften. 1722 waren es im Zug des Wirtschaftsaufschwungs dann zwanzig Familien geworden. Nach dem Krieg, als die Stadt in Asche lag und die Aufbauphase einsetzte, hatte sich der Neid bei den Heidelberger Kaufleuten eingefressen, und 1699 brach ein jahrelang anhaltender Wirtschaftskampf gegen die Juden aus.

In solcher Unsicherheit, gepaart mit Gehässigkeiten und Gewalttätigkeiten, wuchs Joseph Süß Oppenheimer auf. Gegenüber den Juden waren Rechtsbrüche üblich. Mit penetranter Regelmäßigkeit lief der Stadtrat Sturm gegen die Judenfamilien. Ihnen sollte nicht einmal der freie Handel erlaubt sein. Der

Stadtrat wollte den Juden ein offenes Geschäft und jedes bürgerliche Gewerbe verbieten, sie sollten bloß noch mit eigenem Geld und eigenen Waren handeln dürfen.

Der Kurfürst wies diese Forderungen zurück, die seine Souveränität und Steuereinnahmen untergruben. Nach der Rechtsordnung der Kurpfalz waren die Juden den Bürgern annähernd gleichgestellt, dafür zahlten sie das hohe Konzessionsgeld. Die Heidelberger Krämerzunft respektierte dieses Recht nicht, sie lebte im Geist einer konservativen Rebellion. Ihre Zunftordnung, vom Kurfürsten bestätigt, verbot den Juden ausdrücklich das Anbieten von Waren auf Jahrmärkten. Die Widersprüchlichkeit der Rechtslage badeten die Juden aus.

Die Wut der Krämer traf zuerst Wolf Oppenheimer, im Jahr 1699. Die Krämer untersagten ihm das Auslegen seiner Waren auf dem Margaretenmarkt, eine Regierungskommission gestattete es wieder. Darauf liefen die Krämer zusammen und zwangen ihn, sicher unter Gewalt, seine Verkaufsbude abzubrechen. Der Stadtrat erhielt den kurfürstlichen Befehl, Wolf zu schützen und die Krämer zu bestrafen. Damit wurde der Bock zum Gärtner gemacht. Die Krämer beriefen sich auf ihre Zunftordnung und einen Reichstagsabschied, wonach die Juden nur mit Lumpen und was sonst die christliche Ehre verabscheute Handel treiben durften. Die Krämer siegten: Mehrere Jahre lang konnte in Heidelberg kein Jude mehr seine Waren auf den Jahrmärkten anbieten.

Nicht genug. 1701 gingen die Krämer allgemein gegen die jüdischen Läden vor. Sie suchten das geltende Recht vollends zu kippen, im Absolutismus eine eigentümliche Erscheinung. Der Jude Marx Isaac hatte sich in der Oberen Straße eingemietet, einer bevorzugten Straße in der Stadtmitte. Wie wenn sie die Herren der Stadt wären, behaupteten die Krämer, dort dürfe kein Jude wohnen, Marx habe dort überdies noch einen Bau-

platz für ein neues Haus gekauft. Früher hätten die Juden nur
in Nebengassen gewohnt und ihre Waren nur in abseitigen
Winkeln und in den oberen Stockwerken ihrer Häuser angeboten. Nun aber hielten sie «auf der Erde und im untersten Stockwerk Gewölber und offene Kräme». In Fortsetzung ihrer
Rechtsbeugung erklärten die Krämer diese offenen Läden für
tägliche Jahrmärkte, die sie schon unterdrückt hätten. Dabei
beriefen sie sich auf ihren Sieg über den Vater von Joseph Süß.
Vor einigen Jahren war Issachar Süßkind, der damals gerade
ein Haus bauen wollte, vorübergehend zu einem Christen in
die Obere Straße gezogen und hatte im oberen Stockwerk an
einem Fensterladen Waren ausgehängt. Die Krämer schrien
auf. Der Stadtrat befahl dem Hausbesitzer, Süßkind aus dem
Haus zu werfen.

Die kurpfälzische Regierung und die Hofkammer waren im
französischen Krieg nach Frankfurt ausgewichen. Nun bliesen
beide ins Horn des Heidelberger Stadtrats: Den Juden seien offene Läden und Jahrmärkte verboten. Marx Isaac mußte seinen
begonnenen Hausbau einstellen. In seiner Beschwerde schrieb
er, «daß die Krämer aus purem Neid und Mißgunst ihn verfolgen», ihn sogar bedroht hätten, seinen Laden, sobald er ihn
öffne, zu stürmen. Früher hatte er überm Neckar in Neuen-
heim gewohnt. Gegen den Widerstand des Heidelberger Stadtrats war er vom Kurfürsten in den Judenschutz aufgenommen
worden. Die Hofkammer hatte damals erklärt, man solle zuerst
Emanuel Oppenheimer, einen Sohn von Samuel Oppenheimer, aufnehmen, der Großhandel betreibe, über ein großes Kapital verfüge und sich angeboten habe, ein großes Haus für
mehr als 10 000 Gulden zu bauen. Der Judenhaß machte den
Heidelberger Magistrat so blind, daß selbst dieser reiche Wiener Hoffaktor nicht aufgenommen wurde. Emanuel baute sein
Palais dann im kurpfälzischen Jerusalem Mannheim.

Nur die kurpfälzische Baukommission war nicht vom Heidelberger Krämergeist durchsetzt. Sie hielt die Juden für berechtigt, in jeder beliebigen Straße Häuser zu bauen. Doch am Ende siegten die Rechtsbrecher, der Bürgermeister und der Stadtrat. Danach konnte sich die Judenhatz weiter ausbreiten, jahrelang wurden fremde Juden verfolgt. In diesem Klima verlangten auch die vermögenden Heidelberger Juden die Ausweisung fremder Juden, weil diese nichts beitrügen zu den Zahlungen der Gemeinde an den Landesherrn.

Der Stadtrat lamentierte 1710, daß die Judenschaft sich «mit Häusern in verschiedenen Gassen einschleicht», so in der Heugasse, Mantelgasse und Judengasse. Tatsächlich wohnten die Juden in diesen Straßen schon seit Jahrzehnten. Die Heidelberger Juden zogen sich unter diesem Druck von den Neuansiedlern zurück. 1708 wollte Gumpel Fulda als Heidelberger Schutzjude aufgenommen werden. Sein Vater hatte 30 Jahre lang als Schutzjude in Mannheim gelebt, dabei nicht nur ein, sondern drei neue Häuser gebaut, die die Franzosen dann verbrannt hatten. Eine Zeitlang war er sogar jüdischer Gemeindevorsteher gewesen. Der Krieg ließ die Familie verarmen. Der Vorstand der Heidelberger jüdischen Gemeinde scheute sich nicht, mit der Krämerzunft gemeinsame Sache zu machen und gegen Gumpels Schutzgesuch zu sprechen, nur nannte der Vorstand einen anderen Grund: Gumpel gehe nie in die Synagoge. Diese befand sich freilich im Privathaus seines ärgsten Feindes. 1715 wurde Gumpel endlich als Schutzjude mit der Einschränkung aufgenommen, daß er nur mit Juwelen handeln dürfe – ein Verstoß gegen die Kurpfälzer Judenrechte. An Pessach 1715 ereignete sich dann ein schwerer Zwischenfall: Gumpel kam in die Synagoge und wurde zur Thora herausgerufen. Der Vorsteher Feist Oppenheimer stieß ihn weg und wollte ihn gegen die Satzung der kurpfälzischen Landjudenschaft verhaften lassen, aber in der Synagoge ruhte jede Polizeigewalt gegen Gemeindemitglieder, niemand durfte von Ämtern und Zeremonien ausgeschlossen werden.

Die Streitigkeiten mit den Juden, zunehmend auch der Juden
untereinander, führten 1708 zur Anweisung der Regierung an
die Oberämter: ein Jude dürfe künftig nur noch bei Hinterlegung einer Kaution von 1000 Dukaten (4000 Gulden) klagen.
Diese Vorschrift galt auch für Mannheim. Daraus, daß Süß in
den zwanziger Jahren für eine Klage am Hofgericht eine Kaution stellen mußte, schloß man voreilig, er habe als Geschäftsmann keinen guten Ruf genossen. Erst umgekehrt wird es richtig: Wer eine so hohe Summe hinterlegen konnte, war schon
jemand.

Nachdem die Heidelberger Krämer gegen die jüdischen
Händler gesiegt hatten, wollten die christlichen Metzger die
Schächter vertreiben. Dafür schreckten sie auch vor einem Einbruch nicht zurück. Aus dem Haus von Feist Oppenheimer
stahlen sie einen geschlachteten Ochsen. Es war ihnen gleichgültig, daß der Kurfürst das Schächten ausdrücklich erlaubt
hatte.

Auch an der Universität hatte der Judenhaß Fuß gefaßt. 1714
sah sich der jüdische Gemeindevorstand genötigt, dem Kurfürsten zu klagen, «wie daß in Dero Kurf[ürstlicher] Residenzstadt
Heidelberg es dahin gekommen, daß von Einheimischen und
Fremden kein Jude auf der Straße mit Sicherheit vor den Studenten mehr gehen könne, ja gar in den Häusern selbsten zuweilen
angefochten werden und, weilen eine Universität daselbsten
ist, vermeinen, daß sie desto mehr Freiheit haben, den Juden zu
insultieren, insolentias [Frechheiten, Übergriffe] zu machen,
und man ihnen nichts tun oder vorwerfen dürfe, welcher Mutwille daher von Tag zu Tag größer zu werden beförchtet wird,
als selbe sich von denen Obern nicht korrigieren, noch sotane

insolentias abstellen lassen wollen». Die Regierung nahm die Juden ausdrücklich in Schutz.

Im Jahr 1718 brach ein Pogrom aus. Der Hof befand sich noch in Heidelberg, das Wirtschaftsbürgertum glaubte nicht, sich zurückhalten zu müssen. Zuerst hatten sich drei Schneidergesellen an Juden vergriffen und waren im Gefängnis gelandet. Die Beschimpfungen gingen weiter. Über die Ereignisse berichtete die jüdische Gemeinde dem Kurfürsten. Am 19. September 1718 wurde das Haus des Juden Lösser «in der Nacht gegen zehn Uhr von mehr als 20 unbekannten Personen, vermutlich Studenten (davon die Bewegursachen und wer der Autor sei, wir zwar wohl wissend sind) angegriffen, die Haustür mit etlichen großen, langen, viereckigen Balken, so noch da liegen, mit Gewalt aufgesprengt, die Fenster gänzlich zertrümmert, drei da gehangene Judenlampen in Stücke zerbrochen und etliche Stücke mitgenommen, das Kaffeegeschirr zerschlagen, ja sogar ein da gehangener Kanarienvogel mitgenommen worden. Da während der Zeit dieses Tumults, welches von 10 bis 1 Uhr gedauert, die Täter mit dem bloßen Degen in dem Haus herumgeloffen, daß wir allerseits augenblicklich unseres Todes erwartend gewesen, und ob wir zwar um bürgerliche und nachbarliche Hilf geschrien, auch alles in der Nachbarschaft auf gewesen und dem Spektakel zugesehen, so hat sich doch niemand unterstanden herauszugehen, sondern mich und die Meinigen in der Angst und Gefahr verlassen, welches sogar bei mir noch nicht aufgehört, sondern auch an anderweitige Judenhäuser, in specie aber unser allerhiesigen Schul solche Exzeß verübt worden, daß wir die ganze ausgestandene schwere Kriegszeiten hindurch dergleichen Zerstörungen uns nicht entsinnen können.»

Mit Schrecken berühren einen die Angst der Juden und die Feigheit der Nachbarn. Unter solchen Umständen konnte Süß sich nur selbst helfen und die Nähe zum aufgeklärten Hof suchen. Die Regierung wies die Universität lediglich an, gegen solche Überfälle vorbeugende Maßnahmen zu ergreifen. Gewalttätigkeiten von Studenten gegen Juden hörten nie ganz auf. Aus dieser niederdrückenden Umgebung begann sich Joseph Süß früh hochzuarbeiten: Er wollte weg. Der Vater hatte bei seinem Tod viele Schulden hinterlassen. Das Haus Ingramgasse 8 ging vorerst an den ältesten Sohn Moyses über, die Geschwister waren 1707 alle noch unmündig. Am 21. Oktober 1715 kaufte Joseph für 450 Gulden ein Viertel des väterlichen Hauses von seinem wirtschaftlich bedrängten Stiefbruder Moyses. Aus dessen Konkursmasse ersteigerte er zwei Jahre später das ganze Haus. Wir können hier bereits den für Joseph Süß typischen Arbeits- und Konfliktstil beobachten: Unerschrockenheit, Selbstbewußtsein und Pragmatismus. Von seinen Geschwistern ließ er sich gegen 500 Gulden ihre Anteile am väterlichen Haus abtreten. Dennoch bekam er das Haus noch nicht zugesprochen. Er verlangte vom Gericht die Ausstellung eines Kaufbriefes, was ihm verweigert wurde. Bei der ganzen Aktion überging er alle behördlichen Instanzen und wandte sich direkt an den Kurfürsten. Als er 1737 auf dem Hohenasperg verhört wurde, datierte er im ungebrochenen Stolz eines angesehenen Geschäftsmannes den Beginn seiner Geldgeschäfte auf das Jahr 1717: Man könne überall «nachfragen, ob er nicht seit 20 Jahren seine Wechsel richtig bezahlt habe und daß er keinen protestieren lassen».

Das kurpfälzische Oberappellationsgericht beendete 1722 das Rechtsverfahren um den Hausbesitz zu Süß' Gunsten, aber erst nach zwei neuen Erlassen des Kurfürsten von 1732 erhielt Süß endlich den Kaufbrief, nach 18 Jahren Rechtsstreit. Der zähe, rechtlich geschickt operierende Geschäftsmann wurde vom Gericht halb stöhnend, halb anerkennend «ein querulierender Jude» tituliert.

Nach Moyses fand Joseph vor November 1718 seinen Stiefbruder Daniel ab. Beide, Joseph und Daniel, mußten vorher von
der Regierung erst für mündig erklärt werden. Dieses Entgegenkommen war am leichtesten zu erlangen, wenn die Familie über
gute Beziehungen zum Hof verfügte. Der Erbvergleich mit Daniel illustriert das juristische wie finanzielle Talent des erst
zwanzigjährigen Joseph. Daniel trat gegen 1400 Gulden seinem
Bruder alle Erbansprüche ab, dabei ließ er ihm 200 Gulden, womit Joseph die Ansprüche von Daniels Vormund Feist Oppenheimer beglich. Die 1200 Gulden hatte Daniel teils in Bargeld,
teils in Waren zu bekommen. Daniel fühlte sich bald übervorteilt
und verklagte seinen Stiefbruder. Da er keine Beweise vorlegen
konnte, mußte er auf den bereits geschlossenen Vergleich eingehen. Seinerseits konnte Joseph durch eine lange Rechnung und
das Inventar des väterlichen Hauses belegen, daß Daniel noch
gut weggekommen war. So einigten sich die Brüder am 17. November 1718 in Heidelberg. Hier läßt sich eine Strategie beobachten, an der sich Süß auch später in den härtesten Konflikten
orientierte: Er wollte lieber einen kleinen Vorteil bald in Händen
halten als einen prinzipiellen Sieg sehr viel später oder nur unter
verheerenden Kosten erreichen.

Wie stark sich Süß bereits hohen Persönlichkeiten des Hofes
genähert hatte, zeigt ein Mietvertrag, den er am 4. Juli 1718 in
Heidelberg mit dem Grafen Julius August de la Marck abschloß,
einer hohen Persönlichkeit am Hof und in der Regierung. Der
Graf dürfte in der Ingramgasse 8 gewohnt haben. Mit ihm hatte
Süß noch in Stuttgart Verbindung.

Gesellschaftlicher Aufstieg
in Mannheim

In welch unterschiedlichen Welten Süß lebte, lassen allein schon die Anreden nachempfinden. Für die Mannheimer war er zumeist der «Admodiator des gestempelten Papiers», gelegentlich einfach «Herr Sieß Papier Jude». Ein Admodiator war der Pächter eines Staatsmonopols. Kaufleute schrieben auf ihre Rechnungen «Herr Joseph Süß Jüdt» oder «Herr Süß Jud». Der Maurermeister, der an Süß' Wohnung Reparaturen ausführte, wählte schlicht «Herr Sieß». So hatte es Süß am liebsten. Auf einem Wechselprotest findet sich die amtliche Form «kurpfälzischer Schutzjud Süßkindt». Freiherr von Metternich, der Hausbesitzer von Süß' Wohnung, blieb mit seiner Anrede «Rebbe Joseph» in der Schwebe zwischen Vertraulichkeit und Ironie. Auch Süß' Frankfurter Bankiers Wahler, ein christliches Brüderpaar, nannten ihn «Reb», aber nur, wenn sie an den christlichen Sekretär Johann Caspar Nicolaus Leining schrieben, nicht an Süß selbst. Ein jüdischer Geschäftspartner adressierte seinen in hebräischer Kurrentschrift verfaßten Brief auf dem deutsch beschrifteten Kuvert an «Herrn Joseph Siß Oppenheimer vornehmer Handelsjud in Mannheim».

Die in Stuttgart bald nach der Verhaftung zu einem Stempel gewordene Namensform «Jud Süß» hat es vorher nicht gegeben. Dieser Name, heute nicht mehr auszurotten, verfälscht die ganze Gestalt. Süß genoß bereits in seiner frühen Mannheimer Zeit von allen Seiten Respekt. Nur der Stadtrat verstieg sich im

Lauf seines jahrelangen Kampfes gegen das Stempelpapier dahin, Süß das Judesein vorzuwerfen. Doch auch dann hieß Süß immer noch «Jud Süß Oppenheimer».

Seine Hauptwohnung scheint Süß noch lange in Heidelberg behalten zu haben, bei längerer Krankheit zog er sich dorthin zurück. Zur Mannheimer Judenschaft wurde er nie gerechnet, in ihren Steuer- und Abgabelisten taucht er nicht auf. Von der Pflicht jedes Mannheimer Juden, ein neues Haus zu bauen, war er befreit, er besaß ja schon ein oder zwei Häuser in Heidelberg. Ab Ende 1722 brauchte er für sich und sein Personal eine Wohnung in der neuen kurpfälzischen Residenzstadt. Von einem solchen Etablissement erfahren wir erstmals im Dezember 1724. Der Sattlermeister Johann Peter Schütz reichte beim Stadtrat für seine Mündel Klage ein: Süß solle «den armen Pupillen [Unmündigen] die noch schuldige Miete abführen». Die Lage dieser Wohnung ist nicht genannt. Drei Jahre später besserten Maurergesellen die Dächer von Wohnung und Stall aus, Süß besaß also schon Pferde. In der Rechnung vom 8. August 1727 heißt es, daß in elfeinhalb Arbeitstagen die beiden Dächer neu gedeckt wurden mit 50 Hohlziegeln, 100 Dachziegeln, 800 Schindeln und Kalk.

Fünf Jahre später mietete Süß ein Haus des Regierungsrats Pfeifer. In seinem Mannheimer Wechselbuch, das ab dem zweiten Quartal 1731 von Leining geführt wurde, steht, «den ersten April 1732 gehet der mit denenselben errichtet[e] Hauskontrakt an». Das Gebäude lag am Heidelberger Tor, am Ende der Heidelberger Straße, einer Fortsetzung der Planken. Süß ließ einen Brunnen anlegen, eine Gartentür fertigen und drei Schornsteine aufführen, davon einen am «Küchenhaus». Aus einem Brief erfahren wir den Vormieter. Das Schreiben aus Kaiserslautern an Leining sei «bei H. Süß abzugeben, wohnhaft am Heidelberger Tor, wo Herr Baron von Stechau gewohnt».

Am 23. Mai 1732 mietete Süß eine weitere Wohnung im Haus des Freiherrn Metternich zu Müllenarck, er kam damit in adlige Kreise. Die Wohnung freilich sah bescheiden aus. Metternich gab Süß die «Wohnung zur linken Hand der Einfahrt seines dermaligen Wohnhauses, bestehend in einer großen Stube und zwei Nebenzimmern samt denen vor des Herrn Leihers Gnaden und dero Bedienten erforderlichen Bedienungen, also und dergestalten, daß selbige dieser Zimmern und Accommodements sich nach Wohlgefallen bedienen können». Weiter wurde vereinbart, daß der Freiherr «den Tisch bei ermeldtem Herrn Joseph Süß Oppenheimer, wie letzterer solchen gewöhnlichermaßen führet, nehmen, auch dero Bedienten kostfrei passieret sehen wollen». Außerdem erhielt der Freiherr monatlich bar 7 Louisdor oder 35 Reichstaler. Das Verhältnis zum Freiherrn trübte sich bald. Unter Süß' Wechselbriefen findet sich einer über 465 Gulden, von Hugo Wolfgang Freiherr von Metternich am 7. April 1732 ausgestellt, zahlbar in vier Monaten. Metternich zahlte am Termin nicht, Süß legte Wechselprotest ein und erhob im April 1733 Anklage, nun ging es schon um 879 Gulden.

Archivalische Überlieferung pflegt selten Familiäres zu streifen. Das wenige, das sich von Süß erhalten hat, soll nicht verlorengehen. Am 1. März 1726 quittierte der Edenkobener Mayer Hertz in Mannheim, von seinem Schwager Joseph Süß 50 Gulden als weiteres Heiratsgut seiner Frau Thamar erhalten zu haben, «wegen meiner Frauen Freundschaft [...], welche als ein ferner Zugebrachtes annoch in die Ehepakten zu inserieren wären». Keine auffallende Summe, aber damals stand es auch mit Süß' Einkünften nicht zum besten.

Der Stiefbruder Daniel stellte zehn Jahre nach der zweiten Erbteilung die mit ihm getroffene Vereinbarung erneut in Frage. Joseph Süß ließ sich, gewiß nicht ohne Aufbrausen, zu neuen Verhandlungen bewegen, die am 7. Januar 1728 in Mannheim ihren Abschluß fanden. Auch dieses Mal wurde die Erbteilung nicht umgeworfen. Daniel erkannte an, daß sein und seiner verstorbenen Schwester Anteil am väterlichen Haus und am übrigen Erbe abgefunden sei. Daniel hatte die im Kindesalter gestorbene Schwester Esther als erbberechtigt eingeführt. Jetzt übertrug er Joseph alles, was ihm auch künftig noch zufallen sollte, er wolle sich nicht mehr mit Unwissenheit herausreden. Süß gestand ihm noch 448 Gulden zu und gab ihm als Pfand einen Brillanten.

Mehr persönliche Farbe gewinnt die Mannheimer Zeit durch den jüdischen Schneider Moses Dopper, der aus Prag stammte, wo Süß ihn kennengelernt haben dürfte. Im November 1727 kam Dopper nach Mannheim und fand Aufnahme in Süß' Wohnung und eine Arbeitsmöglichkeit. Die Mannheimer Schneiderzunft lief Sturm gegen den Juden, der ohne Zunftmitgliedschaft sich ernähren wollte. Sie beschwerte sich beim Stadtrat, der jüdische Schneider sei «ein verlaufener Vagabund» und habe sich in die Arbeit «eingeschlichen». Süß stellte sich schützend vor Dopper. Der Stadtrat ordnete an, Süß solle dem fremden Judenschneider die Arbeit verbieten. Süß widersprach. Bei ihrem jahrelangen Kampf gegen das Stempelpapier, dessen Pächter und Geldeintreiber Süß war, beriefen sich die Stadtväter ebenfalls ständig auf die Tradition. Doch dieses Mal stand die Gewohnheit auf Süß' Seite: Früher habe die Schneiderzunft einem Juden gegen fünf Gulden das Arbeiten erlaubt. Nun war es die Zunft, die mit der üblichen Praxis brach. Am Ende durfte Dopper bei Süß bleiben und weiterarbeiten, die Regierung sprach sich am 5. April 1728 für seine Duldung aus.

Einige Jahre danach half Süß einem noch stärker bedrängten Juden. Der Oppenheimer Abraham Wahl war auf der kurpfälzischen Festung Dilsberg bei Heidelberg inhaftiert worden. Den Grund lieferte vermutlich eine Schuldsache. In solchen Fällen pflegten die Juden sich an einen ihrer Glaubensgenossen zu wenden, der Einfluß bei der Regierung hatte. So schrieb Wahl am 31. Juli 1732 auf dem Dilsberg an Leining: Süß möge ihn aus dem Gefängnis holen. Ähnliche Hilferufe erhielt Süß später immer wieder, erst recht in seiner Stuttgarter Zeit.

Den persönlichen Aspekt der Mannheimer Zeit runden die Apothekerrechnungen der Jahre 1727 bis 1732 ab. Süß ließ sich von seinem Apotheker Nicolaus Mader häufig «Laxierpillen, Pulver» und «Essenzen», Zusätze zum «Kräuterwein» oder «Bitterwein», «magenstärkende» Mittel, «Rosenwasser, Lavendelwasser», mal auch «Brechpulver, Süßmandelöl, Gliederpulver» und vor allem «Fieberpulver» geben. Sein schon damals hektisches, aufreibendes Leben, das jeden Tag Angriffe der feindseligen Umwelt bringen konnte und ihn zwischen den unterschiedlichsten Projekten hin und her trieb, schlug ihm auf den Magen. In Württemberg nahmen diese Beschwerden so stark zu, daß Süß wochenlang ans Bett gefesselt sein konnte. Das letzte Jahr litt er so sehr unter Magenkrämpfen, daß er das Essen oft nicht bei sich behalten konnte.

Bei seinem Aufstieg in Mannheim hatte Süß nicht mehr mit dem Kurfürsten Johann Wilhelm zu tun, der meist fern in Düsseldorf residiert hatte. Sein Kurfürst war Karl Philipp (1716–1742) aus der Neuburger Linie der Wittelsbacher. Zum Aufbau des Landes nach einer Jahrzehnte währenden Kriegszeit – zuerst der pfälzische, dann der spanische Erbfolgekrieg – erlaubte dieser Kurfürst die Niederlassung von 200 jüdischen Familien in der Kurpfalz. Doch sollte vor jeder Neuansiedlung die Stellungnahme der bürgerlichen Gemeinde eingeholt werden. Die Judenkonzession von 1717 übernahm im wesentlichen die von 1691, was das einheimische Bürgertum nicht gerne sah, aber nicht verhindern konnte. Als der neue Kurfürst nach Mannheim übersiedeln wollte, fand er in der zerstörten Stadt kein Schloß vor. Als Ersatz diente ihm das neue Palais des Wiener Hoffaktors Emanuel Oppenheimer im Planquadrat R 1,1. Bis 1729 diente es als Interimsresidenz und hieß später nach dem nächsten Bewohner das «Hillesheimsche Palais».

Schon in Heidelberg hatte Süß Anschluß an den Hof gefunden. Zu den wichtigsten Leuten, mit denen er zu tun hatte und die ihn förderten, zählten Franz Caspar Wilhelm Graf von Hillesheim (oberster Richter der Kurpfalz, Präsident des Oberappellationsgerichts) und Jacob Tillmann Freiherr von Hallberg (Hofkanzler, Chef der Geheimen Kanzlei). Beide saßen auch in der Geheimen Konferenz, dem Kabinett des Kurfürsten. Neben ihnen wirkte Bartholomaeus von Busch, der die Fragen des Stempelpapiers zu entscheiden hatte. Zum Direktor des Ehegerichts, Emanuel Schnerr, besaß Süß solches Vertrauen, daß er ihn in der Asperger Haft in einem zweiten Anlauf als Vertrauensanwalt wählte.

Unter den Mannheimer Geheimräten findet sich Carl Caspar Freiherr von Metternich zu Müllenarck, vielleicht ein Verwandter von Süß' Hausbesitzer. In der Geheimen Militärkommission, dem Heeresministerium, wirkten mehrere, die Süß gut kannte: Graf de la Marck (Kapitän der Mannheimer Schweizergarde), Hallberg und Hillesheim. Hier wurde über Armeelieferungen entschieden, die einträglichsten Geschäfte eines Hoffaktors. Der Hofkanzler von Hallberg stellte Süß' wichtigste Adresse für alle Rechtsgeschäfte dar. Unbefangen Juden gegenüber, begleitete er Süß' Aufstieg, auch noch in Stuttgart.

Vor dem Krieg, in dem Ludwig XIV. unter dem Vorwand von Erbansprüchen einen Teil der Kurpfalz verwüsten ließ, war die Stimmung in Mannheim Juden gegenüber durchaus freundlich. Der Stadtrat stellte sich 1685 gegen die Proteste der christlichen Metzger hinter die Schächter, weil diese Fleisch erheblich billiger verkauften. Ein jüdischer Metzger erzielte den vierfachen

Umsatz, so wenigstens behauptete die christliche Konkurrenz. Die Juden wirtschafteten sparsamer, was in der Stadt angenehm auffiel. Die Neider waren vorerst noch in der Minderheit. Doch dann schwemmte der Krieg Haßgefühle nach oben. Beim Herannahen der französischen Armee waren die meisten Mannheimer geflohen. Als dem Gouverneur der Mannheimer Festung Geld für die Besoldung seiner Truppen fehlte, zwang er die Juden, einen Boten abzusenden und auf ihr Risiko durch die feindlichen Linien Geld herbeizuschaffen, andernfalls wolle er den Rabbiner und die Vorsteher der jüdischen Gemeinde aufhängen lassen. Der Bote kam durch und brachte Geld.

Der Wiederaufbau nach der Zerstörung von 1688 erforderte neue Wirtschaftskräfte, dazu hielt Kurfürst Johann Wilhelm niemanden für so geeignet wie die Juden. Schon 1698 ließ er in Mannheim statt der bisherigen 84 jüdischen Familien 150 zu. Von da an mühte sich auch der Mannheimer Stadtrat, die Rechte der Juden einzuschränken. Höchstens einhundert Familien wollte er tolerieren, als ob er der Landesfürst wäre. Im Jahr 1701 stemmte er sich gegen die Zulassung eines weiteren Juden und schrieb der Regierung: Es könne noch so weit kommen, «daß unumgänglich die hiesige Stadt eine pure lautere Judenstadt werden muß, dahingegen die Christen das Tor mit dem Rücken werden ansehen müssen». Diese überzogene Vision ließ der mutige jüdische Gemeindevorsteher Götz Lorsch nicht auf der Judenschaft sitzen. Er ging in eine Sitzung des Stadtrats und erklärte: «Wenn zehn Juden vor den Rat kommen, so hat keiner Recht. Man hört sie nicht an, sondern es sind zehn Köpfe bei Rat.»

Die Mannheimer Gemeinde wuchs, und ihre Wirtschaftskraft stieg, wie der Kurfürst es gewünscht hatte. Zu Süß' Zeiten machten die Juden 12 Prozent der Einwohnerschaft aus. In Anlehnung an die Bezeichnung «Neu Mannheim» – gemeint war die wiederaufgebaute Stadt – hieß die Residenzstadt im Volksmund auch «Neu Jerusalem». Der Aufschwung brachte für die jüdische Gemeinde Probleme mit sich. Schon bei der Zulassung in Mannheim kamen aufgrund der Bauverpflichtung und einer Kaution von 1000 Talern (1500 Gulden) nur vermögende Juden in Betracht, arme wurden draußen gehalten. Handwerke standen vom Kurfürsten aus zwar den Juden offen, aber der Stadtrat und die Zünfte behinderten jüdische Handwerker, wo es nur ging. Der Magistrat griff 1718 bei einer Auseinandersetzung um die städtischen Abgaben die Judenschaft an. Die Juden bewohnten, wie er voller Neid ausführte, die schönsten Paläste und Häuser in den vornehmsten Straßen. Das traf keineswegs für die Mehrheit zu. Sie kämen prächtig in ihren Kutschen dahergefahren und feierten ihre Hochzeiten mit größtem Aufwand, «da sie nämlich zum öftern mit brennenden Fackeln und öffentlichem Spiel, auch Vorhertanzung eines Hofnarren ihren Aufzug solchergestalten auf das prächtigste über die Gassen nehmen, ihre Zimmer noch dazu mit Soldaten bewachen lassen, so daß bei manchmalen in die neun Tage lang fürwährenden dergleichen Judenhochzeiten es nicht wohl gräflicher oder fürstlicher zugehen könnte».

Ein Jahr zuvor hatte der Stadtrat eine Kleiderordnung erlassen, die in die Mode eingriff. Den Juden wurde das Tragen spanischer «Ryden» untersagt, was die sephardischen Juden aus Spanien und Portugal traf, die seit über fünf Jahrzehnten in Mannheim lebten. Bei den Ryden handelte es sich um weite, reich und bunt bestickte Kleider, eine spanische Mode. Verboten wurden darüber hinaus kostbare Kleider und Mäntel aus Damast und Seide. Vorgeschrieben war dieselbe Kleidung «wie in Frankfurt, Worms und anderen Städten mit gemeinen schwarzen oder anderen Mänteln, jedoch ohne Schabbesdekkel». Frauen und Töchtern wurde «das kostbare Gold- und Silbertragen verboten».

Diese Kleiderordnung wurde zwar wenig beachtet, aber nicht allen Juden war sie zuwider. Die aufwendige Kleidung im Stil der Zeit erschien als ein erster Schritt zur Assimilierung, vorerst im Äußerlichen. Der Orthodoxie war der staatliche Eingriff willkommen, sie befürchtete nach der äußeren Anpassung die innere. Auch die Regierung wollte die Unterschiede nicht verwischt sehen. 1721 machte sie dem Kurfürsten einen Vorschlag, der den sichtbaren Unterschied zwischen Juden und Christen retten sollte. Im ganzen Land trügen die Juden kostbare Kleider, Westen, Perücken und Kleinodien und würden «sonsten in ihrem Aufzug dergestalt einhertreten, daß sie von den Christen fast nicht mehr zu unterscheiden» seien. Die Kleidung selbst vorzuschreiben, wagte die Regierung nicht. Im Rückgriff auf eine Reichsverordnung der Reformationszeit wünschte sie jedoch, daß die Juden «einen gelben Ring oder gewisses Zeichen an dem Rocke oder auf dem Hut allenthalben unverborgen zu ihrer Erkanntnuß offentlich zu tragen hätten». Freilich sollten sie gegen eine ihrem Vermögen entsprechende Abgabe das Zeichen ablösen können. Der Kurfürst schob diesen Vorschlag beiseite.

In Fürth bei Nürnberg erließen die Vorsteher und Rabbiner 1728 eine jüdische Kleiderordnung, die sich gegen luxuriöse Stoffe und die Mode richtete. Die Juden in der markgräflichen Residenz Karlsruhe erhielten 1737 vom Stadtrat eine Kleiderordnung. Den Jüdinnen wurde verboten, in Reifröcken und mit Kragen, die mit Gold und Silber besetzt waren, die Synagoge zu besuchen. Hinterwäldlerische Vorschriften, selbst die Ehefrau des traditionalistischen Schtadlans Salomon Mayer gab sich modebewußt und ließ sich in ihrem Geschmack nicht beirren.

Im Wandel der Moden und Kleiderordnung fiel Süß nicht weiter auf. Er trat von Anfang an nicht als traditioneller Jude auf, was niemand beanstandete. Anders in Stuttgart, wo nur wenige jüdische Familien lebten, die eher der Gettokultur folgten und sich noch streng absonderten. Als Süß ein großer Finanzmann am Hof war, entwickelten diese zumeist aus Frankfurt eingewanderten Traditionalisten, die in Stuttgart doppelt fremd waren, Abneigung gegen seine Erscheinung.

Gelegentlich wirkte Süß in Mannheim als Rechtsbeistand, so für einen reformierten Schuldiener aus Freinsheim. Im späteren Verhör in Stuttgart kam sein Sekretär Carl Ludwig Höfflen auf diesen Tätigkeitsbereich zu sprechen: In Mannheim habe Süß als Agent Bittsteller beraten, die ihr Recht suchten. Es sei ihm gelungen, Prozesse, die schlecht standen, zu einem guten Ergebnis zu bringen. Als Süß' Unterstützer vermutete Höfflen Hallberg, «der sein [Süß'] Patron gewesen», und Philipp Jacob Lautz, den Süß als Advokat benötigte. Leining habe ihm, Höfflen, einmal eine Liste von 100 Prozessen gezeigt. Bei solchen Auseinandersetzungen war ein Honorar fällig, das angesichts der ursprünglichen Hoffnungslosigkeit stattlich ausfallen konnte.

Joseph Süß selbst spielte in den Verhören seine Position herunter: Er habe Zugang zur kurpfälzischen Hofkanzlei gehabt und Prozesse eingereicht. «Wenn ein Fremder gekommen, der die Leut in der Kanzlei nicht gekannt, so sei er mit ihnen hineingegangen.» Unlauterer Mittel habe er sich nicht bedient. Den Leuten habe er nur gezeigt, bei wem sie die Ausfertigung ihres Urteils erhalten könnten. Auch in diesem Punkt gab es aus Mannheim keine Beschwerden gegen Süß. In seinen eigenen Prozessen ließ Süß sich durch Graff, Lautz und Schnerr vertreten. Diese Juristen empfahl er auch anderen.

Ansonsten trat Süß in Mannheim als Privatbankier auf, nahm Geld auf und verlieh es weiter. Seine anfänglich hohen Kosten für das Stempelpapier mußte er zum größten Teil selbst leihen. Deutlich nach oben ging es mit seinen Geldgeschäften Ende 1728. Von der Witwe des Walter de Beche, die in Köln lebte, lieh

Süß jahrelang größere Summen aus. Darüber existierte eine umfangreiche Korrespondenz: 55 Briefe zwischen Oktober 1728 und Mai 1733, die die Stuttgarter Justiz leider wegwarf. Wer Schulden eingetrieben haben wollte, konnte Süß damit beauftragen, der dafür ein Honorar erhielt, das in der französisch geprägten Sprache der Zeit «douceur» hieß. Er pflegte diese Belohnung mal offenzulassen, mal genau zu vereinbaren. In Stuttgart erntete allein schon die Tatsache eines Honorars Geschrei – eines der vielen Beispiele, wo die Württemberger einer unbedenklichen kurpfälzischen Praxis den Vorwurf des Hochverrats anhängten.

Nach seinem Verhör in Frankfurt stellte Leining zusammen, bei wem Süß während seiner Mannheimer Zeit Kredit genoß: bei Frau de Beche in Köln von Messe zu Messe (pro Jahr) 1000 bis 3000 Gulden; bei Johann Caspar Kreidemann in Augsburg mehr als 2000 Gulden; bei Hirschel Baruch in Mannheim 1500 Gulden; bei Jacob Ullmann in Mannheim 6000 Gulden und mehr; bei Wahler in Frankfurt 6000 bis 8000 Gulden; bei Emanuel Schwartzschild, Löw Joseph Wetzlar und anderen weitere, aber nicht genannte Summen. Süß' Kredit bei Frankfurter Geldleihern schätzte Leining auf mehr als 20000 Gulden. Die Konkurrenten Salomon Mayer aus Karlsruhe und Isaac Simon Landau schwatzten dagegen in Stuttgart der Justiz ein, Süß habe in Mannheim keinerlei Kredit genossen. Durch ihre jahrelange Bekanntschaft mit Süß wußten sie sehr wohl, daß sie Lügen verbreiteten.

Gegen diese Verleumdung war Joseph Süß machtlos. Seine Geschäftsbücher sind lückenhaft überliefert, vermutlich wurden sie nie vollständig geführt. Er war ein Wirbelwind, kein Buchhalter, ein Spieler, kein Pedant. Am 1. Oktober 1730 begann er sein erstes Geschäftsjournal, das bis zur Ostermesse 1731 reichte. Dieser späte Beginn erschüttert die überlieferte Ansicht, Süß habe mehrere Lehrjahre in großen jüdischen Firmen in Amsterdam, Prag und Wien verbracht. Viel eher sieht er nach einem Autodidakten aus, der eine eherne Geschäftsregel erst dann akzeptierte, wenn sie ihm durch die Zunahme seiner Aktivitäten aufgezwungen wurde.

Schon um 1730/31 tauchen im Journal vermehrt die Geschäftspartner auf, die 1733/34, bei der Wende seines Lebens, den Schwerpunkt der Aktivitäten ausmachen. Süß belieferte hohe Herren der kurpfälzischen Regierung mit erlesenen Waren, nahm von ihnen Geld auf und lieh es anderen weiter. So erhielten der Generalleutnant Graf von Thurn und Taxis und seine Frau Maria Johanna, geb. Freiin von Guttenberg, am 25. Juni 1729 von Süß 3880 Gulden auf Kredit. Damit war eine Brücke zu den Thurn und Taxis geschlagen, was Süß später bei Prinz Carl Alexander von Württemberg zugute kommen sollte, dessen Frau eine Prinzessin aus diesem Geschlecht war. Langsam öffnete sich so der Weg zur Mannheimer Hoffaktorenstellung, mit diesem Titel stieg wiederum der Kredit bei Bankhäusern und Händlern.

Auf einen emporkommenden jüdischen Geschäftsmann konnte auch absteigender Adel seine Hoffnung setzen. Aus einem Dorf im Kraichgau erhält Süß 1728/29 vier Briefe, die ihm so wichtig sind, daß er sie mit seinem Mannheimer Archiv nach Frankfurt nimmt. Frau S. C. von Feltenburg, geborene von Leutrum, die in Mönchzell bei Meckesheim wohnt, einem Ort zwischen Heidelberg und Sinsheim, bittet Süß um Geld. Sie befindet sich in arger Not und muß auf höchste Diskretion achten. Auf einmal ist der Jude nicht mehr Jude, sondern heißt respektvoll «Mein Hochgeehrtester Herr Süß». Die adlige Dame versteht Süßholz zu raspeln. In ihrem ersten Brief vom 10. Juni 1728 bittet sie den Geldleiher, er möge «so höflich sein, mir diese große Freundschaft erzeigen und wollen mir helfen, ob es sich nicht beliebig, durch diesen expresse [Boten] mir zu schreiben, wie Sie etwa mir oder wann ich vor gewiß Geld bekommen könnte. Ich versichere Ihnen, Mein Hochgeehrtester Herr Süs, daß ich ehrlich wieder bezahlen will, aber ich möchte selbst alles gern geheim haben.» Sie brauche Geld, koste es, was es wolle. «An viele mag ich mich nicht hängen.» Zu bekannteren Bankiers traut sie sich nicht, sie ist schon zu stark verschuldet, ihre Zahlungsunfähigkeit käme heraus. Als Garantie kann sie anfangs nur ihre Ehre nennen – darauf gibt ein Geldleiher nichts. Auch wenn die Dame als «geneig[te]ste Freundin» unterzeichnet, so geht es doch nur um Geld. Von Erotik, wie sie so schön ins Süß-Klischee passen könnte, ist nichts zu spüren.

Joseph Süß antwortet, er liege krank in Heidelberg. In ihrem zweiten Brief vom 30. Juni 1728 schreibt die Kreditkundin, sie könne unmöglich selbst aus dem Haus, Süß möge, sobald er gesund sei, zu ihr nach Mönchzell kommen. Sie will ihr Versprechen heilighalten und ihm etwas im einzelnen zeigen. Gemeint ist ein Pfandobjekt, ein Schmuck, den sie auf Verlangen als Sicherheit stellen soll. Die Kundin unterschreibt mit ihren Initialen SCVFGVL: ein Stück Vertraulichkeit und Geheimnistuerei zugleich. Erst in der Nachschrift wird der Freifrau klar, daß es keine Zeit mehr zu verlieren gibt, am nächsten Sonntag ist Zahlungstermin bei einem gefährlich drängenden Gläubiger. So entschließt sie sich, Süß ein Pfandobjekt auszuhändigen.

Am 12. Juli 1728 der dritte Brief: Das Problem ist noch immer nicht gelöst. Süß soll unbedingt zu ihr kommen, «ich will ja alle Unkosten bezahlen». Es geht um «meine Ehr und Reputation». Wenn Süß nicht weiter als bis Heidelberg kommen könne, «so will [ich] eben sehen, daß [ich] in der Nacht dahin zu ihm gehe, um die Sache gleich auszumachen. Ich hätte gern was mitgeschickt, aber diesem Boten ist nicht zu trauen und kann sonst niemand bekommen bei dieser Erntezeit». Die Dame will nicht gesehen werden, wie sie in das Haus eines Juden geht. Endlich legt sie ihrem Brief ein Pfandobjekt bei.

In Mannheim hatte Süß bei Adligen auch anderes erlebt. In einer Denkschrift für den Freiherrn von Venningen berührte er seine Probleme mit Wechselforderungen. Ein Adliger hatte ihm unter Spott eine fällige Wechselschuld abgeleugnet. Dafür war das Wechselgericht zuständig. Ein solcher Streit konnte lange und unter Verlust verschleppt werden.

Ansonsten erledigte Süß in Mannheim kleine und mittlere Lieferungen für höhere Herrschaften, auch gegen Ausstellung eines Wechselbriefes, er pflegte 6 Prozent Zinsen zu nehmen, was im Rahmen des Üblichen blieb. 1730/31 bezog er für seine Kunden wertvolle Waren vom Augsburger Silberhändler Kreidemann: Bestecke und vor allem silberne Tabaksdosen, einen Modeartikel. Seine Lieferanten bezahlte er mit Wechseln. Die Zahlungsfristen liefen über ein halbes oder ganzes Jahr, von Messe zu Messe. So stellte Kreidemann in Augsburg am 26. November 1731 Süß eine Gesamtrechnung auf: Süß habe Waren im Wert von 1311 Gulden erhalten, der Händler verlangte die Bezahlung bis zur Ostermesse 1732. Dem Geheimrat von Pütz besorgte Süß 1730 einen Schlafrock, vier Fässer Leimener Wein, 10 Malter Korn, 11 Rollen Seidenstoff, einen Hut, 20 Ellen schwarzen Samt und ähnliches. Die Ehefrau bestellte Silberbesteck. Darüber hinaus kaufte Süß einen durch den Geheimrat ausgestellten Wechselbrief über 368 Gulden von Elias Moses Schwaab. So stand der Geheimrat bei ihm mit fast 2000 Gulden in der Kreide.

Die Geschäfte nahmen 1731 weiter zu. Süß bekam mit dem Mannheimer Juden Jacob Ullmann zu tun. Obwohl er am 26. Juni 1731 Lebensmittel an Ullmann geliefert hatte, blieb er bei der «Hauptabrechnung» 4329 Gulden schuldig. Es beweist, wie seriös und finanzkräftig Süß war, daß er diese beträchtliche

Summe ein halbes Jahr später begleichen konnte. Zu dieser Zeit knüpfte er Geschäftsbeziehungen zum Frankfurter Bankhaus der Brüder Johann Georg und Johann Carl Wahler. Seine Umsätze schnellten nach oben, ohne daß sich erkennen läßt, womit er handelte. Im Dezember 1731 lautet sein Schuldkonto bei Wahler auf immense 15780 Gulden, die Begleichung machte keine Schwierigkeiten. Am 4. April 1732 zahlte Süß schon eine neue Schuld von 5419 Gulden ab. Bei einer Mahnung vom 22. Oktober 1732 schrieben die Brüder Wahler: Süß stehe jetzt in starken Geschäften, man habe ihm 1000 Gulden Kredit eingeräumt, jetzt solle er aber zahlen.

Es ging weiter nach oben, und so ebneten sich die Wege in Frankfurt, wo Süß bereits zwei Zimmer in der «Post» gemietet hatte, außerhalb des Gettos. 1733 treten in seinen Büchern immer mehr Frankfurter Geschäftspartner auf. Süß orientierte sich nach verschiedenen Richtungen, viele Spuren sind freilich verwischt. Vom 18. bis zum 23. August 1732 hielt er sich mit einem Herrn (Isaac Simon Landau?) in Karlsruhe auf und wohnte im Gasthaus «Zur Sirene», wo sie zwei Pferde unterstellten. Die Brüder Wahler bekamen zugetragen, Süß habe in der Markgrafschaft Baden-Durlach das Stempelpapier übernommen. An den Höfen gab es viele Ohren. Süß war damit tatsächlich nicht durchgekommen. Die Wahlers wünschten ihm verfrüht einen guten Profit und erinnerten beruhigt an den Ausstand von 800 Gulden. Im Dezember 1732 schlug Süß das Stempelpapier auch in Darmstadt vor, erneut vergeblich. Mitte 1734 hatte er mit dieser Idee fast Erfolg: in Stuttgart.

Im Wirtschaftsgebiet zwischen Mannheim und Frankfurt suchte sich Süß größeren Handelsspielraum zu verschaffen. Er wollte sich von lästigen, zudem demütigenden Abgaben freihalten, die ihn als Juden verletzten. Der Wormser Stadtrat befreite ihn am 12. Dezember 1730 vom Wormser «Geleit- und Zeichengeld auf zwei Jahr». Damit brauchte Süß den Judenleibzoll und die Gebühr für das Nichttragen des Judensterns nicht zu entrichten. Das Ratsprotokoll hält fest: Diese Entscheidung kam zustande, weil Süß ein Empfehlungsschreiben an den Wormser Senator Knode vorwies, unterzeichnet von Hillesheim, dem Präsidenten des kurpfälzischen Oberappellationsgerichts. Bei allen späteren Geschäften, so bei der Münze in Darmstadt oder in Stuttgart, sorgte Süß zuerst dafür, daß er von allen Judenabgaben und vom Zoll freikam. Lange vor der Zolleinigung verstand er es, wenigstens für sich die lästigen Schranken zu überwinden.

Pächter des
kurpfälzischen Stempelpapiers

Im offenen, von Juden mitgestalteten Mannheim fand Süß genügend Spielraum, um sich nach eigenem Geschmack zu entfalten. Er ließ sich nicht auf seine Herkunft festlegen und stieg langsam vom kleinen Handel über alle möglichen größeren Aufträge zum Pächter eines staatlichen Monopols auf. Hier gewann er erste Einblicke in die Regierungsarbeit, was ihm in Darmstadt und vor allem in Stuttgart zugute kam. Doch die tiefgreifenden Unterschiede zwischen der religiös gemischten, toleranteren, aufgeschlosseneren und eher judenfreundlichen Kurpfalz auf der einen und dem evangelischen, ständestaatlichen, intoleranten, antijüdischen Württemberg auf der anderen Seite nahm er nur unzureichend wahr. An seiner Pacht des Stempelpapiers lassen sich jedenfall besser als an anderen Geschäftsprojekten die allgemeine Regierungspraxis, die Stellung eines Juden und Süß' individueller Geschäftsstil erkennen. Die Mannheimer Erfahrung formt das Muster seiner künftigen Haltung gegenüber einem ihn und den Landesherrn boykottierenden Regierungsapparat. So verstehen wir die Zusammenstöße besser, bei denen die Gegenseite Joseph Süß Arroganz und Anmaßung vorzuwerfen pflegte.

Der Zugang zur Regierung gelang Süß durch den Mannheimer Hofgerichtsadvokaten Graff, Kurfürst Karl Philipp suchte neue Einnahmequellen. Ende 1722 erinnerte jemand an das Stempelpapier, das in der Kurpfalz einst floriert hatte. Jede

Urkunde, egal ob Vollmacht, Prozeßeingabe oder Bittschrift, mußte auf ein vorher von der Hofkammer gestempeltes Papier geschrieben werden, das je nach Einkommen des Benutzers und Zweck unterschiedlich hohe Gebühren kostete. Die Regierung setzte damit für schriftliche Vorgänge und deren Rechtsgültigkeit einen Preis fest. Das Stempelpapier war ein Opfer des bürokratischen Schneckengangs und der bürgerschaftlichen Obstruktion geworden. Noch 1720 jammerte man in der Regierung darüber, wie oft einst das Stempelpapier hatte gemahnt werden müssen. Selten war es in den fünf verschiedenen Preisstufen richtig angewendet worden, beliebt war die Flucht in die billigste Gebührenkategorie. Inzwischen wurde das Stempelpapier häufig nicht mehr benutzt und die Gebühr nicht abgeführt.

Diese Einnahmequelle des Staates wieder zu erschließen erschien nicht erfolgversprechend, sofern man den Einzug der Stempelgebühren der staatlichen Verwaltung überlassen wollte. Als Alternative bot sich eine Privatisierung auf unternehmerischer Pachtbasis an, in der Sprache der Zeit: statt (staatlicher) «Administration» (private) «Admodiation». Süß war ein grundsätzlicher Verfechter der privatwirtschaftlichen Lösung. Die kurpfälzische Regierung entschloß sich zu diesem Weg, doch vor einem Juden machte sie das Kreuz. Sie suchte nach Gesellschaftern, zur Not Strohmännern, und fand sie im Advokaten Graff und einem Sekretär. Als der Sekretär begriff, daß ihn auch das Risiko eines Verlustes treffen konnte, lehnte er am 8. Januar 1723 ab, er wollte nur Verwalter sein. So blieb als Unternehmer nur Süß übrig, Graff war nichts weiter als Strohmann. Den Vertrag empfahl die Hofkammer allein mit dem Advokaten Graff abzuschließen, der sich später aber nie mit den auftauchenden Problemen herumzuschlagen brauchte, Süß sollte im Hintergrund bleiben. Die Hofkammer arbeitete lange gegen

Süß, was ihm hohe Verluste einbrachte. Zu diesem Geschäft gelangte er also nur deshalb, weil der christliche Sekretär und der Advokat das Risiko scheuten. Davon sprach nachher niemand mehr.

Die Regierung hatte es eilig, gleich erschien eine gedruckte Verordnung der Hofkammer über «die Distribution und Obsorg des gestempelten Papiers und Pergaments». Als Vertragspartner wurden Advokat Graff und «lieben Getreuen» genannt. Unter der Mehrzahl verbarg sich allein Süß. Die Verordnung war so hastig und gedankenlos zusammengeschustert worden, daß sie sich im Laufe der folgenden Monate als widersprüchlich und lückenhaft herausstellte. Das Lehrgeld für eine stufenweise Überarbeitung dieser Gebührenordnung bezahlte Süß, dem zweimal der Vertrag verschlechtert wurde, ohne daß man ihm die Pachtsumme ermäßigte. Der Lernprozeß für die Modernisierung des kurpfälzischen Finanzwesens ging allein auf die Rechnung des Pächters.

Nach dem Vertrag hatte Süß jährlich 3000 Gulden an die Hofkammer abzuführen. Nur weil er die bisherigen angeblichen Einnahmen der Hofkammer aus dem Stempelpapier von 1300 bis 1400 Gulden pro Jahr mehr als verdoppelte, bekam er das Stempelpapier anvertraut. Eine Kaution wollte man ihm nicht zumuten, statt dessen mußte er jedes Quartal 750 Gulden vorauszahlen. Der Vertrag sollte sechs Jahre gelten. In seinen Hohenasperger Verhören sagte Süß, er habe nur drei Jahre lang das Stempelpapier vertrieben. Tatsächlich waren es sechs gewesen: von 1723 bis 1729.

Zum vehementesten Gegner des Stempelpapiers warf sich von Anfang an der Mannheimer Stadtrat auf. Er verweigerte den Gehorsam, hängte die gedruckte Gebührenordnung nicht aus und ignorierte konsequent alle Anordnungen der Hofkammer, wie das Stempelpapier anzuwenden sei. Er stellte sich auf den Standpunkt, er sei seit Jahrzehnten von jeder Akzise, der Verbrauchssteuer, befreit, das gelte auch für das Stempelpapier. Der Boykott war abgesprochen zwischen Bürgertum und Regierungsorganen. Die Hofkammer verfolgte die Einhaltung der Verordnung nur halbherzig, die Regierung tat kaum das Notwendigste, Kurfürst Karl Philipp lange nichts. Endlich, am 5. August 1723, bequemte sich der Landesherr, auf den Boykott zu reagieren. Er befahl einseitige Änderungen zu Lasten von Süß, ohne zu verhandeln. Gegenüber dem jüdischen Pächter trat der Kurfürst als absoluter Monarch auf, nicht aber bei seinem unwilligen Regierungsapparat und dem aufsässigen Stadtrat.

In einem ersten grundsätzlichen Schreiben nahm Süß am 16. August 1723 Stellung. Diese Eingabe offenbart seine Souveränität auch in einer verwickelten Lage. Selbst wenn Süß diese wie alle offiziellen Schreiben durch einen Sekretär verfassen ließ, so ist doch seine Linie gut zu erkennen. Er mißtraute der Regierung und wandte sich deshalb an Kurfürst Karl Philipp persönlich. Er bat um die Respektierung des kurfürstlichen Befehls vom 5. August, auch wenn er darin Verschlechterungen erlitten habe. Er ahnte, daß nicht einmal diese Reduzierung eingehalten würde, man hatte ihm keine Abschrift des Befehls zukommen lassen. Dann legte Süß eine Kalkulation vor, wie sich die Einschränkung der Stempelpapierordnung zu seinem Nachteil auswirke. Dem weiteren Erfolg müsse er überlassen, ob er «dabei werde subsistieren können oder nicht». Die erste Andeutung einer Kündigung. Bis jetzt habe er noch nicht einmal so viel Stempelpapier ausgegeben, wie er für seinen Vorschuß aufbringen müsse. Seine Nebenkosten habe er noch gar nicht berechnet. In diesem frühen Stadium gab er sich noch gutwillig, fast naiv und optimistisch.

Nun die Verschlechterungen. Der Kurfürst hatte arme Leute vom Stempelpapier ausgenommen. Süß wiederholte, er sei nie dagegen gewesen, solange seine Pacht gutgehe. Wenn aber wie zur Zeit die Sache noch mit Verlust verbunden sei, befürchte er Mißbrauch. Er verlange eine Prüfung und ein Attest der Armut durch das Hofgericht in Mannheim. Wer einen Prozeß gewinne, müsse die Stempelgebühr nachzahlen. Im Befehl vom 5. August hatte der Kurfürst die Geheime Kanzlei erneut angewiesen, das Stempelpapier zu verwenden. Süß wußte inzwischen, daß eine bloße Aufforderung nichts nützte, er verlangte einen «scharfen Befehl». Durch eine Menge Detailvorschläge suchte er die Löcher für mögliche Unterschlagungen zu stopfen.

Der Kurfürst war von diesem Schreiben beeindruckt. In seiner Sommerresidenz Schwetzingen befahl er am 2. September der Regierung: Eingaben ohne Stempelpapier sollen nicht beantwortet werden; wer arm sei, habe darüber eine Bescheinigung vorzulegen; wer in seinem Prozeß siege, bezahle die Papiergebühr hinterher; die Gerichte sollen angemahnt werden, die Strafen für die Verweigerung des Stempelpapiers einzutreiben. Erst jetzt wies das Hofgericht seinen Sekretär an, Süß Geld auszuzahlen. Wenn es jedoch an die Bestrafung für die Nichtverwendung des Papiers gehe, solle vorher das Hofgericht benachrichtigt werden. Das Gericht aber ließ die Sache weiter liegen.

Inzwischen erhob Süß wieder einmal Beschwerde gegen die Verweigerungspolitik des Mannheimer Stadtrats. Er hatte eine hieb- und stichfeste juristische Argumentation entwickelt, an der sich der Stadtrat die Zähne ausbeißen sollte. Der Magistrat berief sich weiter auf seine Privilegien, die aber nur eine Befreiung von der Verbrauchssteuer vorsahen. Süß hielt dagegen, daß in den Privilegien eine Befreiung vom Stempelpapier nicht erwähnt werde. Dieser Argumentation schloß sich am 28. September die Hofkammer an: In den alten Privilegien der Stadt sei «nur dieses vorbehalten, daß von demjenigen, so jeder Inwohner zu Mannheim an Wein, Bier, Korn, Mehl und ander zu seiner Haushaltung vonnöten hat und eintun will, er je- und allezeit an Kurpfalz keine Akzis bezahlen soll». Die Hofkammer meinte, es sei nicht zulässig, über den Wortlaut hinaus andere Dinge darunter zu zählen. Wenn die bisherige Praxis des Stadtrats zum weiteren Vorwand dienen solle, «so ergeben obige Umstände, daß die bisherige böse Observanz [Praxis] mehr ein sträflich- und unterschlagener Mißbrauch und eine beim Stadtdirektor und Stadtanwalt unternommene Collusion [geheime Absprache] und Privateigennutz sei». Dann wurde die Stadt angewiesen, dem Pächter ein Verzeichnis aller ausgestellten Urkunden auszuhändigen, die Verträge, Käufe, Verkäufe, Gasthausrechte und Bürgeraufnahmen beträfen, und zwar seit dem Beginn von Süß' Pacht. Doch der Stadtrat regte sich nicht.

Am 6. Oktober erschien eine veränderte Stempelordnung, nun wurde nur noch Süß als Pächter genannt. Auf seinen Vorschlag hin formulierte man die Allgemeingültigkeit dieser Ordnung neu, um «aller Orten eine gleichlautende Richtschnur» zu haben. Der Umfang des Textes war auf das Dreifache der ersten Fassung angeschwollen. Die vielen Abschnitte, die relativ kleinen Buchstaben und die verzwickte Bürokratensprache machten die Sache nur schwieriger. Die Zünfte wurden angewiesen, alle Lehrbriefe auf Stempelpapier zu schreiben – was sie weitere zwei Jahre verweigern werden. Bei Unterschlagungen solle der Kammerfiskal die vorgesehenen Strafgebühren eintreiben – was selten und bei mächtigen Regierungsorganen gar nie geschehen sollte. Auch die Stadt Mannheim wurde erneut mit einer Strafe bedroht – ohne Wirkung.

Einen Monat später, am 12. November, übersandte Süß der Hofkammer seine bisher ausführlichste Eingabe, 15 Seiten lang. Er beschrieb die Rechtsverstöße des Stadtrats, nannte sie «strafbar» und dessen bisherige Praxis «Unfug». Er befürchtete einen

Präzedenzfall. Der Magistrat gab sich nicht die geringste Mühe mit seiner juristischen Argumentation und wiederholte nur seine bereits widerlegten Ausreden. Er schlug zurück und behauptete, im Gegensatz zum Pächter handle er im Interesse des Kurfürsten. Im Gegenzug verlangte Süß erstmals Schadensersatz vom Vertragsbeginn an. Der Stadtrat müsse eine Liste der Urkunden «pflichtmäßig und ohnverzüglich einsenden». Süß war kein ängstlicher Jude, kein gescheuchter Außenseiter mit demütig gebeugtem Rücken, sondern ein selbstbewußter, seiner Position absolut sicherer Kenner des Rechtes und der politischen Praxis.

Die angesichts des Boykotts seltsam anmutende Behauptung, nur der Stadtrat vertrete das Interesse des Kurfürsten, untermauerten die Stadtväter mit einer Hetze: Der Neid klopft an die Tür. Süß gab ihre Drohung wieder: «[...] wenn es mit dem gestempelten Papier auf dem Fuß, wie ich suchte, gehalten würde, [müßte] ich einen weit größeren Canonem geben.» Gemeint war eine empfindliche Erhöhung der Pachtsumme. Der Ton wurde schärfer, Süß sollte ruiniert werden. Da drehte der Pächter das Argument des Interesses um: Der Stadtrat sei es, der das Interesse der Bürgerschaft verletze, indem er Schulden bei Süß mache und künftig auch Strafgelder abführen müsse. Dieser Schaden solle nicht aus der Stadtkasse, sondern aus dem Privatvermögen der Magistratsmitglieder beglichen werden.

Als nächste Regierungsorgane nahm sich Süß das Revisions- und das Hofgericht vor. Selbst die Institutionen, die bei Mißachtung der Stempelpapierordnung Zwangsmaßnahmen einzuleiten hatten, mißachteten das Stempelpapier. Gegen sie schlug Süß Härte vor, die persönlich schmerzen sollte. Den Sekretären der Gerichte solle so lange ihre Besoldung einbehalten werden, bis sie ihm die Liste der Urkunden auslieferten und die rückständigen Gebühren bezahlten. Dieses Mal folgte die Hofkam-

mer, doch der Kurfürst fiel seiner Behörde und seinem Pächter
in den Rücken. Er widerrief sofort diese einzige wirksame Maßnahme. Wankelmut und Unfähigkeit waren nicht mehr zu übersehen. Die Exekution der Strafgebühren drohte zum Fiasko zu
werden, hinter dem Scheitern steckte System. Wenn Süß eine
Strafe von zwei Talern eintreiben wollte, mußte er vorher vier
Taler Gebühren entrichten. Und wenn dann beide, der Fiskal
und Süß, das Geld zwangsweise kassieren wollten, fehlte ihnen
die Vollmacht dazu. Nun wollte Süß nicht mehr länger stillhalten. Laut Vertrag
habe die Hofkammer ihm zu seinem Recht zu verhelfen, aber
alle Mühen und Kosten blieben allein an ihm hängen. Unglaubliche Summen habe er schon dafür ausgegeben, bald besitze er
kein Geld mehr, um sein Pachtgeschäft fortzuführen. Erstmals
wollte er die Quartalsumme verweigern. Es half nichts. Während alle Behörden weiterhin boykottierten, erzwang die Hofkammer von Süß die Zahlung des Vorschusses. Süß war empört
und verlangte erneut eine Gehaltssperrung für widerstrebende
Beamte, auch für den unwilligen Kammerfiskal.

Schon nach wenigen Monaten hatte Süß erkannt, woran die
kurpfälzische Finanzverwaltung krankte. Doch der Apparat
sperrte sich gegen eine Reform, die Süß für geboten hielt. Zur
Not wollte Süß die Durchsetzung der Gebühr selbst in die Hand
nehmen, wenn er nur die Vollmacht dazu bekäme. Am 2. Dezember reichte er eine noch gewichtigere Beschwerde ein: Der
Kurfürst habe in weiteren Punkten den widerstrebenden Bürgern das Stempelpapier erlassen oder ermäßigt. Der Pächter
fühlte sich betrogen. Bei Vertragsabschluß hatte er sich im Vertrauen auf die Vertragstreue der Kurpfalz zu dem Vorschuß verpflichtet. Inzwischen genehmigte der Kurfürst Ausnahmen,
nur Süß ließ er nichts nach. Endlich hatte der Pächter noch erfahren, daß früher jährlich nie mehr als 1300 bis 1400 Gulden

Stempelpapiergeld eingegangen waren. Die Regierung hatte bei den Vertragsverhandlungen von höheren Einnahmen gesprochen und ihn damit hinters Licht geführt. Inzwischen verweigerte sogar die Geheime Kanzlei das Stempelpapier in den höheren Kategorien, die Süß spürbar mehr Geld eingebracht hätten.

Die Hofkammer mußte dem Pächter recht geben und wiederholte zum soundsovielten Mal, was schon alles beschlossen worden war. Von konsequenter Durchsetzung war allerdings auch jetzt nicht die Rede. Innerhalb weniger Monate hatte ein Außenseiter den tief im Regierungsapparat eingefressenen Schlendrian bloßgelegt, was den Beamten offensichtlich auf die Nerven ging. Ihr Desinteresse, das Übel abzustellen, offenbarte die Hofkammer mit einem Antrag an den Kurfürsten, «ob wir die Nutzungen des gestempelten Papiers und Pergaments in eine anderweite Admodiation begeben oder durch eine ordnungsmäßige Administration besorgen lassen sollen» – entweder ein neuer, willfähriger Pächter oder freie Hand für die Schlamper und Gesetzesumgeher.

Im Januar 1724 führte Süß seine ersten Überprüfungen (Visitationen) auf dem Land durch. Er kam entsetzt zurück, die meisten Punkte der Verordnung wurden gerade von den Obrigkeitspersonen nicht eingehalten. Süß befürchtete am 19. Januar, der Präzedenzfall könne das ganze Land anstecken: Womöglich lehne auch Frankenthal bald das Stempelpapier ab, und Mannheim könne auch noch gegen das Salzmonopol protestieren. Er bat die Kommission um ein Gutachten, «denn ich mich einmal nicht länger mehr mit der bloßen Hoffnung ernähren kann, es sei denn, daß die Hochlöbliche Hofkammer oder Ihro Kurfürstliche Durchlaucht mich mit dem kontrahierten Quanto künftighin verschonen täte».

Der Kurfürst blieb unentschlossen und ließ dem Mannheimer

Stadtrat in wachsweichem Ton mitteilen, die Verordnung bleibe unverändert bestehen. Der Stadtrat folgerte daraus, auch er dürfe beim alten bleiben, bei der Verweigerung. Die Kommission der Hofkammer nahm einen Anlauf, das leidige Problem zu lösen. Erstmals setzte sie am 31. Januar dem Stadtrat eine Frist von acht Tagen, um eine Liste aller ausgestellten Urkunden einzureichen. Der Magistrat rührte sich nicht. Am 7. Februar wurde die Frist um drei Tage verlängert. In ungehörigem Ton erlaubten sich die Ratsherren, zu der ergangenen kurfürstlichen Verordnung «eine Erläuterung zu begehren». In seiner nächsten Eingabe verlangte der Magistrat, in den Preiskategorien Unterschiede zu machen zwischen Mannheim und dem Land. Wenn die Stadt, wie Süß es verlange, die Gebühren eines ganzen Jahres nachzahlen solle, so bringe dies «große Confusiones [Verwirrungen] und Verdrießlichkeiten». Wenn überhaupt, dann wolle Mannheim höchstens in Zukunft zahlen. Und falls Süß das Geld einstreiche, so müsse er eine weit höhere Pacht abführen, «weilen dergleichen Profit einem Christen viel mehr als [einem] Juden zu gönnen».

Die Verweigerung ergriff nun tatsächlich auch das Land. Das Oberamt Neustadt/Weinstraße beschuldigte Süß, bei der Überprüfung rechtswidrig vorgegangen zu sein. Die Regierung untersuchte die Vorwürfe und wies am 29. April die Klage zurück. Nachdem Süß einen Teil des Landes kontrolliert hatte, erstellte er zum 27. Mai seine erste Bilanz: verheerendes Defizit. Seit dem 1. Februar 1723 hatte er lediglich 2120 Gulden eingenommen. Seine Kosten für Pacht, Papier, Verlag, Bittschriften und Personal schätzte er auf 4500 Gulden. Dabei erhalten wir erstmals Einblick in seine Firma: Ein besonderer Schreiber kontrolliert das Stempelpapier, ein Buchbinder beschneidet das Papier, das Personal läßt das Papier bei der Hofkammer stempeln und versieht es danach mit dem Stempel des Pächters. Süß muß Zollbedienstete bezahlen, die das Papier abholen, mit allen Ämtern und Städten abrechnen und darüber Buch führen. Für seine zahlreichen eigenen Eingaben werden Gebühren bei Advokaten und Ämtern fällig. Seit dem Anfang des Pachtgeschäftes hat Süß zahllose Bittschriften eingereicht und bezahlt. Für die Überprüfungen auf dem Land und für die Gänge in der Stadt hält er schon Mitte 1724 zwei Pferde und einen Knecht. Für sich selbst veranschlagt er auffallend geringe Kosten: «[...] für meinen selbsteigenen Unterhalt, indem [ich] nebenher nicht einen Heller gewinnen können, sondern diesem Handel lediglich nachgehen muß, rechne [ich] jährlich 600 Gulden.» An Kapital hat er 4000 Gulden aufgenommen zu 6 Prozent Zinsen. Seine Verlustrechnung: in den anderthalb Jahren seit Pachtbeginn habe er 10710 Gulden ausgegeben, aber nicht viel mehr als 2000 Gulden eingenommen.

Das Wasser schien ihm im Sommer 1724 bis zum Hals zu gehen, dennoch begnügte er sich mit dem, «was mir aus Gnaden zugewandt». Um das Geschäft weiterzutreiben, müsse er jetzt woandersher Geld aufnehmen und «in diesen Handel verstekken». Seine Pacht nannte er ständig «einen Handel». Dabei war er nicht mehr der jüdische Händler, sondern eher ein autodidaktischer Verwaltungsexperte, der einen enormen Schriftverkehr mit ausgeklügelten Darstellungen zu bewältigen hatte. Er habe bisher seine Quartalsvorauszahlungen richtig geleistet, aber jetzt bedrängten ihn seine Gläubiger, die wegen kleinerer Summen, als für ihn ausstünden, eine Zwangsvollstreckung beim Hofgericht beantragten. Die Gläubiger hätten beobachtet, daß dem Pächter der Vertrag mehrmals verschlechtert worden sei. Inzwischen geistere das Gerücht durchs Land, das Stempelpapier werde aufgehoben.

Als Süß auf dem Land Überprüfungen vornahm, erreichte in Mannheim Michael May, Sohn von Lazarus May, die Ausstellung eines Steckbriefs gegen Süß. Die Eile sieht nach einem Racheakt des Gerichts aus. Während Süß seit anderthalb Jahren bei den Gerichten mit dem Stempelpapier nicht durchdringen konnte, nützten die Gläubiger seine kurze Abwesenheit, um gegen ihn loszuschlagen. Er legte Berufung beim Kurfürsten ein und rechnete nebenbei vor, daß Michael May von ihm 60 Prozent und mehr Zinsen genommen habe. Ein deutliches Zeichen für eine Anleihe in großer Bedrängnis. Zur Zeit, so Süß weiter, stünden mehr als 10000 Gulden Strafgelder aus, seine Gläubiger seien also nicht gefährdet. Der Kurfürst wies das Gericht an, Mays Klage ruhen zu lassen.

Während Süß in Alzey die Abrechnungen kontrollierte, traf eine Delegation des Neustädter Stadtrats beim Kurfürsten in Schwetzingen ein. Die Abneigung spricht aus jeder Seite ihrer Beschwerde vom 24. Juli, Süß heißt nur noch «der Jude». Er verlange 83 Gulden Überprüfungskosten und wegen Unterschlagung die doppelte Gebühr. Die Neustädter stellten den Vorgang absichtlich unpräzise, schwafelhaft und verworren dar, um die eigenen Rechtsbrüche zu vertuschen und Süß als Tyrannen anzuschmieren. Der Jude habe «Exzesse» begangen, die Neustädter seien dagegen «arme Untertanen». Die Stadträte zielten auf das Herz des unentschlossenen Kurfürsten, indem sie sich für «bedrängt» erklärten. Bei der nächsten Überprüfung dasselbe Spiel. Süß äußerte sich dazu in einer Schrift vom 5. September: Er habe alle Vollmachten ordentlich unterschrieben vorgezeigt, dennoch beschuldige man ihn, er habe «die Untertanen eigenmächtig gepreßt», zu hohe Spesen berechnet und seine Vollmacht überschritten. Deshalb habe es ein «großes Geschrei» der Überprüften gegeben.

Zwei Wochen nach dem Alzeyer Bericht, am 18. September, sah Süß sich erneut zu einer grundsätzlichen Erörterung seiner Lage genötigt. Auf seine Beschwerde vor zwei Monaten hin sei nichts geschehen. So könne er nicht weitermachen, ganze Körperschaften boykottierten weiterhin das Stempelpapier: die Geistliche Administration, der Kirchenrat, das Ehegericht, das Lutherische Konsistorium, der Militärjustizrat und vor allem die Stadt Mannheim. Der Magistrat sei schon viermal gemahnt worden, sogar durch Befehle des Kurfürsten. Seit einem Jahr verspreche man ihm, Süß, seine Beschwerden zu erledigen, geschehen sei nichts. Süß konnte die Regierung nicht verstehen, die selbst bei Gnadenerweisen, «Gratialia», kein Stempelpapier verlangte. Sein Grundsatz: für einen Gnadenakt des Landesherrn muß gezahlt werden. Jedenfalls solle Mannheim jetzt 1000 Reichstaler (1500 Gulden) nachzahlen. Süß hatte sich damit abgefunden, daß unter diesem Kurfürsten die Stadt nie zu einer ordnungsgemäßen Abrechnung zu bewegen wäre. Die Regierung ordnete am 3. Oktober an, Mannheim müsse 500 Reichstaler zahlen und mit dem Pächter endgültig abrechnen. Wieder passierte nichts.

Die Kommission der Hofkammer fühlte sich allmählich auf die Seite des betrogenen Pächters gezogen, sie beobachtete, wie nach dem Vorbild des Stadtrats weitere Behörden das Stempelpapier ignorierten. Ihr Gutachten vom 6. Oktober packte den Gegner: Der Stadtrat zeige eine «immer vorhandene, genugsam überzeugte despectuose [verächtliche] und strafbare Morosität [Aufsässigkeit] und contravenience [Vergehen] wegen nicht gebrauchten gestempelten Papiers». Er widersetze sich zahllosen Reskripten, Dekreten, Spezial- und Strafkommissionen, er reiche keine protokollmäßigen Auszüge über die von ihm ausgestellten Urkunden ein. Süß habe das Fundament seines Pachtgeschäfts verloren und einen großen Schaden erlitten, er brauche wenigstens 500 Reichstaler Entschädigung als Abschlag für das laufende Quartal.

Während Ausstände von Süß schon über 10000 Gulden betrugen, half die Geheime Konferenz, das kurfürstliche Kabinett, weiterhin das Geschäft des Pächters zu untergraben. Am 19. Oktober äußerte sie sich «höchst mißfällig» zu Süß' Vorgehen: Er dürfe dem Oberamt Oppenheim keine Kosten auferlegen. Am selben Tag wandte sich Süß an den Kurfürsten persönlich: Seit seiner letzten Beschwerde sei schon wieder ein Quartal verflossen – und nichts geschehen. «Und was das Ärgste ist, die Unterschleife und Exzessen auf dem Land sich dadurch täglich häufen und erneuern», weil auf die Verordnungen hin noch keine unterstützende Maßnahme ergriffen worden sei. Die Zahlungssäumigen und Verweigerer würden «von Tag zu Tag furchtloser». Jetzt sei er, Süß, so weit, daß «ich nicht mehr weiß, was ich tun und machen soll». Wenigstens solle man ihm die nächste Quartalszahlung erlassen.

Die Kommission meinte es inzwischen besser mit Süß, aber sie offenbarte ihre fundamentale Unkenntnis der Lage, als sie am 23. Oktober von Süß verlangte, er solle seinen Verlust genau berechnen. Sie wußte seit langem, daß die meisten Ämter und Regierungsorgane die Auflistung der ausgestellten Urkunden verweigerten. So konnte Süß eine Schadensberechnung gar nicht vornehmen.

Am 1. Dezember 1724 endlich ließ sich das Kabinett das bürokratische Chaos darstellen. Nun kam heraus, daß die Hofkammer von Anfang an Bedenken gegen Süß' Pachtvertrag gehabt hatte. Damit wollte sie ihre Untätigkeit verdecken. Das Kabinett entschied sich für den bequemsten Ausweg: Die allgemeine Verwirrung lud sie auf den jüdischen Pächter ab, dieser solle die bisherigen Übertretungen spezifiziert aufführen. Die Wut der Boykotteure richtete sich nun mit ganzer Wucht auf die wenigen Vollstreckungsversuche von Süß: Er habe an einigen Orten eigenmächtig die Registratur- und Gerichtskisten geöffnet, habe Urkunden zerrissen, die nicht auf gestempeltem Papier geschrie-

ben waren, und «die armen Untertanen» die «doppelten Aus-
fertigungskosten» zahlen lassen. Angesichts der permanenten
Frechheiten war Süß explodiert. Das Kabinett verfiel gleich in
den üblichen Jammerton: Die Belästigung der Untertanen sei
nicht zu gestatten. Damit wurden alle Rechtsbrüche der Beamtenschaft toleriert. Wenn Süß Beschwerden führte, meinte die
Kommission abschätzig, er «lamentiere». Der Pächter wurde
den Hofkammerräten lästig.

Und so schleppte sich die Absolutismus-Farce weiter dahin.
Im März 1725 schien die Hofkammer ihren Widerwillen aufzugeben. Am 9. März entwarf sie ein «Instruktionsprojekt, wor-
nach der Commissarius bei Untersuchung der Contravenienten
[Übertreter] wegen nicht abgenommenen gestempelten Papiers
nach Inhalt des unterm 8. Febr. jüngsthin gnädigt erlassenen
Reskripts sich zu richten habe». Die Instruktion folgte der gedruckten Verordnung und ließ keine Ausnahmen zu. Jede Ausstellung einer Urkunde sei zu prüfen und dafür eine Gebühr zu
entrichten, nur arme Übertreter seien nicht zu belangen. Treffe
man bei der Visitation Personen, die sich gegen die Verordnung
vergingen, so hätten sie die doppelte Taxe und die Kosten der
Visitationskommission zu bezahlen.

Nun bekam der Mannheimer Magistrat etwas mehr Druck.
Ihm wurde befohlen, jeden Monat eine Liste ausgestellter Urkunden einzureichen, aber in der Antwort vom 4. April setzte er
seine Unverfrorenheit fort. Er tat, wie wenn das Stempelpapier
erst jetzt «neu verordnet» worden sei, und gab sich als Un-
schuldslamm: Bisher sei nie ein genauer Befehl ergangen,
deshalb sei nichts geschehen. Wegen der Gebühr auf die Wechselbriefe würden sich die fremden Kaufleute beschweren, während «der Jud allein den Profit ziehet», nicht der Kurfürst.

Der Kurfürst verordnete am 5. April 1725 mit ausdrücklicher
Berufung auf Süß: Ab sofort dürften Schriftsätze, die nicht auf

Stempelpapier einträfen, nicht mehr angenommen werden, auch die höheren Kategorien der Gebührentafel seien einzuhalten. Am selben Tag wies er den Stadtrat an, Süß sofort 750 Gulden nachzuzahlen, andernfalls erfolge die Zwangsvollstrekkung. Das war dem Magistrat zuviel, er mobilisierte die Zunftbürgerschaft. In seiner Antwort vom 19. April an den Kurfürsten, unterschrieben im Namen der «Viertelmeister und der gesamten Bürgerschaft zu Mannheim», ließ der Stadtrat seinem angestauten Haß gegen Süß erstmals die Zügel schießen. Er wollte sofort von der Nachzahlung befreit werden. Schuld an der mißlichen Lage ist nun nicht der Kurfürst, der allein unterschrieben hat, sondern der Jude: Sie müßten sich jetzt «durch einen solchen gewinnsüchtigen Juden kränken lassen».

Der Magistrat zeigte endlich sein wahres Gesicht: eingefleischte Judenfeindschaft. Am schlimmsten sei, so meinte er, gerade einem Juden die Strafe zahlen zu müssen. Mit wuchtigen Schlägen drosch er auf Süß ein und offenbarte zugleich einige Züge von dessen imposanter Erscheinung. «Gleichwie aber dieser an sich selbsten übermäßig hochmütige Parademacher seinen großen Profit, den er an gegenwärtiger Papieradmodiation benutzet, unmöglich mehr verbergen kann, indem er nicht nur zu seinen Verrichtungen seine expresse zwei Scribenten, ein Reitknecht und Kutscher nebst mehr andern Domestiken unterhält, wordurch und seine sonst kostbar führende Haushaltung, auch Spielen und Nachtschwärmen er sich wohl bei seinem eigenen Brotgesinde einen ungemeinen Respekt als auch in Euer Kurfürstlicher Durchlaucht Pfalz Landen eine dergestaltige Autorität erwirbt, daß, wann er in Untersuchung des gestempelten Papiers mit aushabenden Kammerreuter (der zumalen mit der Kurfürstlichen Livrée ausstaffiert, nebst seinem Reitknecht oder Kutscher hinter ihm reiten muß) uff Commission sich befindet, und wegen vorkommender Defekten dem Ober- und Unteramt,

Schultheißen, Gericht oder Gemeindsleuten eine Straf diktiert, diese und in specie der ohnehin zur Zeit sehr hart mitgenommene arme Untertan mit entblößtem Haupt, den Hut unterm Arm haltend, um Linderung der Straf bittet und ihn Juden fast wie einen Gott veneriert [verehrt]. Geschweige denn, was Ärgernus er Jud denen in und neben seinem Quartier anbewohnten Nachbarn als Christen gibt, wann derselbe gemeiniglich an unsern heiligen Sonn- und Feiertäg das Papier zum Wucher durch seine Leute (welche gleichfalls Christen seind) stemplen lässet, also möchte sein Übermut um noch da mehr anwachsen, wann derselbe nun noch sogar Euer Kurfürstlicher Durchlaucht hiesige Residenzstadt Mannheim und getreue Bürgerschaft unter seinen Gewalt und Joch gebracht sehen würde, welches und daß wir in eines kahlen verschuldeten Juden ganz nicht verdiente Straf jemals verfallen sein sollten, keiner unter uns ältesten Mitbürgern erlebt zu haben sich eingedenken kann.»

Viel lieber würden die Ratsherren die 750 Gulden zum Bau des notwendigen Kaufhauses verwenden. Außerdem müßten sie schon für die Erhaltung der kostbaren herrschaftlichen und anderen Gebäude «sehr harte Auslagen» zahlen und seien «fast über Vermögen» belastet. Süß, «ein interessierter Jude», betreibe eine «landesverderbliche Papieradmodiation». Bei ihm gerate das Geld an den Falschen, «zumalen dieser es jedoch nur in Hoffart und Frequentierung der Cafe und Spielhäuser liederlich durchbringet». Verzweifelt auf der Suche nach neuen Argumenten, fiel dem Magistrat der ungewöhnliche Lebensstil ein: Süß treibe einen Aufwand, der sich für einen Außenseiter nicht schicke. Er verfügte bereits über eine beachtliche Firma mit etlichem Personal, das dem jungen Chef Respekt bezeigte. Die vom Stadtrat mißgünstig bekrittelte kostspielige Haushaltung macht unglaubwürdig, daß Süß für den Lebensunterhalt nur 600 Gulden jährlich brauchte. Später, auf dem Hohenasperg, setzte er für seinen Mannheimer Haushalt jährlich 15600 Gulden an, da war das Firmenpersonal eingeschlossen. Ein anderes Mal gab er an, allein für das Essen habe er in Mannheim wöchentlich mindestens 100 Reichstaler (7800 Gulden im Jahr) verbraucht; wieder war die ganze Firma gemeint.

Allem Anschein nach legte Joseph Süß Wert auf einen offiziellen Anstrich seines Auftretens, er kannte sich in der Untertanenseele aus: Eine Livree öffnete Türen und brachte steife Rücken zur Verbeugung. Er ließ übrigens auch am Sonntag arbeiten. Zuletzt eine wörtliche Parallele zu den Vorwürfen in Württemberg: Süß sei «landesverderblich». Was der Landesherr befohlen und betrieben hatte, wurde nicht diesem angelastet, sondern allein dem Juden. Ohne es selbst zu begreifen, entmündigte der Judenhaß den eigenen Fürsten. Mit seinen Attacken auf den Pächter und die Souveränität des Herrschers ging der Magistrat einige Tage später zum Kurfürsten in die Audienz und erhielt vom unsicheren Landesherrn «mündliche Gnädigste Vertröstungen». In seinem Dankschreiben vom 26. April klopfte der Stadtrat die Zusagen flugs fest. Damit war alles wieder in der Schwebe.

Vier Tage später setzte der Stadtrat seine Angriffe gegen Süß fort. Die Mannheimer seien wegen des Stempelpapiers allzusehr beschwert worden – wo sie in Wirklichkeit überhaupt nichts bezahlt hatten. Eine neue Klage: das Stempelpapier sei kompliziert zu verwalten, da müsse auch der vorsichtigste Beamte Fehler machen. Mit dieser Begründung hätte sich die ganze Kurpfalz befreien lassen können. Erstmals begegnen wir einer Idee des jungen Wirtschaftsliberalismus: Die Kompliziertheit sei dem Wirtschaftsleben abträglich, deshalb liege es auch im Interesse des Kurfürsten, ihnen das Stempelpapier zu erlassen.

Inzwischen rückte die Zwangsvollstreckung näher. Der Stadtrat schrieb am 6. Mai dem Kurfürsten, die Hofkammer fahre «zu unser alleräußersten Prostitution [Bloßstellung]» mit der Vollstreckung fort, «daß wir wegen eines Juden höchstunschuldigster Maßen dergestalten bedrängt werden sollen». Es wird gejammert, sie, die Stadträte, könnten nicht verstehen, «wie solche große Animositäten wider all unser Verschulden gegen uns gehegt werden». Wenn Mannheim zahlen müsse, würden «die ausländischen Commercianten abgeschreckt». Als die Vollstreckung vor der Tür stand, fiel die Regierung der Hofkammer in den Rücken, mit der traditionellen Ausrede, der Stadtrat sei «nicht ungebührlich zu beschweren». Der verwirrte Herrscher ordnete am 28. Mai wieder einmal an, daß alles beim alten Befehl bleibe, Mannheim habe 750 Gulden nachzuzahlen.

Die Kommission für das Stempelpapier hatte die Sache satt und riet der Hofkammer, das Geld zwangsweise einzutreiben. Doch die höchste Finanzverwaltung brauchte wieder eine besondere Anweisung. Der Kurpfälzer Regierungsapparat steckte voll mit Unmündigen. Die Hofkammer bestätigte jeden Monat mehrmals, Süß' Forderung sei gerechtfertigt, der Magistrat zahlte nicht, und der Kurfürst wußte nicht, wo ihm der Kopf stand.

Süß hatte während der letzten Monate stillgehalten. Im August händigte er allen Oberämtern und den drei Hauptstädten 9000 Vollmachten aus, auf Stempelpapier. Das Hofgericht boykottierte weiter. Daraufhin sperrte die verärgerte Hofkammer dem Gerichtssekretär die nächsten drei Monatsgehälter. Endlich. Doch der Kurfürst widerrief auch diese Maßnahme. Die zuviel gedruckten Vollmachten durfte Süß selbst bezahlen, man hatte ihn wieder einmal an der Nase herumgeführt. Frechheit bemächtigte sich nun auch des Hofgerichts. Um Gebühren zu sparen, ließ es einfache Amtsvorgänge auf kleinen Zetteln einreichen, ohne Stempelpapier. Süß drohte am 4. September 1725, an höherer Stelle «auf andere Mittel anzutragen». Die Gegner lachten nur. Zu ihnen schlug sich auch die kurpfälzische Judenschaft, als Süß im August zur Überprüfung anrückte. Der Pächter des Taschengeleits, der Heidelberger Lazarus Moyses Oppenheimer, weigerte sich, die Urkunden des Judenleibzolls auf Stempelpapier zu schreiben.

Der Mannheimer Stadtrat hatte selbst nach der Meinung des wankelmütigen Kurfürsten seine Obstruktion zu lange betrieben und das Aktenstück vom 11. August 1718 zu spät gefunden. Damals war der Magistrat wirklich vom Stempelpapier befreit worden. Nun dagegen wurde entschieden, Mannheim habe das Stempelpapier ab dem 18. August 1725 zu verwenden. Dieses Mal wenigstens wurde Süß nicht geprellt, wenn er auch keine Verzugszinsen erhielt. Die verfallene Nachzahlung von 500 Reichstalern wurde von seiner Pachtsumme abgezogen. Der Pächter war durch seine Beharrlichkeit Sieger geblieben, freilich hatte er viel Geld verloren, Ausnahmen und Herabstufungen der Gebühren schlucken müssen, doch ab jetzt lief der Gebühreneinzug reibungsärmer. Süß wandte sich anderen Geschäften zu, seine Firma konnte in dieser Sache ohne ihn weitermachen. Freilich geriet immer wieder Sand ins Getriebe.

Ein Mannheimer Bäcker, wohnhaft in der Festung, hatte vom Stadtrat gratis ein Grundstück zum Hausbau bekommen. Nicht einmal die geringe Gebühr für die Schenkungsurkunde wollte er bezahlen. Es ging ihm ums Prinzip, er fühlte sich als Vorkämpfer. Aber das Hin und Her um das Stempelpapier war inzwischen entschieden. Die Hofkammer ernannte im September 1727 den Hofgerichtsadvokaten Graff zum Regierungsfiskal, zum Vollzugsbeamten für die Zwangsvollstreckung. Graff legte am 4. Oktober dem Bäcker zur Strafe einen Kanzleiboten ins Quartier, dem der Verweigerer täglich 30 Kreuzer geben mußte. Der Bäcker erklärte, «er werde [die Stempelgebühr] durchaus nicht zahlen, wann die Exekutionsgebühr auch schon auf 100 Gulden hinausliefe». Man könne ihm auch das Haus nehmen. Der Bote wurde haßvoll empfangen, der Bäcker gab den Vollzugsbefehl seiner Frau, die das Papier auf die Straße warf. Inzwischen verweigerte auch die Bierbrauerzunft das Stempelpapier. Die Kommission für das Stempelpapier stöhnte, sie werde «mit alltäglicher Berichterstattung gehemmt». Im Nu rissen wieder Zahlungsverweigerungen ein. Durch Einsprüche, Verzögerungen und dümmliche Anfragen sollte die Behörde lahmgelegt werden. Graff spürte die Absicht und schlug am 19. Oktober 1727 einen militärischen Vollzug vor, aber das Militär brauchte einen ausdrücklichen Befehl zur Entsendung von Soldaten. Der kommandierende General der Festung wollte nicht, der Regierungsapparat war gelähmt. Zur strafweisen Verlegung von Soldaten in die Häuser der Zwangsverweigerer scheint es nicht gekommen zu sein, ein Geruch von Bürgerkrieg hätte sich breitgemacht.

Auch die Mannheimer Judenschaft stellte sich taub. Die Juden führten für Verträge, Testamente und ähnliches keine Stempelgebühr ab, sie stellten sich unwissend. Süß hatte keine Lust, hier nachzugeben. Die Hofkammer forderte 1727 die Vorsteher der jüdischen Gemeinde dreimal auf, die Verordnung in der Synagoge vorzulesen. Die Juden erschienen nicht. Die letzte Überprüfung beim Mannheimer Magistrat hatte einen erneuten Rückstand von 500 Reichstalern ergeben. Der Boykott ging im stillen weiter. Graff ahnte, daß er diese hohe Summe kaum mehr würde eintreiben können. Der Amtsbote wurde immer schwerer bedroht, so daß er, wie Graff im Oktober eingestehen mußte, «sich fast nicht mehr in die Häuser zu gehen getrauet». Graff verlangte wieder Soldaten und erhielt keine.

Endlich adressierte die Regierung 1728 den Befehl zur Überprüfung erstmals an alle Oberämter, Hauptstädte wie Regierungs- und Kirchenorgane. Danach war in Sachen Stempelpapier nichts mehr zu beanstanden, Süß schrieb wohl einige kleine Ausstände in den Kamin. Im nächsten Jahr gab er dieses Geschäft auf. Als es 1731 fortgesetzt wurde, übernahm die Hofkammer selbst die Verwaltung. Süß' Erfahrungen gingen in die neue gedruckte Verordnung ein. Der jüdische Pächter hatte den in sich uneinigen Regierungsorganen zu einem Stück Modernisierung verholfen. Er sah dafür weder Lohn noch Anerkennung. Am Ende zog Joseph Süß doch noch Gewinn aus dem jahrelangen Streit. Sein Stuttgarter Münzsekretär Höfflen sagte 1737: Süß sei anfangs in Mannheim «ohne alle Mittel gewesen», habe erst durch das Stempelpapier verdient, für die Abtretung des Vertrags habe man ihm 12000 Gulden gegeben. Dieselbe Summe nannte Süß. Der Geschäftsführer Leining erinnerte sich an mehr: «Überdies habe der Süß vor seiner Abreise von Mannheim zur Indemnisation [Entschädigung] wegen des nicht erfüllten Admodiationskontrakts vom gestempelten Papier 12000 Gulden von Ihro Kurfürstlichen Durchlaucht zu Pfalz wie auch 3000 Gulden vor den hinterlassenen Papiervorrat empfangen, auch bei 1000 Pistolen [7500 Gulden] Aktivschulden in der Pfalz gehabt. Der Süß habe auch schon zu Mannheim Kutsch und Pferde gehalten und verschiedenes Silbergeschirr, auch einen ziemlichen Vorrat an feinem Gerät, Malereien und Möbles gehabt.» Man muß die Preise dagegenhalten: 1500 Gulden kostete Süß' dreigeschossiges Haus in Heidelberg. Acht Häuser als Abstandssumme sind ein schöner Erfolg.

Erst in der Hohenasperger Haft wurde Süß mit der Behauptung konfrontiert, er sei arm nach Württemberg gekommen. Als er diese Rufschädigung zum erstenmal hörte, wies er sie mit Vehemenz zurück. Er fühlte sich so sehr verletzt, daß er am nächsten Tag eine längere Erklärung ins Protokoll setzen ließ. In Mannheim und Frankfurt habe er reich ausgestattete Haushaltungen geführt, allein an Juwelen, Möbeln, Kutschen, Pferden, Kleidung und Lebensmitteln habe er so viel gehabt wie später in Stuttgart. Einige Wochen später erklärte er seinem Anwalt, mit wieviel Vermögen er nach Württemberg gekommen sei. «Er habe sein Vermögen nie gerechnet, habe sich aber mit 100 000 Gulden nicht auskaufen lassen.» Hier hatte er zu hoch gegriffen, eine Schätzung auf 30 000 Gulden wäre realistischer gewesen.

Münzproduzent in
Darmstadt

Das Spätjahr 1732 kündigte die Wende im Leben von Joseph Süß an. Mit Mannheim hatte Süß innerlich abgeschlossen, er fühlte sich eingesperrt. Im November und Dezember 1732 flog er zwischen verschiedenen Staaten hin und her. Die Weichen seines Lebens suchte er gleichzeitig in Württemberg, Darmstadt und Frankfurt zu stellen. Er wird nicht viel überlegt haben, ob ein Leben an so weit auseinander liegenden Orten möglich ist.

Im württembergischen Wildbad erholte sich im Herbst 1732 ein kaiserlicher Generalfeldmarschall: der Erbprinz Carl Alexander von Württemberg, Sproß einer Seitenlinie des Hauses Württemberg, die ihren Namen von Schloß Winnental erhielt – heute das Psychiatrische Landeskrankenhaus Winnenden bei Waiblingen. Carl Alexander war 14 Jahre älter als Süß, seit seinem zehnten Lebensjahr gehörte er dem kaiserlichen Militär an, lebte in Wien oder in Feldlagern. Seine Chance, jemals den württembergischen Thron zu besteigen, war lange Zeit sehr gering gewesen. Zudem war der Prinz 1712 in Wien zum Katholizismus übergetreten. Die Württemberger hatte das erst gekümmert, als die evangelische Hauptlinie des Herrscherhauses auszusterben drohte. 1729 wurde Carl Alexander von Herzog Eberhard Ludwig als Thronfolger vorgesehen, 1731 starb der einzige, schon lange kränkliche Sohn Eberhard Ludwigs. Dem Herzog blieb nun nichts anderes übrig, als seinen

Cousin Carl Alexander zum Universalerben zu machen. Da dieser katholisch war, begannen im lutherischen Württemberg die Alarmglocken zu schrillen. Sie verstummten eigentlich nie mehr, auch wenn Carl Alexander von 1729 an und noch als Herzog mehrere Erklärungen abgab, er werde die Alleinherrschaft der lutherischen Konfession nicht antasten.

Nach langen Feldzügen für den Kaiser hatte Carl Alexander, der zum Stab des populären Prinzen Eugen von Savoyen gehörte, eine Versorgung erhalten. Wien ernannte ihn 1719 zum österreichischen Statthalter Serbiens in Belgrad. Mit dem Jahresgehalt von 15000 Gulden kam der Prinz nicht aus, er brauchte einen Finanzmann, der ihn begleiten und zugleich Vorschüsse auf seine württembergische Apanage leisten konnte. Soeben hatten die württembergischen Landstände den Erbprinzen vor den Kopf gestoßen, indem sie ihm eine Vorauszahlung verweigerten.

Der durch die württembergische Verfassung geschaffene Gegensatz zwischen dem Herzog und den Landständen rumorte bereits im Untergrund, als Süß in Wildbad den Thronanwärter kennenlernte. Die Landstände geizten aus Prinzip. Carl Alexander spekulierte zuerst auf seinen Hoffaktor Isaac Simon Landau. Schon dessen Vater Simon Samuel Landau war sein Hoffaktor gewesen, Lieferant und Privatbankier, seitdem Carl Alexander 1711 Truppen am Oberrhein kommandiert hatte. Des Prinzen Schulden bei dieser Faktorenfamilie waren seitdem auf 17000 Gulden angestiegen. Isaac Simon verlangte seit Jahren die Begleichung der Schulden, vergeblich.

Eingedenk dieser üblen Erfahrungen empfand Isaac Simon die Berufung durch Carl Alexander nach Serbien als Abenteuer, das ihm nichts anderes einbringen würde als weitere Schulden des Prinzen. Über seine Schwester Brunelle gehörte er in die Verwandtschaft der Heidelberger Oppenheimers, Brunelle war die Witwe von Samuel Moyses Oppenheimer. Auch dieser Moyses hatte seit 1711 Geschäfte mit Carl Alexander gemacht. Er gehörte zu den ältesten Heidelberger Judenfamilien und war vermutlich mit den Süßkinds verwandt. So erscheint es keineswegs als Zufall, daß Isaac Simon Landau im Herbst 1732 dem Prinzen in Wildbad Süß als Ersatzmann vorstellte. Die möglicherweise einmal einträgliche Hoffaktorenstellung sollte im Bereich der Familie bleiben. Isaak Simon Landau also war es, der Süß beim Erbprinzen einführte. Die Stuttgarter Justiz war später über Süß' harmlosen Zugang zu Carl Alexander enttäuscht, sie hatte gehofft, Süß auf einem zwielichtigen Weg zu erwischen. Isaac Simon wie Süß erinnerten sich bei den Verhören übereinstimmend an die Vorstellungsszene, Isaac Simon hatte auf Süß gezeigt: «Hier bringe ich denjenigen, der mir die Schuhe austreten wird.» Der Erbprinz und Süß verstanden sich sofort, beide pflegten kurzentschlossen zuzugreifen. Süß dachte langfristig. Die Kreditwürdigkeit des Prinzen beruhte auf den Thronaussichten in Württemberg, nicht auf der Stellung in Serbien. Aus seinem nicht sehr großen Kapital, dann auf Kredit, schoß Süß dem Prinzen innerhalb eines Jahres 80000 Gulden vor, pro Quartal 20000. Diese Summe entsprach der Apanage des Erbprinzen, deren baldige Auszahlung durch die Landstände man erwarten konnte. Süß genoß in der Geschäftswelt bereits solches Ansehen, daß er diese hohe Geldsumme auch geliehen bekam, der beste Beweis für seine solide Geschäftsführung. Vorerst war Belgrad jedoch noch fern, der Prinz reiste nach Ludwigsburg, Süß folgte Anfang November 1732. Zu irgendwelchen Geschäften kam es noch nicht. Zuerst stand für die hohen Herrschaften das Hubertusfest (3. November) auf dem Programm. Zwei Tage danach erhielt Süß zweimal Audienz im Ludwigsburger Schloß, die Initiative ging vom künftigen Herzog aus.

In seinem ersten Brief aus Ludwigsburg, 6. November 1732, an seinen Sekretär Leining nach Mannheim ließ Joseph Süß spüren, wie er die unerwartete Geschäftspause genoß. «Ich kann Ihnen nicht [ver]bergen einzugestehen, wann ich in Mannheim wegen meiner Abwesenheit die zurück hinterlassenen Wechselbriefe und Prozess nicht zu sorgen hätte, so glaubt[e ich] gar nicht, daß noch eine Welt wäre, wie man hier in guter Ruh lebt.» Er hoffte, der Prinz werde das Konzept nicht in den Wind schlagen. Welches Konzept? Nächsten Montag sollte Süß nach Wildbad gehen, auf Befehl des Erbprinzen.

In Wildbad ging es rascher voran. Am 14. November erhielt Süß zwei Ernennungsurkunden. Er wurde «Hof- und Kriegsfaktor» – darum hatte er selbst gebeten – und Privatbankier des Erbprinzen, gleichzeitig «Agent» (Geschäftsvertreter) von dessen Frau, der künftigen Herzogin Maria Augusta aus dem Hause Thurn und Taxis. Zugleich erhielt er Befreiung von allen Zoll-, Straßen-, Juden- und sonstigen Abgaben, wie es bei einem Hoffaktor üblich war. Das wog mehr als ein Gehalt. Das Amt selbst war nicht dotiert. Süß blieb freiberuflich, ein Händler. In der Urkunde der Herzogin heißt er noch immer «kurpfälzischer Admodiator des gestempelten Papiers».

In Wildbad blieb Süß nicht länger als nötig. Am 20. November entwarf er in Mannheim einen Dankesbrief an die Herzogin nach Wildbad. Er hatte bemerkt, daß sie feines Porzellan liebte. Er bot das schönste Geschirr an, das er bekommen konnte. Im Konzept strich er den wenig galanten Bezug auf den «sehr billigen Preis», sprach lieber davon, das Angebot sei «ohnfehlbar akzeptabel». Er schickte seine Ware nach Wildbad und bat darum, persönlich seine Aufwartung machen zu dürfen. Für die Festigung guter Verbindungen zum Hof mußte er persönlich auftreten. Dann bricht im Brief ein persönlicher Zug durch. Wenn die Herzogin das Porzellan ansehe, so möge sie befehlen, «daß bei dem Wiedereinpacken alle mögliche Sorgfalt beobachtet werden solle». Süß konnte seine Erziehung im Handelsmilieu nicht verleugnen, wo man nichts so sehr haßte wie Unachtsamkeit und Vergeudung. Dann wollte er im Auftrag der künftigen Herzogin beim kurpfälzischen Hof in Mannheim vorsprechen und bat um ein Empfehlungsschreiben an die «kurpfälzische Hofdame Gräfin von Thurn und Taxis». Er legte ein Ringlein aus England bei. Die Probesendung mit dem Porzellan gelangte mit der Eilpost nach Wildbad. Dabei wollte Süß gleich noch die Hofdame Maria Dorothea Krafft aus dem Gefolge der künftigen Herzogin für sich gewinnen. Seine Strategie bestand in Großzügigkeit, die ihm Erfolg bei den Damen, bei den Herren freilich Neid und Eifersucht eintrug. Von Erotik, die die Juristen später überall witterten, keine Spur, viel eher die morbide Atmosphäre eines Hofes, gezeichnet von Langeweile, Melancholie und den untauglichen Tröstungen eines Mönchs. Süß schickte Frau Krafft ein Besteck und ein Gebetbuch. Die Hofdame schrieb am 22. November in Wildbad einen vierseitigen Dankesbrief, eigenhändig, kein Sekretär sollte davon erfahren. Sie freute sich allein schon darüber, daß der galante Geschäftsmann sie nicht vergessen hatte. Erstaunt stellte sie fest, daß Süß keine Rechnung mitgeschickt hatte. Dem Kapuziner, dem Beichtvater der Herzogin und der Hofdamen, hatte Süß ein nicht näher beschriebenes humoristisches Geschenk beigelegt. «Unser Durchlaucht Herzog und Herzogin haben beiderseits herzlich darüber gelacht.» Die Geste dieses Geschenks signalisiert den Gegensatz zwischen Süß' und Württembergs Kultur. Während die evangelischen Württemberger hinter jedem katholischen Geistlichen, erst recht einem Ordensbruder, einen verruchten Anschlag auf ihre Verfassung argwöhnten, gelang es Süß, den Hof auf Kosten des geistlichen Herrn zu erheitern.

Frau Krafft weiter: «Was anbelangt unser Durchlaucht Herzogin, so kann [ich] Ihnen versichern, daß sie nach Dero Abreise so viel Gutes von Ihnen gesprochen haben, daß ich nicht capabel [fähig] bin, genug zu beschreiben, und Sie haben voll die größte Ursach darzu, dann das ist gewiß, daß man nicht genug von Ihren Meriten sprechen kann. Ich habe zwar dies Vergnügen gehabt, Ihre Qualitäten mündlich anzurühmen, welches aber als noch viel zu wenig war.

Heut haben wir Ihnen Ursach insonderheit dankbar zu sein aus Ursache, daß Sie unsre Durchlauchte Fürstin so in gutem Humor [Laune] gesetzt durch das Quantität kostbares Porzellan. Sie sitzen den ganzen Tag darbei und schauen solches an. Übrigens sage ich Ihnen nochmalen ganz gehorsamen Dank vor das Empfangene mit Versicherung, daß ich gewiß mir alle Zeit die größte Freud machen werde, Gelegenheit zu haben, Ihn[en] einige Diensten zu erweisen und in der Tat zu zeigen, wie mit viele Plaisier ich Ihnen diene. Mein Freud war aber die größte über das schöne Buch, daß mich nicht habe enthalten können, solches allen unseren Leuten im ganzen Haus zu zeigen. Das schöne charmante und vor mein Gusto ganz agreable [angenehme] Besteck halte ich ganz geheim, um die befürchtete Schallusie [jalousie; Eifersucht] zu verhüten.»

Von nun an hatte Süß eine Fürsprecherin in der nächsten Umgebung der Herzogin und einen Zugang zu den Hofgesprächen. Die Freude wirkte so stark nach, daß zwei Tage später die Herzogin ihre Hofdame bat, offiziell an Süß zu schreiben. «Durch dieses Wenige untersteh ich mich, meine gehorsame Danksagung abzustatten vor das charmante Präsent, wodurch Sie mich willig von deren Melancholie haben kuriert, daß ich den Pater Kapuziner gar nicht mehr nötig hab. Das Bild ist unvergleichlich schön wie auch das charmante kleine Büchel. Es hat Ihro Durchlaucht meiner Fürstin ebenso wohlgefallen und haben mir auch

gehörig Kommission geben, Ihnen zu bitten, daß Sie die Gutheit
möchten haben, vor unsere Durchlaucht Fürstin auch so ein
klein und groß Palmengarten bestellen. Vor welche Gutheit Sie
werden dem charmanten Monsieur Sis viel Obligation haben.
Kann ich unter der Zeit Ihrer Abwesenheit was Angenehmes
hier dienen, so bitte mit mir zu befehlen. Unser Durchlauchte
Herrschaft beiderseit können das schöne Porzellan nicht genug
admirieren [bewundern].»

Seine Berufung in die Umgebung des designierten Thron-
nachfolgers hatte Süß gleich am 15. und 18. November 1732
durch Leining seinem Bankhaus Wahler in Frankfurt melden
lassen, er brauchte dringend Kredit. Die Briefe fielen so ungewöhnlich aus, daß die Bankiers einige Tage nachdenken mußten. Den Grund nannten sie in der Antwort an Leining: «der vor
Herrn Süs so favorabel [günstig] eingerichtete Stil». Leining
hatte aufgetrumpft, was nicht seine Art war.

Mit kühlem Kopf kalkulierte die Bank die wirtschaftlichen
Realitäten jenseits von Süß' Euphorie: «Wir haben lange Zeit
nötig gehabt zu untersuchen, ob dieser Brief [der zweite vom
18.] aus Ihrer Feder ohne Zwang geflossen und ob der Reb teil
daran gehabt. Das letztere scheint uns sehr wahrscheinlich zu
sein, weilen [wir] wissen, daß dieser gewohnt ist, alle Sachen
mit dem Vergrößerungsglas anzuschauen; dann wir können,
daß er Hof- und Kriegsfaktor am württembergischen Hof geworden, eben daraus noch nicht schließen, daß es ihm viel ein-
tragen wird. Ja wann es bei der regierenden Herrschaft wäre.
Zwar können wir uns irren, und wir wünschten es von Herzen,
nicht um unsertwillen, sondern des Braven halber, als der etwa
in Stuttgart als einem lutherischen Platz sein Glück besser als in
Mannheim und hier poussieren [betreiben] könnte. Die Zeit
und wie einträglich diese neue Charge vor Herrn Süß, Sie und
uns sei, wird das Gewisseste entdecken, jedoch möchten wir

gerne von E[uer] W[ohlgeboren] separatim wissen, ob diese
Charge mit einer Besoldung begleitet ist und worinnen seine
Verrichtungen bestehen werden, auch ob er Mannheim quittie-
ren [verlassen] und ob er an diesem letzteren Platz die ihm wegen des Papierwesens offerierte 400 Gulden nicht auch mitneh-
men wird.» Zuletzt wollten die Bankiers wissen, ob Leining die
Ernennungsurkunden selbst gesehen habe.
Die Wahlers dämpften also eine Begeisterung, die ihnen groß-
spurig vorkam. Süß besaß eben ein ganz anderes Temperament.
Die vorsichtigen Bankiers durchschauten, daß ihr Kunde nur bei
einer Nebenlinie des Herrscherhauses Lieferant geworden war.
Süß ließ sich jedoch nicht irremachen und verlangte von nun
an, daß er als «württembergischer Hof- und Kriegsfaktor» angesprochen werde. Vorerst verfolgte er neue Pläne an einem anderen Ort: in Darmstadt, der Residenz des Landgrafen von Hessen-Darmstadt. Dorthin war er nach seinem Wildbader Erfolg
gereist. Wegen seiner laufenden Geldgeschäfte mußte er immer
wieder nach Frankfurt fahren. Ende November 1732 ließ er sich
von Leining die Aktien des Stempelpapiers nach Darmstadt
schicken.

Der Darmstädter Landgraf Ernst Ludwig hatte sich in eine fast
ausweglose Finanzmisere manövriert, bei ihm lernte Süß einen
anderen Regierungsstil als den in der Kurpfalz kennen. Der
Landesfürst regierte an seiner Verwaltung vorbei und hielt sich
neben der staatlichen Kasse eine eigene, so daß über den verheerenden Schuldenstand niemand richtig Bescheid wußte.
Wie in Württemberg lagen die Schulden bei zwei Millionen Gulden. Der Herrscher blockierte den Regierungsapparat, indem er
im neuen Stil einer Kabinettsregierung nicht mehr zu den Sitzungen des Geheimrats erschien, sein Kabinett bevorzugte und
die Vorlagen seiner führenden Beamten unbeantwortet ließ. Die
Räte drängten auf rasche mündliche Entscheidungen. In Stutt-

gart drehte man dann aus den vielen mündlichen Befehlen des Herzogs Süß einen Strick.

Zu Hessen-Darmstadt unterhielt Süß seit 1730 Beziehungen, sie liefen über den Geheimrat Johann Jeremias von Zangen, den Regierungs- und Konsistorialpräsidenten in Gießen. Im November 1732 wurden bei mehreren Frankfurter Bankhäusern verschiedene Wechsel des Landgrafen fällig, die Zangen mit Mühe verlängert bekam. Sollte der Staatsbankrott mit drohenden kaiserlichen Eingriffen in die Landesherrschaft abgewendet werden, so mußte rasch Geld her. Davon erfuhr Süß. Er hatte am selben Tag, als er in Wildbad seine Ernennungsurkunden bekam, von Carl Alexander ein Empfehlungsschreiben an den Landgrafen erhalten. Seine Darmstädter Projekte sind also älter als sein Wildbader Erfolg.

Beim Landgrafen kam zuerst nicht das Stempelpapier zur Sprache, sondern die Münze. Am 29. November beauftragte der Landesherr seine Geheimräte, ein Gutachten «wegen Aufrichtung einer Gold-Münz-Fabrik» zu erstellen. Die Argumentation verrät Süß' Handschrift. Der Regent berief sich nicht nur auf sein Münzregal, die reichsrechtliche Erlaubnis zur Münzherstellung durch den Landesfürsten, sondern auch auf das Vorbild von Bayern, Württemberg und Kurpfalz. Ernst Ludwig dachte zuerst nur an 10- und 5-Gulden-Stücke, hergestellt zum selben Münzfuß wie in den Münzstätten der anderen Staaten.

Im Wirtschaftsleben Süddeutschlands war seit langem ein Mangel an Münzen zu spüren, die Kriege hatten viele Münzen außer Landes verschleppt, der Handel litt darunter. Nach dem Reichsrecht durfte jeder größere Landesherr selbst Münzen prägen, aber er mußte sich an den Reichsmünzfuß halten. Darunter verstand man einen bestimmten Edelmetallgehalt, ein ihm entsprechendes Münzgewicht. Angesichts des Gold- und Silbermangels, der zu einem Anstieg der Edelmetallpreise führte, war der alte Münzfuß freilich schon lange überholt. Der Kaiser konnte sich zu keiner Reform durchringen und überließ die kriegsgeschädigten süddeutschen Staaten ihren Münzproblemen. Bayern und Württemberg versuchten in den zwanziger Jahren dem Geldmangel abzuhelfen und prägten eigene Münzen, gezwungenermaßen mit einem schlechteren Münzfuß. Der Kaiser ließ sie gewähren, alle konnten sich im Recht fühlen. Die Darmstädter Geheimräte entsetzten sich über den Befehl des Landgrafen. Schon am 1. Dezember rieten sie in ihrem Gutachten von der Münzherstellung ab, wenn der Münzfuß verschlechtert werde. Vom Münzmeister hatten sie sich ausrechnen lassen, die neue Prägung bringe gegenüber der alten einen Profit von 9 Prozent. Der Landgraf ließ sich von einer möglichen Reichsstrafe einschüchtern. Einen Monat lang geschah nichts.

In dieser Zeit läßt Süß nicht locker. Er hält sich weiterhin in Darmstadt auf und besucht am 6. Januar 1733 Zangen in Gießen, um den Vertrag über das Stempelpapier abzuschließen. Dabei bohrt er so geschickt an dem Münzprojekt weiter, daß Zangen dem Landgrafen berichtet: Süß möchte seine Idee dem Fürsten selbst vortragen. Ernst Ludwig schreibt an den Rand des Briefes: «Es ist bekannt, daß ich mit Juden persönlich nicht gerne spreche oder zu tun habe, weswegen mir viel lieber wäre, wann er [Süß] ihm [Zangen] alles sagte und das Schreiben übergeben täte, so könnte [ich] mit besserm Bestand darauf antworten.»

Joseph Süß wiederum teilt schon vorher Leining mit, der Landgraf sei ihm «gnädig» gesinnt. Er findet einen Zugang zu dem abweisenden Landgrafen und gewinnt den Fürsten wirklich für sich. Er packt den Herrscher dort, wo er alle zu interessieren versteht: beim Gewinn. Ernst Ludwig wirft das Steuer herum, Süß hat den Ehrgeiz gekitzelt. Der Landesherr will nicht hinter den anderen Münzstaaten zurückstehen, zu denen noch Baden-Durlach und die Grafschaft Montfort am Bodensee

gekommen seien. Er befiehlt seinen Geheimräten, mit Süß einen
Vertrag über die Lieferung des Edelmetalls abzuschließen.
Die Räte wollen nicht, aber Süß hat damit gerechnet. Geeicht
durch seine Mannheimer Erfahrungen, hat er gleich einen Vertragsentwurf mitgebracht, den der Landgraf im großen und
ganzen für gut hält. Zangen setzt die Verhandlungen mit Süß in
Frankfurt fort. Süß erklärt sich bereit, dem Landgrafen 4000 Gulden Vorschuß auf den Münzprofit zu geben. Er überspringt mit
seinem Verhandlungstempo den zähen Darmstädter Regierungsapparat. Nun kann er erneut beobachten, wie Regierungsbeamte, dieses Mal gestützt auf den Münzmeister, gegen ihren
Landesfürsten arbeiten. Sein zweites Lehrstück in Sachen Absolutismus. Am 13. Januar erstellt der Geheime Rat ein Gutachten
zu Süß' Vertragsentwurf. Die Räte monieren gleich zu Beginn,
daß Süß nur als Händler auftrete, ohne ein Risiko zu übernehmen. Süß halte sich von allem frei: von der Verantwortung, von
einer Pfändung der Münze, von jeder Auflage. Er wolle «den
Kopf aus der Schlinge ziehen». Das Bild läßt ins Herz blicken:
Am liebsten würden sie selbst die Schlinge zuziehen. Die über-
vorsichtigen Räte nehmen Süß seine Vorsicht übel.

Verboten seien, so fahren die Räte fort, eine Einschmelzung
gültiger Münzen, ein geringerer Edelmetallgehalt als bisher und
eine Verpachtung der Münze an einen Unternehmer. Dann
schlägt das Gutachten in offene Hetze gegen Süß um, mit Wahn
und Absurdität: Süß erziele einen Gewinn von 80000 Gulden,
der Fürst nur von 20000. Die das sagen, sind nie Händler gewesen, haben wenig Ahnung von Banken, Krediten, Zinsen,
Edelmetall, Marktpreisen, Transport und Münzproduktion.
Süß sei ja nur, so meinen sie weiter, der Übergeber des Projekts,
er habe keinen Kredit und sei nicht einmal Einheimischer, man
solle Süß einfach aus dem Geschäft hinauswerfen. Dieser Gedanke gefällt dem Landgrafen. Die Geheimräte schlagen vor,

probeweise 100 Goldmünzen herstellen und kursieren zu lassen. Wenn der Kaiser nicht eingreife, könne man mehr prägen lassen. Eine typische Idee von Zauderern. Dann wollen sie noch eine Münzkommission ernannt sehen, zur Kontrolle. Der Landgraf solle Gold und Silber lieber selber einkaufen lassen, das sei billiger. Der Regent knickt wieder ein, Süß wird fallengelassen und davon nicht einmal benachrichtigt. Der Landgraf, ein schwankender, kopfloser Herr, lebt zurückgezogen, fast versteckt, in Homburg vor der Höhe bei Verwandten. Er will sich die verschwenderische Hofhaltung in Darmstadt sparen und für seine Gläubiger möglichst schwer erreichbar sein. Eine klägliche Existenz. Aber Süß läßt sich nicht beirren. Gestützt auf eine erneute Empfehlung Carl Alexanders, kommt er ein weiteres Mal zum Landgrafen, den die Schuldner immer mehr bedrängen. Ernst Ludwig befiehlt seinen Beamten am 15. Februar, in Frankfurt mit Süß einen Vertrag abzuschließen. Am 25. Februar 1733 gelingt der Durchbruch. Noch am Tag zuvor schreibt der Landgraf: Süß habe seine Projekte ausführlich vorgetragen, man verhandle mit ihm. «Weil aber eine gewisse importante Sache bis hierhin noch nicht zum völligen Schluß gekommen», bitte man um weiteren Urlaub für Süß, der sich für die abschließenden Verhandlungen in Frankfurt bereithalte. Am 25. Februar wird Süß zum «landgräflichen Kabinettsfaktor» ernannt, er hat von nun an die fürstliche Privatkasse zu führen. Dafür bekommt er 500 Gulden Jahresgehalt nebst Futter für zwei Pferde. Nebenbei heißt er auch schon «Hof- und Kriegsfaktor» des Landgrafen.

Sein bisher größter Wurf gelingt Süß am 26. Februar. Der Fürst akzeptiert den Münzvertrag, allerdings darf auf sein Verlangen der Name Süß in der öffentlichen Version des Vertragswerks nicht auftauchen. Als Vertragspartner gelten das Frankfurter Bankhaus Wahler und Gesellschafter. In einem angehängten wei-

teren Vertrag wird der Regent als Garant genannt. Ab dem
1. April soll das Bankhaus Wahler jährlich, drei Jahre lang, 4000
Mark feines Gold nach Darmstadt in die Münze liefern. Dafür
erhält der Landgraf mindestens 16000 Gulden Gewinnbeteiligung. Die Bankiers bezahlen die Kosten der Münzproduktion,
also die Lohnarbeiter und alle Materialien. Bei jeder Lieferung,
die über die Mindestsumme hinausgeht, wird der Profit zwischen dem Landgrafen und der Bank hälftig geteilt.

Ausgemünzt wird nach dem kurpfälzischen Münzfuß, der
schlechter ist als der Reichsmünzfuß, Süß fühlt sich sicher im
Schatten der Kurpfalz: Wenn man den Münzfuß noch mehr ver-
schlechtere, also noch mehr Edelmetall einspare und daher
mehr an den Neuprägungen verdiene, werde der zusätzliche
Gewinn ebenfalls je zur Hälfte in die Taschen des Landgrafen
und der Bank fließen. Der Münzwardein, vom Landgrafen bezahlt, hat die Prägung zu überwachen und einen Verlust bei der
Schmelze und der Probe zu verhindern. Er steht in einem Loya-
litätskonflikt: Seinem Eid nach ist er auf den kaiserlichen Reichsmünzfuß verpflichtet, gleichzeitig hat er für den Nutzen seines
Arbeitgebers, des Landesfürsten, zu sorgen, der nur mit einem
schlechteren Münzfuß noch etwas verdienen kann.

Zum Ausgleich für die Verzögerung der Münzproduktion,
die hohe Zinskosten verursacht, verlangt Süß eine Entschädigung. Ein Geheimvertrag, erst am 6. August 1733 vom Landgrafen unterzeichnet, erlaubt, daß Süß zur Bestreitung seiner Kosten in den nächsten zwei Jahren «unter der Hand und ohne den
geringsten Abbruch» von der vereinbarten Goldmenge für sich
«noch 500 Mark fein Gold zu seinem eigenen alleinigen Profit
vermünzen dörfe». Auf die großzügigen Darmstädter Vertrags-
modalitäten berief sich Süß später mehrmals im Stuttgarter
Hochverratsprozeß. Die Justiz stellte sich taub, ihr fehlte jede
Lust, den Sachverhalt zu prüfen.

Mit einer weitsichtigen Planung ist Süß in die Landgrafschaft gekommen. So bringt er bei den Verhandlungen auch seine Mitarbeiter und Nachfolger ins Spiel, Mannheimer Juden, mit denen er schon lange Geschäfte macht. Am 25. Februar werden Hirschel Baruch zum landgräflichen Hoflieferanten und Jacob Ullmann zum Hof-, Kammer- und Münzfaktor ernannt. Ullmann übte dieselben Funktionen schon in Mannheim aus, vor Süß, der ihn inzwischen überholt hat. Beide hatten Süß jahrelang Kredit gewährt. Das zahlte sich jetzt für sie aus. In einem weiteren Geheimvertrag erscheint Hirschel Baruch als Hauptvertragspartner neben Süß, und der Landgraf nimmt Ullmann in seinen besonderen Schutz.

Der Fürst läßt am 28. Februar seinen Münzlieferanten ziehen und schreibt an Carl Alexander, Stolz und Zufriedenheit sprechen aus jeder Zeile des Briefs. Ein solches Zeugnis kann man nicht oft genug lesen, ein wertvolles Gegengewicht gegen die übermächtigen, haßerfüllten Stimmen aus Württemberg. Das Hauptgeschäft sei erledigt und Süß im Begriff, zu Carl Alexander zu reisen, läßt der Landgraf wissen. Dann drückt er seine Hochachtung für Süß aus: «Er könne nicht umhin, Deroselben den verbindlichsten Dank davor abzustatten, daß Sie mir den Menschen zuweisen, und durch dessen gute Anschläge, die Ich zu besserer Einrichtung meines Kabinetts und sonsten so praktikabel als nützlich befinde, die Anleitung zu merklichen Vorteilen geben lassen wollen.» Der Fürst deutet «ein gewisses mir besonders und hochanliegendes Negotium» an, das Süß Carl Alexander offenbaren werde und das der Fürst wegen der Hofintrigen nicht zu nennen wagt: die Münzproduktion. Damit hat Süß einen Fuß auch in der künftigen Stuttgarter Münze.

Für die Münzproduktion scheint alles geregelt zu sein. Tatsächlich liegen die Verträge von Ende Februar erst im Konzept vor, die Ausfertigungen werden verzögert. Ab 18. März 1733 treibt Süß den Münzmeister an, das Gold liegt bereit. Mit den Lieferungen laufen die Schuldentermine gegenüber den Kreditgebern an. Der Münzmeister soll eine Menge Goldmünzen noch bis zur Frankfurter Ostermesse herstellen. Auf einmal will der Landgraf aber vor der Zeit die erste Jahrespacht von 16000 Gulden einstreichen. Süß verlangt im Gegenzug die Einrichtung einer zweiten Münze, zur Prägung der viel einträglicheren Scheidemünzen. Nun wählt die Beamtenschaft den Weg der Obstruktion. Der Geheime Rat agiert geschlossen gegen Süß, die Regierung schließt sich an, nur noch Zangen in Gießen hält zu Süß.

Ein Konkurrent sieht seine Zeit gekommen. Seit 1729 bemüht sich der landgräfliche Hoffaktor Beer Löw Isaak, ins Münzgeschäft zu kommen. Nun steckt er sich hinter den widerstrebenden Münzmeister. Die Verschleppung der Ausprägung bringt das Frankfurter Bankhaus Wahler in Schwierigkeiten. Die Bank klagt am 31. März, knapp vor dem Bankrott zu stehen, sie will Schadenersatz vom Landgrafen, nicht von Süß. Der Münzmeister findet immer neue Ausreden, warum es mit der Münzprägung nicht klappe. Süß verlangt, der Münzmeister müsse ihm 30000 Gulden, bald 50000 Gulden Kaution stellen und die nacheinander einlaufenden Edelmetallieferungen mit Wechselbriefen quittieren. Seinen Schaden berechnet er auf 11000 Gulden.

Das Geschäftsklima wird hitziger. Bei den Verhandlungen am 20. April in Frankfurt kommt es zwischen den Parteien zum Krach, fast zur Schlägerei. Zangen spricht von «Krieg und Lärmen», Süß schreibt am Tag danach, der Münzmeister habe «nach langem Herumgebiß» einen Wechsel über 20000 Gulden ausgestellt, zur Rückzahlung fällig in vier bis sechs Wochen. Damit hat Süß dem Boykott einen Riegel vorgeschoben. Am Tag vor dem Frankfurter Zusammenstoß schreit der Münzkonkurrent Beer Löw Isaac im Kontor des Frankfurter Bankhauses Johannes Noé d'Orville und Sohn herum, Süß sei bald bankrott. Bei d'Orville holen Süß und seine Bankiers Wahler jährlich über 100000 Gulden auf Kredit. Diese Attacke soll Süß' Ansehen untergraben. Wie die meisten jüdischen Händler verfügt Süß nur über eine dünne Kapitaldecke. Er selbst schätzte sie für die späteren Jahre auf 40000 bis 50000 Gulden. Sein Vermögen besteht vor allem aus seinem Ansehen und einer raschen Geldzirkulation. Süß sucht Rückendeckung beim württembergischen Erbprinzen und schreibt ihm von der gefährlichen Verleumdung, Carl Alexander wendet sich darauf an den Landgrafen: Süß habe neulich in Frankfurt «einen Affront» bekommen. Der Landgraf selbst spricht von einer «verdrießlichen Affaire». Er und Carl Alexander wollen «ihrem gemeinsamen Bedienten genugsame Satisfaktion verschaffen».

Kaum ist der Münzmeister in Darmstadt allein, weigert er sich, bei weiteren Lieferungen Wechselbriefe auszustellen, das Gold überhaupt anzunehmen. Der Münzmeister tut nichts, der Landgraf ist kopflos, die Regierung unwillig. Süß sieht, mit diesem Münzmeister wird es nichts, am liebsten würde er ihn hinauswerfen. Und für die Reise nach Serbien wird es höchste Zeit: Carl Alexander drängt auf die Beendigung der Darmstädter Geschäfte, Süß soll mit nach Belgrad. Carl Alexander bringt den Landgrafen soweit, die Hindernisse beim Münzgeschäft aus dem Weg zu räumen. Am 3. Mai beginnt der Münzmeister endlich mit dem Ausmünzen.

Jetzt hat Süß sein Ziel erreicht, am liebsten ist er Finanzagent und bringt unter schwierigen Umständen einen günstigen Vertrag zustande. Deshalb verkauft er den Abschluß am 5. Mai 1733 weiter an die Mannheimer Jacob Ullmann und Hirschel Baruch, seine Unterlieferanten, gegen 9000 Gulden Entschädigung. Verrechnet mit Wechselbriefen und der Rückgabe eigener, bisher verpfändeter Juwelen sind es sogar 12000 Gulden. Freilich behält er seinen zweiten Münzvertrag, den über die gewinnträchtigeren Scheidemünzen. Im Abtretungsvertrag vom 5. Mai zeigt Süß Gefühle, eine Seltenheit: «[Ich will] vielleicht mein Fortun [Glück] in weit entlegenen Ländern suchen.» Mit Carl Alexander wolle er eine lange Reise antreten.

Der Statthalter von Serbien reiste jedoch allein nach Wien, kam dort Mitte Mai 1733 an. Süß erhielt vom Landgrafen ein Entlassungsschreiben und wird darin wie eine Sache verhandelt. Der Landgraf will «den Menschen zu beliebiger Disposition wiederum überlassen». Süß' Reise nach Wien hat noch Zeit. Im Mai 1733 unternimmt er einen neuen Versuch, beim Markgrafen in Karlsruhe Fuß zu fassen. Auch hier bringt er ein Empfehlungsschreiben Carl Alexanders mit und bittet zusammen mit dem Hoffaktor Isaac Simon Landau um eine Audienz. Das Schreiben tituliert die beiden als «Subjecta, deren man sich mit gutem Vorteil bedienen könne». In der Hofsprache ist dies ein hohes Lob. Ausdrücklich kommt zur Sprache, daß Süß soeben in Hessen-Darmstadt gute Dienste geleistet habe. Nachdem er 1732 in Karlsruhe zweimal vergeblich das Stempelpapier vorgeschlagen hatte, wird er jetzt ein Münzprojekt angeregt haben. Ohne Erfolg.

Die Übersiedlung
nach Frankfurt

Die wachsenden Geschäfte auf dem Frankfurter Geldmarkt veranlaßten den Mannheimer Finanzmann, in Frankfurt eine Wohnung zu suchen. Als Jude wäre Joseph Süß nach dem Stadtrecht verpflichtet gewesen, sich im Getto niederzulassen. Das paßte ihm ganz und gar nicht. Er wollte nicht als Jude behandelt, erst recht nicht in eine unwürdige Enge hineingezwungen werden. In einer Strategie der schrittweisen Verbesserung, unter Vermeidung eines zerreibenden Konflikts, suchte er nach einer geschmeidigen Lösung. Er fand sie im Gasthaus «Zum goldenen Schwan» in der Friedberger Gasse bei Maria Dorothea Günther, der Witwe des Posthalters. Wie schon in Mannheim achtete er auch hier darauf, daß er zentral wohnte: am besten in der Poststation, wo man von den Reisenden viel erfahren konnte. Und hier war er nur 200 Meter von der Judengasse entfernt, wo viele seiner Geschäftspartner lebten. Vom alten Gebäude zeugt heute nur noch ein Stück Fassade in der Großen Friedberger Straße 32.

Sein Logis war anfangs bescheiden, erst nach und nach bezog er mehr Zimmer, wie es seine Geschäfte erforderten. Zu Beginn mietete er, wie es später im zweiten Mietvertrag vom 2. Februar 1733 heißt, die «im neuerbauten Hinterhaus rechterhand stehenden zwei Zimmer». Danach nahm er sich im selben Hinterhaus zusätzlich «die zwei dito gerad über diesen beiden samt zwei dito gegenüber liegend und auf die Straße stoßende [Zimmer]». Zusammen also sechs Räume. An Möblierung bekam er «die in dem großen Zimmer befindlichen sechs gelbe oder andere sechs Sessel, Tisch, Spiegel, Vorhäng und ein Bett vor einen Kerl». Im Winter war das Brennholz eingeschlossen. Für den Jahresmietpreis von 100 Gulden gab es schließlich noch «Platz vor ein paar Chaisen». Wie Süß auftrat, läßt sich aus der Entstehung des Vertrags ablesen. In der Urfassung stand nur: Süß mietet ein «im Vorderhaus gerad gegenüber liegendes und auf die Straß stoßendes» Zimmer. Kurzerhand entschloß er sich zu mehr oder er erreichte weitere Zugeständnisse von Frau Günther. Titulieren ließ er sich als «Hessen-Darmstädtischer und herzoglich württembergischer Hof- und Kriegsfaktor».

Trotz des zweiten Titels dachte Süß nicht im entferntesten an ein künftiges Wirkungsfeld in Stuttgart; den Hauptsitz seiner Firma verlegte er vielmehr von Mannheim in die Geschäftsmetropole Frankfurt. Am 2. Oktober 1733 schloß er mit Frau Günther einen weiteren Vertrag ab, denn «seine bis anhero innengehabte Wohnung [ist] bei denen noch immer anwachsenden Geschäften ziemlich enge geworden». Süß ging gleich einen Dreijahresvertrag ein. Die zwei Zimmer des Nebengebäudes lagen im zweiten Stock, die beiden gleich großen, zusätzlich gemieteten Zimmer direkt darüber im dritten. Ein anderes Zimmer ging zur Gasse hinaus und hieß «Schreibstube». Direkt daneben lag, ebenfalls mit Blick zur Straße, Süß' eigenes Zimmer, «das große Zimmer», in dem mit der Möblierung Wohnkultur einzog. Im Hintergebäude kamen noch Stube und Kammer hinzu, die der Sekretär Leining seit einiger Zeit bewohnte, und gegenüber eine weitere Stube samt Kammer. Somit hatte Süß zehn Zimmer gemietet, die freilich keinen einheitlichen Komplex darstellten. Im Mietpreis von 180 Gulden waren inbegriffen ein Pferdestall, ein Keller, ein Schuppen für die Chaise, ein Heuboden für das Pferdefutter und im Sommer die Nutzung des Gartens.

Joseph Süß galt bereits als erfolgreicher Geschäftsmann, bevor er am 9. Januar 1734 württembergischer Resident in Frankfurt wurde. Die amtliche Funktion festigte nur seine selbsterrungene Position. Die nächsten Wohnungserweiterungen im «Goldenen Schwan» folgten so rasch aufeinander, daß Süß darüber oft keinen neuen Mietvertrag abschloß. Am 4. Februar 1734 bezog er weitere Zimmer, «eine Wohnung, so auf die Straße geht»; zwei weitere Zimmer bekam er am 11. November 1734 eingeräumt.

Einen vierten Mietvertrag, den letzten und wieder auf drei Jahre abgeschlossen, unterzeichnete er am 15. August 1735, mitten in der Hetze seiner Stuttgarter Münzaktivitäten, als er sich auf künftig noch umfangreichere Münzprojekte in Württemberg einrichtete. Die Zimmerzahl stieg auf 13: im zweiten Stock auf die Friedberger Gasse hinaus drei Zimmer nebeneinander, in den Hof zwei Zimmer nebeneinander; im dritten Stock in den Hof vier Zimmer, wovon aus einem eine Küche gemacht wird. Dann eine Stube und eine Kammer im alten Hintergebäude für Leining, der mit den bisherigen beiden Zimmern für seine Familie nun über vier Räume verfügte. Für die Chaise und das Brennholz hatte Süß auf eigene Kosten einen Schuppen bauen lassen. Eingeschlossen in den Vertrag waren der Keller unter dem alten Bau und der Pferdestall rechts neben der Scheuer. Alle Zimmer werden Süß, der «Herr Resident» heißt, frisch geweißelt übergeben. Beim Auszug müsse er die Räume in dem gleichen Zustand übergeben, in dem er sie übernommen habe. Mietpreis: 350 Gulden.

Bereits seit mehr als zwei Jahren wohnt Süß unbeanstandet in der Frankfurter Post, als sich im Sommer 1733 der Magistrat querlegt, Süß soll ins Getto verwiesen werden. Süß formuliert selbst, was die Frankfurter über ihn hören sollen. In seinem Briefentwurf für Carl Alexander stellt er sich als Hoffaktor und privater Geldverwalter vor. Seine Titel hängt er ein wenig niedriger, vielleicht, um den Magistrat nicht zu reizen. Wegen der Frankfurter Geschäfte für Carl Alexander könne er nicht mit der Prinzessin Maria Augusta nach Belgrad reisen, die vor kurzem nach der Geburt eines Kindes Frankfurt verlassen hatte. Der Erbprinz bittet den Magistrat, Süß in der Stadt zu schützen. Wenn der Magistrat Bedenken habe, so werde Carl Alexander für Süß «höchster Orten ein dergleiches Protectorium [Schutzbrief] auswirken». Gemeint ist der kaiserliche Schutz, dessen Beschaffung für den altgedienten österreichischen General keine Schwierigkeit bedeutet hätte.

Ursprünglich wollte Süß im Herbst 1733 ebenfalls nach Wien und Belgrad reisen, aber die Geschäftslage erforderte sein Verbleiben in Frankfurt. Am 22. September ernannte Maria Augusta den Notar und Sekretär Leining auch zu ihrem Sekretär. Süß verstand es, für seine Leute zu sorgen. Carl Alexander unterzeichnete am 3. Oktober 1733 in Belgrad das Schreiben an den Frankfurter Magistrat, wobei er dem Entwurf von Süß folgte. Das Schutzgesuch zielt ausdrücklich nur darauf ab, «ihn [Süß] noch einige Zeit in Frankfurt verbleiben zu lassen». Er stehe im Schutz des kaiserlichen Statthalters von Belgrad. Der Magistrat möge nur «ihn Süß Oppenheimer währendem seinem dasigen Aufenthalt bei allen Vorfallenheiten dero besondern Protection angedeihen und ihm jedesmalen willige Hülfe widerfahren zu lassen, folglich nicht zu gestatten, daß weder Er vor Seine Person, noch seine Wohnung und Effekten, ohngebührlicher Weise angetastet werden, sondern Er im Gegenteil alle Sicherheit genießen möge».

Joseph Süß hält seine Position in Frankfurt für unerschütterbar. Er erweitert unbekümmert seine Wohnung im «Goldenen Schwan», auch wenn das Schreiben aus Belgrad noch nicht eingetroffen ist. Der Magistrat gewährt seinen Schutz, aber damit

es keinen Präzedenzfall gebe, dürfe Süß seine Wohnung nicht
außerhalb der Judengasse unter den Christen nehmen. Es wäre
gegen «das unvordenkliche Herkommen».

In dem Streit, der ein halbes Jahr dauerte, erklärte der Magistrat nie, warum er Süß jahrelang außerhalb der Judengasse
hatte wohnen lassen. Er wiederholte nur mit der Starrheit über-
lebter Rechthaberei, daß Süß' Wohnungswahl gegen die Tradition verstoße. Es reichte nicht einmal zum Ansatz einer Argumentation, die innere Hohlheit klingt in jedem der gedrechsel-
ten Schreiben mit. Inzwischen entwickelte Süß eine moderne
wirtschaftliche Existenz und in seinen Schreiben einen entspre-
chenden Sprachstil, der den Frankfurter Ratsherren weit voraus
war.

Seine Position in Frankfurt verbessert sich mit einem Pauken-
schlag: In Württemberg kommt es zum Thronwechsel. Herzog
Eberhard Ludwig stirbt am 31. Oktober 1733 an einer Lungen-
entzündung; Carl Alexander wird aus Belgrad herbeigerufen
und zieht am 16. Dezember 1733 als der erste katholische Herzog in das evangelische Stuttgart ein. Süß ist vor der Zeit zur
Stelle, als Agent des Herzogs hatte er in Frankfurt Verhandlungen geführt für die Abfindung von Eberhard Ludwigs Lebensgefährtin Friederike Wilhelmine Christine Gräfin von Würben,
geborene von Grävenitz.

Seit Anfang Dezember 1733 wartet Süß in Stuttgart auf den
Herzog. Er rechnet nicht damit, lange in Stuttgart zu bleiben.
Schon am Tag nach des Herzogs Einzug in Stuttgart, am 17. Dezember 1733, läßt er sich vom Herzog seine Stellung als Agent
bestätigen. Dann bittet er um eine Audienz und will vom Herzog kleine Aufträge bekommen. Der Herrscher befiehlt ihn, der
für kurze Zeit nach Mannheim gereist war, am 27. Dezember
barsch an den Hof zurück. Bei der Audienz am 2. Januar 1734
möchte Süß als herzoglicher Geldverwalter bestätigt werden.

Falls der Herzog ihn weiter am Hof zu verwenden gedenke, will Süß zum württembergischen Residenten in Frankfurt ernannt werden. Sein Ziel ist Frankfurt, nicht Stuttgart. Als Vorbild nennt er einen Frankfurter Schutzjuden, den verstorbenen Aaron Beer, der in Frankfurt die Stelle eines kurpfälzischen Residenten bekleidet hatte. Süß orientiert sich an seiner nächsten Umgebung: Judentum, Kurpfalz und Frankfurt bilden die drei Säulen seiner Herkunft wie seines Aufstiegs. Eine Woche später, am 9. Januar, wird er tatsächlich zum Residenten in Frankfurt ernannt.

Ein Resident besaß nicht den Rang eines Diplomaten oder eines bevollmächtigten Gesandten, sondern nur den eines Geschäftsvertreters, der die Interessen seines Herrn zu wahren hatte, der eng umgrenzte Aufträge erhielt, vor allem Informationen einzog und sie in einer ständigen Korrespondenz mitzuteilen hatte. Das Jahresgehalt für diese Dienste: 500 Gulden.

Die Vorteile der Residentenstelle wirken sich für Süß so vielfältig aus, daß das Gehalt als bloße Dreingabe gelten kann. Bei allem, was er für den Herzog besorgt, genießt er finanzielle Erleichterungen. Bei dem bald im Frühjahr beginnenden Gold- und Silbereinkauf auf dem Frankfurter Edelmetallmarkt und beim Geldwechsel spart Süß die Provision, die in die Tasche des Magistrats zu fließen pflegt. Als Resident kommt er zudem leichter an wirtschaftlich und politisch wichtige Informationen heran. Und mit dem Herzog im Rücken nimmt der Kredit bei den Frankfurter Banken und Händlern zu.

Auf alle Fälle kann Süß jetzt vom Magistrat nicht mehr als Jude behandelt und in die Judengasse verwiesen werden. Das zweite Schreiben des Herzogs an den Frankfurter Magistrat zeigt Süß' Handschrift. Die Taktik: selbstbewußte Sprache, aber den strittigen Punkt ausklammern, als Zeichen herrschaftlicher Souveränität. Der Herzog soll nicht auf das Niveau des kleinkarierten Magistrats heruntergezogen werden. Carl Alexander teilt unabänderlich mit: Süß sei als herzoglicher Hoffaktor und Resident «in Unsere würkl[ichen] Dienste an- und aufgenommen» worden. Die strittige Wohnungsfrage wird nicht angesprochen, sie versteckt sich hinter dem Satz: Süß soll «den anderen Residenten an kaiserlichen königlichen, kur- und fürstlichen Höfen gewöhnl[ichen] und reichsgesetzmäßig zukommenden Schutz, Hülfe, Privilegien und Prärogativen [Hoheitsrechte] ungehindert genießen». Seine Legitimationsurkunde überreicht Süß dem Magistrat am 23. Januar. Die Ratsherren brauchen drei Wochen, um das Schreiben zu beantworten. Sie fangen es ein wenig dümmlich an, reizen Herzog und Süß, indem sie den Titel herunterzusetzen suchen. Die Residenten genössen in Frankfurt außer ihrer persönlichen Freiheit keine Privilegien und Immunitäten. Noch nie seien hier einem Juden solche Privilegien erteilt worden. Süß dürfe keine Wohnung außerhalb der Judengasse nehmen. Die Frankfurter «Judenstättigkeit», die Verpflichtung zum Wohnen in der Judengasse, sei erst neulich wieder vom Kaiser bestätigt worden.

Angesichts des Widerspruchs zwischen Süß' Herkunft und der neuen amtlichen Würde glaubt der Magistrat, einem Souverän die Auswahl des Personals vorschreiben zu können. Herzog Carl Alexander kümmert sich weder um das Stadtrecht noch um die Herkunft, ihm geht es ausschließlich darum, einen quirligen, ideenreichen Geschäftsmann für sich arbeiten zu lassen. Eine pragmatische Denkweise, guter Nährboden für Toleranz: Aufklärung im politischen Alltag.

Von diesem Schreiben nach Stuttgart weiß Süß noch nichts, aber inzwischen ist er vom Magistrat bereits mehrfach durch Mißachtung brüskiert worden. Damit trifft man ihn an seinem empfindlichsten Punkt, am Selbstwertgefühl. Der württembergische Herzog hat ihn über die jüdische Herkunft hinausgehoben, nun wollen ihn überhebliche Ratsherren schikanieren. Süß übernimmt die Führung in dem sich abzeichnenden Konflikt. Das Ablehnungsschreiben des Magistrats wartet er nicht ab und verläßt sich mehr auf seine Briefentwürfe. Er will sichergehen, daß man in Stuttgart den richtigen Ton anschlägt. Dort ist der Regierungsrat Christoph Dietrich von Keller mit dieser Angelegenheit beauftragt. Ihm formuliert Süß am 20. Februar 1734 von Frankfurt aus seine Ideen, sie klingen wie eine Anweisung. Den Regierungsbeamten wird dieser Ton von Anfang an unangenehm aufgestoßen sein. Sie müssen sich daran gewöhnen und nähren daraus ihren Groll gegen den Außenseiter. Es wächst eine Spannung heran, die sich an Süß' ungewöhnlichem Auftreten festmacht und von seinem Selbstbewußtsein herrührt, das in scharfem Gegensatz zur feindseligen Umwelt steht und durch die Boykottpolitik der Regierung gereizt wird. Gerade mit Keller wird Süß noch üble Erfahrungen machen: in der Stuttgarter Münze, bei einem Besuch in der kurpfälzischen Münze von Heidelberg, bei dem Bemühen des Herzogs, vom Kaiser in Wien die Erhebung von Süß in den Adelsstand zu erreichen.

Im Konzept dieses Briefes an Keller können wir Süß bei der Verfertigung seiner Gedanken beobachten. Er beginnt: Seine Legitimation habe er dem Magistrat überreichen lassen, «derselbe dennoch schlechten Egard [Rücksicht] und Respekt dagegen verspüren läßt». Zwei Korrekturen am Rand, nach «dennoch» läßt der Resident hinzufügen – er schreibt nicht selbst – «der üblen Gewohnheit nach». Am Ende des Satzes heißt es im ersten Konzept kurz und bündig: «und mich bei allen vorkommenden Occassionen keineswegs davor erkennen will». Dafür läßt Süß nun einen verschlungenen, schier unverständlichen Satz voll barocken Bürokratismus streichen, ein sprachliches Ungetüm von 21 Zeilen, mehr als eine halbe Seite lang. Der jüdische Geschäftsmann, der keine deutsche Schule besucht hat, schreibt ein moderneres Deutsch als christliche Sekretäre voll Amtsgeist. Dann läßt er seiner Empörung ein zweites Mal freien Lauf. Dem Vernehmen nach habe der Magistrat schon eine Antwort an den Herzog abgeschickt – was zutraf. Süß läßt am Rand hinzusetzen: «dann mehr als zu viel bekannt ist, daß derselbe [Magistrat] in allen dergleichen Occasionen sich sehr widerspenstig bezeiget und gewohnt ist, daß man ihn mit Haaren zu seiner Schuldigkeit ziehet». Süß läßt sich nicht treten, hier spricht kein buckelnder Diplomat, sondern eine Persönlichkeit, die sich ihre Selbstachtung und Autorität nicht rauben läßt. Die Gleichheit klopft an die Tür. Im übrigen möchte Süß zuerst vom Schreiben des Magistrats informiert werden. Die Antwort des Herzogs an den Frankfurter Magistrat solle man aufschieben, «bis ich selbsten wieder in Loco [Ort] Stuttgart eintreffen werde, welches bald geschehen wird». Bis zum kommenden Mittwoch werde er in Mannheim ein Schreiben aus Stuttgart erwarten. Am Ende diktiert der Resident den Stuttgarter Regierungsbeamten also auch den Terminkalender.

Am 6. März 1734 kommt die herzogliche Antwort aufs Papier. Der Herrscher besteht darauf, daß Süß die Wohnung außerhalb der Judengasse nehmen darf, «weil er nicht allein der Frankfurtischen Judenschaft nicht zugehörig, sondern er auch selbst vorhin, ehe er von Uns charakterisiert [bevollmächtigt] worden, in der Stadt unter den Christen ungehindert gewohnt, solches auch schon von ebenmäßig geschehen». Die Gründe stammen von Süß und offenbaren seine Distanz zur Frankfurter Judengemeinde, sein Leben lang fühlte er sich als Heidelberger Jude.

Zwölf Tage später erläßt der Herzog eine Amtsinstruktion über die Pflichten seines Frankfurter Residenten, in der Verwaltungssprache «Staat und Ordnung» genannt. «Staat» meint Sta-

tus, eine rechtsverbindliche Position. Es ist die einzige Verpflichtung von Joseph Süß für die württembergische Zeit, sie
hätte im Prozeß herangezogen werden müssen. Die Stuttgarter
Richter unterließen es, sie konnten damit nichts anfangen.

«Erstlich solle Uns er [Süß] nach seinem Uns bereits abgeleg-
ten Eid und Pflichten jederzeit getreu und gewärtig sein, Unsern
Nutzen und Frommen fördern und schaffen, hingegen den
Schaden warnen und wenden.

Zweitens demselben die Korrespondenz gnädigst aufgetragen haben, als solle er von allem demjenigen, so zu Frankfurt
und der Orten Notables [Bemerkenswertes] passieret oder von
andern Orten daselbst einläuft und zu erkundigen ist, fleißigen
Bericht an Uns erstatten, wie nicht weniger auch

Drittens all dasjenige, was von Uns oder Unserer Fürstlichen
Regierung ihm von Zeit zu Zeiten etwas particulariter [im be-
sonderen] aufgetragen wird, williglich übernehmen und mit aller behörigen Treu, Fleiß und Eifer verrichten.»

Nicht im Prozeß, aber in der Argumentation judenfeindlicher
Historiker spielte eine Rolle, daß Süß in Württemberg einen
Amtseid abgelegt hatte. Daraus schloß Heinrich Schnee, Süß sei
regulärer württembergischer Beamter gewesen, ein gewöhnlicher Untertan, den die Stuttgarter Regierung ohne weiteres
vor Gericht stellen durfte. Schnee wollte so die Berechtigung des
Todesurteils suggerieren. Der Herzog hatte am 30. Januar 1734
den Geheimen Rat angewiesen: Süß sei vor der Abreise nach
Frankfurt «der gewöhnliche Eid» abzunehmen, außerdem sei
ihm eine Instruktion zu geben, «was er bei seinem Posten zu
beobachten» habe. Den Eid legte Süß bei der Rentkammer ab,
der Finanzverwaltung des Herzogs. Von dieser Behörde bekam
er auch sein Gehalt angewiesen. Instruktion und Eid galten ausdrücklich nur im Verhältnis zum Herzog, Süß war dem Herzog
verpflichtet, mußte Vorteile bringen und Schaden verhindern.

Er hatte nie auf die Interessen der württembergischen Landstände und auf die Verfassung des Landes zu achten. Als vereidigter Diener unterstand er ausschließlich dem Herzog, als freiberuflicher Geschäftsmann den abgeschlossenen Verträgen und Verabredungen.

Der zweite Punkt der Instruktion beschreibt die Pflicht, Informationen zu sammeln: eine Art ziviler Nachrichtendienst. Die württembergischen Gegner versuchten, daraus politische Spionage zu konstruieren. Sie nahmen übel, daß der Herzog und Süß sich Informationen unter Umgehung des Regierungsapparats zu beschaffen wußten. Das war zweifellos das Recht jedes Regenten, auch innerhalb einer ständischen Verfassung, denn die Mitwirkung der Landstände beschränkte sich auf Finanzfragen.

Der dritte Punkt verpflichtete Süß zu «Treue, Fleiß und Eifer», Auflagen, die mit der Verschärfung des Konflikts zwischen Herzog einerseits, Regierung und Landständen andererseits nur von Süß eingehalten wurden, von seinen Gegnern immer seltener. Diese operierten gegen den Herzog, wo sie nur konnten, aber auch sie waren in ihren Eiden eine vergleichbare Verpflichtung eingegangen. Die ganze Instruktion hätte im Prozeß zur Entlastung dienen müssen.

Der Frankfurter Magistrat benötigte zur Verdauung der herzoglichen Antwort fünf Wochen. Inzwischen richtete sich Süß im «Goldenen Schwan» standesgemäß ein. Als Resident hatte er das Recht, das württembergische Wappen an seinem Amtssitz anzubringen. Er befestigte es gut sichtbar außen an der Post. Der Magistrat tobte. Die Frankfurter Judenschaft beobachtete, wie sich vor den Toren ihrer Gasse ein Fremder durchkämpfte. Auch die Mannheimer Juden wollten wissen, was aus dem Neuling werde. Die Ernennung zum württembergischen Residenten war eine Sensation. Jacob Ullmann berichtete von der ironi-

schen Frage eines Herrn Schuster, des Gesellschafters der
Frankfurter Firma Schuster und Lehning. Schuster zwickte die
Neugier: «Was macht denn d[er] W[ohlgeborene] Süßkind dort,
wird er auch noch ein württembe[r]g[ischen] Minister abgeben?» Zu dieser Zeit wurde Süß unterwegs ein Pferd beschlagnahmt. Der Resident hatte sich geweigert, wie ein gewöhnlicher
Händler Zoll und andere Abgaben zu entrichten. Bei solchen
Dingen war er hartnäckig. Nun verlangte Carl Alexander in
einem Schreiben vom 14. April allgemein von allen angrenzen-
den Staaten für Süß Zollbefreiung und freies Geleit. Dabei wird
Süß unter die «herrschaftlichen Beamten» gerechnet. Als Beweis für Süß' Beamtenstatus taugt dieser Brief aber nicht, weil er
um eine der üblichen Befreiungen für Händler nachsucht, die im
Auftrag ihres Landesherrn unterwegs waren.

Der Resident war dem zögernden Magistrat so weit vorausge-
eilt, daß die Ratsherren einknicken mußten. So schraubten sie
im Antwortschreiben vom 17. April ihren Widerstand zurück.
Noch einmal betonten sie die Pflicht, Wohnung in der Judengasse zu nehmen, erlaubten aber, daß «Süß im Wirts- und Post-
haus zum güldenen Schwanen, jedoch ohne Aushängung des
Hochfürstlichen Wappens sein fernerweites Logis behalte». In
einem Nachtrag des Magistrats zu einem weiteren Schreiben an
den Herzog glaubt man, Süß lachen zu hören. Der Magistrat
stellte verärgert fest, soeben habe Süß das württembergische
Wappen angebracht, der Herzog solle befehlen, das Wappen
wieder abzunehmen. Carl Alexander lehnte am 24. April 1734
ab, denn alle Residenten hängten an ihren Häusern die Wappen
ihrer Herrschaft aus. Punktum. Der Magistrat zog es vor zu
schweigen.

So konnte Süß am 14. April 1735 für zwei Jahre zusätzlich
noch ein Haus in der Breiten Gasse mieten, mit Keller und Gar-

ten. Besitzerin war Frau Anna Sibylla von Syverts, geb. von Stallburg. Süß durfte auch untervermieten, bei 150 Gulden Jahresmiete. Ein Vierteljahr später, als er in Bonn am Hof des Kölner Kurfürsten sondierte, ließ er durch den Frankfurter Juden Seckel Isaac einen weiteren Mietvertrag abschließen. Christian Schlicht, der «Einhorn»-Wirt neben der Judengasse, überließ ihm auf ein halbes Jahr seinen Speicher, der ebenfalls neben der Judengasse lag, «am Judenbrücklein», Mietpreis: 30 Gulden. Ein letztes Mal stieß Süß mit dem Magistrat im November 1735 zusammen. Frau von Schade, die verstoßene Geliebte des geistlichen Kölner Kurfürsten Clemens August, eines adligen Zölibatärs aus dem Haus Wittelsbach, hatte sich zu Süß nach Frankfurt geflüchtet. Es zeugt von Süß' hohem gesellschaftlichem Ansehen und seiner Beliebtheit am Bonner Hof, daß Frau von Schade gerade zu ihm kam. Er nahm sich ihrer an. Daraufhin organisierte der Kölner Resident in Frankfurt einen judenfeindlichen Auflauf vor Süß' Wohnung. Unter Beschimpfungen wurden Fenster eingeschlagen. Am 4. Dezember 1735 protestierte der württembergische Herzog gegen den Angriff. Süß verlangte, für seine Sicherheit in der Stadt «eine beschlossene Behausung» suchen zu dürfen. Am 11. Februar 1736, reichlich spät, antwortete der Magistrat: Zur Gewalttätigkeit habe Süß dadurch Anlaß gegeben, «daß er einer verheurate[ten] und von ihrem Ehemann weggelaufenen Christin auf eine verdächtige Weis beherberget und ihrem Mann, der selbige abzuholen gekommen, nicht verabfolgen lassen wollen». Frau von Schades Ehe bestand schon lange nur noch dem Schein nach. Die Frau wollte nicht zu ihrem Ehemann zurück und wußte nicht, wie sie sich ernähren und vor der Gewalt ihres Mannes schützen sollte. Der Magistrat ergriff die Chance, Süß hämisch auf seinen eigentlichen Ort hinzuweisen, das Getto: «In der Judengaß gibt es ebenfalls geräumige und bequeme Häuser, und weil diese Gaß alle Nacht besonders verschlossen wird, so kann er daselbst fast noch sicherer als in einem bürgerlichen Haus in der Stadt wohnen.» Süß blieb in der Post.

Auch wenn er immer mehr nach Württemberg gezogen wurde, so konnte er seine Bankgeschäfte doch nur in Frankfurt erledigen. Stuttgart war eine Kleinstadt, ohne Banken, ohne Börse, ohne Geldwechsler, ohne Messe, ohne Wechselrecht und Wechselgericht, ohne Beziehungen zu den Finanzzentren Europas. In den Jahren 1734 bis 1736 veranlaßten Süß und die mit ihm verbundenen Frankfurter Firmen im Wechselgeschäft mehr als 2500 Kontenbewegungen. Davon konnte man in Württemberg nicht einmal träumen.

Die Darmstädter Münzgeschäfte hatten Süß mit dem Frankfurter Edelmetallmarkt bekannt gemacht. Zu dessen wichtigsten Personen zählte der Makler Wernhard Rungius. Als Süß das Münzprojekt in Stuttgart vorantrieb, wählte er Rungius als Schlüsselperson für das Einkaufskartell der großen deutschen Münzstaaten. Die im Frühjahr 1734 anlaufenden Stuttgarter Münzarbeiten, die sich mit Unterbrechungen bis zum Tod des Herzogs hinzogen, holten Süß gegen seine ursprüngliche Absicht von Frankfurt weg nach Württemberg. Das Frankfurter Büro führte sein Sekretär Leining weiter.

Das württembergische
Hofmilieu

In Wildbad begegnete Süß zum erstenmal einem württembergischen Hofstaat, wenn auch dem einer Nebenlinie. Am abgelegenen Ort im Schwarzwald konnte der Mannheimer Händler mit dem österreichischen General leichter in Verbindung treten. Es fehlten neugierige und geschwätzige Kammerdiener, eifersüchtige Geheim- und Regierungsräte, konkurrierende Geschäftsleute und die unwilligen Landstände. Der evangelische Kirchenstaat mit den Prälaten und den durch das ganze Land versippten Patriziern war weit weg. Das Vertrauen zwischen Carl Alexander und Süß, das die Regierungszeit hindurch alle Belastungen überstehen wird, konnte hier ungestört heranwachsen.

Dem Erbprinzen stand in Wildbad ein Schlößchen zur Verfügung, mancher der Herzöge pflegte im Sommer die Residenz hierherzuverlegen. Die bessere Gesellschaft machte den Ort zu einem Zentrum des höfischen Lebens, wenn auch der stark bäuerliche Einschlag blieb, passend zum agrarischen Charakter des Landes. In den Baderäumen und im fließenden Thermalwasser achtete man aber doch auf die Trennung nach Ständen. Im Vergleich zum Stuttgarter und Ludwigsburger Hof lebte man in Wildbad näher beim Bürgertum und erschien offener. Es existierten eine Allee zum Ausreiten und Promenieren, eine Reithalle, ein Lustgebäude für Feste, Spiele und Theateraufführungen. Der direkte Umgang am Vergnügungsort bot Süß die

Chance, seine Stärken auszuspielen: seine überlegene Gesprächsführung, seinen Charme, seine Geistesblitze, seine Freizügigkeit. In den Gesprächen entwickelte er ein Projekt aus der Interessensphäre des Herrschers heraus.

Ein delikates Problem des Hofes, seit langem schwelend, stellten die Ansprüche der davongejagten Lebensgefährtin des Herzogs Eberhard Ludwig dar, der Gräfin von Würben, der berühmten «Grävenitz». Die Landstände machten es sich einfach: Diese Nebenfrau, die der Herzog vor langem formell und mit kirchlichem Segen geheiratet hatte, sollte keine Abfindung bekommen. Für den neuen Herzog Carl Alexander war der Fall schwieriger als für die Patrizier. Die Gräfin hatte es einst verstanden, ihre finanziellen Rechte und ihren Landbesitz durch Preußen und Österreich absichern zu lassen. Eberhard Ludwig hatte seinen Cousin Carl Alexander gebeten, die heiklen Verhandlungen zu führen. Süß wurde von Carl Alexander gleich nach dem Regierungsantritt durch ein eigenhändiges Schreiben beauftragt, einen Vergleich mit der Gräfin abzuschließen. Er erreichte anfangs, daß die Grävenitz sich mit 50000 Gulden abfinden wollte. Die württembergischen Landstände litten jedoch unter Kurzsichtigkeit und schlugen das günstige Ergebnis aus.

Am Ende, im August 1736, wurden nach langwierigen Verhandlungen die Abfindung der Gräfin Würben und die Rückgabe württembergischer Dörfer viel teurer. Die Landstände vertuschten ihre kostspielige Starrköpfigkeit dadurch, daß sie Süß als korrupten Gewinnler verleumdeten. Süß hatte bei der endgültigen Vergleichssumme von 350000 Gulden ein Honorar von 6000 Gulden bekommen, 1000 Gulden Spesen und Vorschußzinsen eingeschlossen. Das Honorar wurde aus den 14000 Gulden Maklerprovision von Moses Levin Gomperz Kleiff bestritten, des Agenten der Grävenitz. Süß hatte dem Hof eine heiße Kastanie aus dem Feuer geholt – und wurde beschimpft wegen

1,5 Prozent Honorar, das Württemberg keinen einzigen Kreuzer kostete. Dabei hatte Baron Röder für den ersten Abschluß 2000 Gulden Honorar verlangt. Alle herzoglichen Räte hatten den von Süß endgültig zustande gebrachten Vergleich akzeptiert. Als Süß in Ketten lag, wußten sie nichts mehr davon.

Die zentrale Gestalt am Hof Herzog Carl Alexanders war anfangs der Regierungsrat und Landschaftskonsulent Dr. Philipp Jakob Neuffer. Seit 22 Jahren war er Geschäftsträger des Prinzen gewesen, ihm war die Aufgabe zugefallen, den Übergang der Herrschaft an Carl Alexander zu sichern. Neuffer vereinigte in sich Württembergs grundlegende politische Spannungen. Im Jahr 1717 war er Landschaftskonsulent geworden, also Rechtsberater der evangelischen Landstände. So war er eingeweiht in alle Herrschaftstechniken der patrizischen Opposition. Am 31. Oktober 1733 starb der alte Herzog. Als die Landstände aus Furcht vor dem katholischen Thronanwärter Carl Alexander versuchten, dessen jüngeren, evangelisch gebliebenen Bruder Friedrich auf den Thron zu heben, fuhr Neuffer dazwischen. Sofort nach der Meldung vom Tod Eberhard Ludwigs legte er dem Geheimen Rat eine Verordnung Carl Alexanders von 1729 vor, worin die Interimsregierung geregelt war. Neuffer hatte sich vom Geheimrat Christoph Peter Freiherr von Forstner über die Machenschaften der oppositionellen Landstände informieren lassen. Bei Süß hätten die Württemberger von Hochverrat und Spionage geschrien.

Der neue Herzog zeigte sich erkenntlich: Forstner machte er zum Präsidenten des Geheimen Rats, Neuffer zu dessen weiterem Mitglied und außerdem zum Direktor im Kirchenrat und im Konsistorium. Neuffers Schwager Johann Christoph Bühler bekam die Kasse der Landschreiberei zur Verwaltung, war damit der oberste Geldeinnehmer des Landes und gehörte zu Süß' engsten Mitarbeitern. Neuffer hielt in aller Selbstverständlichkeit von Anfang an zu Süß. Wie Süß' Anwalt Michael Andreas Mögling in der Verteidigungsschrift festhielt, pflegte Neuffer auch Süß über interne Vorgänge zu informieren. Bei anderen hätte das später zu einigen qualvollen Jahren auf dem Hohenasperg gereicht. Neuffer konnte von Glück sagen, daß er Ende 1735 vom Herzog entlassen wurde. Er hatte die «Religionsreversalien» formuliert und dem Herzog zur Unterzeichnung vorgelegt. Unter den Religionsreversalien verstand man eine Erklärung, worin der katholische Herzog die Alleinherrschaft der lutherischen Konfession anerkannte und auf die Etablierung seiner eigenen Konfession verzichtete. Neuffer wurde vom Herzog auch aus allen anderen Ämtern entfernt. Im Prozeß gegen Süß untersuchte man seine Rolle, denn er war an vielen von Süß' frühen Geschäften beteiligt gewesen. Da er nun als Opfer des verstorbenen Herzogs dastand, wurde ihm seine Verwicklung in Süß' Aktivitäten «gnädig verziehen».

Am selben Tag, an dem Herzog Eberhard Ludwig starb, brach der Polnische Erbfolgekrieg aus, der dem Deutschen Reich zwei Fronten bescherte: im Osten gegen Polen, im Westen gegen Frankreich. Noch einmal schwang sich Carl Alexander zum großen Militär auf, ein letztes Mal sah er Prinz Eugen in seiner Nähe. Kaiser Karl VI. ernannte Carl Alexander zum Reichsgeneralfeldmarschall, der den Generalstab an der Front anführte; tatsächlich kam es zu keinen Schlachten.

Bereits bei der Thronbesteigung am 16. Dezember 1733 gelang es Süß, dem Herzog persönlich zu gratulieren. Als Resident in Frankfurt wußte er, wie man aufzutreten hatte; von der Pracht des Hofes ließ er sich nicht einschüchtern. Am nächsten Tag wiederholte er seine Gratulation schriftlich und bat um eine Audienz. Von diesem seinem ersten Dokument am württembergischen Hof erhielten sich zwei Konzepte, die zeigen, wie Süß seine Gedanken formte.

Bei der Gratulation hatte er mit dem Herzog nicht über künftige Aufgaben sprechen können. Von Hofleuten hatte er erfahren, daß neue Uniformen für die Truppen und Livreen für die Dienerschaft anstünden. Im ersten Konzept bot Süß seine Dienste an und brachte das Gespräch auf die Lieferung. Was herauskam, war, wie so oft, wenn ein Schreiber die Feder führte, ein greulicher, mehrfach verschachtelter Satz. Süß strich das Sprachungetüm samt den Uniformen. Allgemeiner und für ihn nützlicher ließ er an den Rand setzen, er habe für das fürstliche Interesse wichtige Vorschläge zu unterbreiten und bitte deshalb um eine Audienz. Dann verschlankte er auch das zweite Konzept, indem er die dem «höchsten Interesse ersprießlichen propositiones [Vorschläge]» einfach strich. So blieb nur die Bitte um eine Audienz. Dieser ganz und gar unhöfische Stil, den Süß als Geschäftsmann auch bei Verhandlungen pflegte, schmeckte dem Herrscher.

Die Thronbesteigung Carl Alexanders begleitete ein Umsturz im Regierungsapparat. Ende Dezember 1733 ließ der Herzog führende Räte der Grävenitzschen Hoffraktion verhaften und auf die Festungen Hohenasperg, Hohenneuffen und Hohenurach bringen. Nach Hohenneuffen kam Caspar Pfau, später engster Mitarbeiter von Süß in der Regierung. Durch diesen Gewaltakt gewann der Herzog Sympathien beim Patriziat und den Landständen.

Anfangs glaubte Süß, auch am Stuttgarter Hof Geschäfte machen zu können, die Atmosphäre erschien gegenüber Juden unvoreingenommen. So lieh er am 22. Dezember 1733 dem Hofrat Enoch Heyland 4000 Gulden und verkaufte ihm zwei Kutschpferde. Doch bald wurde die Stimmung so eisig, daß Süß in Württemberg kaum mehr zu Privatgeschäften kam. In der Verteidigungsschrift ließ er schreiben: Mit seinen in Frankfurt geführten Geschäften habe er «in einer Woche mehr als in diesem

Joseph Süß Oppenheimer
Schabkunstblatt nach einem verschollenen Ölgemälde; 1738

Herzog Carl Alexander von Württemberg
Schabkunstblatt von Ferdinand Stenglin

Land in einem Vierteljahr gewinnen können [...] und dieses
hauptsächlich der Ursachen, weilen er in Frankfurt von vielen
Fürsten und großen Herren in Kommissionen hat können gebraucht werden, da in dem Gegenteil, solang er bei Serenissimo
[dem Herzog] gewesen, ihn jedermann wie die Pest gescheuet,
er, vor seine Person aber, Serenissimo als ein Sklav hat dienen
müssen und nicht einmal eine freie Disposition über seine Gelder zu machen in dem Stand gewesen ist». Die Bemerkung über
den Status eines Sklaven ist übersehen worden, von Feinden
wie von Freunden.

Gleich am Anfang der Regierung Carl Alexanders muß Süß
einen diplomatischen Auftrag von ihm bekommen haben. Aber
dem neuen Landesherrn ging alles zu langsam. Deshalb schrieb
er am 27. Dezember 1733 einen barschen Brief an den für kurze
Zeit vermutlich nach Mannheim gereisten Süß und pfiff ihn
nach Stuttgart zurück. Die verklausulierte Schreibweise entsprach dem Stil an Fürstenhöfen, wo man Neugierige ausschlie-
ßen wollte.

«Ihr werdet sonder allem Zweifel an dem bewußten Platz arri-
vieret [angekommen] sein. Daß Ihr aber wegen der Euch sowohl
schrift- als mündlich übertragenen Kommission dato noch
nichts Positives meldet, befremdet mich.

Ich versehe Mich also hierauf, daß Ihr Euch bis auf den nächst-
künftigen Dienstag längstens allhier einfindet und wegen dieser
obhabenden Verrichtung mündliche geh[orsam]ste Relation
[Bericht] abstattet, dann Ich in meinem gefaßten Entschluß Mich
nicht lange amüsieren zu lassen gedenke. Wormit Ich Euer geneigter verbleibe

Carl Alexander.»

Der Herzog beansprucht Süß wie einen Diener, seine Befehle
sind auf der Stelle auszuführen, sofort will er einen Rapport haben. Einen einmal gefaßten Beschluß läßt er sich nicht mehr aus-

reden. Selbst die Grußformel zeigt den rauhen Ton. Der Herzog
nennt sich nur «geneigt». Erst später unterschreibt er gerade bei
Süß mit Sympathie als «wohlaffektioniert». Schon dieses un-
schuldige Brieflein läßt den Gegensatz zwischen Herzog und
Regierungsapparat ahnen. In seiner Ungeduld, seinem fast militärischen Ton mußte der Herzog unweigerlich mit seinen
schwerfälligen Behörden zusammenstoßen, die auf die Landstände, die Verfassung, die Rechtstradition und die patrizischen
Interessen zu achten hatten und obendrein jede Änderung von
Herzen haßten. Wenn Süß sich behaupten wollte, mußte er mit dem allgemeinen Stil am Hof und der Regierungsweise zurechtkommen. In
der Hohenasperger Haft wünscht er gleich zu Beginn darzustellen, wie er einst das Vertrauensverhältnis zum Herzog festigte,
auch gegen den Hof. Am 7. Juni 1737 kann er wegen Gleichgewichtsstörungen nicht aufstehen. Der Untersuchungsrichter
Jäger befragt ihn in der Zelle. Es kommt zu keinem der üblichen
Verhöre mit einem annähernd wörtlichen Protokoll. In Jägers
Bericht vernehmen wir Süß' Stimme noch stärker gefiltert als
sonst. Daraus erklärt sich der für Süß untypische, verquollene
Stil. Der Gefangene beklagt sich, daß «sein Arrest und sein Ex-
amen [Untersuchung] sehr hart sei, da er doch Serenissimo
[dem Herzog] nur damit das Herz gestohlen habe, daß er dieselbe niemalen stecken lassen, sondern in der Zeit mit Geld se-
condiert [unterstützt]». Als Beispiel führt er den Rückkauf verpfändeter württembergischer Güter an. Eine Leistung, die die
Landstände hätten anerkennen müssen. Außerdem, so fährt er
fort, sei bekannt, daß der Herzog sich niemals dreinreden ließ.
Wenn er «auf etwas gekommen, solches wie ein Standrecht auf
der Stelle ausgemacht [ausgeführt] haben wollen, dahero es
auch gekommen, daß, wann er Ihnen [dem Herzog] seinen Staat
[Amtspflichten] und daß vermög desselben vorhero eine Unter-

suchung geschehen müßte, vorgehalten, Sie ihm in der Zeit repliciert [geantwortet], Sie unterschreiben ja auch jedesmalen die darüber erteilende Resolutiones [Befehle], und da müsse das Letztere gelten».

Die Richter gehen auf diesen Aspekt nicht ein, Süß wäre damit zu entlasten gewesen. So bleibt dem Häftling nur die kleine Chance, am 26. August 1737 im «gütlichen Verhör» durch seinen Verteidiger Mögling den ganzen Stil am Hof darzustellen.

Die Frage 16 streift den herzoglichen Regierungsstil: «Ob nicht Serenissimus defunctus [der verstorbene Herzog] einen besonderen Humor gehabt und entsetzlich gewesen?» Der Humeur des Herzogs: eine zentrale Frage für den persönlichen wie politischen Stil am Hof. «Humeur» meint Laune bis Launenhaftigkeit. Dazu Süß: «Das wisse die ganze Welt, in specie aber könne es niemand besser wissen, als die Tag und Nacht mit Ihnen umgehen und die Geschäfte haben traktieren müssen.»

Frage 17: «Ob nicht Serenissimus, wann Höchstdieselbe einmal eine Ungnade auf einen Diener geworfen, demselben so leicht nicht wieder gnädig worden sei?» Süß: «Das sei richtig, doch seien Sie nicht auf pure Deklarationen gegangen, sondern hätten die Leute tentiert [geprüft] und die Probe selbsten von ihnen gemacht, und wann Sie diese gehabt, seien selbige gar schwerlich davon abgegangen.»

Frage 18: «Ob nicht Serenissimus vielfältig so münd- als schriftlich mit Ernst und Nachdruck befohlen habe, daß man bei Cassation [Entlassung] und Festungsstrafe alle dero Befehle ohne einige Widerrede und Rückfrage befolgen solle?» Süß: Seine ganze Umgebung könne das bestätigen. Der Herzog hielt Einwände für Verzögerungstaktik, Ausdruck des «alten Schlendrians». Damit war der Gegensatz zur landständischen Regierungsweise auf den Punkt gebracht.

Frage 19: «Ob Serenissimus Remonstrationes [schriftliche

Einwände] habe leiden mögen?» Süß: Wenn eine Sache entschieden war, duldete der Herzog keinerlei Einwände.
Dann schildert Süß seine eigene Taktik, Bedenken vorzubringen,
wenn er einen schädlichen Beschluß abwenden wollte. Wir blik-
ken hier in das Geheimnis seines Verhandlungsgeschicks:
«Wann aber erst nach drei Tagen, nachdem die Sache geschehen
gewesen, eine Vorstellung gekommen und man das Tempo [die
günstige Gelegenheit], so aber auch rar gewesen, erhalten und
die Sache in einen andern Model [Form] gegossen worden, so
habe man es können auf einen andern Weg bringen, anderst
aber sei es nicht möglich gewesen, wann auch der Schaden vor
Sie selbst noch so groß gewesen wäre, weil Sie nicht gefehlt haben wollen. Es sei Serenissimo auch viele Sachen von zwei, drei
Orten her referiert worden und daher desto schwerer gegangen.» Das Geheimnis von Süß: Geduld, gepaart mit der Beobachtung der jeweiligen Stimmung, Beweglichkeit, eine alte Idee
unter einem anderen Aspekt verändert vorzubringen. Der Herzog dagegen gab sich rechthaberisch.

Das gütliche Verhör durch Mögling geht geschickt weiter.
Frage 21: «Ob es aber auch etwas gefruchtet?» Süß: «Öfters ja,
öfters aber auch nicht und habe sich keiner flattieren [loben]
dürfen, es hätte auch mögen sein, wer wollte, daß er etwas erhalten werde, ehe und dann er es gehabt, und Serenissimus
nicht Ihre Convenienz [Gefallen] dabei gefunden.»

Frage 22: «Ob nicht Inquisit gegen Räte und selbige gegen ihn
sich beschwert haben, daß Serenissimus keine Remonstrationes
annehme?» Die Frage rührt an einen wunden Punkt der gegne-
rischen Prozeßführung: die regierungsinterne Kritik am herzoglichen Regierungsstil. Dieser Tatbestand wurde verdrängt. Süß
betont, daß sich viele bei ihm über die Laune des Herzogs be-
schwerten: die Geheimräte Andreas Heinrich von Schütz, Keller und Pfau, Oberhofkanzler Prof. Dr. Johann Theodor Schef-

fer, Regierungsrat Lautz, Kabinettssekretär Johann Christoph Knab. Darunter befinden sich mit Schütz und Keller zwei von Süß' Feinden. Die Kritik am Herzog wurde später allein Süß angekreidet, als «Majestätsverbrechen».

Frage 23: «Ob nicht Serenissimus diejenigen, welche eine Remonstration machen wollen, fortgehen heißen und zuweilen entsetzlich gedroht?» Süß: «Was Inquisiten anbetreffe, so habe Serenissimus ihm mehrmalen befohlen, er solle stillschweigen, fortgehen und sich in die Sache nicht weiter melieren [mischen], es werde doch geschehen, was Sie [der Herzog] haben wollen. Wann von denen Balleien [Regierungsabteilungen] eine Remonstration gekommen und solche Serenissimo vorgetragen und gesagt worden, daß man so und so in diesem oder jenem Collegio davon judiziere [urteile], so habe Serenissimus Ausfälle getan, daß man zu tun genug gehabt, dieselbe von denen Extremitäten, worauf Sie verfallen, abzuhalten.»

Mögling fragt nach: «Worin aber die angedrohte Extremitäten bestanden?» Süß: «Cassation [Entlassung], infame [ehrlose] Cassation, Festung, Henken und was Ihm in Mund gekommen, welches manchen abgeschreckt habe, einen Gegenbericht oder Vorstellung von einer Ballei [Regierungsabteilung] vorzutragen. Der Hofkanzler sei durch dergleichen wie andere mehr, die ein Referat gehabt haben, abgeschreckt worden, daß er [der Hofkanzler] froh gewesen, wann ein anderer seine Sache referiert.»

Frage 24 berührt einen der tönernen Füße des Prozesses. Süß wird vorgeworfen, oft ohne schriftlichen Befehl des Herzogs gehandelt zu haben. Die Regierungsleute wissen genau, daß der Fürst nur ungern sich zur umständlichen Schriftlichkeit bequemte, alles ging ihm zu langsam. Die Schriftform bot den Räten die Möglichkeit endloser Widersprüche. «Ob Serenissimus jederzeit schriftliche Befehle zu den Verrichtungen gegeben habe?» Süß: «Das sei dem Herrn niemalen beizubringen gewesen.» Weiter erklärt er, wie der Herzog seine mündlichen Befehle erteilte und das Risiko auf die Ausführenden abwälzte. Wenn jemand einwandte, ein soeben erteilter Befehl an Regierungsorgane oder höhere Persönlichkeiten könne «Verbitterung geben, als wann man es aus eigener Autorität tue, so hätte Serenissimus befohlen, den Befehl einmal zu vollziehen. Wer daran zweifle, könne anfragen, und [er] sei wild dazu gewesen.» Süß beruft sich auf den Expeditionsrat Joachim Friedrich Neuffer, der das Vorzimmer und die Garderobe kontrollierte: das Faktotum des Herzogs. Dieser Neuffer – nicht zu verwechseln mit Dr. Philipp Jakob Neuffer – habe noch mehr mündliche Befehle als er, Süß, bekommen. Alle wußten von diesem Regierungsstil, dennoch wird im Prozeß niemand für Süß aussagen.

Um nicht ohne eine Anweisung des Herzogs handeln zu müssen, schaut Süß darauf, daß er nach einem mündlichen Befehl noch einen schriftlichen in die Hand bekommt. Auf die Frage 27 umreißt er seine Dienste für den Herzog: «[1.] Er habe Serenissimi Temperament gleich eingesehen, daß man sich keine Mühe und Zeit in seinen Verrichtungen habe dürfen verdrießen lassen; 2. den Juwelenhandel; 3. die Münzlivrance [Lieferung von Edelmetall in die Münze]; 4. daß Inquisit [der Vernommene] in Serenissimi Geschäften zu Kriegs- und Friedenszeiten hingegangen sei, wo Sie es hin verlangt; 5. durch die negotia [Geschäfte], wann es auf Geldanschaffen angekommen, so Inquisit auf die Wege richten können, wann es auch auf eine Million angekommen ware; 6. daß er sich in des Herrn Humor [Laune] zu schicken gewußt.»

Den Stil am Hof und Süß' eigenes Auftreten schilderte der Kammerdiener Johann Georg Demmler aus seiner Perspektive. Seine Aussagen galten als einer der gewichtigsten Beweise für das Majestätsverbrechen von Süß. «Wann gleich jemand bei

Serenissimo und verboten gewesen, daß niemand hineingehen sollte, und auch öfters Ministri in der Garderobe aufwarten müssen, sei er [Süß] doch in das Zimmer geloffen, und obwohlen Serenissimus öfters ihn hart angefahren und hinauszuprügeln gedroht, habe er sich doch daran nicht gekehrt.» Wenn der Kammerdiener zu Süß sagte, auch diesem sei der Eintritt verboten, so habe Süß «wenigstens die Türen aufgemacht und solang daran umgegangen, bis ihn Serenissimus hineingelassen». Der Eindruck solcher Unverfrorenheit auf die servilen Hofleute muß entsetzlich gewesen sein. Demmler gab seine Empfindungen preis: «Er [Süß] sei grausam frei gewesen in Reden und allen seinen Sachen.» Der Diener und die Richter blendeten gerne aus, daß mit dieser Eigenschaft Süß sehr gut zum «grausam freien» Herzog paßte. «Serenissimus habe ihn [Süß] oft ausgezankt, daß es überaus gewesen, und vielfältig gesagt: Du Bestie und Canaille, willst du erst noch recht haben, und dergleichen noch viel mehr.» Auch der Kammerdiener bestätigt die herzogliche Rechthaberei.

Die Beschimpfungen des Herzogs nahm Süß nicht ernst. Dem Kammerdiener fiel allgemein auf, daß Süß «frei gewesen mit dem Mund und zu Zeiten getan in dem Zimmer, als wann er da zu Haus wäre». Den Eintritt zum Herzog verschaffte sich Süß gerne damit, daß er «die Hand immer voll Ring und die Taschen voll Stein und Tabattieres [Tabaksdosen] gehabt, die er hernach hervorgezogen und gezeigt, auch immer gehandelt». Ohne Argwohn führte Süß diese Kostbarkeiten dem Personal schon in der herzoglichen Garderobe vor. Wenn Süß den Herzog besuchte, pflegte er schriftlich vorbereitete Beschlüsse mitzubringen. So machte es jeder, der mit dem Herzog zu tun hatte. Öfters schickte der Herzog Süß mit solchen Entwürfen wieder weg.

Zurück zum ersten offiziellen Auftritt Joseph Süß Oppenheimers in Stuttgart. Die Audienz findet am 2. Januar 1734 statt. Süß traut von Anfang an den mündlichen Anweisungen nicht, er strebt einen offiziellen Status im herzoglichen Dienst an. In der Audienz hat er von seiner Mission berichtet und die detaillierte Darstellung eines unparteiischen Dritten mitgebracht. Das läßt Mannheim vermuten, wo Süß am raschesten ein Gutachten beibringen konnte. Wenn er diese Angelegenheit weiter verfolgen solle, so wolle er einen Regierungsrat an die Seite bekommen, der das herzogliche Vertrauen genieße. Diesem solle «die Sache mitübertragen» werden. Süß hütet sich, allein zu handeln.

Dann kommt er auf den finanziellen Aspekt seines ersten zeitraubenden Auftrags zu sprechen, der die Aufgaben eines Agenten und Geldverwalters weit übersteigt. «Alldieweilen [ich] aber nun in die vierte Woche dahier und in obigem Geschäft habe zubringen und meine eigene Geschäften zu Haus unreguliert belassen müssen, so habe Euer Hochfürstliche Durchlaucht nicht nur um gnädigste Erlaubnus, mich nacher Haus zu verfügen, [...] bitten sollen.» Süß will als Schatullverwalter, als Geldverwalter und Privatbankier, bestätigt werden, dann aber mit jemandem aus der Regierungsbehörde seine Spesenauslagen abrechnen.

Da Süß spürt, daß der Herzog ihn noch länger verwenden will, muß er vorbeugen, damit er nicht weiterhin alles umsonst und ohne Vollmacht erledigen darf. Er bittet um einen Befehl, der ausdrücklich das herzogliche «Interesse» nennen soll, unter dem Süß zu dienen habe. Es geht um die Bevollmächtigung «zu auswärtigen Geschäften». Süß denkt an ein Vorbild, das er von Frankfurt her kennt: den 1719 gestorbenen Frankfurter Juden und kurpfälzischen Residenten Aaron Beer. In Süß' Frankfurter Büro lag ein Briefwechsel Beers, der während der Machtkämpfe in der Frankfurter Judengasse (1669 bis 1684) zur Partei des Isaac Kann, seines Schwagers, gehört hatte, gegen Abraham Drach. Beer war Agent verschiedener Adliger und hoher politischer Amtsträger des Reiches, eine der wichtigsten Geschäftsadressen in Frankfurt. Im Kampf um die Macht im Getto setzte die Kann-Gruppe kriminelle Mittel ein: Zeugenkauf, Meineid und Urkundenfälschung. 1684 wurde sie vom kaiserlichen Reichshofrat in Wien zu der kaum vorstellbar hohen Strafe von 150000 Gulden verurteilt, alle kamen ins Gefängnis. Drei Jahre später, mit dem Tod des Siegers Drach, errang die Kann-Gruppe doch noch die Alleinherrschaft in der Judengasse.

Von den Frankfurter Juden hat Süß gelernt, wie wichtig es ist, Interessenvertreter eines christlichen Herrn zu sein. An einer entscheidenden Stelle brach er jedoch mit der Tradition: Beer war sein Leben lang Gettojude geblieben und hatte nie an dieser Einengung gerüttelt, mit der Residentenstelle gelang es Süß, die Judengasse zu überwinden. Aaron Beer dürfte noch in anderer Beziehung als Vorbild gedient haben: für die Wohnkultur. Er besaß eines der vornehmsten Häuser; im Vorder- und Hinterhaus acht Stuben und sieben Kammern. Flur, Treppenhaus und Zimmer glichen einer endlosen Gemäldegalerie.

Schon bei den ersten Aufgaben, die Süß als Resident des Herzogs zu erledigen hatte, zeichnete sich die Münzproduktion in Stuttgart ab. Am 10. Januar 1734 schreibt er dem Herzog von einem neuen «Gold- und Silbermünzkontrakt». Bisher hatten die Augsburger Händler Caspar und Halder das Edelmetall in die Stuttgarter Münze geliefert. Der Herzog verlangt von Süß eine Stellungnahme. Seine ersten Verhandlungen in Stuttgart über die Münze führt Süß mit dem Hofmarschall Friedrich August Freiherr von Hardenberg, den Auftrag dazu erteilt der Herzog selbst. Gleich bekommt Süß zu spüren, daß er unerwünscht ist. Hardenberg gibt vor, keine Zeit zu haben. Während der Herzog darauf drängt, der Staatskasse zur Finanzierung der Ausrüstung des Militärs neue Geldquellen zu erschließen, hält einer seiner höchsten Beamten es nicht für nötig, sich damit abzugeben. Süß, mit den Details des Münzgeschäfts vertraut, verlangt Einblick in die alten und neuen Münzakten. Hardenberg gibt ihm, wie Süß sich ausdrückt, «nicht als den uralten Contract mit, woraus wenig oder gar nichts zu ersehen ist». Süß verlangt mündlich und schriftlich weitere, genauere Informationen und muß mehrfach daran erinnern. Der Regierung pressiert es nicht. Erst nach heftigerem Drängen bekommt er den neuen Münzvertrag von weitem zu Gesicht, der mit den bisherigen Lieferanten angeblich schon abgeschlossen sei. Eine gezielte Irreführung, wie sich bald herausstellt. Hardenberg glaubt, Süß gebe sich mit dem bloßen Vorlesen des komplizierten Vertragswerks zufrieden. Nach erneutem Verlangen erhält Süß eine Abschrift. Ein Beispiel für den «Schlendrian», wie sich der Herzog und Süß bald auszudrücken pflegen.

Joseph Süß sieht eine Chance, doch noch ins Münzgeschäft einzusteigen. Während der Apparat sich nicht bewegen mag, verspricht Süß, dem Herzog «jährlich 1000 Speziesdukaten mehrers in Dero Schatull zu geben». Das sind 4000 Gulden. Auch sonst getraut sich Süß, dem Herzog bessere Konditionen einzuräumen, wenn er mit den Lieferungen des Edelmetalls beauftragt würde. Er zeigt sich risikofreudig, die wirklichen Kosten kann er noch gar nicht kalkuliert haben. Im späteren Vertrag wird sich die Gewinnabgabe an den Herzog noch wesentlich erhöhen. Mit dieser Risikobereitschaft schlägt Süß alle Konkurrenten aus dem Feld.

Die Aussicht auf den höheren Gewinn spielt die Musik vor, die der Fürst gerne hört. Auf diese Weise kann Süß den Boykott des Hofes und des Regierungsapparats durch die Landstände brechen. Am 18. Januar ist Süß schon wieder in Mannheim, von wo er dem Herzog über die Münzpolitik schreibt. Er schlägt auch der Kurpfalz eine Aufnahme der Münzprägung vor und stößt sofort auf Interesse. Er ahnt, daß ihm aus der Münzsache «noch großes Licht zuwächst». Zu dieser Zeit gibt es noch keine Konkurrenz zwischen den württembergischen und den kurpfälzischen Münzplänen. Der folgende Satz bringt das Stuttgarter Münzprojekt in Erinnerung, Süß ist ein Meister der Korrespondenz, der Brief gewinnt an Tempo, durch Knappheit und herzogliche Lieblingsthemen. Kein Wunder, daß der Herzog lieber diesen kurzweiligen Geschäftsmann als seine langweiligen Räte anhört. «Übrigens habe [ich] gestern aus der pfalzgräflichen Sulzbachischen Massa in circa vor 30000 Gulden Juwelen ersteigt, weshalben meine Reise auf Frankfurt, die Gelder davor anzuschaffen, pressieren muß, zumalen es solche pieces seiend, die man zur anderen Zeit nicht wohl bekommen könnte, wann man auch das Bargeld in Handen hätte. Ich werde aber bald wieder allhier sein und sehen, was die w[ürttembergische] Konferenz geschlossen habe.» Mit der Konferenz ist das herzogliche Kabinett gemeint, unter Ausschluß des Geheimen Rats. Schon früh beginnt der Herzog sich von seinem Apparat freizumachen, was später zu Unrecht in die Waagschale für das Todesurteil gegen Süß gelegt wird.

Der Brief endet mit einer Frauengeschichte, die im nebelhaften Hofstil auftaucht. Süß spricht davon, daß «die T.» des Herzogs Gnade genieße. Diese rätselhafte Frau nötigt Süß zu einem Postskriptum. Sie habe bei Süß sondiert: ob sie, wenn sie am nächsten Sonntag zum Herzog nach Stuttgart komme, ihre «curiosen Jagdhunde» mitbringen dürfe. Süß bietet in seinem Brief, was des Regenten Herz nur begehren kann: Hofpolitik, Vertrauenssachen, Münzpolitik, Gewinnaussichten, Juwelen, baldige Rückkehr von Süß, zum Schluß eine erregte Frau.

Inzwischen eilt Süß nach Frankfurt, holt sich neuen Kredit, kehrt nach Stuttgart zurück und ist am 29. Januar 1734 in Waldenbuch, denn der Herzog jagt im Schönbuch. Süß schreibt dem Herzog seine vier wichtigsten Punkte: der bankrott gegangene jüdische Hoffaktor Wolff Gabriel Levin möge aus der Haft entlassen werden; für eine nicht näher beschriebene Mannheimer Sache bittet Süß um einen Rechtsgelehrten; die Münzangelegenheit wolle er abwarten; zuletzt verlangt er für die Residentenstelle in Frankfurt eine Instruktion und die Abnahme des Eides. Der Herzog erledigt alle von Süß angesprochenen Punkte, auf der Jagd keine Selbstverständlichkeit. Levin kommt frei, er ist ein durch die Schuld des württembergischen Hofes zugrunde gegangener, schon länger inhaftierter Händler aus Fürth. Gegen alle erhobenen Beschuldigungen erhält er vom Herzog eine Freisprechung von jeder Schuld. Eine Lösung, wie sie zwischen Hoffaktoren und einem Fürsten üblich war. Zugleich erteilt der Herzog seinem neuen Kabinettsfaktor Süß den Auftrag, 954 Infanteriezelte und 266 Dragonerzelte zu liefern, dafür erhält Süß 3000 Gulden Vorschuß. Zuletzt befiehlt Carl Alexander dem Geheimen Rat, ein Gutachten über die Münze zu erstellen.

Am 31. Januar reist der Herzog nach Tübingen, in die zweite Hauptstadt des Landes, die Hochburg der Landstände. In seinem Beschluß für diese Vertretung der Geistlichkeit und der Städte herrscht noch das schönste Einverständnis, es geht um die enormen Kosten der Kriegsrüstung. Der Herzog erklärt, er wisse von der Not des Volkes bei der Verpflegung und der Aufstellung der Truppen. Der württembergischen Verfassung nach muß ein Herzog bei allen Steuerausschreibungen die Zustimmung des Landtags einholen. Carl Alexander erklärt sich bereit, den Landtag einzuberufen. Die Landstände sind mit dem neuen Herzog zufrieden.

Schon vorher kehrt Süß nach Stuttgart zurück und diktiert am 1. Februar einen weit ausgreifenden Brief. Er stellt seine Spürnase für profitable Geschäfte unter Beweis, triumphiert mit dem eigenen Nachrichtendienst, unterbreitet dem Herzog weitere Gewinnmöglichkeiten, treibt den Regierungsapparat wegen der Münzgeschäfte an und winkt zuletzt mit guten Nachrichten aus Darmstadt. Er will so rasch wie möglich nach Frankfurt zurück, seine Firma ist seit zwei Monaten lahmgelegt. Insgeheim zieht es ihn bereits woandershin: nach Bonn, an den Hof des Kölner Erzbischofs und Kurfürsten.

Mit einem Donnerschlag beginnt Süß sein Abschiedsschreiben: «Dem äußerlichen Vernehmen nach sollen des Herrn Bischofen zu Augsburg Hochfürstliche Durchlaucht 50000 Scheffel Korn und Roggen auf denen Speichern in Vorrat liegen haben, welche einige an sich zu bringen und zu erkaufen trachten.» Süß rät dem Herzog, diesen Aufkäufern zuvorzukommen. Carl Alexander könne dabei 50000 Gulden und mehr gewinnen. Bevor der Brief ins reine geschrieben wird, fügt Süß dem Konzept eine wichtige Meldung hinzu. «Wegen dem Münzwesen haben wir heute die erste Session (mit einer neuen, besonderen Kommission aus Geheimräten) gehalten, und wird sich vieles zeigen. Euere Hochfürstliche Durchlaucht geruhen, nur den gnädigsten Befehl ergehen zu lassen, daß all dasjenige, was desfalls vorgehet, Höchstdenenselben sogleich ad Cabinettum berichtet werden solle, welches seine besondere Ursache hat. Ich werde heut und morgen noch den Grund hierinnen legen, damit ich hernach weiter auf Frankfurt gehen könne und in übrigen negotiis [Geschäften] nicht gestört werde.»

Schon nach der ersten Besprechung in Sachen Münze traut Süß dem Regierungsapparat nicht über den Weg. Deshalb soll sich der Herzog die Berichte an sein eigenes Kabinett schicken lassen. Am Horizont kündigen sich die grundsätzlichen Span-

nungen an, die zu Süß' Sturz beitragen werden. Es geht um die
Streitfrage, ob der herzogliche Apparat, der Staat, die Münze
selbst betreiben oder ob man einen Geschäftsmann als Hauptlieferanten beauftragen soll.

Den Brief beschließt Süß nicht ohne Eitelkeit: Er demonstriert
mit Zufriedenheit, wieviel er auswärts gilt. Er legt ein persönliches Schreiben des Darmstädter Landgrafen bei. Mit Freude
am Hofstil faßt er den Inhalt zusammen: «Höchstdieselbe bittet
mich inständigst, noch ein Stück von dem gnädigst bekannten
Erz zu procurieren [besorgen]. Es scheint, daß Dieselbe dieses
Bergwerk recht ergründen wollen, worzu Sie auch am besten
Zeit haben.» Gemeint waren Goldlieferungen, um weitere Münzen zu prägen.

Am 9. Februar schreibt Süß schon aus Frankfurt und schickt
ein Probezelt, die Münzsache wolle er bei seiner Rückkehr nach
Stuttgart vereinbaren. Gemeint ist ein Liefervertrag für Gold
und Silber, der einen Monat später in Stuttgart auch zustande
kommt. Der Herzog befindet sich inzwischen in Wildbad, näher
an der Front gegen Frankreich. Ab April sammeln sich die deutschen Truppen an den Eppinger Linien, zwischen Heidelberg
und Heilbronn. Am Oberrhein droht ein französischer Einfall.

Als Armeelieferanten für die Kreistruppen unter Carl Alexander
wirken kurpfälzische Juden, Oberhoffaktoren aus Mannheim:
Jacob Ullmann und Michael May.

Die Münze in Stuttgart

Zwei Tage vor der schriftlichen Ausstellung des Münzvertrags am 9. März 1734 bekam Süß 7500 Gulden Vorschuß, ein Zehntel der vereinbarten Gesamtvorauszahlung. Ab jetzt war er verpflichtet, jede Woche 100 Mark feines Gold, 600 Mark feines Silber und 150 Mark geringerwertiges Silber zu liefern. Er mußte alles auswärts einkaufen und mit kurzfristigen Wechseln finanzieren. Erst am Tag der Vertragsausstellung erstattete der Geheime Rat sein Gutachten über die drei vorliegenden Vertragsangebote. Eine der üblichen Verspätungen. Der Herzog ließ sich von Anfang an die Stuttgarter Gemächlichkeit nicht gefallen, er entschied unabhängig und zügig.

Der Präsident des Geheimen Rats Forstner und die Geheimen Räte Schütz und Johann Friedrich Götz mußten einräumen, daß Süß dem Herzog die besten Konditionen geboten hatte. Die beiden anderen Anbieter lagen über Süß' Preisen und wollten sich zu keiner bestimmten Liefermenge verpflichten. Es handelte sich um die Holzgroßhändler Johann Martin Notter und Johann Ludwig Stuber aus Calw im Schwarzwald und die Augsburger Münzhändler Caspar und Halder. Bisher hatten die Augsburger die Stuttgarter Münze als Pächter betrieben.

Ein Münzfuß wurde im Münzvertrag mit Süß nicht festgelegt. Unter Münzfuß verstand man eine bestimmte Anzahl gleicher Münzen, die aus einer bestimmten Gold- oder Silbermenge zu prägen waren. Zur Sicherung des Vorschusses sollte Süß eine

Kaution von 30 000 Gulden auf liegende Güter stellen. Eine ängstliche Maßnahme des Geheimen Rates. Der Herzog und Süß hielten die Kaution angesichts von Süß' großen Lieferungen für eine Farce. Selbst in Darmstadt war so etwas nicht vorgesehen gewesen. Süß nannte sein Heidelberger Haus, das die Höhe des Vorschusses freilich nicht annähernd deckte. Deshalb belegte der Herzog am Ende das gesamte Vermögen mit einer Hypothek.

Daß Süß etwas vom Edelmetallmarkt verstand, bewies er mit einer Klausel: Falls in Kriegszeiten der Rhein gesperrt würde, wollte er nicht dafür verantwortlich sein, daß kein Gold und Silber aus Holland kämen, wo sich der Weltmarkt für Edelmetall befand. Notter und Stuber traten viel vorsichtiger auf. Die Calwer klagten darüber, daß das Edelmetall «täglich rarer» werde. Sie erhielten langfristig Recht, Süß aber den Vertrag. Die Tendenz zum Anstieg der Edelmetallpreise erkannten sie daran, daß an der Münzbörse der Münzagio, der Wertaufschlag für Münzen mit starkem Feingehalt, täglich höher wurde. Süß wiederum sah darin eine Chance, die besserwertigen Münzen aufzukaufen, in den Schmelztiegel zu werfen und neu auszuprägen, mit geringerem Edelmetallgehalt. Aus der Differenz zwischen dem Herstellungspreis der Münzen und ihrem Nennwert konnte er dem Herzog die Münzpacht und sich selbst einen Gewinn erwirtschaften. Weil Süß der billigste Anbieter war, entschied sich der Geheime Rat für ihn, ohne Wenn und Aber.

Von Anfang an trug das Münzgeschäft ein doppeltes Gesicht. Im Vertrag hieß es nach außen hin, Süß sei nur der Lieferant des Edelmetalls. Alle, die sonst noch lieferten, wurden als Sublieferanten geführt. Nach innen, der wirtschaftlichen Realität nach, war Süß jedoch Pächter der Münze, der einer Münzkommission des Geheimen Rats unterstand. Dem Herzog mußte er einen hohen «Schlagsatz» abliefern, den herrschaftlichen Gewinn bei der Verpachtung. Carl Alexander hatte anfangs befohlen, die Münze nicht mehr, wie bisher, zu verpachten (Admodiation), sondern in herzogliche Verwaltung (Selbstadministration) zu nehmen. Später brachte man die Legende in Umlauf, Süß sei gegen das Reichsrecht Pächter geworden. Tatsächlich war die Verpachtung unter herrschaftlicher Kontrolle damals üblich. Erst wenn ein Jude ins Geschäft kam, winkte man mit den Reichsgesetzen.

Der Münzmeister Johann Friedrich Breuer gab nach Süß' Sturz zu, daß von Anfang an in Stuttgart nicht nach dem Reichsmünzfuß ausgemünzt wurde, sondern nach einem schlechteren, der seit 1731 in Württemberg üblich war. Diese Münzen waren etwas leichter als vorgeschrieben. Die Verantwortung dafür lag allein beim Herzog und dem Geheimen Rat. Alles spätere Geschrei, Süß habe gegen die Reichsgesetze gemünzt, war Heuchelei. Als die Kurpfalz anfragte, leistete sich der Stuttgarter Münzwardein Müller im Oktober 1734 bewußt die Falschaussage, vor Süß habe man nach dem Reichsmünzfuß gearbeitet. Der aktuelle Münzfuß wurde überall als Staatsgeheimnis gehütet. Nach außen betrieb man Schönfärberei, gegeneinander aber Spionage, um hinter das Geheimnis der konkurrierenden Münzstätten zu kommen.

Das Stuttgarter Münzpersonal bestand aus dem Münzmeister Breuer aus Augsburg, dem Münzwardein Christoph Heinrich Müller, zwei Medailleuren, dem Münzkontrolleur und dem Münzschlosser in Berg. Daneben etliche Arbeiter, sogar eine Arbeiterin, die alleinerziehend sechs kleine Kinder durchzubringen hatte. Isaac Samuel Levi, Süß' Kassier, hatte in einem Brief aus Heidelberg vom 17. Juni 1735 die Einstellung dieser geschickten Arbeiterin vorgeschlagen. Sie sei bisher in der Heidelberger Münze beschäftigt und habe «sechs Hurenkinder». Wenn Süß «keine Abscheu davor habe, so sind ihre Gedanken

unter seine unterworfen». Süß stellte die Frau ein, mit deren
Arbeit alle zufrieden waren. Bei der Auswahl seines Personals
zeigte er sich modern, zünftlerische Rücksichten und moralische Vorurteile interessierten ihn nicht. Der Betrieb trug pa-
triarchalische Züge, typisch für Kleinbetriebe. Die meisten Arbeiter hatten andere oder keinen Beruf gelernt. Süß' Kutscher
wurde als Präger in der Münze angelernt. Als Arbeitskräfte fehlten, schickte Süß auch seinen Stallknecht. Die Arbeiter kamen
von überall her, der schmale Arbeitsmarkt für die Münze verlangte hohe Mobilität. Weit entfernt von den Regeln der Zunft-
gesellschaft, stellte die Münze den modernsten Betrieb Württembergs dar.

Ende März 1734 kaufte Süß das erste Gold in Frankfurt. Anfangs weigerten sich christliche wie jüdische Münzmakler, auf
lange Fristen bestimmte Lieferungen zu garantieren. Triumphierend schrieb Süß aus Frankfurt am 26. März dem Herzog:
Er habe die «angescheinene Ohnmöglichkeit möglich» gemacht
und «eine Partie Goldes und Silbers beisammen, welche [er]
künftige Woche, so Gott will, selbsten hinaufzubringen gedenke».

Bis 1735 befand sich die Stuttgarter Münze in der Turmstraße
1, am Marktplatz. 1736 wurde sie in die Dorotheenstraße 4 verlegt, neben die Stiftskirche. Der Produktionsprozeß begann in
Stuttgart: Ablieferung des Rohstoffes durch die Sublieferanten,
Prüfung des Reingehaltes an Edelmetall, Berechnung des Wer-
tes und dann Schmelzen. Das Schmelzgut wurde in Barren zum
Streckwerk nach Berg geliefert, einem Dorf am Neckar zwischen
Stuttgart und Cannstatt. Walzen streckten die Edelmetallbarren
auf die vorgeschriebene Stärke zu Zainen (Platten). Das ausgela-
gerte Streckwerk barg Probleme, die Süß zu lösen hatte. Die Geheimräte der Münzkommission waren untätig, wohl auch über-
fordert. Unsinnigerweise verlangten sie von Süß mitten in

der technologischen Modernisierung, alle Reparaturen einzustellen und die Münze wieder in den alten Zustand zu versetzen. Süß wird darüber gelacht, getobt und den Kopf geschüttelt haben. Er ließ sich nicht aufhalten, warf lediglich hin, die Modernisierung gehe auf seine Kosten. Der Herzog selbst besichtigte das Streckwerk und war mit den Verbesserungen zufrieden. Eine Niederlage der Münzkommission.

Die Walzen des Streckwerks, die in mehreren Arbeitsgängen die Zainen dünner auszubreiten, zu strecken, hatten, mußten möglichst exakt arbeiten, sonst fielen die Platten für die Prägestöcke unterschiedlich stark aus. Waren die Zainen zu dick, so bedeutete das für Süß einen Verlust. Fielen sie zu dünn aus, so hätte das einen Gewinn bedeutet, aber dann kamen die Münzen untergewichtig heraus, und dies führte zu einer negativen Notierung an der Münzbörse. Untergewichtige Münzen sollten deshalb wieder eingeschmolzen werden. Die vorhandenen Walzen konnten die exakte Plattenstärke nicht garantieren, Süß besorgte neue bei einem Augsburger Mechaniker. Das Edelmetall kam aus Frankfurt und Holland, die Technologie aus Augsburg. Die gestreckten Zainen gelangten in die Stuttgarter Münze zurück, wo man sie ausprägte. Dann wurden die Münzen einzeln ausgewogen und justiert. Wenn sie zu schwer ausgefallen waren, wurden sie an den Rändern abgefeilt, bis das Gewicht stimmte. Danach zählte man die Münzen und schickte sie den Sublieferanten als Zahlungsmittel, die diese an Geldwechsler und Banken weitergaben.

Joseph Süß stellte seine Fähigkeiten unter Beweis, indem er in kürzester Zeit ein weites Netz von Sublieferanten aufbaute. Aus Augsburg lieferten neben Caspar und Joseph Halder auch Kreidemann, die Gebrüder Auracher und Jacob Pfister und die Silberhändler Philipp Adam Bentz und Rader. Die weitaus größten Mengen kamen aus Frankfurt am Main, wo Makler das holländi-

sche Edelmetall vertrieben. Süß machte den Frankfurter Rungius zu seinem wichtigsten Makler, mit dem er eine Kontrolle
des Marktes zu erreichen suchte, um der ständigen Verteuerung
des Edelmetalls entgegenzuwirken. Wichtige Lieferanten waren auch Elias Hayum, dem Süß kurz vor seinem Sturz die
Münze weiterverpachten wollte, Löw Joseph Wetzlar in Frankfurt, dessen Schwager Nathan Marum und die Calwer Notter
und Stuber.

Der Geheime Rat schickte Schütz und Reinhardt Freiherrn
von Gemmingen in die Münzkommission. Die Räte betrachte-
ten die Münze durch ihre bürokratische Brille, Süß durch seine
wirtschaftliche. Wenn Süß Zeit und damit Geld verlorengingen,
war dies der Münzkommission gleichgültig, eher sogar recht.
Dieser Interessengegensatz schadete der Münze. Süß mußte
also mit der Kommission zusammenstoßen: ein Konflikt bis
zum letzten Tag. Zwischen den Parteien stand das Münzpersonal, das drei Herren verpflichtet war: dem Herzog, dem Lieferanten Süß und über das Reichsmünzrecht dem Kaiser.

Der Münzmeister Breuer versuchte ein doppeltes Spiel, zum
Schaden von Süß. Als ihm am 14. April 1734 von der Münzkommission sein Amt übertragen wurde, schlug er den beiden Geheimräten vor, der Münzkontrolleur müsse jeden zusätzlichen
Gewinn, der sich durch günstigere Abgabepreise der verschiedenen Lieferanten ergebe, dem Herzog gutschreiben; Süß sei
keinerlei Macht in der Münze zu gestatten. Schon am nächsten
Tag kam Süß dahinter.

Über den Zusammenstoß der beiden sagte Breuer, allerdings
erst nach Süß' Verhaftung: «Worauf er, Süß, mich mit großer
Furie anfuhr und sagte: wie ich ein solcher Mann wäre und einer
fürstlichen Deputation [Kommission] alle Geheimnisse der
Münz zu offenbaren. Er wüßte schon alles, er hätte geglaubt, ich
werde es mit ihm haben, weil er mich wiederum in die Münz

gebracht und zu einem Münzmeister gemacht, auch Macht habe, mich wiederum aus der Münz zu schaffen und vor alle Teufel zu jagen. Worauf ich dann sagte, es sei mir ganz recht, ich würde um der Münz willen nicht verhungern, und kehrte mich gleich von ihm um und wollte zur Stub hinausgehen, worauf er mich bei dem Rock ergriff und fragte, wo ich hinwollte. [Ich] Sagte hierauf, ich wollte noch diese Stunde die Münze wiederum räumen und keine Minute darinnen bleiben, worauf er, Sieß, sagte, wenn ich geschworen hätte, ob ich nicht Ihro Durchlaucht geschworen hätte und ihm [Süß] diente. Ich könnte nicht sogleich wieder aus der Münz und selbe leerstehen lassen, und ich sollte mich nicht so brutal aufführen, er könnte gleich andere Münzmeister haben, denn er von einigen könnte 100 Duplonen, ja 1000 Gulden haben.»

Es ging mehr als nur ums Finanzielle, es ging um die Geheimnisse der Ausmünzung selbst. Süß konnte nichts daran liegen, der Regierungskommission Einblicke in die innersten Vorgänge des Münzens zu gewähren. Abgeschlossenheit und Verschwiegenheit gehörten bei den Münzfachleuten zur Tradition. Dafür mußte Süß das Personal ganz auf seiner Seite haben, nur dann konnte er seinen privatwirtschaftlichen Spielraum nutzen. Der erste Streit endete mit der Verpflichtung Breuers zur Verschwiegenheit: «Worauf er [Süß] dann mich wieder beredete dazubleiben und sagte, daß ich inskünftig keinem Rat nichts mehr sagen sollte.» Süß konnte sich denken, daß daraus nur etwas wurde, solange er selber in der Münze anwesend war. Breuer stand von nun an im Mißtrauen.

Im Konflikt mit der Münzkommission versuchte Süß, den Herzog auf seine Seite zu ziehen. Er mußte verhindern, daß Interna der Münze beim Herzog so ankamen, als ob der Münzherr geprellt werden sollte. So verstand es Süß, in einem Brief dem Herzog den Mund wässerig zu machen. «In puncto des Münzwesens habe [ich] heut ferner zu Euer Hochfürstlichen Durchlaucht Hohen Interesse in Gang gebracht, daß von der Gold- und Silberscheiderei und Schmelz Eurer Hochfürstlichen Durchlaucht etwas Considerables [Beachtliches] davon abfällt, maßen alle Verkäufe des güldischen [goldhaltigen] Silbers ½ Gulden pro Mark und Schmelzerlohn zurücklassen müssen. Welches Bene [Vorteil] Caspar und Halder, ohne das geringste davon zu geben, in vorigen Zeiten umsonst genossen haben. Ich habe heut nur eine geringe Probe à 91 Mark gemacht und darob gleich 7 bis 8 Gulden Profit erlegt.»

Die Instruktion der Münzkommission für den Münzmeister Breuer vom 10. April 1734 setzte diesen gegensätzlichen Interessen aus. Breuer hatte von den Lieferanten Gold und Silber entgegenzunehmen, es in Anwesenheit des Münzkontrolleurs zu wiegen, zu quittieren, das Gewicht «in ein besonders Buch» einzutragen und die Lieferanten aus der Münzkasse zu bezahlen. Dabei mußte er jedem «nach Proportion seines gelieferten Goldes und Silbers mit den ausgemünzten respective Gold- und Silbermünzen bezahlen», keinen bevorzugen, sondern jeden Lieferanten «gemäß Gleichheit» behandeln. Vom Tiegel beim Schmelzen und dem Werk vor der Prägung mußte er «Proben nach den Reichs- und Kreisverordnungen stricte halten und zu keiner Zeit davon abgehen, folglich den von Ihro Hochfürstlichen Durchlaucht dermalen rezipierten Fuß zu Ausprägung der Gold- und Silbersorten, auch Scheidmünzen genauest observieren und kein Werk, ohne daß es vom Generalmünzwardein, welchem von allen und jedem ausgeprägten Gold- und Silberwerken soviel Stück, als er verlangt, zum Aufziehen zugestellt werden sollen, probiert und aufgezogen, auch an Schrot und Korn gut befunden worden, ausgehen lassen».

Hier sprach ein Bürokrat. In der Hektik der Münzproduktion fehlte oft die Zeit, den Wardein jedesmal eine Probe ziehen zu lassen. Wenn es angesichts drängender Liefertermine zusätzliche Nachtarbeit gab, war an eine Probe nicht zu denken. Der Wardein bemühte sich, Süß die Arbeit zu erschweren oder ihn gar zu schädigen. Erst später gab er zu: Wenn die Münzen zu schwer ausfielen, Süß und seine Leute nicht aufpaßten, ließ er die Münzen passieren. Damit wurde nicht nur der Lieferant Süß geprellt, sondern auch der Herzog und am Ende die einheimische Wirtschaft, denn diese übergewichtigen Münzen wanderten außerhalb Württembergs in die Schmelztiegel anderer Landesherren.

Die Münzkommission trieb die Kontrolle noch weiter, was als Zeitverlust an Süß' Gewinn zehrte. Der Münzmeister hatte seine Proben aus dem Schmelztiegel und dem Werk mit den Proben des Wardeins zu vergleichen. Im Fall einer Differenz «solle er das geschmolzene Werk nicht annehmen, sondern solches bei der Münzdeputation anzeigen und derselben weitere Verordnung sodann erwarten». Die Lage des Münzpächters war unerträglich: die Geheimräte ohne Entscheidungswillen, im Regierungsapparat ein Schlendrian, wo Akten wochenlang in einem Zimmer schlummern konnten, während der Münzpächter Verluste erlitt. Süß mußte sich selbst helfen, eine rasche Herstellung durchzusetzen.

Einen Monat nach der Instruktion für Breuer kam es in der Münze zu einem schweren Krach. Der ungünstige Verlauf des Kriegs gegen Frankreich hatte allgemeine Angst ausgelöst. Die Herzogin verließ am 5. Mai 1734 Stuttgart und zog sich auf die Festung Hohentwiel bei Singen zurück. Die Münzkommission wurde von der hysterischen Stimmung angesteckt. Zuerst ordnete sie an, wegen der Kriegsgefahr dürfe kein Gold mehr die Stuttgarter Münze verlassen. Am Morgen des 18. Mai befahl sie dem Münzmeister, «den Kontrolleur Held mit allem vorrätigen ausgeprägten Gold und Silber in einem Fäßlein nach Urach zu schicken». Der Grund: «weil dermalen der größte Lärm und feindlicher Einfall zu besorgen war». Eine Eskorte der Stuttgarter Stadtgarde begleitete 22000 Gulden nach Urach.

Als Süß in Frankfurt von diesem Abtransport erfuhr, tobte er. Seit dem 14. Mai wartete er darauf, daß man ihm das ausgemünzte Geld schickte. Damit wollte er die Sublieferanten bezahlen und die Wechsel einlösen, um die Zinskosten möglichst niedrig zu halten. Entsprechend den geschlossenen Lieferverträgen sollte er schon wieder eine große Menge Gold und Silber abnehmen und nach Stuttgart schicken. Während des Krieges mußten die Transporte einen großen Umweg über Miltenberg am Main machen. Die erhöhten Kosten hatte Süß zu tragen.

Am 17. Mai schickte Breuer die neue Münzabrechnung. Daraus ersah Süß: Seit acht Tagen lagen 2000 Gulden in neuen Silbermünzen bereit, Breuer hatte die restlichen Münzen zum Silbereinkauf verwendet. Süß empfand diese Eigenmächtigkeit als «starken Eingriff» in sein Geld. Inzwischen stand er in Frankfurt ohne Zahlungsmittel da. Der Münzmeister hatte seine Kompetenzen überschritten, zum Schaden des Pächters. 86000 Gulden, gegen Wechselschulden aufgenommen, sah Süß in der Stuttgarter Münze «versteckt», aber Breuer brachte nur wenige Münzen heraus. So wurden die Marktchancen der Frühphase vertan.

Anfang Juni 1734 kam Süß aus Frankfurt zurück und stürzte sich auf Breuer. Seine Gegner interpretierten den Konflikt als Willkürakt des Pächters. Breuer beschrieb den entscheidenden Zusammenstoß in einer Denkschrift, freilich erst nach dem Sturz des Pächters: Süß hob an «zu tumultuieren und zu herrschen in der Münz und sagte zu mir, daß ich künftighin keine Decreta [Anordnungen der Münzkommission] zu respektieren hätte, sondern er hätte vom Herzog Befehl, die Münz zu dirigieren und zu befehlen. Wie auch Kontrolleur Held ein Dekret bekam, mit den herrschaftlichen Rechnungen nichts mehr zu tun zu haben, auch von allem, was er hörte, in der Münz stillen Mund zu halten und nur dem Resident Süßen und Münzmeister an Hand zu gehen, weilen er alles passierte [weitergab], was vor diesem geschehen, denen Geheimen Herren geoffenbaret und viele Erfahrung von der Münz wüßte. Worauf er [Süß] sagte, er wollte sich schon an seinen Feinden rächen, denn er wohl wüßte, wer sie wären, indem der buckelichte Hund [gemeint: von Gemmingen] von ihm [Süß] redete und was er vor Projekte wider ihn vorhätte. Er müßte von der Münzdeputation hinweg, wenn er schon sieben Teufel in seinem Buckel hätte. Wie es denn auch in kurzer Zeit erfolget. Worauf er, Süß, dann mit hochtrabenden Worten zu mir kam und sagte: nun sieht er, daß der bucklichte Hund von der Münzdeputation hinweg wäre.»

Joseph Süß hatte sich mit dem Herzog verständigt, den bestehenden Münzvertrag abzuändern und die Macht in der Münze allein zu übernehmen. Vom 2. April bis zum 30. Juni ließ er Münzen im Wert von über 290000 Gulden ausprägen, zum größten Teil vollwertige Goldmünzen, die bald mit Agio gehandelt wurden und außerhalb Württembergs in den Tiegeln anderer Münzstätten endeten.

Der neue Münzvertrag galt ab 1. Juli 1734 und blieb bis 14. November 1735 in Kraft. In diesen anderthalb Jahren trieb Süß das Tempo so voran, daß mehr als 10 Millionen Gulden die Stuttgarter Münze verließen, zum größten Teil Silber- und Scheidemünzen. Keine andere Münzstätte konnte sich im Ausstoß mit der Stuttgarter vergleichen. Süß' Fähigkeiten sprachen sich herum. Bald wurde er von vielen Seiten als Fachmann um Rat angegangen. Zuerst von der kurpfälzischen Münze in Heidelberg. Dort ließ ab 1. Mai 1734 der katholische Bankier und kurpfälzische Kommerzienrat Oratio Togni Münzen prägen, in Kompanie mit seinem Schwiegervater, dem Frankfurter Wollhändler und Finanzier Joseph Delsance, einem Belgier, und zwei Mannheimer Juden, dem Hof- und Obermilizfaktor Michael May und Moyses Carlebach junior. Süß hatte auch die Münzen in Bonn und Würzburg zu beraten, eine Anfrage kam aus Düsseldorf. Montfort machte ihm ein großzügiges Angebot, das Süß nicht interessierte, weil diese Münzen zu den schlechtesten zählten. Süß betrachte keine der anderen, größeren Münzstätten als Konkurrentin, jeder gab er Ratschläge.

Der Machtwechsel in der Stuttgarter Münze führt zu einem Umbau im Personal. Süß macht den bisherigen Medailleur Müller zum neuen Münzverwalter, zu seiner Vertrauensperson. Die Kriegszeiten reizen inzwischen viele deutsche Staaten zur Münzproduktion, daraus resultiert ein bedrohlicher Preisanstieg für die Edelmetalle Gold und Silber. Süß will die gestiegenen Einkaufskosten durch eine Wertminderung der Münzen auffangen. Sein Grundsatz als Kaufmann: bei Preisschwankungen am Edelmetallmarkt muß sich der Münzfuß anpassen, sonst kann man keinen Gewinn mehr erzielen. Deshalb befiehlt er dem Münzschlosser in Berg, im Streckwerk die Zainen ein wenig dünner auszuwalzen. Die Verschlechterung beläuft sich nur auf 1,5 Prozent.

Wegen dieser «Überstücklung», wie der Vorgang heißt, wird Süß im Frühjahr 1734 vom Kammerdirektor Johann Georg Georgii beim Herzog denunziert. Süß darf die Beschuldigung nicht auf sich sitzen lassen, denn Münzbetrug kann den Kopf kosten. Den Namen des Denunzianten gibt der Herzog erst preis, als Süß im Streit mit dem Herzog droht, die Münze einzustellen. Eine waghalsige Strategie, eines Glücksspielers würdig, die sonst niemand wagt. Ängstlichen Gemütern verschlägt es den Atem.

In einer turbulenten Gegenüberstellung zwingt Süß den Herzog, die Vorwürfe mit Fachleuten und Räten zu erörtern. Daran müssen außer Georgii auch der Hofkanzler Scheffer und der Geheimrat Pfau teilnehmen. Süß rechnet den wirtschaftlichen Schaden vor, der ihm durch die Preissteigerungen des Edelmetalls entsteht. Man müsse hexen können, um da noch einen Gewinn herauszubringen. Seitdem Georgii die Münze beaufsichtige, habe die Mark Gold um 15 Gulden und die Mark Silber um 2 Gulden aufgeschlagen. Einst arbeiteten im Deutschen Reich nur drei Münzen, jetzt seien es zehn oder elf. Die Kosten seien zu hoch. Allein für den Transport zahle er, Süß, jährlich 20000 Gulden. Der Krieg erschwere zusätzlich das Geschäft. Trotz aller Schwierigkeiten müsse er dem Herzog 100000 Gulden Jahrespacht abliefern und diese Summe vorschießen, gegen Wechsel mit hohen Zinsen. Weitere Kosten beträfen den hohen Edelmetallverlust bei der Münzherstellung, die Kohlen und Mineralien, das zahlreiche Personal und den Rücktransport der neuen Münzen nach Frankfurt.

Der mißtrauisch gewordene Herzog will wissen, was mit der zusätzlichen Ausstücklung sei. Süß steht zu seinem Befehl im Streckwerk, denn er müsse bei der Ausstücklung pro Mark 10 bis 15 Kreuzer als eigenen Gewinn herausholen. Dann wählt er eine Argumentation, die den Herzog am meisten überzeugt. Dieser Gewinn in der Ausstücklung sei bei allen Betreibern einer Münze üblich. Keiner könne eine Münzstätte übernehmen, wenn man ihn so eng einschränke wie hier. Außerdem sei die Ausstücklung nie sicher: Mal fallen die Münzen zu schwer, mal zu leicht aus.

Nun sieht Georgii seine Chance gekommen, aber seine Vorwürfe überführen ihn bei technischen Fragen als Ignoranten. Er will wissen, woher das ungleiche Gewicht der Münzen komme, denn damit biete man den Kippern und Wippern, den Münzverfälschern, die Gelegenheit, die zu schweren Münzen abzufeilen. Süß beruft sich auf den Münzwardein, der vom Herzog den Befehl erhalten hatte, auf das richtige Gewicht zu achten. Der Wardein wiederum wußte, daß die Ungleichheit schon in den Zainen aus dem Streckwerk steckte. Er hatte den Schlosser aus Berg kommen lassen, der die Schuld auf die ungleichen Walzen schob. Ein altes Problem, das auch nach dem Einbau neuer Walzen nicht behoben war. Der Münzmeister wieder meinte, beim Erhitzen gehe etwas vom Gewicht verloren. Die Münzbeamten können Süß absolut keine Schuld anlasten.

Endlich stellt Süß die Arbeitsweise der Münze aus seiner Sicht dar. Ihm kann aus Kostengründen nichts am kleinlichen Justieren jeder einzelnen Münze liegen. Deshalb habe er befohlen, die Münzen so anzunehmen, wie sie herauskommen, wenigstens die zu leichten. Es rentiere sich nicht, sie erneut einzuschmelzen. Er werde jetzt alle Vorwürfe widerlegen, aber dann möchte er nichts mehr mit der Münze zu tun haben. Er könne dem Herzog detailliert eine Rechnung über die Produktionskosten erstellen. Der Herzog, ein pragmatischer Geschäftsmann, zieht es vor, auf dieses langweilige Papier zu verzichten.

Joseph Süß geht zum Gegenangriff über und fragt den Kammerdirektor, wie die Münze am besten zu betreiben sei: durch eine staatliche Verwaltung oder durch einen privaten Lieferanten? Georgii, so meint Süß, kenne ja die Vorteile beider Wege. Doch nun schweigt Georgii. Als Regierungsbeamter vertrat er bisher dogmatisch die staatswirtschaftliche Lösung. Mit Georgiis Schweigen neigt sich die Sympathie des Herzogs endgültig Süß zu. Carl Alexander fährt Georgii an: Warum sagt der Kammerdirektor nichts, wo er doch zuvor ein so großes Maul hatte? Georgii fällt um und rät erstmals zur privatwirtschaftlichen Lösung: die Münze solle wie bisher weitergeführt werden. Im Hochverratsprozeß wird er seine alte feige Linie wiedergewinnen und schweigen und für die Hinrichtung dessen stimmen, der ihm diese Niederlage beibrachte.

Überhaupt macht Georgii neben dem geschäftserfahrenen und rhetorisch überlegenen Süß eine schwache Figur. Als Verwaltungsmann orientiert er sich nur am alten Recht, ohne Rücksicht darauf, daß angesichts der Edelmetallverteuerung niemand mehr nach den alten Vorgaben ausmünzen kann. Süß dagegen argumentiert mit den veränderten Kosten und den Konsequenzen, die andere Münzstaaten bereits gezogen haben. Anders als Georgii, der über eine statische Denkweise nicht hinauskommt, operiert Süß aus dem Finanzinteresse des Herzogs heraus und bleibt inmitten der wechselnden Umstände flexibel. Entweder wird der Münzfuß wegen der Gold- und Silberverteuerung verändert, oder man kann die Münze einstellen, sonst müsse der Lieferant drauflegen. Zudem landen vollwertige Münzen, die an den Börsen mit Agio gehandelt werden, in den Schmelztiegeln anderer Münzstaaten. Süß geht von der sich wandelnden wirtschaftlichen Realität aus, Georgii vom starren Buchstaben des Gesetzes.

Nach dieser Auseinandersetzung sind alle Denunziationen vom Tisch, Süß ist rehabilitiert. Georgii muß zugeben, daß es schlechtere Münzstätten gibt, die dennoch dieselbe Börsennotierung erreichen wie die Stuttgarter. Beim Herzog bleibt der Eindruck zurück, daß man Süß nur aus Abneigung und Neid denunzierte. Der neue Münzfuß ist vom Herzog genehmigt. Die Münzbeamten, die später fleißig gegen den gefesselten Süß aussagen werden, gehorchen von jetzt an dem Herzog und dem Pächter.

Joseph Süß beschleunigt die Ausmünzung. Die fertigen Münzen läßt er nicht mehr zählen, sondern wiegen. So hatte man es auch in Darmstadt gemacht, in Stuttgart wittern die Räte gleich wieder Betrug. Mitte Juli 1734 wird Süß nach Mannheim gerufen, um die kurpfälzische Münze besser einzurichten. Stolz leiht der Herzog seinen begehrten Münzlieferanten aus. Nebenher möchte Süß den aktuellen kurpfälzischen Münzfuß auskundschaften. Dabei mischt sich tölpelhaft der württembergische Geheimrat Keller ein und kehrt triumphierend mit dem Ergebnis zurück: Süß' Münzen seien schlechter als die kurpfälzischen. Daß auch die kurpfälzische Münze in Heidelberg nicht nach dem Reichsgesetz ausmünzt, verschweigt Keller. Süß beschuldigt ihn, dem Interesse des Herzogs geschadet zu haben. Keller wird später in Wien Süß' Nobilitierungsgesuch die Unterstützung verweigern. Die Münzkonjunktur mündet in einen allgemeinen Münzkrieg. Jeder der deutschen Staaten versucht sich gegenüber den anderen einen Vorsprung zu verschaffen oder ihnen Steine in den Weg zu legen. Diese egoistischen Umtriebe interessieren Süß nicht im geringsten, er sucht die Gegensätze zu überwinden. Was wie Naivität aussehen mag, beweist eher seine Weitsicht, die notwendige Eigenschaft eines Großkaufmanns und Maklers. Der Partikularismus der Einzelstaaten steht Süß' grenzübergreifenden Geschäften im Weg. Der Münzkrieg wird vielfältig geführt. Zuerst spioniert man gegenseitig den neuen Münzfuß aus und schwärzt die anderen Münzstätten an, bei den Reichskreisen oder gleich beim Kaiser. Dann sperrt man sich gegenseitig die Straßen. Im September 1734 verweigert die Landgrafschaft Hessen-Darmstadt Freipässe für die württembergischen Silbertransporte. Begründung: der Kaiser habe die Ausfuhr von Gold und Silber verboten. Kurmainz dagegen, das selbst keine Münze betreibt, gewährt freie Durchfahrt.

In einem Schreiben greift dann die Kurpfalz Carl Alexander an: Die württembergischen Goldmünzen seien minderwertig. Aber gerade bei diesen Münzen aus dem ersten Vertrag müssen selbst die Stuttgarter Münzbeamten zu Süß halten, der Wahrheit entsprechend. Süß, am Mannheimer Hof wohlgelitten, kennt das wahre Motiv der kurpfälzischen Intervention: «jalousie», Eifersucht. Selbstsicher verweist er auf die Münzproben und die Notierungen an den öffentlichen Banken in Nürnberg und Augsburg. Zuletzt kann er es sich nicht verkneifen, gegen die Kurpfalz zu sticheln: Sie habe die Münze reichsgesetzwidrig zwei Pächtern übergeben. Im nächsten Jahr hält Militär der Kurpfalz den württembergischen Münztransport bei Heidelberg an. Der Wagen wird in Süß' Heidelberger Haus untergestellt. Carl Alexander greift durch: Eine württembergische Militärabteilung begleitet den Wagen nach Württemberg. Carl Alexander ist Oberkommandierender an der Rheinfront, der pfälzische Kurfürst dagegen ein willensschwacher alter Mann, der im Krieg gegen Frankreich neutral bleibt.

Joseph Süß, der zur selben Zeit große Armeelieferungen zu besorgen hat, sieht sich Anfang 1735 bei der Finanzierung der Münze in einem existenzbedrohenden Engpaß. Seinen Brief vom 17. März 1735 an den Herzog beginnt er mit dramatischen Tönen: «Ich glaube, wann ich der größeste Sünder unter der Sonnen wäre, so wäre dieses eine eklatante Buße, daß [ich] mich leider wegen der mir gnädigst übertragenen Proviant- und Fouragelieferungen und der Bestreitung Eures Hochfürstlichen Durchlaucht Münzwesens so großer und nicht zu ertragender Fatalitäten unterworfen sehen muß.» Sowohl bei den Armeelieferungen als auch bei der Münze werde er ständig behindert, gerade durch herzogliche Leute. Er habe mehr als 20 Zentner Gold und Silber in die Münze geliefert und wolle mit den ausgeprägten Münzen neues Material einkaufen, das schon bereitliege. Aber inzwischen beschlagnahme man in Stuttgart die neuen Münzen und verrechne sie mit Süß' Proviant- und Fouragerechnungen, «mithin [man] den darinnen [in der Münze] steckenden Nervum dermaßen schwächt, daß ich bald von selber das Gewehr niederlegen muß».

Das komplizierte, auf Zahlungsverweigerungen empfindlich

reagierende Finanzierungsgebäude von Joseph Süß gerät ins Wanken. Die Armeekasse bezahlt seine Heereslieferungen nicht, wie vertraglich festgelegt ist, bis zum 28. Februar 1735. Fällig sind immerhin 100000 Gulden. Süß kann seinerseits seine Armeelieferanten nicht auszahlen, die sich hinter die Regierung stecken und in seiner Abwesenheit die neue Münzproduktion an sich reißen. Damit bekommt er kein Geld nach Frankfurt geliefert und gerät überall in Zahlungsverzug. Den Beamten der Heeresverwaltung ist dies gleichgültig, sie verlangen, daß Süß in drei Tagen den Rest seiner Armeelieferungen leiste, auch wenn ihm die Kriegskasse schon lange nichts mehr auszahlt. Süß spielt auf die andersartige Interessenlage der Beamten an, «denen bei der ganzen Sache nichts aus dem Beutel gehet». Voll Bitterkeit spricht er von seiner Todesfurcht, woraus ihm dann im Prozeß der tödliche Vorwurf des «Majestätsverbrechens» gemacht wird. Man sei so niederträchtig gegen ihn, schreibt er, «daß bei so Gestalt der Sachen wohl keinen Menschen in Bewunderung [Verwunderung] setzen dörfte, wann es heißen sollte, es wäre mir von denjenigen, welche mir in Einricht- und Verbesserung Euerer Hochfürstlichen Durchlaucht Revenuen [Einkünfte] [...] gar mit Gift vergeben worden, wann sie erst hören sollten, daß das Hochfürstliche Schatull um jährlich 4 bis 500000 Gulden zu meliorieren [verbessern] mir getrauete».

Zu dieser Zeit gehen in der Stuttgarter Münze Kohlen und Holz aus, unverzichtbar für das Schmelzen von Metall. Niemand hielt es für nötig, rechtzeitig die Vorräte aufzufüllen. Die Art, wie das Problem angegangen wird, zeigt wieder einmal, daß mit dem Stuttgarter Regierungsstil kein Geld zu verdienen ist. Süß muß an die Münzkommission schreiben. Diese berät und schreibt nach mehreren Tagen an die herzogliche Finanzbehörde. Dann berät auch diese und beschließt, im Land Vorräte suchen zu lassen. Natürlich findet sie keine. Süß greift zur

Selbsthilfe. Gestützt auf den Befehl des Herzogs, zwingt er die Vögte im Schwarzwald und im Mainharter Wald, bei Köhlern und Schmieden die Kohlenvorräte zu beschlagnahmen. Zum Vollzug schickt er Husaren, die Polizeitruppe des Landes. Und nun kommt Kohle nach Stuttgart. Solche Maßnahmen gegen den amtlichen Schlendrian und sein impulsiver Charakter trugen Süß später die Vorwürfe der Eigenmächtigkeit und der Brutalität ein, beide Bestandteile des Hochverrats.

Inzwischen nähert sich die Frankfurter Ostermesse, der Fälligkeitstermin der meisten Wechsel, die kritische Zeit für jedes Unternehmen. In Süß' Auftrag drängt Leining von Frankfurt aus am 23. April 1735 auf das Tempo des Ausmünzens. Heute sei ein Metalltransport abgegangen, sofort oder spätestens am Montag abend müsse das neue Geld hierhergeschickt werden. Man solle Breuer melden, «daß es Messe sei, mithin seine Untergebene, gleich hier in der Nachbarschaft auf den Münzen geschieht, diese acht Tage noch in uno continuo [ununterbrochen] fortarbeiten lassen möchte. An Gold und Silber wird hoffentlich kein Mangel sein.» Was am Montag abgeschickt werde, müsse von Personen begleitet werden und die Extrapost nehmen. Süß reist zu dieser Zeit ins Hauptquartier der Reichstruppen nach Bruchsal: zum Herzog und zum zahlungsunwilligen Kriegskassier. Am 5. Mai 1735 ist er in Bonn, regelt seine Fouragelieferungen für die Münsteraner Kreistruppen im deutschen Heer und bereitet Pläne vor, um die Münze des Kurfürstentums Köln zu übernehmen. Am 12. Mai befindet er sich schon wieder in Bruchsal. Ein Tempo weit jenseits des gemächlichen Regierungseifers in Stuttgart.

Ein weiterer Brief Leinings vom 10. Mai veranschaulicht die knappen Zahlungsfristen, die zu großer Hektik führen. Süß, aus Bonn noch nicht zurückgekehrt, habe in einem Schreiben befohlen, die Augsburger Lieferanten sofort mit neuen Münzen auszuzahlen. Rungius habe 1000 Mark schöne, wertvolle holländische Goldmünzen geliefert, dafür sollen sofort 16000 Gulden an Caspar und Halder nach Augsburg geschickt werden. Die Nachricht darüber solle Leining spätestens mit der Freitagspost «diesem ehrlichen Mann [Rungius] zu seiner Beruhigung zeigen». Damit «unser hiesiger Goldmacher Herr Wetzlar» nicht bankrott gehe, sei es nötig, wenigstens die Wechsel bei ihm zu bezahlen: 22317 Gulden.

Dann folgt Poesie im Geschäftsstil, die den Untersuchungsrichtern in den falschen Hals gerät. Beim folgenden Satz glaubte die Stuttgarter Justiz, vor einem Abgrund von Verschwörung zu stehen, ein Untersuchungsrichter unterstrich heftig die Worte. Leining schrieb: «Nun beweisen Sie Ihre Kunst und zeigen Sie, daß Sie in Augsburg und Frankfurt zu gleicher Zeit Miracul [Wunder] tun können. Damit die Herren Münzoffizianten bei der Nachtarbeit nicht schläfrig werden, so kann man denselben die Augen mit gutem Wein waschen. Ich kann hier ziemlich Münz brauchen, um deswillen werde ich auch nicht übel dazu sehen, wann [ich] schon eine starke Partie ½ Gulden zwischen hier und Samstag bekomme.» Was der Jurist für Geheimnisse hält, um das Personal bei angeblich verbrecherischer Münzproduktion zu bestechen, sind lediglich blumige Umschreibungen eines scharfen Arbeitstempos, Nachtarbeit eingeschlossen, zur Einhaltung aller knappen Termine. Am Ende meldet Leining: Süß sei soeben aus Köln zurückgekommen und fahre noch heute nach Mannheim und Stuttgart weiter.

Solange der Herzog im Hauptquartier ist, fehlt dem widerspenstigen Regierungsapparat in Stuttgart das herzogliche Gegengewicht. Nun werden Süß' Probleme nicht gelöst, sondern verschleppt. Am 24. Mai ist Süß der Sache überdrüssig. In Frankfurt schreibt er seinen bisher grundsätzlichsten Brief an den Herzog, dieses Mal recht verwickelt, nicht so klar wie sonst.

Bei ihm sei alles miteinander verbunden, «wo ein Negotium [Handel] dem andern mit Avantage [Vorteil] gleichsam die Hand bieten und dasselbe mit unterstützen helfen muß». Aufgrund der ständigen Behinderungen muß er mit dem Verlust seiner Kreditwürdigkeit rechnen. Damit kann über einen Händler ohne großes Eigenkapital der Bankrott ausgerufen werden. Süß stellt dem Herzog die Vertrauensfrage. So spricht kein herzoglicher Diener oder ein gerade noch gelittener Jude, sondern ein selbstsicherer Geschäftsmann, den Standesunterschiede nicht mehr kümmern.

Ob der Herzog die «Mittel und Wege» ergreifen wolle, die für die gewählten Unternehmungen notwendig seien, will Süß wissen. Der Geschäftsmann mißtraut den Regierungs- und Hofleuten und rät dem Herzog, die detaillierte Beilage sich «von Wort zu Wort vorlesen zu lassen». Andernfalls wolle er, Süß, von allen Diensten befreit werden und seine Schlußabrechnung erhalten. In sein erstes schriftliches Entlassungsgesuch mischt er aber auch den Verzweiflungsruf eines Ertrinkenden. Mit einem Schlag fällt inmitten des raffinierten Hoflebens alles Taktieren weg, «weil ich nach meinen äußersten Kräften und nur ersinnlichsten Vermögen, ja mit Zurücksetz- und Sacrificierung [Aufopferung] meiner Gesundheit alles so lang zu tun und zu prästieren [vorzustrecken] bis anhero getrachtet, was Eurer Hochfürstlichen Durchlaucht hohes Interesse nur immer hat befördern können, nunmehro aber ganz leicht begreiflich und klärlich zu demonstrierender Dingen, da endlich auch ein Brunnen erschöpfet werden kann und eine überhäufte Last die endliche Unterdrückung nach sich ziehet, mir das Wasser an den Mund zu gehen beginnet, wobei ich denn, wann ich auch nicht wollte, durch die vorhandene Necessität [Notwendigkeit] von selben ohnfähig und ohnvermögend werde».

Joseph Süß bringt den Brief dem Herzog ins Hauptquartier

nach Bruchsal. Der Landesherr greift wieder nicht direkt durch, er schlägt einen indirekten Weg ein, ein Gefangener seines Apparats. Er ordnet eine strenge Untersuchung von Süß' Münzgeschäften an, um den Vorwürfen auf den Grund zu gehen, bereits zum zweitenmal. Und wieder wird Süß von allen Beschuldigungen freigesprochen.

Die Probleme der Münze und der gesamten Geschäftstätigkeit schwelen weiter. Süß schreibt am 1. Juni 1735 ein zweites Entlassungsgesuch. Nun rafft sich der Herzog zu einem ersten Versuch auf, sich aus dem Regierungskäfig zu befreien. Am 6. Juni richtet er das Konferenzministerium ein, die direkte Erörterung aller Regierungsfragen im herzoglichen Kabinett, unter Umgehung des Geheimen Rates. Diese Maßnahme hat ihr Vorbild in vielen deutschen Staaten, so in Preußen und in der Kurpfalz. Sie ist typisch für den Machtkampf zwischen mitregierendem Bürgertum und absolutistischem Herrscher.

Am 9. Juni teilt Süß der Münzkommission mit, er wolle wegen Ermüdung und vielen anderen Geschäften die Münze einem Nachfolger übergeben. Niemand geht darauf ein. Im Prozeß wird sein früh und mehrfach geäußerter Wille, das für ihn ruinöse Münzgeschäft aufzugeben, nie zur Sprache kommen.

Der Ton verschärft sich, der Geschäftsmann Süß muckt gegen den nachlässigen Herzog auf. Am 26. Juli befiehlt er, soeben erneut in Bonn, die Einstellung der Münze und einen generellen Zahlungsstopp, auch dem Herzog gegenüber. So etwas hat man in Stuttgart noch nicht erlebt. Dabei ist das Verhältnis zum Herzog zur Zeit so gut wie nie zuvor. Am 16. Juli hat der Herrscher aus Ludwigsburg in einem selten warmen Ton geschrieben und mit seinem Münzlieferanten einen Spaß getrieben: Süß solle «einige Drohungen [nicht] achten oder sich deswegen in seinem Tun und Lassen wirr machen, dann

da noch niemand von Drohen gestorben, so wird er auch die-
serwegen noch lang in Meinem Land unbeschädigt leben können. Indessen werde Ich vor dessen Retour nichts expedieren
oder vornehmen lassen, sondern seine Hierherokunft abwarten, will aber nicht hoffen, daß die Reise ein Jahr dauernd wird,
vielmehr will Ich die Beschleunigung derselben hiermit bestens
recommandiert [empfohlen] haben.» Wenn der Herzog, wie
soeben, von Süß einen schönen Diamanten erhalten hatte,
pflegte er bester Laune zu sein. Ansonsten schleicht alles dahin, wie gehabt. Am 17. August formuliert Süß ein weiteres
Entlassungsgesuch, er will die Münze aufgeben und Stuttgart
verlassen. Denn die Gegner machen nicht nur seine Geschäfte
für den Herzog madig, sondern pfuschen ihm auch in seine
Privatgeschäfte hinein, verschreien ihn als einen Verschwender und gesetzesbrecherischen Geschäftsmann, werfen ihm
seine private Lebensführung und sein Auftreten vor. Süß fühlt
sich «ermüdet».

Der Herzog beruhigt und spöttelt: Süß mache sich zu viele
Sorgen. Die Kündigungen, die in mündlicher Form noch weit
häufiger vorkamen, bewerteten die Untersuchungsrichter gro-
teskerweise als «Majestätsverbrechen». Darin, daß Süß aus
Trotz zeitweise nicht mehr an den Hof ging, sahen die Richter
ein besonders schweres Vergehen gegen den Landesfürsten.

Im Herbst 1735 steigt der Goldpreis so hoch, daß die Münzherstellung selbst für den risikofreudigen, mit dem geringsten
Gewinn zufriedenen Süß unwirtschaftlich wird. Süß schlägt
eine Gegenmaßnahme vor, die er im November zu realisieren
sucht. Die Münzstaaten Württemberg, Kurpfalz, Hessen-
Darmstadt, Würzburg und Köln sollen sich zu einem Bündnis
zusammenschließen und vereinbaren, ihre Münzstätten für ein
bis zwei Monate stillzulegen. Süß will die Goldhändler in
Frankfurt und Holland zwingen, von ihren überhöhten Preisen

herunterzugehen. Zur Absprache dieses gemeinsamen Vorgehens reist er unter anderem zum Bischof von Würzburg. Diese Reise riecht später den Richtern nach Konspiration, sie sehen in ihr einen Beweis für Süß' Verwicklung in einen katholischen Staatsstreich.

Die Einkaufspreise für das Edelmetall fallen jedoch nicht genügend. So befiehlt der Herzog Ende 1735, den Münzfuß erneut zu verschlechtern. Im Prozeß wird lange darum herumgeredet. Die Münzbeamten nennen es «das leichte Geld», machen aber mit. Im Juli 1736 verschlechtert der Herzog selbst diesen Münzfuß. In der Münzpolitik des Reichs herrscht Verwirrung. Der Kaiser zwingt alle Staaten zur Abwertung ihrer neu produzierten Münzen und bleibt bei den alten Münzgesetzen, die Süß als völlig überholt erkannt hat. Der Pächter will sich absetzen, er verlangt wieder einmal seine Schlußabrechnung, aber die Münzkommission sperrt sich durch Nichtstun. Inzwischen ist er gesundheitlich schwer angeschlagen. In einem langen Schreiben vom 21. Februar 1736 versucht er wieder einmal, aus Stuttgart wegzukommen: «Er sei gewillt, auf Rat mehrerer Ärzte das Aachener Bad zu gebrauchen. Deshalb und zur Regulierung seines durch bisherige Zerstreuungen in ziemlich Zerrüttung gekommenen eigenen Hauswesens möchte er sich auf sechs Monate wegbegeben, um seine Gesundheit zu pflegen und seine Privatangelegenheiten zu Erhaltung seines Kredits in Ordnung zu bringen.»

Erneut läßt der Herzog seinen wichtigsten Geschäftsmann nicht ziehen, er kann ihn nicht entbehren. Süß bleibt nichts anderes übrig, als nacheinander verschiedene Mittel vorzuschlagen, um die Münzkrise zu bewältigen: gemeinsamer Einkauf in Frankfurt durch ein Kartell; eine Münzunion mit der Kurpfalz; ein gemeinsames Vorgehen aller Münzstaaten. Aber den Regierungen fehlt die Weitsicht dieses Großhändlers, sie wursteln lieber weiter. Dann will der erschöpfte Süß in Mannheim doch noch eine neue Münze einrichten. Am 15. Mai bittet er den Herzog ein weiteres Mal um Urlaub für eine Badekur, vergeblich. Seine Schlußabrechnung, so findet Süß heraus, liege seit Wochen im Zimmer eines unwilligen Regierungsrats, der Herzog solle «einen geschärften Befehl» zur Beschleunigung erlassen. Bis zur Verhaftung wird die Abrechnung hinausgezögert. Süß ist schon vorher der Gefangene des Herzogs, der Regierung – und des eigenen, fast grenzenlosen Geschäftsbetriebs. Solange Süß in der Arbeit steckte, kümmerte er sich nie um seine Gewinne. Wenn die Münzbeamten auf ihre Bücher verwiesen, interessierte er sich nicht dafür. Dem Münzkontrolleur Held vertraute er nicht, deshalb setzte er zusätzlich seinen Kassier Isaac Samuel Levi in die Münze. Isaac war 22 Jahre alt, im Nachbarhaus neben Süß in Heidelberg aufgewachsen und mit den Süßkinds weitläufig verwandt. Die Stuttgarter Regierung berechnete später Süß' Gesamtgewinn aus der Münze auf 85 000 Gulden. Wenn wir die letzte Periode der Münzprägung vom 14. November 1735 bis 20. Dezember 1736 hinzuzählen, die auf 2 Millionen Gulden Umsatz kam, so steht der Gewinn in keinem Verhältnis zu der riesigen Produktion: kümmerliche 0,7 Prozent. Niemand hätte Süß ein so geringes Ergebnis zugetraut. Und man vergaß nur zu gerne: Der Herzog strich mit Süß' Münzpacht 170 000 Gulden ein, ohne Risiko, ohne Arbeit und ohne Kosten. Er konnte mit der Münze zufrieden sein, der Pächter nicht.

Warum nahm Süß diese aufreibende Arbeit überhaupt auf sich, die in den Kriegszeiten und angesichts der hinterhältigen politischen Gegner lebensgefährlich werden konnte? Ihm ging es darum, Ansehen zu gewinnen und mit dem Ansehen seinen Kredit zu steigern. Diese Strategie mußte den Kapitalmangel ausgleichen. Aber der größte Teil des Gewinns blieb unterwegs hängen: bei den Gold- und Silbermaklern, beim Transport, bei den Betriebskosten für die Münze und vor allem bei den Bankiers und Geldleihern, bei denen Süß ständig Wechsel aufnehmen mußte und für die er von einem Zahlungstermin zum anderen hetzte.

Berater des Herzogs

In die Welt des Herzogs war Süß lediglich als Privatmann einge-
treten. Carl Alexander erkannte bald, daß er angesichts seiner
finanziellen Schwierigkeiten und des umständlichen Regierungsapparats Süß' Rat dringend brauchte. Am Anfang eines
jeden Projekts stand Süß' Beratertätigkeit. Den Übergang vom
Berater zum Geschäftsmann pflegte Süß durch den Verweis auf
«das herzogliche Interesse» zu vollziehen. Zur Sammlung aller
in der Luft liegenden Projektideen hielt er in Stuttgart und Ludwigsburg seine Büros offen. Wer mit ihm ins Geschäft kommen
wollte, reichte hier seinen Vorschlag ein. Dann prüfte Süß die
Idee auf Realisierbarkeit und Gewinnaussichten. Dem Projekt-
erfinder wurde für den Fall der Verwirklichung mündlich eine
Beteiligung in Aussicht gestellt, schriftliche Vereinbarungen
gab es nicht. Die Geschäftspraxis kannte vorwiegend mündliche
Abmachung und Handschlag. Bei Süß sprachen Tag für Tag jüdische Händler vor, die um Aufträge baten. Einmal platzte Süß
der Kragen: Sie würden immer nur Geschäfte bei ihm suchen,
aber nie ein Projekt bringen. Mit seinen Verbindungen über
Württemberg hinaus trug Süß Finanzideen zusammen, die in
Deutschland gerade erprobt oder diskutiert wurden.

Die vage Stellung als Berater entsprach seiner Berufsauffas-
sung. Auch in seinen besten Stuttgarter Zeiten hielt er sich peinlich von jeder Regierungsverantwortung fern, er wollte freier
Geschäftsmann bleiben. Der Herzog dagegen wünschte, ihn in

sein Personal einzugliedern. Das erste große Projekt, die Münze, fädelte sich über eine Beratertätigkeit ein. Ähnlich fing es im September 1734 mit der Pulver- und Salpeterproduktion an, wichtig für die Munitionsherstellung. Von der Rentkammer, seiner Finanzbehörde, hatte der Herzog ein Gutachten bekommen, über dessen Dürftigkeit er erbost war. Sofort beauftragte er Süß mit einem Gegengutachten. Süß wiederum wird Fachleute gefragt haben, die ihm ihre Erfahrungen und Ansichten lieferten, darunter kritische Geister innerhalb des Regierungsapparats. Seine Leistung bestand darin, diese stille Opposition zu ermuntern und aus dem einlaufenden Material möglichst rasch und anschaulich eine Stellungnahme zu verfassen, mit dem Schwergewicht auf praktischen Vorschlägen.

In seinem Gutachten läßt sich Süß von einem praktisch-ökonomischen Denken leiten. Die Rentkammer beabsichtige, so beginnt er, aus dem Pulver und Salpeter jährlich nur einen Gewinn von 5000 Gulden zu erwirtschaften. Wenn der Herzog ihm alle Schwierigkeiten aus dem Weg räume, so getraue sich der Gutachter selbst, jährlich 20000 Gulden Gewinn zu erzielen und bessere Qualität zu liefern. Bei der Frage, woher die bisherige Unproduktivität komme, rührt er an die alte Streitfrage: staatlicher oder privater Betrieb. Wie immer neigt Süß zur Privatlösung, zur Verpachtung. Alle Gewerbetätigkeit leide, wenn sie, wie in diesem Fall, «von vielen Häuptern dependiere [abhänge]». Die Kritik zielt auf die Staatsbürokratie, die kein Interesse an einem Gewinn haben könne. Deshalb solle dieses Unternehmen der Behörde entzogen und einem einzigen Direktor unterstellt werden, der direkt dem Herzog verantwortlich sei. Die Pulver- und Salpeterherstellung leide außerdem darunter, daß nach einem anfänglichen Gewinn dieses Geld nicht wieder investiert, sondern rasch woandershin abgezogen werde. Kurzatmiger fiskalischer Geist ruiniere das Unternehmen.

Gegen seine Überzeugung rät Süß dem Herzog, diesen Wirtschaftszweig probeweise drei Jahre lang durch die Behörde betreiben zu lassen. Dann könne der Herrscher ja durch den Vergleich mit Süß' prognostizierten Ergebnissen feststellen, welche Wirtschaftsweise mehr Gewinn abwerfe. Süß berät den Herzog auch, wie Pulver und Salpeter zu vermarkten seien. Carl Alexander solle seine Stellung als Oberbefehlshaber der Kreistruppen und Vorsitzender des Schwäbischen Reichskreises dazu benutzen, sich die Lieferungen von Pulver und Salpeter übertragen zu lassen. In seinem Gutachten beansprucht Süß, dieses Unternehmen selbst betreiben zu können, wenn der Herzog ihm nur 6000 bis 7000 Gulden vorschieße. Damals, im Herbst 1734, muß Süß von Unternehmungslust nur so gestrotzt haben. Der Regierungsapparat verstand es, auch diese Angelegenheit geschlagene zwei Jahre zu verschleppen. Ein wirtschaftlicher Verlust für Württemberg, der im Prozeß Süß hätte entlasten und die Regierung belasten können.

Gleich in den ersten Monaten seiner Regierungstätigkeit machte sich der Herzog daran, seinen Beamtenapparat zu straffen und Personal zu entlassen. Es ging vorwiegend um Einsparungen, keineswegs um politisch motivierte Kündigungen. Eine Änderung im Personal war das gute Recht des Herrschers und in allen deutschen Staaten üblich. Die Ankläger schoben diese Maßnahmen nachher Süß in die Schuhe, ohne Beweise. Wegen seiner Verbindungen nach auswärts, die mit keinen württembergischen Familieninteressen belastet waren, wurde Süß beauftragt, dem Herzog einen Oberhofkanzler, einen Regierungschef, zu empfehlen. Er dachte zuerst an den hessendarmstädtischen Geheimrat von Zangen, doch dieser wollte nicht. Dann fiel sein Augenmerk auf den Tübinger Juraprofessor Scheffer, einen Württemberger, der wirklich als Oberhofkanzler verpflichtet wurde.

Den ehemaligen Zweibrücker Hofkanzler Johann David von Haumüller Freiherrn zu Mühlenthal, der ihm von Mannheim her bekannt war, schlug Süß 1734 als Regierungsrat vor. Schon allein wegen seiner katholischen Konfession mußte dieser Kandidat scheitern. Mühlenthal brachte zur herzoglichen Audienz Empfehlungsschreiben des Prinzen Eugen von Savoyen und des Bischofs von Würzburg mit, aber für den Geheimen Rat war er nie vorgesehen, wie die Gegenseite bis zu Süß' Hinrichtung behauptete. Er sollte als herzoglicher Interessenvertreter nach Wien gehen. Mehr Glück hatte Süß mit dem rheingräflichen Regierungsrat Fischer, dem Vater seiner Lebensgefährtin Luciana, und dem Mannheimer Advokaten Lautz. Beide wurden württembergische Regierungsräte, die mit Süß eng zusammenarbeiteten, von der Verfolgung blieben sie verschont.

Auf der Suche nach neuen Einnahmequellen für den Landesherrn riet Süß dem Herzog zur Einführung von Staatsmonopolen, einem typischen Finanzinstrument der Zeit. Carl Alexander verfiel 1735 darauf, die Spielkarten durch einen Pächter verkaufen zu lassen. Im Lande durften nur noch die neuen, mit staatlichen Stempeln versehenen Karten verwendet werden. Die Pacht bekam der in Wien ansässige, aus Frankfurt stammende Jude Moyses Drach übertragen. Das Monopol hatte im April des Jahres der Geheime Rat verabschiedet, darunter auch der Präsident Forstner und die Räte Schütz und Dr. Neuffer, die später diese Maßnahme wahrheitswidrig auf Süß abwälzten. Im besten Fall war Süß Berater gewesen, andere hatten die Maßnahme beschlossen, einstimmig. Als diese Spielkarten beim Volk besonders verhaßt wurden, fielen die Geheimräte über Süß her.

Auch wenn Süß für den Herzog Münzpächter, Juwelier, Armeelieferant und noch vieles andere war, so offenbart sich doch in einigen Briefen Carl Alexanders, daß der Fürst in ihm vor allem seinen Ratgeber sah, der als Außenseiter auf Gedeih und

Verderb den Herzog brauchte. Daher rühren der vertrauliche, gelegentlich herzliche Ton und die gemeinsamen Geheimnisse. So ließ der Herzog Süß am 20. Juli 1734 in einem Handschreiben aus dem Hauptquartier wissen, Süß solle ihm etliche schöne Brillanten besorgen, «so ins Gesicht fallen und nicht so schwer wiegen». Dann wird es geheimnisvoll: «Du mußt Dich auch nicht lange aufhalten, denn ich Dir was vertrauen kann, welches [ich] nicht schreiben mag, Du wirst Dich vortrefflich verwundern.» Der Schluß war eine Warnung unter Verschwörern, aber im Ton der Egalität: «Diesen Brief zeige niemand, wer es auch ist, dann sonst schadest Du Dir nur selbsten, auch Deinen vermeintlichen besten Freunden nicht.» Der Herzog grüßt in einem warmen, fast herzlichen Ton: «Ich verbleibe Dein geneigter Carl Alexander.»

Süß' Stellung am Hof beruhte ausschließlich auf Vertrauen. Alle Verträge waren nichts wert, wenn der Herzog nicht mehr wollte. Mit des Herrschers Tod erlosch das Rechtsverhältnis, der Berater wurde schutz- und rechtlos. Dessen war man sich in Stuttgart bewußt. Als der Herzog am 22. Juni 1735 im Hauptquartier Bruchsal einen Blutsturz erlitt und sein Tod zu befürchten war, wurde die Regierung in Stuttgart sofort durch zwei Eilboten alarmiert. Niemand im Regierungsapparat glaubte, den am meisten gefährdeten Süß informieren zu müssen, der gerade in Bonn die Münze einrichtete. Einzige Ausnahme: der Geheime Rat Pfau, der am nächsten Tag einen Brandbrief an das Frankfurter Büro schickte und händeringend riet, Süß sofort nach Bruchsal zu rufen. Der Herzog kam davon, am 25. Juni zog er sich vom Kriegsschauplatz ins Ludwigsburger Schloß zurück. Süß brach seine Rheinreise sofort ab und kam noch einen Tag vor dem Herzog in Ludwigsburg an. Eine gefährliche Reise, denn inzwischen waren französische Truppen bis nach Frankfurt vorgestoßen.

Einen Monat später neue Heimlichkeiten. Joachim Friedrich Neuffer rief Süß am 28. Juli 1735 nach Stuttgart zurück, mit der Warnung, ja nicht über Mannheim zu reisen. Die Gründe blieben ungenannt. Zwei Tage später wiederholte der Herzog in einem persönlichen Schreiben den Wink: Die Gründe dafür, warum Mannheim unbedingt zu meiden sei, werde Süß vom Herzog erfahren. Bis heute ließen diese Gefahren sich nicht aufdecken. Merkwürdigerweise wurde Süß zur selben Zeit in Mannheim zum Oberhofkriegsfaktor, zum Armeelieferanten, ernannt, eine Beauftragung, der er nie nachgekommen ist.

Lieferant
für die Rheinarmee

Den ersten Auftrag des Herzogs für die Armee erhielt Süß Ende Januar 1734: 954 Infanteriezelte und 266 Dragonerzelte. Eigentlich eine Kleinigkeit, es gab nur 3000 Gulden Vorschuß, aber er wollte einfach mit dem Herzog ins Geschäft kommen. Ab jetzt konnte er sich mit einem zweiten Titel schmücken: «Kabinettsfaktor». Seinen Bankiers Wahler in Frankfurt wird er diesen Erfolg unter die Nase gerieben haben. Die Kriegsvorbereitungen gegen Frankreich liefen indessen nur langsam an. Die Fürstenversammlung des Schwäbischen Reichskreises, mit Sitz in Ulm, machte im Januar 1734 Carl Alexander zum Oberfeldmarschall, der Kaiser setzte im Mai den Titel des Reichsfeldmarschalls drauf. Das deutsche Heer stand nun unter Carl Alexanders Befehl. Es kamen nicht mehr als 35000 Mann zusammen, mit denen man kaum den überlegenen französischen Truppen standhalten konnte. Bei Armeeaufträgen pflegte für die Lieferanten viel Geld herauszuspringen, falls sie es verstanden, den damit verbundenen Risiken auszuweichen. Traditionell hatten Juden hier gute Chancen. Die chronische Ebbe in der Kriegskasse bekamen die Lieferanten zu spüren; wegen der oft schleppenden Zahlungsweise waren Bekanntschaften mit Geldverleihern und ausgedehnte Geschäftstätigkeiten erforderlich, um sich mit Krediten über Wasser zu halten. Jüdische Geschäftsleute verstanden es am besten, sich auf eine stockende Finanzierung einzustellen.

Das Märchen von Süß' unermeßlichem Reichtum blendete selbst die Historikerin Selma Stern. Carl Alexander habe «bei Ausbruch des polnisch-französischen Krieges die gesamte Munition-, Kriegs- und Getreidelieferung des schwäbischen Kreises» Süß übertragen. Eine schöne Phantasie, denn der weitaus größte Lieferant an die Truppen im Westen war der markgräflich-badische Kammerrat von Mohrenfeld, ein berüchtigter Judenfresser. Die Lieferungen für die schwäbischen Kreistruppen, die übrigens nur einen Teil der Reichsarmee im Westen ausmachten, wurden vom Kreistag in Ulm vergeben, wo Süß nur als einer unter mehreren Lieferanten auftrat.

Neben seinen strapaziösen Münzlieferungen konnte Süß nichts daran liegen, im Hauptquartier am Oberrhein festzusitzen und die Armeelieferungen zu überwachen. Als Händler und Finanzier fehlte ihm jeder Sinn für Militärisches. Ganz abgesehen davon, daß er in einer Stadt aufgewachsen war, deren Ruinen noch lange vom Fluch jedes Militärs zeugten. Moses Levin Gomperz Kleiff, einst preußischer Oberhof- und Kriegsfaktor in Berlin, Agent des preußischen Königs und Oberältester der Berliner jüdischen Gemeinde, bombardierte 1735/36 Süß mit Briefen, Carl Alexander möge Preußen die Erlaubnis zur Soldatenwerbung in Württemberg erteilen. Gomperz winkte dem Herzog mit einer hübschen Belohnung: eine Kutsche, acht Pferde und Silbergeschenke, alles zusammen 3000 Gulden wert. Auch für Süß falle ein schönes Honorar ab, und er könne zum preußischen Residenten in Frankfurt ernannt werden. Süß ließ die Finger von diesem glitschigen Angebot, damit hätte er sich sowohl beim Herzog als auch bei den Landständen in die Nesseln gesetzt. Er war keineswegs hinter jedem Geschäft her.

Mitte März 1734 bekam Jacob Ullmann, «kurpfälzischer Hofkammer- und Milizfaktor», in Wildbad von Carl Alexander den Auftrag, die Kreistruppen mit 30000 bis 40000 Zentner Mehl und Hafer zu versorgen. Die Verbindung lief über den kurpfälzischen Hof, mit Süß' Unterstützung. Bei den späteren Streitigkeiten setzte sich Süß immer für Ullmanns Beauftragung ein, wurde im November sein stiller Teilhaber und verkaufte seinen Anteil an Ullmann. Eine Form der üblichen Maklergebühr.

Der Herzog war in Eile, in wenigen Wochen sollten die Truppen versammelt sein. Ullmann hatte schon einen Vorrat zur Verfügung, also hieß es zugreifen. Ein Beschluß der Versammlung des Schwäbischen Kreises in Ulm, die Carl Alexander als größter Territorialherr des Kreises ohnehin dominierte, hätte nur Zeit verschlungen. Außerdem verpflichtete sich Ullmann, aus seinem Gewinn dem Herzog 1000 Gulden zu schenken. Nachher behaupteten Neider, Ullmann habe zu teuer geliefert. Immer dasselbe Spielchen: Hinterher, wenn die Gefahr vorüber war, selbst beim Wort genommen zu werden, streute mancher gerne aus, eigentlich hätte er es billiger machen können. Daß die Gelegenheit dafür versäumt war, ließen die Gerüchtemacher unter den Tisch fallen. Für Ullmann stand der Mannheimer Hof mit einer Kaution von 75000 Gulden ein, außerdem haftete Ullmann mit seinem gesamten Vermögen. Bei den Vertragsverhandlungen ging Ullmann von 100000 Gulden auf 80000 herunter, räumte also 20 Prozent Rabatt ein. Ein üblicher Preisabschlag. Ullmann verpflichtete sich, das Mehl innerhalb maximal zehn Wochen in die Militärmagazine nach Heilbronn, Pforzheim, Weil am Rhein und Herrenberg zu liefern. Er übernahm das Risiko des Transports, was keineswegs selbstverständlich war, und erhielt dafür auch die Hauptlieferung für den Schwäbischen Kreis zugesichert, zu demselben Preis, «wenn auch ein anderer Lieferant etwas weniger nehme».

Die von Süß vermittelten Mannheimer Verbindungen blieben weiter lebendig. Der Oberhof- und Milizfaktor Michael May ließ durch den Mannheimer Jacob Hertz Anfang April ein gedruck-

tes Angebot einreichen. Zu spät. Nachher tauchte May als Sub-
lieferant unter Ullmann und Süß auf. Konkurrenz brauchte also
keine Dauerfeindschaft nach sich zu ziehen, sie konnte rasch
von Kooperation abgelöst werden. Der moderne Konkurrenz-
kampf, mit dem Ziel der Vernichtung des anderen, war diesen
Händlern noch fremd. Besonders die Juden waren einfallsreich
bei verschiedenen Formen von Gesellschafterbeteiligungen, die
für Außenstehende und Nachgeborene nicht mehr durchschau-
bar sind.

Inzwischen hatte sich in Ulm ein anderer Anbieter gemeldet,
Schnaitmann, der in Friedenszeiten jahrelang die Truppen be-
liefert hatte. Der Kreisdirektor Christoph Heinrich Korn, ein
württembergischer Regierungsrat, kannte ihn seit langem und
unterstützte die Intrige, den vom Herzog geschlossenen Vertrag
mit Ullmann zu kippen. Es handelte sich nicht bloß um das übliche Manöver, die Angebote zu drücken. Vor diesen Umtrieben
warnte Süß Mitte April 1734 den Herzog. Ein anonymes Gutachten stellte Schnaitmanns Unzuverlässigkeit und seine schon früher zu hohen Preise heraus. Von da an zählte Korn zu Süß' Feinden. Illoyalität gegen Carl Alexander, den Landesherrn, wurde
allmählich württembergischer Regierungsstil.

Zu Süß' schärfstem Konkurrenten, der vor nichts zurück-
schreckte, mauserte sich Salomon Mayer, Schtadlan (Vorsteher)
der jüdischen Gemeinde Karlsruhe. 1735 löste Süß zeitweise
Mayer als Armeelieferant ab, was bei dem Karlsruher Verbitterung hinterließ. Zwei Monate später brachte Süß Mayer wieder
ins Armeegeschäft, damit dieser seine Heu- und Strohvorräte
verkaufen konnte. Als Maklergebühr für das Zustandekommen
der Lieferverträge und als Ausgleichszahlung für andere Geschäfte verlangte Süß von Mayer 6000 Gulden. Als dieser dann
an die Kreistruppen lieferte und Süß seine Forderung sehen
wollte, stellte sich Mayer zahlungsunwillig und bestritt die von

allen jüdischen Händlern akzeptierte Praxis, daß Süß für seine Bemühungen ein Honorar zu bekommen habe.

Die Armeelieferanten flochten untereinander ein kompliziertes Netz, das jeden ein wenig beteiligte. Große Gewinne (wie auch Verluste) wurden in Grenzen umverteilt, jeder sollte ein wenig leben. Wenn ein Händler durch einen Kollegen Verlust erlitt, weil er ihm in die Quere kam, so war es üblich, daß man sich «verglich», wie man zu sagen pflegte. Von alldem hielt Mayer nichts, wenigstens nicht, solange nicht er der Chef war. Er, der noch im orthodoxen Judentum lebte, fühlte sich dem freigeistigen Emporkömmling Süß überlegen. Ausgerechnet er sollte sich zum erstenmal einem Abtrünnigen unterordnen, nur weil dieser am Hof mehr galt. Endlich verlangte auch der Herzog, wie das üblich war, von Mayer ein Geschenk, eine Gewinnbeteiligung. Es war unklug, daß Mayer zu stolz war – und zu geizig. So wurde er am 6. Dezember 1735 in Schorndorf verhaftet und aufs Herrenhaus nach Stuttgart gebracht. Zwei Tage danach ließ ihn der Herzog frei, weil Mayer den Herzog und Süß mit 10500 Gulden abfand. Bei der Freilassung erhielt Mayer, durch Süß' Vermittlung, die Ernennung zum Hoffaktor. Darüber schwieg er später bei seinen belastenden Zeugenaussagen.

Ohne Not eilte Salomon Mayer später zum Hochverratsprozeß nach Stuttgart, als Zeuge bemüht, den Konkurrenten um Kopf und Kragen zu reden. Er führte sich als der schlimmste unter den jüdischen Belastungszeugen auf. Seine zweitägige Haft vom Dezember 1735 stellte er als brutale Erpressung durch Süß dar. Die Justiz folgte ihm nur zu gerne und erstattete die 10500 Gulden aus Süß' Vermögen. Aber schon in den ersten Sätzen seines Verhörs war Mayer doppelt meineidig geworden. Unverfroren behauptete er, mit Süß nie Geschäfte betrieben zu haben, von gegensätzlichen Interessen könne daher nicht die Rede sein. Mayer genoß so sehr den Schutz der parteiischen Justiz, daß man beim Prozeß gegen Süß seinen Vorschlag, nach Pforzheimer Vorbild auch in Stuttgart ein neues Vormundschaftsamt einzurichten, mit Schweigen überging und die Urheberschaft der Idee Süß anlastete.

Anfang 1735 beauftragte der Herzog Süß mit der Ausarbeitung eines wirtschaftspolitischen Gutachtens: Sollen die Armeelieferungen durch Privatleute, durch Pächter oder durch die Staatsverwaltung erfolgen? Süß erklärte sich, wie gewöhnlich, für die privatwirtschaftliche Lösung. Der Staat benötige für diese Geschäfte ein großes Kapital, so führte Süß an. Ein Argument, das angesichts der Ebbe in der Staatskasse dem Herzog am meisten einleuchtete. Zugleich überlegte Süß, wie man einer Preisexplosion vorbeugen könne. Wenn die Bauern merkten, daß Armeelieferungen anstanden, trieben sie die Preise in die Höhe. Süß riet dem Herzog, vor der Zeit in aller Stille Aufkäufe vorzunehmen, jede Ausfuhr zu verbieten und die Beamten zur Unterstützung der Armeelieferungen anzuhalten. In diesem Fall war es Süß, der dem Staat Kosten ersparen wollte, nicht die Regierung. Er legte sich dabei mit den Spekulanten an, dem Einflußbereich des württembergischen Patriziats, das auf lokaler Ebene die Macht, den Markt und das Geld kontrollierte.

Jetzt, für den Feldzug des Jahres 1735, wollte Süß sich selbst an den Armeelieferungen beteiligen, allerdings nur für die württembergischen Truppen. In Württemberg waren die Landstände und der Kirchenrat verpflichtet, aus ihrem Besitz Proviant und Futtergetreide zu den Truppen zu bringen. Wen sollten sie damit beauftragen? Wäre es ihnen ernst gewesen, Juden aus dem Land herauszuhalten, so hätten sie ja christliche Händler beauftragen können. Oder gab es einfach nicht genügend Christen, die sich mit diesem risikoreichen Handel abgaben? Süß ließ die Armeelieferungen, die er im Auftrag der Landstände ausführte, durch jüdische Sublieferanten erledigen:

Elias Hayum, David Ullmann, Baruch Weil Sinsheim und andere. Der Einsatz jüdischer Geschäftsleute steht den antijüdischen Landständen jedenfalls seltsam zu Gesicht. Am 19. Januar 1735 schloß der Kirchenrat einen Vertrag mit Süß, wonach dieser aus dem Kirchengut Getreide für 50000 Gulden aufkaufen dürfe. Die Turbulenz der militärischen Entwicklung warf im Laufe der nächsten Monate jedoch alle Planungen über den Haufen. Die Armeeführung mußte entsprechend den Bewegungen des französischen Heeres die Truppen verlegen, die Vorratsmagazine wurden woanders gebraucht. Die Militärverwaltung befahl, die Lieferungen abzuändern und an andere Orte zu schicken. Die Preise auf dem Land gingen in die Höhe. Süß war aber nicht willens, hier mitzumachen. Diese rasanten Änderungen bringen die gegensätzlichen Denkweisen des Stuttgarter Apparats und des Lieferanten Süß zutage. Die Bürokratie argumentierte weitab vom Feld der ständigen Änderungen und schwebte im Geist des bloßen Buchstabens. Ihre Gedankengänge orientierten sich an etwas ewig Feststehendem, gleichgültig, was passieren mochte. Süß dagegen mußte sich als freier Händler ständig neuen Umständen stellen, wenn er seinen angestrebten Gewinn realisieren und nicht untergehen wollte.

Schriftlichen Niederschlag fand dieser unversöhnliche Gegensatz erst im Frühjahr 1737, als Süß eingekerkert war. Der Kirchenrat reichte seine Klage ein. Darin ging es neben anderem um den Liefervertrag vom 19. Januar 1735. Süß habe zu geringe Preise bezahlt, die Bedingungen des Vertrags willkürlich geändert und keine Rücksicht auf die Feindgefahr genommen, er sei drei Wochen in Frankfurt gewesen, ohne etwas von sich hören zu lassen. Er habe Proviant und Futtergetreide nicht im ganzen Land aufgekauft, sondern nur im Schwarzwald. Ein Kirchenrat, der sich deshalb widersetzt habe, sei beim Herzog in Ungnade gefallen. Süß habe am Ende den Vertrag völlig aufgegeben, mit der Begründung, er brauche nicht mehr soviel Getreide. Die bereitgestellten Lieferungen habe er erst abbestellt, als sie schon sieben Wochen herumlagen und «die beste Gelegenheit, die Früchte teuer versilbern zu können, verstrichen war». Der durch Süß verursachte Schaden für die Kirchenkasse liege schätzungsweise bei einigen tausend Gulden. Die Kirchenverwaltung leistete sich ein Eigentor, denn damit bestätigte sie, daß Süß Kosten gespart hatte: Er half die Preise senken. Für die Änderungen gab es militärische Notwendigkeiten, die die Armeeführung zu verantworten hatte, was die Kirchenverwaltung ignorierte. Die Abweichungen vom Vertrag, auch hinsichtlich der Preise, gingen auf einen schriftlichen Befehl des Herzogs zurück. Aber die evangelischen Beamten stellten inzwischen Maßnahmen des ungeliebten, jetzt toten katholischen Landesherrn grundsätzlich in Frage und lasteten sie allein Süß an.

Für die Lieferungen strebte Süß im Februar 1735 eine Handelsgesellschaft mit verschiedenen herzoglichen Räten an, so mit dem Freiherrn von Gemmingen, dem Präsidenten der Rentkammer, dem Chef der Wirtschaftsbehörde. Später, als Zivilcourage wohlfeil war, behauptete Gemmingen, der sich mit Süß wegen der Münze häufig in die Haare geraten war, er selber hätte den gesamten Armeeauftrag um 20000 Gulden billiger ausführen können. Der Stuttgarter Finanzchef befand sich also in einem finanziellen Interessenkonflikt mit Süß, er hätte deshalb im Prozeß gegen Süß nicht mitwirken dürfen. Sein Votum für die Todesstrafe trug die gelbe Farbe des Neids.

Der Herzog beauftragte Süß mit den gesamten Proviant- und Fouragelieferungen für die württembergischen Truppen, die in sechs Wochen, am 1. April, beendet sein sollten. Es ging um eine Summe von über 250000 Gulden. Ab jetzt türmten sich die Schwierigkeiten auf. Während der Lieferungen dirigierte die

Armee die Abgabeorte um; nicht mehr ins Magazin von Heilbronn, sondern nach Bretten, Menzingen (Kraichgau) und Knittlingen. Dafür machte eine Sozietät christlicher Fuhrleute in böser Verdrehung Süß verantwortlich. Der Mut dazu kam ihr erst, als Süß gefangen lag. Weitere Lieferungen gingen nach Heidelberg und Rottweil. Obwohl der Herzog ausdrücklich in zwei Befehlen seine Beamten angewiesen hatte, Süß zu unterstützen, klagte dieser nach drei Wochen: Beamte würden sich weigern, ihm oder seinen Sublieferanten Fuhrleute zu besorgen; rechtswidrig werde Zoll erhoben, was man nur beim Juden wage. Den Transport hatten Bauern zu besorgen, zu einem vorgeschriebenen Tagelohn. Die Taxe für die Fuhrlöhne war durch die Schwäbische Kreisversammlung festgelegt. Je mehr die Zeit drängte, desto stärker witterten die Bauern ihre Chance, durch Verweigerung eine Erhöhung der Fuhrlöhne über die festgesetzte Höhe hinaus zu erzwingen. Süß wollte da nicht mitmachen, er hätte nur Verlust eingefahren.

Seine Lieferungen gerieten in eine schwierige Lage. Der gleichzeitig auch in der Münze schwer bedrängte Geschäftsmann legte am 11. März 1735 dem Herzog seine Krise dar. Durch die kaiserliche Armeeverwaltung fühle er sich vom Ruin bedroht, seine «Ehre und Vermögen in Gefahr». Ehre meinte bei einem Händler, der ohne viel Kapital arbeiten mußte, vor allem seine Kreditwürdigkeit. Anfangs habe er, Süß, sogar von dem vertraglich vereinbarten Preis noch nachlassen müssen. Nach Heilbronn sollte er 10000 Zentner Mehl, 35000 Metzen Hafer und 80000 Zentner Heu liefern, nach Rottweil 10000 Mehl, 10000 Hafer und 15000 Heu. Dann kam durch Armeebefehl die erste Abänderung des Vertrags: insgesamt doppelt soviel Mehl, nach Heilbronn fast dreimal soviel Hafer und weniger Heu. Danach gleich eine zweite Abänderung, mit drei neuen Magazinorten und kleineren Liefermengen. Doch damit nicht genug. Eine auf dem Fuß folgende dritte Änderung schichtete wieder alles um. Darauf kam sogar noch eine vierte für sechs Magazine. Das ganze Durcheinander ereignete sich innerhalb von nur drei Wochen. Süß hätte sich nicht beschwert, wenn es sich bloß um den Transport gehandelt hätte, aber tatsächlich waren die Liefermengen so stark abgeändert worden, daß mit den alten Bestellungen nichts zu machen war.

Wegen des kurzen Liefertermins (1. April) hatte Süß anfangs alle Mengen nach Heilbronn und Rottweil bestellt. Da die später hinzukommenden Magazinorte zu weit von Heilbronn entfernt lagen, mußte er in der Nähe dieser Magazine neu einkaufen. Nun sollte er mit den Pforzheimer Lieferungen dasselbe Schicksal erleiden. Er sah sich vor einem «ohnbeschreiblichen Schaden» stehen. An allen Orten lagen jetzt große Vorräte, die er nicht bezahlen konnte. Die Verträge mit seinen Sublieferanten, die «mir täglich vor der Tür stehen», mußte er auf Bargeldbasis abschließen. Wegen des zuviel Bestellten würde ihn am Ende der Hauptpächter Mohrenfeld «dergestalten schächten, daß ich zuletzt entlaufen und alles stehen lassen müßte». So sei er gezwungen, das ganze Münzunternehmen abzubrechen, um den Forderungen nachzukommen. Ein hoher Wert liege in den Magazinen fest und sei ständig vom Verderb bedroht. In Cannstatt seien 30000 Zentner Heu durch das Regenwetter gefährdet. Süß wußte, daß dieses Magazin sehr schlecht abgedichtet war. Wegen des verrottenden Futters entstand bald ein großer Krach, bis zur Meuterei der Soldaten, die das Zeug nicht an ihre Tiere verfüttern wollten. Für alles wurde allein Süß verantwortlich gemacht, obwohl die Militärmagazine Besitz des Reiches waren und ihre Instandhaltung nicht zu Süß' Aufgaben gehörte.

Kaum hatte Süß diese Denkschrift beendet, da erreichte ihn eine Mahnung des Herzogs, worin ihm Gewaltmaßnahmen angedroht wurden. Aufgrund des bürokratischen Chaos hatte Süß

nicht rechtzeitig liefern können. Während man Verträge mit
ihm nicht einhielt, wollten seine Sublieferanten ihn zwingen,
ihre Verträge ungeändert zu erfüllen. Die Armeeverwaltung
verweigerte Süß die Bezahlung des schon Gelieferten, entgegen
den vereinbarten Zahlungsterminen. Während er, Süß, also
bald keinerlei Zahlungsmittel mehr besitze, wolle ihm die
herzogliche Finanzverwaltung nur noch gegen 30000 Gulden
Bargeld Getreide abgeben. Am Schluß ein Stoßseufzer: «[...]
weiß ich also nicht, wo aus noch ein, und wünschte, daß [ich] an
diesen Akkord mein Tag nicht gedacht hätte.»
  Zwei Wochen später ermittelte Regierungsrat Keller gegen
Süß. Bei seinem belastenden Bericht über dessen Lieferungen
scheute er das Tageslicht, verfaßte das Dokument, entgegen der
Gewohnheit, in französischer Sprache. Keller war so voreingenommen, daß er in allem nur eine Verschwörung von Süß zum
Schaden des Kaisers sah. Detaillierte Angaben konnte er jedoch
nicht machen, er streute nur Mißtrauen aus und betonte Süß'
freche Töne gegen den abwesenden Herzog. Zweifellos wollte
Keller Stimmung machen. Unabhängig davon ordnete der Herzog am selben Tag, an dem Keller denunzierte, eine Untersuchung von Süß' Lieferungen an. Wieder einmal ergaben sich keine Beanstandungen. Den praktisch denkenden Herzog konnte
Kellers Anzeige nicht vom Geschäftsmann Süß abbringen. Der
Herzog mußte mehrmals persönlich intervenieren, bis Süß seine
Rechnungen von der Armeekasse endlich bezahlt bekam.
  Auf seiner Reise nach Bonn im Frühjahr 1735 handelte Süß
einen Vertrag aus für die Belieferung der kurkölnischen und nie-
derrheinischen Kreistruppen, die als Teil der deutschen Armee
am Oberrhein standen. Dazu kam noch die Versorgung der
Münsteraner und Paderborner Kreistruppen. Hier wirkte er nur
als Makler, der sich die abgeschlossenen Verträge bezahlen ließ.
Den Liefervertrag verkaufte er dem Mannheimer Abraham

May um 10 000 Gulden. Was den Stuttgarter Beamten nach Wucher, Bestechung oder einer kriminellen Tat roch, war nichts anderes als die gewöhnliche Maklergebühr.

Im Zusammenhang mit der Krise in der Münze kam Süß in seinem Entlassungsgesuch vom 17. August 1735 auf die Armeelieferungen zu sprechen. Bei der Vergabe der Aufträge an die Kreistruppen sei er trotz eines Votums des Herzogs übergangen worden, so etwas schade seinem Kredit. Lieber hätte man ihn gleich gar nicht öffentlich nennen sollen. Der Herzog möge jetzt zusehen, daß Süß' «gegenwärtiger Fouragevorrat» nicht verderbe. Noch immer waren die Reste der Frühjahrsbestellungen nicht untergebracht. Dieses Mal antwortete der Herzog postwendend und beruhigte seinen Residenten.

Im nächsten Jahr belieferte Süß das württembergische Landbataillon mit Proviant. Von seinem Gewinn hatte er auf ausdrücklichen Befehl des Herzogs 1000 Gulden als Geschenk an die Kriegskasse zu zahlen. Solche Geldgeschenke waren bei den Vertragsverhandlungen üblich, auch zugunsten des Herzogs, nur wurden sie nicht schriftlich festgehalten. Erst im Mai 1736 erhielt Süß den Auftrag, jetzt, lange nach dem Friedensabschluß mit Frankreich (3. Oktober 1735), die Truppen des Schwäbischen Kreises zu verpflegen. Zwei Monate später verkaufte er für eine monatliche Entschädigung von 4000 Gulden diesen Vertrag an Lemle Löw und Maram Kahn. Zum Jahresende erhielt er noch den Auftrag, zusammen mit Egidius Böhm den württembergischen Haustruppen neue Uniformen zu liefern.

Im Hochverratsprozeß untersuchte man Süß' Lieferungen noch einmal, die Ermittlungen fielen wieder entlastend aus. In der Hohenasperger Haft schätzte Süß, bei den Armeelieferungen gut verdient zu haben. Das wirklich große Geschäft war aber damit nicht zu machen gewesen. Dafür hatte er zuwenig Zeit, und zu viele Neider verdarben ihm den Handel. Als er bei der Sozietät mit Jacob Ullmann 6000 Gulden Verlust verzeichnete, ließ er sich diese Summe von Ullmann ersetzen, der anstandslos bezahlte. Bei der Heulieferung schätzte er seinen Gewinn auf 16000 Gulden. Andererseits sah er nie mehr die 1000 Gulden, die er dem Oberkommandierenden, Prinz Eugen von Savoyen, für Lichtkosten vorgeschossen hatte, der Wechsel liegt noch heute bei den Akten.

Der Herzog war mit Süß rundum zufrieden. Um so hirnrissiger die Beschuldigung des Belastungszeugen Maram Kahn, Süß habe dem Herzog und dem Reichskreis einen Schaden von 300000 Gulden verursacht. Kahn, Schutzjude in Ludwigsburg, war ein Neidhammel, intrigierte gegen Süß, wo er konnte, und bettelte dennoch bei ihm um Aufträge.

Der Geheime Finanzrat
des Herzogs

Im Entlassungsgesuch vom 17. August 1735 breitete Süß seine schwierige Lage aus: die Blockierung durch den Regierungsapparat, die üble Nachrede als Verschwender und schlechter Wirtschafter, seine Sehnsucht, sich seinen Geschäften woanders «mit mehrerer Gemüts- und Leibesberuhigung» zu widmen. Seinen Kontrolleuren, die zugleich seine Neider waren, warf er vor, sie hätten noch nie soviel zustande gebracht wie er. Gerne würde er für das Interesse des Herzogs noch mehr Proben seines Fleißes vorlegen. Ein Ton, den die an Servilität gewohnten Regierungsbeamten wohl als arrogant empfanden. Seinen eigenen Gewinn schätzte Süß gering ein. Kein Wunder inmitten des unverhältnismäßig strapaziösen und riskanten Münzgeschäftes und des ständigen Ärgers bei den Armeelieferungen. Er, Süß, gehöre zu den Dienern, die «ihr selbsteigenes Interesse der Gloire ihres Herrn postponieren [nachordnen] und sich lieber nicht bereichern, als sonst ihrer Ehre und Charakter etwas abgehen lassen wollen».

Das soeben entgangene Armeegeschäft empfand er weniger als finanziellen Verlust, sondern als Angriff auf seine Ehre. Um aus der tiefen Krise seiner ganzen Hofgeschäfte in Württemberg herauszukommen, suchte er nach einem großen Projekt, mit dem er auf einen Schlag alle Probleme lösen könnte. Er wolle dem Herzog «einen solchen Weg zeigen, wodurch sowohl Euer Hochfürstlichen Durchlaucht ganzes Finanz- und Kameralwesen als auch die Militärkassa durch solche einträgliche und verlässige Fonds dergestalt verbessert und augmentieret [vermehrt] werden sollen, daß Euer Hochfürstliche Durchlaucht über den bisherigen Fuß noch ein 5000 bis 6000 regulierter Mannschaft weiters aufzustellen und zu entretenieren [unterhalten], auch überdies einen baren Vorrat von 100 000 Gulden in Kassa und Reserve zu behalten vermögend sein sollen».

An dieses Angebot knüpfte Süß im nächsten Satz eine Bedingung, von der er seine Entlassung aus dem herzoglichen Dienst erhoffte. «Doch mit dieser ausdrücklichen Reservation und Bedingnus, daß, wann ich binnen Jahr und Tag diese An- und Einrichtung einmal gemachet habe, ich nachgehends von allen und jeden übrigen Geschäften und Engagements gnädigst überhoben und dispensieret bleiben möge.» Süß wollte auch noch das Münzgeschäft loswerden. Dennoch zog es ihn im nächsten Gedankengang wieder zurück zur Erwartung des Herzogs und zwangsläufig zu weiteren Geschäften: der Tilgung der Staatsschulden.

Zu Anfang war sich Süß nicht im klaren, was er langfristig in Württemberg eigentlich wollte. Das herzogliche Interesse hatte ihm das Tor zum Hof aufgestoßen, nun band es ihn länger fest, als er beabsichtigt hatte. Sein Angebot, das gesamte herzogliche Finanzwesen gewinnbringend neu zu ordnen, war für den Regenten zu verlockend, als daß Süß dadurch seine alte Bewegungsfreiheit hätte wiedergewinnen können. Die Finanzreform verstrickte ihn immer tiefer in die Stuttgarter Politik.

Wie wenig Süß sich innerlich auf Württemberg eingestellt hatte, zeigt seine Wohnungswahl. Lange wohnte er im Obergeschoß der Stuttgarter Münze, zuerst in der Turmstraße, dann in der Dorotheenstraße. Erst im Sommer 1736 wurde seine Absicht zur Niederlassung deutlicher, allerdings nicht aus freien Stükken. Es war die Zeit, in der der Herzog ihn nicht mehr reisen ließ. Süß schaute nach Ludwigsburg. Dort, in der neuen Residenz, weg von den Landständen und den Regierungsbeamten, war weniger Widerstand gegen einen Juden zu erwarten.

Ende Juni 1736 stellte der Herzog seinem Finanzier ein großes Haus zur Verfügung, neben dem Ludwigsburger Schloß gelegen, heute Mömpelgardstraße 18, das weiterhin Staatseigentum blieb. Ein Stockwerk mit Dachgeschoß, kein Palais, aber geräumiger als das provisorische Quartier in der Münze. Das Haus verfügte über sieben Zimmer, die Süß mit teuren Frankfurter Tuchtapeten ausstaffieren ließ. Die «Garderobe» wurde gelb eingerichtet, das «Schlafzimmer» grün, die «Schreibstube» blau, der «Saal» grün, das «Eckzimmer» (dem Schlagbaum beim Schloß gegenüber) blau, das «untere Zimmer» gelb, in derselben Farbe das «Schlafzimmer an der unteren Stube». Das Schlafzimmer zeigte an den Türen und auf einer langen Tafel grünes Tuch, an den Fenstern Vorhänge in derselben Farbe. Süß' Lieblingsfarbe war in der Wohnung Grün, bei der Kleidung Scharlachrot.

Als der Herzog im Oktober für seine Porzellanmanufaktur ein Gebäude suchte, erklärte sich Süß bereit, aus seinem neuen Haus wieder auszuziehen. Er bekam seine Renovierungskosten von 6000 Gulden ersetzt. An seine Wohnung hängte die württembergische Nachrede die Legende, hier wären riesige, rauschende und sittenlose Feste gefeiert worden. Die Gerüchte ließen offen, ob das Ludwigsburger oder das Stuttgarter Haus gemeint war. Das Ludwigsburger kommt aus Raumgründen nicht in Frage, es mißt im Grundriß 13,8 Meter auf 18,3 Meter. Die Wohnfläche im Erdgeschoß betrug 230 Quadratmeter, das größte Zimmer, das Eckzimmer, hatte 28,3 Quadratmeter. Süß besaß nur 42 komplette Bestecke (Messer, Löffel und Gabeln). Keiner der sonst so gesprächigen Zeugen berichtete von den angeblichen Festivitäten, es fehlen Rechnungen, die den Luxus veranschaulichen könnten.

Das Haus in Ludwigsburg, Mömpelgardstraße

Wenige Tage vor der Übernahme der Mömpelgardstraße 18 mietete Süß in der Nähe, am Kaffeeberg unterhalb des Marktplatzes, vom Stabschirurgen David Christian Bamberger ein Haus, heute Schloßstraße 27, dem Schloßpark gegenüber. Hier brachte er sein Personal und ein Kaffeehaus mit einem Billardzimmer unter. Süß hatte zur Verfügung: im ersten Stock fünf Zimmer mit Küche und Speisekammer, unter dem Dach zwei Zimmer für die Bedienten, im Erdgeschoß ein vorderes Eckzimmer, im zweiten Stock gegen den Hof zwei kleine Zimmer, gegen den Hof rechts ein unteres Zimmer für die Knechte, einen Stall für 13 bis 14 Pferde, einen Platz zur Lagerung des Futters, zwei Holzlager, ein Kutschenhaus und den halben Keller. In Gemeinschaft mit anderen konnte er noch über Waschhaus und Backofen verfügen. Als er auf dem Hohenasperg lag, wünschte er, in diese Wohnung entlassen zu werden, in den Hausarrest. Ohne Erfolg.

Nachdem Süß das Haus in der Mömpelgardstraße geräumt hatte, wohnte er bis Ende Januar 1737 in Bambergers Haus. Damals suchte Frau von Kirch aus Schweinfurt bei ihm eine Anstellung. Seine Freundin Luciana Fischer kümmerte sich um seinen Haushalt, sie wurde «Jungfer Haushälterin» gerufen. Süß hatte sein Zimmer im ersten Stock, Luciana ihres gleich hinter seinem. Es gab so viel Platz, daß Frau von Kirch ein eigenes Zimmer zugewiesen bekam.

Da der Herzog in Stuttgart residierte, wo auch alle Regierungsbehörden saßen, wollte Süß sich lieber in der Hauptstadt niederlassen. Bei der Suche nach einer großen Unterkunft schaute sich Fürnkranz schon am 8. September 1736 im Haus des Stuttgarter Bürgermeisters Ernst Friedrich Schweizer eine Wohnung an, die für Süß freilich zu klein war. Das Etablissement lag im zweiten und dritten Stock, dazu gehörten noch ein Stall und ein Kutschenhaus. Sogar der entlassene Präsident des Geheimen

Rates, Forstner, ein Gegner von Süß, bot ihm eine Wohnung in seinem Haus an, um selbst nicht ausziehen zu müssen. Auch zu klein. Endlich fiel ein großzügiges bürgerliches Palais ins Auge, in der Seegasse, jetzt Friedrichstraße 34–36, wo sich heute der elf Stockwerke hohe Glaspalast der «Stuttgart Bank» erhebt. Der alte Gebäudekomplex, um 1650 errichtet, grenzte seitlich an die Schloßstraße. Rückseitig stand er über 55 Meter auf der Stadtmauer. Der große Garten hinten lag zu den tiefer gelegenen Seewiesen hinaus. Das Anwesen gehörte dem Generalfeldmarschall Johann August von Phul. Süß erwarb es inklusive Möbeln und Weinkeller für 32000 Gulden. Die endgültige Kaufsumme senkte sich auf 15000 für das Haus, 3800 für das Mobiliar und 7000 für den Weinkeller: zusammen 25800 Gulden. Da ein Jude nach württembergischem Recht keinen Grund und Boden besitzen durfte, wurde im Kaufbrief vom 6. Dezember 1736 Regierungsrat Lautz als Strohmann eingesetzt. In diese juristische Fiktion war der Stuttgarter Vogt Johann Jacob Groß eingeweiht, der später die Hinrichtung zu beaufsichtigen hatte.

Das Anwesen in der Seegasse stellte eine ausgedehnte dreigeschossige Anlage aus sechs Gebäuden dar. Das hohe erste Geschoß war massiv aus Stein gemauert, die beiden Obergeschosse waren Fachwerk. Zur Seegasse lag der renovierte Hauptbau mit zehn Zimmern, einem großen Flur und «einem großen, guten Keller», daran schloß sich ein neuer Flügelbau mit ungefähr sechs Zimmern an, dahinter ein «Anbau», unter anderem mit einem «Waschhaus». Dazu ein neuer Anbau mit «einer langen, doppelten Stallung», ein Kutschenhaus und ein «großer Keller». Des weiteren ein «neu erbautes, langes, feines Gebäude» mit sechs Zimmern, Stall und mehr; ein zweigeschossiges Gebäude «mit einem gebrochenen Dach», darin ungefähr sieben Zimmer. «Mitten im Hof ein neues, feines Flügelgebäude», angebaut an den Hauptbau, hier die «Hauptküche»

Das Palais in der Seegasse, Stuttgart.
Aquarell von F. Conz; 1868

und drei Zimmer, darunter ein großer Saal. Zwischen den Flügeln ein großer Hof, ein «Lustgarten», ein Gewächshaus und ein «Küchengarten», wo Süß durch einen Gärtner sein Gemüse anbauen ließ. Die Vermögensverwaltung schrieb später in ihre Buchführung, der Garten hinter dem Haus sei «die ganze Zierde des Hauses».

Bei Süß' Verhaftung fanden sich auf dem Anwesen acht Kutschpferde, vier Wagenpferde, zwei Reitpferde, fünf Kutschen, zwei Transportwagen und ein Leiterwagen, in der Münze drei weitere Wagen, bei einem Hofrat noch ein Weinwagen. Der Fuhrpark einer beachtlichen Firma. Auf einem Stich von 1812 weist die Rückseite des Palais an der rechten Seite im Parterre keine geschlossene Fensterfront auf, aber 16 Fenster im ersten und zweiten Stock und acht Fenster im Walmdach. Daran schloß sich ein Seitenflügel gleicher Länge an, mit acht Fenstern im Parterre. Schon der erste Stock ragte ins Walmdach hinein und hatte nur fünf Fenster.

In dieses Palais zog Süß nicht vor Mitte Januar 1737 ein, bis zu seiner Verhaftung lebte er höchstens acht Wochen hier. In diese Zeit fielen mehrere Maskenbälle im herzoglichen Lusthaus, so daß in Süß' Stuttgarter Haus nicht die zahlreichen betörenden Feste gefeiert worden sein können, die man ihm nachsagte. In diesem Komplex war auch das zahlreiche Personal untergebracht; hier beherbergte und bewirtete er seine jüdischen Geschäftspartner, unterhielt zwei Küchen, eine koschere und eine nichtkoschere. Die wichtigsten Geschäftspartner, so die Mannheimer, die am Ende neben den Juden als eigene Gruppe in Erscheinung traten, gingen ein und aus, und die beiden Kapuziner, katholische Ordensgeistliche, die wegen des Herzogs in Stuttgart geduldet werden mußten, kamen im Palais unter. Mit dem Anwesen übernahm Süß eine Aufgabe des Vorbesitzers. Gegen jährlich 1000 Gulden beherbergte er fremde Gesandte, für die es in Stuttgart keine akzeptable Unterkunft gab. In dem Palais befand sich auch Süß' Firmenbüro mit mehreren Sekretären.

Neben den vielen Wirtschaftsprojekten zog der Herzog schon 1735 Süß immer häufiger bei finanziellen Fragen seiner Kabinettspolitik zu Rate. Wenn bei einer Untersuchung gegen einen Amtsträger eine hohe Geldstrafe in Aussicht stand oder wenn jemand in fiskalischen Fragen eine Eingabe machte, beauftragte Carl Alexander gerne seinen Finanzberater mit der Abwicklung. Seinem eigenen Apparat traute er nicht mehr. Angesichts der sich verschärfenden Boykottpolitik der Regierungsbehörden ernannte der Herzog am 31. Januar 1736 Süß zum Kabinettsfiskal. Eine solche Stelle war in Mannheim selbstverständlich, in Württemberg beklagten die Räte gleich einen Verfassungsbruch. Die geringste Änderung hielten sie für ein Attentat auf die Rechtsordnung, von ihrer verfassungswidrigen Obstruktion sprachen sie nicht.

Die Ernennung konnte Süß nichts nützen, solange der Regierungsboykott ungebrochen war. In der nächsten Woche, am 6. Februar, ließ der Herzog eine weitere Vollmacht für Süß folgen. Darin vernehmen wir das Echo der scharfen Konflikte zwischen Regierung und Süß. Carl Alexander erteilte seinem Finanzbeauftragten das Recht, Beamte «vor sich zu bescheiden und ihnen [...] wegen ein und anderes zu befragen». Die Beamten hätten bei ihrem «abgelegten Eid und Pflichten» Auskunft zu erteilen, und zwar «ohne einigen Hinterhalt». Würde ein Beamter nur «das Mindeste verschweigen», so wäre er sofort von seinem Posten zu entlassen und einer noch «härteren Bestrafung» zu unterwerfen. Möglings Verteidigungsschrift für Süß gab sich feinfühlig genug, Süß' Feinden diese Erinnerung an ihren Amtseid aus der Feder des Herzogs zu ersparen.

Am 30. Juni verlieh der Herzog Süß jenen weitreichenden Titel, den seine Gegner am eifrigsten ausschlachteten, um Süß zu verteufeln: Mit der Ernennung zum «Geheimen Finanzrat» kam Süß dem Regierungsapparat gefährlich nahe, verfügte über größere Eingriffsmöglichkeiten, hielt sich aber konsequent von allen Sitzungen eines Regierungsgremiums fern und weigerte sich, ein regierungsamtliches Dokument zu unterschreiben. Der Titel war eine Schöpfung des Herzogs. In der Bestallungsurkunde bekam Süß 4000 Gulden Jahresgehalt zugesichert, die Hälfte der Bezüge des Oberhofkanzlers und des Geheimratspräsidenten. Die Bestallung verabschiedete der Herzog in seinem Kabinett. Die Veränderungen des Konzepts zeigen, wie in Vorahnung der bösen Stimmen die Ernennung versachlicht werden sollte. Zusätzliche Betonung finden Süß' große Erfahrung in diesen Fragen und das Vertrauen des Herzogs. Ein weiterer Zusatz: die Residentenstelle mit dem dazugehörenden Gehalt wird beibehalten.

In der Instruktion über die Rechte und Pflichten wird die neue Stellung als Geheimer Finanzrat genau festgelegt. Das Papier wurde sorgfältig vorbereitet, Süß überließ nichts dem Zufall. Die Gegner lasen auch hier flüchtig. Das neue «Fiskalatamt», dem Süß vorgesetzt wird, untersteht direkt dem herzoglichen Kabinett, bleibt also dem zeitraubenden Behördengang und dem Geheimen Rat entzogen. Diese Regelung alarmierte die ausgebooteten Regierungsbeamten. Im ersten Punkt der Instruktion bekommt Süß eine Eidesformel vorgesetzt. Er solle «Uns und Unserem Fürstlichen Haus getreu, hold, untertänig und gewärtig sein, Unseren Nutzen befördern, Schaden hingegen warnen und wenden, nach seinen äußersten Kräften und Vermögen». Er habe sich mit allen Fällen zu beschäftigen, die das Interesse des herzoglichen Fiskus angehen. Süß gilt als Interessenvertreter der herzoglichen Kasse – eine Fortsetzung der Entwicklung, die vor bald vier Jahren in Wildbad begonnen hat. Um Zeitverlust zu vermeiden und Verschwiegenheit zu garantieren, stehe ihm «zu allen Zeiten der freie Zutritt zu Unserer Person offen». Als er davon Gebrauch machte, schrie die Beamtenschaft, die lange Wartezeiten im Vorzimmer gewohnt war, er dränge sich in einer Art und Weise zum Herzog hinein, die ein «Majestätsverbrechen» darstelle.

Anzeigen in Fällen, die mit fiskalischen Strafen abzumachen seien, so heißt es in der Instruktion weiter, solle Süß genau prüfen, dann dem Oberhofkanzler Scheffer oder dem Regierungsrat Lautz mitteilen und deren Gutachten einholen, ob eine Untersuchung vorzunehmen sei. Dann seien Räte und Beamte einzelner Abteilungen mit der detaillierten Untersuchung zu beauftragen. Deren Protokoll habe Süß dem Oberhofkanzler zu überreichen, dieser müsse dem Herzog referieren. Der Dienstweg ist also genau geregelt, Süß nirgends als Gutachter vorgesehen. Im neunten Punkt bekommen die Denunzianten das Verschweigen ihres Namens und eine Belohnung aus den einlaufenden «Konfiskationsgeldern» zugesichert. An diesen Abschnitt hängte sich der ganze Haß der Amtsträger und Besitzenden, die für Verfehlungen nicht lange auf den Rechtsweg geschickt, sondern zur Kasse gebeten wurden, zur herzoglichen. Kein Wort davon, daß der Herzog nach ständiger Zahlungsverweigerung der Landstände sich zu diesem Weg gezwungen sah, um die Staatsschulden nicht noch höher steigen zu lassen.

Für seine Tätigkeit bekommt Süß vom Herzog Straflosigkeit in Aussicht gestellt, das «Absolutorium». Von Süß dürfe «nimmermehr einige Rechenschaft sowohl de praeterito [von der Vergangenheit] als in futurum [in der Zukunft] gefordert werden». Die Regierung versteht es, diesen herzoglichen Beschluß hinauszuzögern, der Süß vor der Rache schützen soll. Erst am 12. Februar 1737, kurz vor seinem Tod, unterzeichnete Carl Alexander das «Absolutorium».

Joseph Süß' Stellung in Stuttgart war an die herzogliche

Kabinettsregierung gebunden, die den Geheimen Rat ausschaltete. Bereits am 16. Juni 1735 hatte Carl Alexander ein «Konferenzministerium» eingerichtet und alle Vorgänge in sein eigenes Kabinett geholt. Im Prozeß wurde Süß beschuldigt, er sei der Drahtzieher dieser Neuerung und habe die Ressorts der Kabinettsregierung nur mit seinen Anhängern besetzt. Eine der vielen Unwahrheiten. Für die wichtigsten Ressorts wurden zwei vehemente Süß-Gegner ernannt: Georgii und Schütz.

Als der Geheime Rat gegen jede weitere politische Neuerung des Herzogs Sturm lief, ging der Herrscher erst recht energisch daran, weitere Geldquellen zu erschließen. Mitte Oktober 1736 richtete er dafür ein neues Amt ein, das «Gratialamt»: Alle fürstlichen Gunsterweise wie die Vergabe von Ämtern und die Verleihung von Titeln sollten Geld bringen. Die Württemberger, auf einer lutherischen Insel patriarchalischer Naturalwirtschaft lebend, sahen im Ämterkauf einen Verrat an der landständischen Verfassung, denn alles, was mit Steuern und Abgaben zu tun hatte, unterlag der Mitregierung durch die Landstände.

Einige Tage später stellte der Herzog im Erlaß vom 24. Oktober 1736 die Zerrüttung der herzoglichen Wirtschaft und Finanzen fest und befahl die Einsetzung eines Generalkontrolleurs aller Kassen und der Staatsbetriebe, um endlich einen Überblick über alle Einnahmen und Ausgaben zu gewinnen – die Voraussetzung für jegliche Finanzplanung. Alles, was modern klang, empfanden die Regierungsbeamten jedoch als Anschlag, alles Neue roch nach Hochverrat und Majestätsverbrechen. Man war so schön einen Schlendrian gewöhnt, in dem die beiden Landschreiber, die Chefs der Staatskasse, oft jahrelang keine Rechnung ablegten und ihren Nachfolgern die Kasse einfach ungeprüft übergaben. Eine ähnliche Unordnung fand sich auch bei den anderen Kassen des Landes, bei der Kirche und den Gemeinden. Süß beabsichtigte eine Modernisierung des ganzen

Rechnungswesens, mit zentraler Kassenführung und Kontrolle. Diese Aufsicht schmeckte den kleinen Amts- und Lokalfürsten nicht. Bisher hatte die Regierung den Herzog nicht wissen lassen, wie es um Geld und Wirtschaft stand. Es sollte anders werden. Zuletzt ordnete der Herzog mit dem Erlaß vom 24. Oktober seine Gnadenerweise, die «Gratialien», wofür die Leute bezahlen mußten. Süß sollte diese Vorgänge durchführen und kassieren, die Rechnungsführung gehörte dagegen nicht zu seinen Aufgaben.

Wie effektiv Süß' Einführung eines neuen Rechnungswesens, einer schärferen Kassenkontrolle und einer Verbesserung der Domänen sich auswirkte, zeigen die rasch ansteigenden Einnahmen der Zentralkasse. Von 1733 bis 1736 wuchs die Jahresumme von 138 000 auf 299 000 Gulden. Und selbst 1737, als der Herzog tot und Süß gestürzt war, bewies Süß' Finanzreform ihre Kraft mit 320 000 Gulden. Ohne Süß wären die Mehreinnahmen bei den patrizischen Cliquen des Landes versickert, wie bisher.

Die Modernisierung der Finanzen sollte dazu führen, daß Süß die sicheren Einnahmen des Herzogs beleihen konnte. Einen Monat nach dem Erlaß vom 24. Oktober schrieb er am 23. November: Nun lasse man ihn, der seinen «Privatbeutel und Kredit» eingesetzt habe, bei der Rückzahlung im Stich. Der Kassier der Rentkammer «wisse sich nicht zu raten, noch zu helfen, wie er mir meinen auf 70 000 Gulden sich belaufenden Vorschuß durch Einlösung der auf meine Ordre davor ausgestellten Wechselbriefe remboursieren [zurückzahlen] möge». Wäre Süß in ähnliche Zahlungsschwierigkeiten wie die Rentkammer geraten, die Regierungsbeamten hätten ihn gnadenlos als bankrott ausgerufen – und in Schuldhaft gesteckt.

Eine Woche später verlangte der Herzog angesichts der chronischen Finanzierungslücke, daß die Landstände und die Kirchenkasse sich an den Landeskosten zu beteiligen hätten. Die Landstände sollten die vom Herzog bereits bezahlten Kosten für die Landesverteidigung ersetzen und sofort einen ersten Abschlag von 20000 Gulden zahlen. Sie müßten auch die Kosten für die Gesandtschaft beim Reichstag tragen. Der Kirchenkasse wurde befohlen, mehr zum Unterhalt der fürstlichen Familie beizutragen. Schließlich verlangte der Herzog, die Verbrauchssteuer, die bisher allein von den Landständen verwaltet und ausgegeben wurde, künftig mit diesen gemeinschaftlich zu kontrollieren. In diesen Änderungen sahen die Landstände und die patrizisch dominierte Regierung einen Verfassungsbruch. Süß hatte dazu nicht geraten. In seiner Denkschrift vom 23. November 1736 hatte er durchaus anerkannt, daß gegen die Absicht, eine einzige Generalkasse für das Land einzurichten, «die wohl nicht zu verändernde Verfassung des hiesigen Herzogtums» stünde.

Nebenher hatte Süß Dutzende weiterer Finanzprojekte voranzutreiben, viele kamen bis zum Tod des Herzogs gar nicht mehr zustande. Dennoch wurden sie später in der Hysterie der Pauschalvorwürfe ihm zur Last gelegt, wie wenn sie realisiert worden wären. Um den 18. Dezember 1736 herum mußte Süß nach Mannheim reisen. Er sollte den dortigen Tabaklieferanten Pancorbo, einen Marranen aus Portugal, für eine Fabrikgründung in Ludwigsburg gewinnen. Der Herzog konnte seinen Finanzrat bald keinen Tag mehr entbehren und schickte ihm am 27. Dezember ein Schreiben hinterher, er sehne sich nach mündlichen Ausführungen. In der Haltung eines braven Schülers, ohne jeden ironischen Unterton, versprach der ansonsten barsche Landesfürst, daß er «fleißig werde arbeiten», was zu diesem Geschäft notwendig sei. Carl Alexander war ungeduldig und litt fast unter Liebesentzug. Süß muß im Gespräch eine starke Ausstrahlung gehabt haben. Der Herzog drängelte: «Indessen wolle der Herr Geheime Finanzrat seine Retour, so viel möglich, beschleunigen.» Dem Brief, geschrieben vom Kabinettssekretär Knab, fügte Carl Alexander nach dem intimen Gruß «wohlaffektionierter» mit energischer Hand hinzu: «Ich approbiere [genehmige] die Reise nach Frankfurt gar nicht.» Süß mußte sofort zurück, seine letzte Möglichkeit, nach Frankfurt zu kommen, war versperrt.

In den letzten zehn Wochen vor seiner Verhaftung überschlugen sich die Geschäfte. Der Geheime Finanzrat wollte aus Württemberg weg und räumte am 4. Januar 1737 dem Herzog nochmals 100000 Gulden Kredit für Juwelenkäufe ein. Im kärglichen Württemberg erschien er wie ein Prinz aus dem Morgenland, unermeßlich reich, dem sich alles in Gold verwandelte, was er in die Hände nahm. Bis heute ist unklar, wieviel er eigentlich besaß. Bei der Kündigung vom 17. August 1735 bezifferte er seinen Bargeldvorrat samt Reserven auf 100000 Gulden. Auf dem Hohenasperg sagte er aus, er habe während des Krieges für 300000 Gulden Juwelen gekauft, bei damals sinkenden Preisen, und mit 100 Prozent Gewinn weiterverkauft. Kurz vor seinem Tod, als es nicht mehr die Zeit war, sich herauszustreichen, schätzte er sein Vermögen überlegter ein. Auf einen Zettel notierte er «600000 Gulden» und ließ die Nachricht in die Zelle des mitangeklagten Oberhofkanzlers Scheffer schmuggeln. In Möglings Akten findet sich noch eine unsignierte, undatierte Zusammenstellung über «Süßens vorgebliches Vermögen» mit 457000 Gulden. Als Süß 1736 wegen eines großen Kredits in Frankfurt eine Hypothek auf sein Vermögen aufnehmen mußte, wurde dieses auf 425000 Gulden geschätzt.

Die schwersten Zusammenstöße mit dem Herzog hatte Süß nicht in wirtschaftlichen und finanzpolitischen Fragen, sondern beim Juwelenhandel. Hier drohte der Herzog am schnellsten mit dem Henker. Süß nahm sich vor, wie es üblich war, 100 Prozent Gewinn zu erzielen. Der Herzog handelte die Preise grundsätzlich stark herunter und setzte sie nach langem Feilschen als Diktator ultimativ fest. Da Süß dies wußte, mußte er einen Preis mit deutlich mehr als 100 Prozent Gewinn ansetzen, was wiederum den Herzog, der etwas von Juwelen verstand, zum Streit provozierte. Überdies war die Zahlungsmoral des Fürsten schlecht, seine Kasse notorisch leer. Deshalb mußte sich Süß gefallen lassen, daß sein bester Juwelenkunde ihm auch Anweisungen auf Naturalabgaben eines württembergischen Ortes ausstellte.

Auf dem Geldmarkt muß Süß etwas gegolten haben, wenigstens verplapperte sich beim Verhör der Ludwigsburger Schutzjude Kahn: Süß habe in Holland eine Million Gulden Kredit gehabt. Gemeint war Amsterdam. Eigentlich hatten die Belastungszeugen die Aufgabe, Süß' wirtschaftliche Seriosität und Kreditfähigkeit herunterzusetzen. Der Häftling war schon vor dem Prozeß enteignet worden, auch seines Frankfurter Besitzes. Ein Ausschuß Frankfurter Gläubiger stemmte sich gerichtlich dagegen. Im Jahr 1750 wies die Stuttgarter Verwaltung noch 205 000 Gulden Aktiva aus Süß' Besitz nach. Mit ihrem unübertrefflichen Schneckengang gelang es ihr, auch dieses Geld in 35 Jahren, bis zum Ende des Verfahrens im Jahre 1772, zu verschleudern.

Angesichts der kurzen Zeit von nur drei Jahren, die Süß sich in Württemberg entfalten konnte, war sein Vermögen beträchtlich, doch zu den reichsten Juden der Zeit gehörte er noch lange nicht. Der Mergentheimer Samuel Isaac Noe, fürstlich Sulzbacher Oberfaktor und Agent des Deutschen Ritterordens in Mergentheim, seit 1722 vor allem für Bayern tätig, hatte in München jahrelang mehrere Millionen Gulden Forderungen ausstehen. Dem bayerischen Kurfürsten streckte er ab 1722 mehrmals hohe Summen vor, am Ende belief sich seine Forderung auf 3,3 Millionen Gulden. Das wäre für Süß einige Nummern zu groß gewesen.

Oder Simon Wolf Wertheimer in Wien, ein großer Händler und Geldleiher, der durch Bayern ruiniert wurde. Bei seinen hohen Krediten an den bayerischen Kurfürsten und an die Landstände wurden ab 1724 die vereinbarten Rückzahlungstermine nicht mehr eingehalten. 1733 mußte Simon Wolf in Wien seinen Bankrott erklären. Er blieb in München, um von seinem Geld etwas zurückzubekommen. Erst 20 Jahre später sah er in einem Vergleich einen kleinen Teil wieder, den Verlust berechnete er auf dreieinhalb Millionen Gulden.

Zweifellos stellte Süß eine bemerkenswerte Persönlichkeit dar, die sich ohne Mühe vom Stuttgarter Grau abhob. Aber so wie man seinen Reichtum falsch einschätzte, übertrieb man auch seinen politischen Einfluß auf den Herzog. Die Untersuchungsrichter ärgerten sich in Süß' jüdischer Korrespondenz über Schmeicheleien. Er wüßte, so schrieb ein Geschäftsmann, daß der Herzog dem Süß nichts abschlagen könne, dies sei «weltkündig». Ein Untersuchungsrichter schrieb mit Rotstift einen der zehn Anklagepunkte an den Rand: «Präpotenz», Amtsanmaßung. Als bei den Zeugenverhören der zu jeder Belastung bereite Karlsruher Schtadlan Mayer nach Süß' Einfluß auf den Herzog gefragt wurde, mußte selbst er abwinken: «[...] was Geld eingetragen, darinnen habe er [Süß] reussiert [Erfolg gehabt], in anderen Sachen aber, soviel Zeuge glaube, nicht allemal.»

Ohne es eigentlich zu wollen, traf Joachim Friedrich Neuffer bei seinem Verhör die tiefgehende Unfreiheit von Josef Süß. Im Jahr 1734 war der Jude Marx Schlesinger, ein großer Armeelieferant in Bamberger Diensten, aus Wien in Stuttgart angekommen und wollte dem Herzog Juwelen verkaufen. Neuffer, der gegen Geldgeschenke Süß über den Hof zu informieren pflegte, fragte den Herzog, ob er Süß schreiben solle, «ihm eine Partie [Steine] zu schicken, damit er [Süß] dem Schlesinger [zu]vorkomme und solcher nachgehends nicht verkaufe; welches dann auch in Serenissimi Zimmer von ihm [Neuffer] geschehen müssen und den Effekt gehabt, daß er [Süß] wenigstens für 100000 Taler wert von Frankfurt heraufgeschickt, welche Serenissimus mit großem Vergnügen gesehen und Z[eugen] zur Verwahrung zugestellt, mit dem Befehl, dem Süßen ohne speziale Ordre keinen Stein mehr hinauszugeben. Etlich Tag darauf sei der Süß in die Garderobe [des Herzogs] gekommen und habe angemeldt sein wollen, welches Z[euge] unter dem Vorwand, daß er heute schon von Serenissimo ungnädig angelassen worden, dekliniert [abgelehnt] und hingegen einer von den Kammerdienern die Nachricht zurückgebracht, daß Serenissimus den Süßen nicht vorlassen wollen. Worüber er [Süß] sich sehr erbost mit Vermelden, er hätte so getreue Dienst getan und dieses sei nun sein Dank und Belohnung, Serenissimus sollten ihm sein Geld und sein Sach geben, so wollte er gehen, sei auch des Nachmittags ohnangemeldt in Serenissimus Retirade hineingeloffen, jedoch mit vielen ungnädigen Expressionen [Ausdrücken] zurückgewiesen worden, welches ihm Z[eugen] sowohl der Süß selbst als Serenissimus erzählt und Höchstdieselbe Z[eugen] gefragt habe, was der Süß für Gesichter mache. Und da Z[euge] gemeldet, er sei sehr übel zu sprechen, noch weiter dazu gesetzt: Sie glauben es wohl, das Kompliment sei auch nicht fein gewesen. Eine Stund darauf haben Serenissimus den Süßen dannoch rufen lassen und ihm den Betrug vorgehalten, auch mit Hängen, Rädern und augenblicklichem Arrest gedrohet, wogegen der Süß deklariert, Serenissimus haben alles sein Geld und Juwelen in der Hand; er aber gehe nimmer von ihren Augen, bis ihm diejenige, welche ihn so gottloserweise eingetragen, an die Seite gestellt würden.»

Danach kam der in der Münze schwelende Konflikt zur Sprache: Süß hatte im Frühjahr 1734 mit der Überstückung begonnen. Auch wenn er im Münzstreit siegte, so zeigt der Vorfall doch deutlich, wie stark er unter den Launen des Herzogs zu leiden hatte. Die Verteidigungsschrift erklärte dazu deutlich, daß Süß «seine Dimission pro anxie [aus Angst] gesucht, dazu hätten ihn (a) seine in Frankfurt geführte Negotien, womit er in einer Wochen mehr als in diesem Land in einem Vierteljahr gewinnen können, bewogen, und dieses hauptsächlich, (b) weilen er in Frankfurt von vielen Fürsten und großen Herren in Kommissionen hätt können gebraucht werden, da in dem Gegenteil, solang er bei Serenissimo gewesen, ihn jedermann wie die Pest gescheut, er vor seine Person aber Serenissimo als ein Sklav hätt dienen müssen und nicht einmal eine freie Disposition über seine Gelder zu machen in dem Stand gewesen ist».

Warum verließ Süß Württemberg nicht einfach ohne Entlassung? Diese Möglichkeit hatte er, von seinem Temperament hingerissen, dem Herzog einmal angekündigt. «Serenissimus habe ihn [Süß] vielfältig drohen lassen, daß, wann er fortgehe, Sie [der Herzog] ihm nachsetzen und ihn vogelfrei wollen machen lassen. Serenissimus habe zu [Süß] gesagt: Probiere es und gehe ohne mein Wissen fort und schaue, wie ich dich werde einholen lassen.»

Der Geheime Finanzrat Joseph Süß Oppenheimer war in Stuttgart ein Sklave in goldenen Ketten, kein freier Mensch.

Geschäftspartner und Personal

Kredit für seine Pläne bekam Süß zuerst in Mannheim, dann in Frankfurt, Köln und Amsterdam. Zu den Frankfurter Geschäftspartnern zählte auch Moses Rothschild, der Großvater des berühmten Bankgründers. In Stuttgart dagegen war für Süß wenig zu holen. Im Land fehlte eine Bank. In dem evangelischen Prälatenstaat waren durch die Verfassung und die religiösen Vorurteile Wirtschaftsbeziehungen mit Juden untersagt. So kam Süß mit christlichen Geschäftsleuten wenig in Berührung. Er versuchte, die feindselige patrizische Führungsgruppe Württembergs an Geschäften zu beteiligen und so zu gewinnen. Das gelang bei einzelnen Regierungsleuten, die sich aber nach dem Umsturz rasch auf die Seite der Ankläger schlugen.

Gleich zu Anfang seiner Stuttgarter Zeit hatte Süß die Freilassung des bankrott gegangenen und deshalb inhaftierten jüdischen Hoffaktors Levin erreicht; ohne Gewinnabsichten griff er Levin unter die Arme. Süß bemühte sich auch darum, daß Levin seine 90000 Gulden Außenstände vom Hof bezahlt wurden, erfolglos. Im November 1735 erhielten Levin und sein Schwiegersohn David Ullmann wenigstens ein Patent als württembergische Hoffaktoren. Wer Süß nicht in die Quere kam, gegen den konnte Süß großzügig sein. Levin hatte nicht mehr viel davon. Er starb am 10. Dezember 1735 in Stuttgart. Sein Besitz wurde in seinem Sterbehaus, dem «Adelberger Hof», versiegelt und untersucht.

Von seinem Familienclan hielt Süß nicht viel. Seine Mutter wollte durch ihn in württembergische Geschäfte kommen, er hielt sie sich vom Leib. Wenigstens den Stiefvater Nathan Gabriel von Wassertrüdingen, ihren zweiten Mann, beschäftigte er bei sich mit Armeelieferungen und setzte ihn im Juli 1735 nach Heilbronn als seinen Stellvertreter und Agenten, verantwortlich für das Militärmagazin. Süß erreichte für Gabriel ein Patent als württembergischer Hoffaktor, mit einer monatlichen Entlohnung von 100 Gulden. Seinen weniger fähigen Stiefbruder Daniel konnte er zuletzt nur als Knecht bei Hirschel Baruch in Mannheim unterbringen.

Der Stiefvater bat im Februar 1734 Süß darum, seinem Schwiegersohn Abraham Joseph Mändel und dessen Bruder zum Pferdehandel in Württemberg zu verhelfen. Die beiden seien bayerische Hofjuden und Pferdelieferanten, seit vier bis fünf Jahren besorgten sie Pferde auch für den württembergischen Hof. Gabriel flocht eine Lobeshymne ein, die dem jüdischen Geschäftsstil entsprach, aber den wenig geschmeidigen, trockenen Württembergern eher als Großsprecherei aufstieß. Dabei handelte es sich nur um eine blumige, pathetische Sprache. Er versicherte, daß diese beiden Händler am württembergischen Hof «das Renommee haben, welches wenig Juden in der Welt sich rühmen können. Diese meine Leute nun seien dermalen in einer wichtigen Pferdslieferung von 16 000 bis 18 000 Stück an beide Kurfürsten, Köln und Bayern, begriffen, daß sie unmöglich selbst abkommen» könnten, sie hätten ihn deshalb heute mit Eilpost beauftragt, Süß als Fursprecher für ihre Pferdelieferungen nach Württemberg zu gewinnen. Ihm, Gabriel, hätten sie versprochen, «nit allein dem Herrn Resident einen fetten Braten in die Küche zu jagen, als auch mich in die Compagnie zu nehmen, oder aber mir sonst vergnügliche Satisfaktion geben wollten». Inzwischen seien aber zwei andere Juden aus Kriegshaber

– einem Dorf der kaiserlichen Markgrafschaft Burgau, heute nach Augsburg eingemeindet – in Mannheim gewesen und hätten Süß zu demselben Zweck gewinnen wollen. Sollten die beiden Konkurrenten, die im selben Dorf wie Mändel wohnten, sich durchsetzen, so sei das «nicht allein zum höchsten Schaden, sondern [gehe] auch auf Ehr und Reputation».

Am Ende wiederholte Gabriel, er werde Süß «satisfacieren», Genugtuung leisten. Gemeint war ein Honorar, eine Maklerprovision, «eine Douceur», ein Geschenk, «eine Diskretion», wie immer man dazu sagen wollte. Die weitreichendste Form bestand darin, den Vermittler eines Geschäfts «in die Kompanie zu nehmen», als stillen Partner am Gewinn zu beteiligen. Als Süß in Stuttgart ein Zentralbüro besaß, gab er sich bei so lukrativen Geschäften wie dem gesamten württembergischen Pferdehandel nicht mehr mit einem «fetten Braten» zufrieden. Wie wenig Gabriel auf der Höhe der Honorare war, beweist ein Brief vom Mai 1734. Darin bot der Konkurrent Moyses Neuburger beim Pferdehandel Süß eine Provision an: Er verpflichte sich, «von allen Rossen, die er innerhalb eines Jahres nach Hof liefern würde, von jedem Stück zwei Gulden zu geben, von jedem Gardepferd sogar einen Speziesdukaten [vier Gulden]».

Den Schwager Mayer Hertz im kurpfälzischen Edenkoben ließ Süß kosheren Käse und einige Fässer kosheren Weines liefern. Seine Stiefbrüder Daniel und Hirsch bekamen durch ihn etwas Arbeit in Heidelberg. Die einflußreichere orthodoxe Verwandtschaft, die Oppenheimers, hielten sich von Süß fern – und er sich von ihnen. Zu seinem Personal hatte Süß ein zweckbestimmtes Verhältnis. Joel Dettelbach aus Offenbach stellte sich als Ehemann von Süß' Cousine vor. Diesen Lehrer verwendete Süß in Stuttgart nur zeitweise, danach vor allem als hebräischen Korrespondenten in Frankfurt zur Beobachtung des Geld- und Goldmarktes.

Neben den Frankfurter Bankiers gehörte der Mannheimer Jacob Ullmann zu den ältesten Geschäftspartnern. Ullmann kam in Stuttgart durch Süß zu großen Geschäften, vor allem in Armeelieferungen, besaß allerdings im kurpfälzischen Hof eine Stütze, eine stabilere als Süß, wie sich am Ende zeigen sollte. Ullmann verhielt sich traditionell und trat nicht so selbstbewußt auf wie Süß. Kaum war dieser in Haft, legte Ullmann, für alle überraschend, eine riesige, merkwürdig alte, vor dreieinhalb Jahren vereinbarte Wechselschuld von 65 000 Gulden gegen den Gefangenen vor. Süß, der so hohe Zahlen im Gedächtnis hatte, wußte davon nichts, auch seine Leute hatten nie etwas davon gehört. Salomon Mayer hielt Ullmanns Forderung für eine Fälschung, der Ludwigsburger Schutzjude Kahn erklärte sie für «nichts als ein Blendwerk».

Die Stuttgarter Verwaltung ermittelte, unter der Auswertung von Süß' Firmenarchiv, daß Süß mit Ullmann niemals ein Geschäft gemacht hatte, das dieser Summe entsprochen hätte. Der unglaublich hohe Betrag bewog die Stuttgarter Regierung, 1740 eine umfangreiche, großformatige Druckschrift zu publizieren, um Ullmanns Wechsel als Fälschung zu beweisen. Der Streit wuchs sich zu einem kleinen kurpfälzisch-württembergischen Wirtschaftskrieg aus. Um Ullmanns Forderung einzutreiben, ließ die Kurpfalz auf der Mannheimer Messe Waren württembergischer Kaufleute beschlagnahmen.

Die Broschüre, in Sachen Ullmann sorgfältig, begann ihrerseits mit einer Lüge, einer Hilfskonstruktion des Regierungsapparats, um Süß' Haft das Mäntelchen der Rechtmäßigkeit umzuhängen: Süß sei am 12. März 1737 «in Konformität einer von des in Gott ruhenden Herrn Herzog Carl Alexanders zu Württemberg Hochfürstlichen Durchlaucht vor dero vorgehabten Reise zurückgelassenen Ordre arretiert [...] worden». Bei der ersten Klageschrift in Wien gegen Süß hatte dieser angebliche

Haftbefehl noch gefehlt. In den Prozeßakten findet sich der Befehl nicht, er wäre als eine Reliquie des Ständestaates aufbewahrt und regelrecht verehrt worden. Die Legende scheint erst zwei Jahre nach der Hinrichtung entstanden zu sein.

Die Chronologie der Geschäfte nach Süß' Firmenarchiv ergab, daß Ullmann mit der zu frühen Datierung des Wechsels (Frühjahr 1734), mit der ungewöhnlichen Formulierung, mit dem Verzicht auf Zinsen und mit dem Fehlen bestimmter Zahlungstermine viele Fehler gemacht hatte, die einem Kreditgeber bei einer so immensen Summe nicht unterlaufen wären. Damals betrieb Süß noch gar nicht so große Geschäfte, daß jemand ihm diese Summe geliehen hätte. Auffallend, daß die Wechselschuld bei späteren Geschäften nie erwähnt, gemahnt oder verrechnet worden war. Ullmann zahlte ständig an Süß, ohne den alten Wechsel zu präsentieren.

Die Stuttgarter Denkschrift gewinnt weiter an Farbe mit Ullmanns Biographie. Schon 1719 hatte Ullmann, der aus Kriegshaber bei Augsburg stammte, einen Wechsel über 5000 Gulden gefälscht, indem er einem echten über 50 Gulden einfach zwei Nullen anhängte. Er wurde in Heidelberg inhaftiert, konnte aber nach Innsbruck flüchten, wurde dort wegen sexueller Beziehung zu einer Magd erneut inhaftiert und von Michael May befreit, der gerade von Wien durch Innsbruck reiste. Zum Dank schwor Ullmann mit einem Judeneid «bei der Thora, so er im Arm gehalten», dem Michael May, dessen Frau und Kindern «lebenslang nichts zuwider zu tun», wogegen er dann «hundertmal meineidig» geworden, so erzählte May später.

Wegen eines weiteren, nicht angegebenen Verbrechens wurde Ullmann 1722 in der Markgrafschaft Burgau «inhaftiert und in Ketten und Banden unter Zigeuner- und anders Raub- und Diebsgesindel geworfen». Nach zwei Jahren Haft verwies man ihn auf ewig des Landes, seine Verwandten mußten seine hohe Geldstrafe bezahlen. 1724 ließ er sich in Mannheim nieder. Michael May fing 1733 als Münzlieferant in Düsseldorf an, wurde aber von Ullmann aus dem Geschäft verdrängt. Ullmann versprach dem Kurfürsten, innerhalb von drei Jahren jährlich 100 000 Gulden mehr Profit einzubringen. Schon während der ersten zehn Monate erzielte er einen Schaden von 41 000 Gulden. Anders als Süß war er in der Münze ein Dilettant. Schließlich legte er 1737 Lazarus May eine gefälschte Forderung von 25 000 Gulden vor. Wegen eigener Wechselschulden geriet er nach der Frankfurter Ostermesse 1735 in Gefahr. Er konnte nicht mehr sicher reisen, weil Gläubiger nach ihm fahndeten. Deshalb ließ er sich von Süß für eine Reise nach Württemberg einen Geleitbrief besorgen, der ihn 150 Gulden kostete. Später reiste er, als auch eine Forderung von Süß ausstand, von Ulm aus rasch durch Württemberg, an Stuttgart vorbei. Ullmann, der ohne Süß nicht viel geworden wäre, schrieb gleich am 7. April 1737 in frömmelnder Heuchelei nach Stuttgart: «[...] dieser Bösewicht [Süß] hat mich bald [beinahe] auf das Stroh gelegt. Gott der Allmächtige stehet aber den Gerechten bei.»

Ein zweifelhafter Geschäftsmann, so kann man wohl sagen, aber unter den Juden eine Ausnahme. Wenn Ullmann am Mannheimer Hof nicht immer so gut geschmiert hätte, wäre er mit seinen Fälschungen schon lange aufgeflogen. Süß und seine anderen jüdischen Geschäftspartner ließen sich auf solche Manipulationen nicht ein, sie hätten ihren Ruf als seriöse Geschäftsleute zerstört. Ullmann brachte es lange nach Süß' Tod zu Ansehen in Mannheim und rückte in den jüdischen Gemeindevorstand auf. Seinen gefälschten Wechsel über 65 000 Gulden bezahlte Stuttgart nie.

Ein anderer großer jüdischer Geschäftsmann in Süß' Umfeld war Salomon Mayer aus Karlsruhe. In der markgräflichen Residenz hieß er Salomon Wesel, nach der Festungsstadt am

Niederrhein, wo er 1693 zur Welt gekommen war. 1717 ließ er sich in Pforzheim nieder, 1724 siedelte er nach Karlsruhe über, wurde Hofjude und Judenschultheiß. Seine Frau Fraudel, geboren 1699 in Pforzheim, war die Tochter des Pforzheimer Gemeindevorstehers Model Löb, der aus Fürth stammte. Model hatte man 1723 wegen Geschäften in Besigheim verhaftet und verurteilt. Es gelang ihm, beim Reichskammergericht in Wetzlar die Aufhebung aller Maßnahmen zu erreichen.

Salomon Mayer stand in scharfem Gegensatz zu Süß, wirtschaftlich wie kulturell. Er hielt zum Traditionalismus und hatte zu Hause anfangs Mühe, sich gegen den vom Markgrafen abgesetzten Schtadlan Emanuel Reutlinger (Durlach) und dessen Söhne Autorität zu verschaffen. Durch Süß wurde Mayer 1735 württembergischer Hoffaktor und Armeelieferant, im Februar 1737 folgte die Ernennung zum markgräflichen Hoffaktor in Karlsruhe. Später verschärfte sich Mayers Traditionalismus. 1753 bekämpfte er mit Getöse den kulturellen Wandel in der jüdischen Gemeinde und verbot den Karlsruher Juden die Maskeraden an Karneval und das gemeinsame Tanzen von Frauen und Männern. Die Juden sollten ihr Geld lieber sparen; seit der Zerstörung Jerusalems sei ihnen jedes öffentliche Vergnügen verboten, außer an Feiertagen und bei Hochzeiten. Mayer untersagte den Haarzopf und die neue Sitte, auf den Straßen zu essen und zu trinken. Er wünschte eine strenge äußere Unterscheidung von Juden und Christen. Das Zopftragen käme bei den Juden nur daher, «weil man sich nicht als Jude zu erkennen geben wollte».

In Auseinandersetzungen hatte Mayer etwas Brachiales. Wenn die Opposition in der Gemeinde ihm gar zu aufmüpfig entgegentrat, konnte er Maulschellen austeilen. Oder er verlangte, die Karlsruher Polizeidiener sollten den ersten assimilierten Juden einfach die Zöpfe abschneiden. So galt er in der

Sprache der Zeit als «sehr imperiös», als herrschsüchtig. Zu Süß' Zeiten hatte er in Stuttgart einmal seinen Knecht «grausam», wie es hieß, geschlagen. In der Karlsruher Gemeinde stellte er den größten Arbeitgeber dar, er beschäftigte zwölf Juden, setzte also mehrere Familien ins Brot. Für sie brauchte er wöchentlich 80 Pfund Fleisch und einen eigenen Schächter. Als er nach Süß' Verhaftung selbst festgenommen wurde, schickte er einen Boten nach Durlach und wies seine Frau brieflich an, belastende Dokumente zu verbrennen. Doch zu kriminellen Tricks wie Ullmann nahm er nie Zuflucht.

Isaac Simon Landau, über den Süß erst nach Württemberg gekommen war, trat bald nach der Wildbader Vorstellung in den Hintergrund. Seit Jahrzehnten lief er vergeblich hohen Geldforderungen an Carl Alexander hinterher. Nach Süß' Verhaftung sagte er aus, ihre Feindschaft gegeneinander sei entstanden, als Süß in Stuttgart sich weigerte, für Simons Forderungen einzutreten. Süß habe gesagt, Simon solle «den Weg selbst gehen, den er auch wohl wüßte». Für das Eintreiben der Geldsumme wird Süß ein Honorar erwartet haben, wozu sich der alte Hofjude so wenig bereitfand wie Salomon Mayer. Simon erkannte Süß' führende Rolle in Stuttgart nicht an. Er gehörte durch seine Schwester Brunelle in die Verwandtschaft der Heidelberger Oppenheimers, war weit älter, schon länger im Geschäft, gerade mit Carl Alexander, und erwartete, daß Süß ihm eine Vorrangstellung einräumte.

Bei der Auswahl seines Personals gab sich Süß modern: ein Sohn der frühen Aufklärung, der auf Herkunft und Stand wenig gab. Er stellte unterschiedslos Juden wie Christen ein. Sein erster Geschäftsführer, der Mannheimer Notar Leining, ein Christ, genoß absolutes Vertrauen für den Frankfurter Hauptsitz der Firma. Leining war selbst Frankfurter und hatte die Tochter eines dortigen Galanteriewarenhändlers geheiratet.

Süß beschaffte ihm Ernennungen zum Agenten, zum Sekretär der Herzogin und zum württembergischen Kammerrat. Leining war im Personal der einzige, dessen Wort bei Süß Gewicht besaß. So war er im Notfall der Fürsprecher für das Personal, wenn sich jemand von Süß ungerecht behandelt fühlte.

Den Generalkontrolleur Johann Sigmund Fürnkranz, einen Protestanten aus Ulm, warb Süß einer Bank in Paris ab. Sein Stuttgarter Kassier Isaac Samuel Levi entstammte der Heidelberger Umgebung. Diese Angestellten in Schlüsselstellungen blieben ihrem Chef auch in der Verfolgung treu, im Gegensatz zu den christlichen Sekretären, die in Württemberg noch etwas werden wollten. Der Kassier wurde während seiner Haft einer ersten Folterung unterworfen. Unter Hinzuziehung eines Arztes bekam er 40 bis 50 Schläge auf das Gesäß, was schlimm hätte ausgehen können. Isaac gestand nichts. Juden standen in dem Ruf, daß sie mehr aushielten. Nach diesen Prügeln befand sich Isaac, wie der Arzt feststellte, «ziemlich übel». Man bedrohte ihn mit verschärfter Folter. Da zog er es Anfang Januar 1738 vor, Stuttgart den Rücken zu kehren. Mit einem christlichen Religionsspötter, der «wegen Blasphemie» mit ihm einsaß, brach er nachts aus der Hauptwache der Bürgerwehr aus. Die beiden entkamen durch ein Gartentor in der Stadtmauer. Der Steckbrief beschrieb Isaac als «eine hagere Person von geringer Statur, gemeiniglich einen weiß oder bräunlichten Stock und gräulichte Perücke tragend».

In der ersten Zeit seiner Flucht wurde Isaac Samuel Levi wie ein Vagabund von einem Ort zum anderen gejagt, das Schicksal eines nicht wohnberechtigten Juden. Dann wandte er sich nach Frankreich, ging 1739 nach Holland, wo er über Wien seine Geldforderungen an Stuttgart betrieb. Den Württembergern hielt er vor, wenn er Unrechtes getan hätte, könnten sie ja beim Reichshofrat in Wien einen Prozeß gegen ihn anstrengen. Die

Stuttgarter Regierung stand rechtlich auf so schwankendem Boden, daß sie diese Anregung ignorierte. Von 1749 bis 1756 war Isaac Heereslieferant bei der Alliierten Armee in Brabant und als preußischer Schutzjude in Berlin niedergelassen. Ein anonymer Mannheimer denunzierte ihn 1756 in Stuttgart, 18 Jahre nach Süß' Ermordung. Das Verhör in Berlin ergab nichts Neues.

Als Süß in Ludwigsburg und Stuttgart arbeitete, liefen in seinem Büro ständig Briefe auswärtiger jüdischer Händler ein, die mit ihm in geschäftliche Beziehungen treten wollten. Sie waren in hebräischer Kurrentschrift geschrieben und wurden nach einer zusammenfassenden, selten wörtlichen Übersetzung von der Justiz leider weggeworfen. So bat der Rabbi Moses Hauser von Mainz im Mai 1735 darum, Süß möge ihm zu seinen Wechselforderungen bei der inzwischen bankrotten Firma Fränkel und Levin verhelfen, er wolle dabei ein Drittel nachlassen, Süß und der Kassier Isaac sollten «auch ein Stück Geld davon haben». Ein vages Versprechen, in dieser Form üblich bei kleinen Geschäften.

Seckel Engers, der wichtigste jüdische Korrespondent in Frankfurt, meldete im April 1736 vom Geld- und Goldmarkt an Isaac Samuel Levi, soeben sei Moses Levin Gomperz Kleiff «wegen sehr wichtigen Dingen» von Berlin nach Stuttgart gereist und habe ihm «100 Dukaten versprochen, wenn er sein Vorhaben werde zum Stand bringen. Er [Isaac] möchte ihm bald Nachricht geben, wie seine [Gomperz'] Sachen abgeloffen.» Gomperz war daneben auch Agent der Gräfin von Würben. Schon im Januar 1734 hatte Seckel überglücklich einen kostbaren Brief mit entsprechender Herausstreichung übersandt: «[...] einen Brief aus Engeland, derselbe kommt von dem allervornehmsten und reichsten Juden, da niemand in ganz Teutschland sich rühmen könnte, daß er von denselben ein Schreiben, zu geschweigen eigenhändig, sollte gesehen haben.

Dieses ist vor den Residenten überaus eine große Ehre. Dahero sollte er [Isaac] diesen Brief verpetschiert [versiegelt] dem Residenten zustellen und solle zusehen, daß der Resident darauf antworten möchte.»

Der Juwelenhändler Benjamin David schrieb im Oktober 1736 aus Prag an Süß, «wie er zu Wien gewesen und hat viel Rühmliches von großen Leuten seinerhalben [Süß] gehöret, dahero wolle er [David] eine Proposition [Vorschlag] ihm machen, nämlich wie ein großer Herr hier [in Prag] hat einen großen Brillanten, wiegt 59 Gramm, derselbe ist gar sauber und rein, der Preis ist 50000 Reichstaler. Ob der Herr Resident kann nicht bei Ihro Durchlaucht dem Herzog von Württemberg anbringen? – Zum andern seien auch einige Güter an der Grenz [von] Bayern, ob dieselbe nicht seine gnädige Herrschaft anständig wären, und bittet, sobald es möglich ist, um eine Antwort. Und also wolle er eine Reise nach Stuttgart tun, um durch diese Gelegenheit weitere Bekanntschaft mit ihm [Süß] zu machen.»

Ein halbes Jahr zuvor hatte aus Öttingen (bei Nördlingen) der Gütermakler Amschel Oppenheim an Süß geschrieben. Er habe gehört, der Herzog wolle hier in der Gegend Güter kaufen, er, der Makler, habe einen sehr vorteilhaften Vorschlag zu machen. Er will nach Stuttgart reisen und bittet Süß um «einen sicheren Paß, daß keiner von meinen Creditores [Gläubigern], er sei, wer er will, mich auf dero Reise oder in Stuttgart nicht angehalten oder mit Arrest [Beschlagnahmung von Waren] belegt werden solle». Im Oktober 1736 kommt ein weiterer Brief aus Öttingen, nun von Oscher Anschil, «er möchte einen Paß [...] erhalten, damit, weil es gar wichtige Sachen seien und der Feder nichts zu trauen». Das Postgeheimnis stand nicht hoch im Ansehen.

Im September desselben Jahres teilte aus München der Wiener Jude Emanuel Mayer mit, er wolle beim kaiserlichen Hof in Wien die württembergischen Forderungen an Kriegsgeldern

(Subsidien) durchsetzen. Dafür bat er Süß um einen Freipaß und um die Ernennung zum herzoglichen Kammeragenten. Oft wollten ausländische Händler mit Süß zuerst allgemein in Verbindung kommen. «Mayer Hirschel, kaiserlicher Faktor und königlich preußischer Hof- und Kammeragent, aus Wien, den 26. Jenner 1737, verlangt seine [Süß'] Bekanntschaft und will mit ihm korrespondieren.»

Die christlichen Beschäftigten bei Süß waren nicht immer loyal, besonders nicht die im Büro. Schon zu Süß' besten Zeiten gaben sich die Sekretäre Friedrich Wilhelm Gmelin und Eberhard David Strotbeck als Spitzel für Carl Alexander und den Hof her. Albrecht Hensler, Hausdiener bei Süß, wurde von seinem Chef erwischt, wie er Weinflaschen aus dem Keller entwendete, die er dann seinem Herrn wieder verkaufte. Er wurde entlassen, bekam eine Stelle in Maulbronn, verkniff es sich aber, beim Verhör über den hilflosen Gefangenen herzufallen.

Der Buchhalter Nicolaus August Heß stammte aus Frankfurt, Sohn eines Hutmachers, 30 Jahre alt und evangelisch. Er hatte in der Münze gearbeitet und wollte sich auf Süß' Kosten herauswinden. Er steckte in der Zwickmühle einer Liebesgeschichte mit der Stuttgarter Wäscherin Catharina Grundgeiger, die ihm am 1. Oktober 1735 ein Kind geboren hatte. Heß wollte nicht heiraten, sie pochte auf sein Eheversprechen. Der Liebeskonflikt entwickelte sich zu einer juristischen Farce. Heß war Angestellter in der herzoglichen Münze, unterstand deshalb der Rechtsprechung der staatlichen Münzkommission. Doch die evangelische Kirchenbehörde hielt es für nötig, den Buchhalter wegen «Unkeuschheit» zu bestrafen. Die Untersuchungsrichter gaben sich groteske Mühe, ihre Nase in die Liebesgeschichte hineinzustecken. Catharina sagte, Nicolaus habe ihr erzählt, er werde von seinem Vater einmal 1000 Gulden erben. Sie habe öfters mit Nicolaus geschlafen, was in der Amtssprache hieß, sie habe «mit dem Heß zugehalten», dann innerhalb von 20 Wochen nur noch einmal, aber seitdem sei sie schwanger gewesen. Nicolaus habe ihr nach und nach 20 Gulden geschenkt, aber nicht zur Belohnung. Als er nach der Geburt seines Kindes mit ihr konfrontiert wurde, fuhr sie ihn so heftig an, daß er zugab, ihr die Ehe versprochen zu haben, wenn Süß ihm eine Dienststelle besorge.

Ganz anders trat Süß' Faktotum Nathan Marum auf, 30 Jahre alt, scherzhaft «der hebräische Sekretär» genannt oder auch «Studiosus», weil er im Haus seines Vaters bei einem Rabbiner studiert hatte und nun bei Süß die jüdisch-hebräische Korrespondenz führte. Er war wohnberechtigt in Neckarsulm, hieß deshalb auch Nathan Neckarsulmer, war ständig um Süß, gehörte aber nur halb zum Personal und mußte deshalb versuchen, Aufträge auf eigene Rechnung an Land zu ziehen. Süß machte Scherze mit ihm. So genoß Nathan mehr Ansehen als das Hauspersonal. Als die jüdischen Juwelenhändler Moyses und Amschel Ullmann aus Neuburg/Donau, wohnhaft in Kriegshaber (Augsburg), einmal nach Stuttgart kamen und dem Herzog Juwelen verkauften, weihten sie Nathan in ihre Geschäftspläne ein und beauftragten ihn, für sie nach weiteren Chancen Ausschau zu halten. Dafür bekam er vorweg ein Trinkgeld von 50 Gulden und für alle Verkäufe in Stuttgart das Versprechen von 2 Prozent Provision, Süß von 6 Prozent.

Nach Stuttgart war Nathan Marum nur deshalb gegangen, um einen alten Geldstreit mit Elias Hayum zu erledigen. Bei Kriegsbeginn Anfang 1734 kam er auf ein bis zwei Wochen zu Süß in der Hoffnung, «einen Handel zu bekommen». So versuchte er ein Juwelengeschäft mit Juden aus Wien und aus dem elsässischen Pfirt (Ferrette). Es gab nur Fehlschläge. So blieb er bei Süß hängen. Wo sich ein Geschäft auftat, sprang er ein. Ab und zu durfte er einen Münztransport nach Frankfurt begleiten und bekam zeitweise ein Patent als Hoffaktor für die Herzogin. Als Süß im Dezember 1735 nach Würzburg reiste, nahm er Nathan als Diener für seine Privatschatulle mit. Den christlichen Dienern vertraute er große Bargeldsummen nicht an, jüdisches Personal erschien ihm zuverlässiger. Eine Grundeinstellung, die sich nach der Verhaftung als richtig erwies.

Auf die Dauer kitzelte die Neugier Nathan Marum zu stark. Süß verbot ihm, die Kanzlei im Haus, das Firmenbüro, zu betreten. Als Anfang 1737 ein jüdischer Koch aus Mannheim nach Stuttgart kam und eine koschere Gastwirtschaft aufmachte, untersagte Süß dem Nathan seinen Tisch und wies ihn wie die meisten Orthodoxen in die jüdische Gaststätte. Nach Süß' Sturz wurde auch Nathan verhaftet. Als Neckarsulmer Schutzjude unterstand er dem Grafen von Hohenlohe-Öhringen, der sich mehrfach für Nathans Freilassung einsetzte. Da spürt man die schützende Hand von Nathans Bruder Abraham Marum, der des Grafen größter Kreditgeber war.

Mit seinem Personal verfuhr Joseph Süß streng, gelegentlich hart. So kam es in Heidelberg bei der Verwaltung von Süß' Proviantmagazin zu einem Konflikt zwischen dem Verwalter Schäffer und Süß' Stiefbruder Daniel, dem Vorgesetzten. Daraufhin warf Süß Schäffer hinaus und wies im August 1735 den kommandierenden Offizier von Heidelberg an, Schäffer Akten und Schlüssel abzunehmen. Schäffers Antwortbrief: Süßkind habe sich viel Freiheit herausgenommen, «mehr als erträglich», Schäffer habe ihn ermahnt, so sei es zur «Feindschaft» gekommen. Süßkind verstehe nichts von wirtschaftlichen Dingen. Er, Schäffer, habe die Verwaltung des Armeemagazins besser eingerichtet. Als im Stroh- und Heumagazin, für das Süßkind verantwortlich war, eingebrochen wurde, wollte Schäffer alles untersuchen und Süß nach Stuttgart melden, Süßkind dagegen wünschte es zu verhindern. Zwei Monate danach kam der letzte

Brief des Entlassenen: Süß verweigerte den ausstehenden Lohn. Schäffer wollte ihm deshalb schreiben, Süß ließ ihm ausrichten: «Er [Süß] möchte den Arsch nicht an solche Schrift wischen, und ich [Schäffer] sollte zu ihm kommen». Diese Sprache stimmt durchaus mit Süß' Wortwahl in heftigen Zusammenstößen überein, so gegen die Stuttgarter Münzkommission.

Das Hauspersonal im Stuttgarter Palais, nicht das vom Büro, hielt sich, als Süß in der Haft lag, loyal, Juden wie Christen. Mit Süß' Verhaftung kamen alle, die gerade im Haus waren, in Hausarrest, auch Süß' künftiger Schwiegervater. Mit einem Schlag waren im großen Saal um die 70 Personen zusammengepfercht: die Lebensgefährtin Luciana Fischer, die Sekretäre und Schreiber, vier Kutscher, Reit- und Fuhrknechte, mehrere Köche, einige Lakaien, Mägde, eine Näherin, eine Haushälterin, ein Hausmeister, ein Kellermeister, ein Gärtner, ein Tafeldekker. Ungefähr ein Dutzend von ihnen waren Juden.

Sein Personal bezahlte Joseph Süß keineswegs besonders gut. Wenn man seine Gewinne dagegenhält, so waren es kümmerliche Löhne. Das Personal war nichts anderes gewohnt. Die 17 Jahre alte Magd Barbara Schneider aus Haberschlacht, die von Süß sexuell belästigt worden war, die also Grund gehabt hätte, ihm eins auszuwischen, sagte, er habe ihr «einen großen Lohn» versprochen: im Jahr 16 Gulden. Mehr erhielt die Köchin: 18 Reichstaler (27 Gulden). In dem patriarchalisch geführten Unternehmen herrschten große Unterschiede zwischen oben und unten. Das Beste an der Stellung waren Kost, Logie, Kleidung und Versorgung im Krankheitsfall. Nicht immer schloß Süß eine Vereinbarung über den Lohn ab, er zahlte auch nicht pünktlich. Bezeichnend ist das Verhör des achtzehnjährigen Juden Friedrich Benjamin Bing, der den kosheren Wein unter sich hatte und die Tafel deckte. Nach seinem Lohn gefragt, sagte er nur: «Er habe mit seinem Herrn keinen Lohn gemacht.» Der Beamte wollte es nicht glauben, so etwas war in Stuttgart nicht üblich. Benjamin wurde deutlicher: «Er habe mit ihm einmal keinen Lohn gemacht, und wann man von ihm gekommen [um Lohn gebeten], habe er [Süß] gemeiniglich soviel zu geben gepflogen, daß man damit zufrieden sein können.»

Als die Beschäftigten nach und nach zum Verhör geholt wurden, gaben sie übereinstimmend an, im Haus nichts Verdächtiges gesehen zu haben. Sie taten ahnungslos über Süß' Liebesverhältnis mit Luciana Fischer. Augen, Ohren und Aufmerksamkeit hatten sie immer nur bei der Arbeit gehabt.

Die Mutter Michele

Frauen gegenüber gab sich Joseph Süß Oppenheimer charmant, wie man es im bäuerlichen Württemberg nicht kannte. Bei seinen erotischen Ambitionen respektierte er verheiratete Frauen als tabu. Wenn ein Mann Frau und viele Kinder hatte und sich nicht gerade zu Süßens erklärten Gegnern schlug, konnte er bei Süß auf Wohlwollen, Schonung, gar Unterstützung rechnen. Doch Beständigkeit gegenüber Frauen kannte Süß nicht; länger anhaltende Beziehungen erlebte er nicht, außer gegen Ende seines Lebens mit Luciana Fischer. Wenn er um eine Angebetete warb, ließ er sich finanziell nicht lumpen, eine Liebe ohne Geschenke schien ihm nichts wert zu sein, Geld und Erotik lagen eng beieinander. Doch das Feuer erlosch so rasch, wie es aufgeflammt war, es hielt selten länger als für einmal.

Die Grunderfahrungen für diese Kurzatmigkeit, für das Schwanken und Wegstoßen dürften in der Kindheit zu suchen sein. Lebenslang hatte Süß zu seiner Mutter ein gespanntes Verhältnis. Michele war eine berühmte Schönheit des Frankfurter Ghettos gewesen, ihr Vater Selmele Chasan ein weithin bekannter Kantor der Synagoge. Knapp achtzehnjährig hatte sie geheiratet, im Jahr 1697 und vermutlich in der Frankfurter Judengasse, wegen des angesehenen Schwiegervaters und des zerstörten Heidelberg. Das ungefähre Datum und Micheles Alter sind nicht überliefert, wir sind hier angewiesen auf Berechnungen nach anderen Lebensdaten der Familie. Michele war bei ihrer Hochzeit jedenfalls weit jünger als die Jüdinnen sonst. Joseph, ihr ältester Sohn, wuchs unter zwei gegensätzlichen Wertvorstellungen auf. Einerseits genoß bei ihm die Ästhetik, die Schönheit, Vorrang, was sich außer in seinem Verhältnis zu Frauen auch in der Kleidung und im Wohnstil ausdrückte, bis zum Schluß, bis in die Todeszelle. Andererseits wurde Joseph mit dem unbefragten Ideal des traditionell-jüdischen Gemeindelebens groß, in dem der Rabbiner und die Inhaber von Ehrenämtern das höchste Ansehen genossen, ohne Rücksicht auf ihr Vermögen. Das Vorbild für diese religiösen Werte blühte, wie bei der Ästhetik, im Frankfurter Getto, die damit verbundene Einengung lehnte Joseph Süß freilich energisch ab.

Der um 1700 einsetzende Wirtschaftsaufschwung erfaßte mit seinen Modernisierungstendenzen auch das noch ganz traditionell ausgerichtete Judentum. In der Kleidung, im öffentlichen Auftreten und in der Sprache fingen die Juden an, sich der christlichen Umwelt anzugleichen. Der Krieg mit den Franzosen hatte die Zerstörung Heidelbergs und die Verwüstung der Gegend am Rhein und am unteren Neckar gebracht, die Bewohner zu jahrelanger Flucht gezwungen. Nun schienen bessere Zeiten zu kommen. Der Aufschwung veränderte die jüdische Welt, lockerte den jüdischen Traditionalismus; die christliche Umgebung dagegen rückte nicht von ihrer Position ab, von den Vorurteilen und der gesellschaftlichen Ausschließung der Juden. Der Druck der Judenfeindschaft führte immer häufiger zu Konversionen, die auch die Familie Süßkind zerrissen. Michele, viel zu jung und ohne Vermögen, konnte den Stiefsöhnen keine Autorität sein. Moyses, der ältere Stiefsohn, trat zum Christentum über, um in Heidelberg bleiben zu dürfen.

Michele war selbstbewußt, willensstark und temperamentvoll, mit Macht blieb sie bei der jüdischen Tradition. In ihrer Kleidung gab sie sich als Jüdin zu erkennen. Da starb ihr Mann

1707 und hinterließ ihr Schulden und drei kleine Kinder. Die Witwe besaß nichts, womit sie ihre Familie hätte durchbringen können. Dabei war sie noch immer wunderschön und erst 27 Jahre alt, was die Lästerzungen beflügelte. Ihr öffnete sich kein anderer Ausweg als der einer zweiten Heirat, die sie sehr bald, den Frommen zu bald, mit Nathan Gabriel schloß, einem älteren Witwer und Händler. Michele zog zu ihm nach Mittelfranken, nach Wassertrüdingen, wo er mit den Kindern aus seiner ersten Ehe lebte. Der neue Ehemann besaß nicht genug, um auch noch Micheles Kinder durchzubringen, die Verwandtschaft in Heidelberg dagegen war vermögend, angesehen und mit Beziehungen zum kurpfälzischen Hof gesegnet. So ließ Michele ihre Kinder in Heidelberg zurück, beim jüdischen Gemeindevorsteher Feist Oppenheimer. Das führte unter den Heidelberger Juden zu bösen Angriffen auf die Mutter, beim Sohn zur Abneigung und zur Entfremdung von der Mutter.

In Übereinstimmung mit der jüdischen Werteorientierung hätte die Mutter gerne gesehen, wenn ihr Erstgeborener Rabbiner geworden wäre. Er besaß sprachliches Talent, das er später in Geschäftsbriefen und mündlichen Verhandlungen bewies, Sitzfleisch fehlte ihm. Er war nach außen gerichtet, unternehmungslustig, interessiert an allem Neuen, aber auch sprunghaft und auffahrend. Beim Vormund und Onkel Feist Oppenheimer lernte er den Alltag eines Hofjuden kennen und kam mit dem Wirtschaftsmilieu der Residenzstadt in Berührung.

Später, als Joseph der große Finanzier in Württemberg war, wollte Michele bei ihm eine dominierende Rolle spielen. Der Sohn lehnte ab. Ihre Verletzung und Wut drückte Michele in einer wüsten Verfluchung ihres gefangenen Sohnes aus. Am 30. Juli 1737 befand sie sich auf der Reise von Wassertrüdingen nach Heidelberg, zu ihrem Sohn Hirsch aus zweiter Ehe. Ihr Mann war vor kurzem gestorben. Auf der Straße zwischen

Schwäbisch Hall und Heilbronn, auf württembergischem Gebiet, wurde sie zusammen mit ihrer Magd auf ihrem Wagen kontrolliert, ob sie in Bubenorbis, heute ein Ortsteil von Mainhardt, das Judengeleit bezahlt habe. Dort hatte man sie nicht angehalten, also hatte Michele diese demütigende und teure Gebühr zu sparen versucht, zumal sie nur auf einer kurzen Strecke Württemberg berührte. Bei der Paßkontrolle stellte sich heraus, daß sie die Mutter des Hohenasperger Häftlings war. Sie hatte Repressalien zu befürchten, wie sie zum Alltag der Juden gehörten, mehr noch: sie konnte als Mitverschworene gelten. Die Anklage in Stuttgart war pauschal für alle Verdächtigen offengehalten. Michele konnte hinter Gittern landen, recht- und schutzlos und auf lange Zeit. Sie wurde festgenommen, nach Weinsberg transportiert und am folgenden Tag dem Vogt vorgeführt.

Nun ließ sie ihrer Angst wie ihrem Temperament freie Bahn. Der Vogt berichtete, sie habe ihrem Sohn als «ein Weib von natürlichem gutem Verstand anstatt Segens den Fluch an[ge]wünschet, weilen dieser Sohn noch vor weniger Zeit, da sie zu ihm auf Stuttgart gekommen, auch ihrer nicht geachtet, noch weniger die mindeste Bezeugung erwiesen, welche Kinder gegen Eltern schuldig sein». Michele wurde auf den Hohenasperg gebracht, dort nicht lange verhört, auch nicht mit ihrem Sohn konfrontiert und schon am 3. August entlassen. Da sie nichts Verdächtiges mit sich führe, brauche sie «ihres Sohnes Inquisitionssache halber weiter nicht aufgehalten werden».

Hätte die Justiz nur das geringste Interesse an der Individualität des Häftlings gehabt, es wäre das Einfachste gewesen, zuerst die Mutter ausführlich über ihren Sohn zu verhören und dann beide zu konfrontieren. Süß erfuhr jedenfalls nie, daß seine Mutter kurz in derselben Festung inhaftiert war.

Früher hatte Michele ihren Sohn in Ludwigsburg und Stuttgart besucht. Im Geiste der jüdischen Familientradition erwartete sie als Mutter eine Vorrangstellung, sie hielt es für selbstverständlich, daß sie und ihr Mann Gabriel gute Aufträge erhielten. Noch in den letzten Monaten wünschte sie, das Staatsmonopol für den Eisenhandel in Württemberg eingeräumt zu bekommen. In dieser Absicht bestürmte sie brieflich ihren Sohn, den Geschäftsführer Leining und den Kassier Isaac. Süß empfand seine traditionell jüdische Mutter eher als peinlich, vermutlich sogar als geschäftsschädigend. Bald ließ er sie nicht mehr zu sich vor, vielleicht nicht einmal mehr bei sich übernachten.

Die Verfluchung von Weinsberg war für eine religiöse Mutter das Schlimmste, was sich aus ihrem Herzen herausquälen konnte. Michele litt, als ihr Sohn einsam seinem Ende entgegenging. Anfang Januar 1738 machte sie sich auf ihre schwerste Reise, zu ihrem todgeweihten Erstgeborenen. Beim Vogt von Ludwigsburg hielt sich Michele an das religiöse Gebot und erschien trotz Vorladung am Sabbat nicht zum Verhör. Am 8. Januar ließ sie in Stuttgart ein Gesuch aufsetzen, sie möchte ihren Sohn nochmals sehen. Gleich zum Anfang berief sie sich darauf, daß «den Eltern die Liebe zu ihren Kindern von Natur eingepräget ist, so können sie auch nicht aufhören, ihre Kinder zu lieben, solange sie ihre Natur, oder besser zu sagen, ihre Menschheit beibehalten». Dann distanzierte sie sich von ihrem Sohn, von seiner «Metamorphosie», seiner Wandlung, wobei sie offenließ, worin diese bestand, und von «seinem unjustifizierlichen Verfahren». Jetzt wolle sie «seine Ketten und Banden» nicht ansehen, sie hege noch «ein mütterliches Herz gegen ihn». Den herzoglichen Vormund flehte sie an, «einer gebeugten alten Mutter den Anblick ihres Kindes nicht zu versagen, sondern gnädigst zu gestatten, daß ich ihn, Gott weiß, ob es das letzte Mal, auf wenige Augenblicke sehen und sprechen dürfe». Sie wolle ihrem «bekümmerten Mutterherzen etwas Luft machen» und sei damit einverstanden, «daß mir eine starke Eskorte zugegeben und [ich] nichts als Deutsch rede». Obwohl Michele einen staatlichen Schreiber in Anspruch nehmen mußte, vermochte sie dem Brief eine persönliche Note zu geben, die ihr Herz sprechen ließ. Eine starke Mutter, ihrem Sohn ebenbürtig.

Bei der Festnahme in Weinsberg hatte Michele eine Rechnung an Joseph Süß bei sich gehabt, der ihrem zweiten Mann Gabriel für dessen Tätigkeit am Heilbronner Magazin über 1200 Gulden Gehalt schuldig geblieben sei. Diese Forderung erhob sie nun gegen Württemberg. Ihr Sohn wurde noch in der Todeszelle danach gefragt und tat sein Bestes, ihr diese Summe zukommen zu lassen. Am 14. Januar 1738 erschien Michele in Stuttgart vor den Untersuchungsrichtern, sie wollte um das ältere Heidelberger Haus kämpfen und bat darum, ihr die Originalkaufbriefe ihres Hauses auszuliefern. Sie erklärte das Gebäude ausdrücklich für ihren Besitz. Die Richter antworteten, diese Dokumente seien nicht gefunden worden – die Kaufurkunde lag tatsächlich noch in Süß' Frankfurter Büro. Außerdem habe der Gefangene gesagt, das Haus gehöre nur ihm, niemandem sonst.

Des weiteren wünschte Michele, ihren Sohn sprechen zu dürfen, sie wolle ihrem Kind noch einmal «ein gutes Wort geben». Die Richter genehmigten den Antrag am 17. Januar. Am Ende wurde Michele doch nicht mehr zu ihm gelassen. Die Regierung hatte so übermächtige Furcht vor dem in seiner Widerstandskraft ungebrochenen Süß, daß sie beim Besuch der Mutter eine Auflehnung des ohnehin schwierigen Gefangenen befürchtete.

Am 30. Januar wurde Süß vom Hohenasperg nach Stuttgart verlegt, in der Stadt proklamierte man Ausnahmeregeln für den Tag der Exekution. Die Stimmung in der Stadt muß für Juden furchtbar gewesen sein. Da wandte sich Michele noch einmal an das Gericht und bat um einen Vorschuß von nur 100 Gulden auf ihre Geldforderung, sie wolle ihre Kosten im Gasthaus bezahlen und sofort heimreisen. Zum Stuttgarter Ausnahmezustand gehörte, daß vor der Exekution alle fremden Juden die Stadt verlassen mußten.

Michele übersiedelte zu ihrer Tochter Thamar nach Edenkoben. 1741 versuchte sie in Mannheim, mit Hilfe der Kurpfalz aus Josephs Erbe etwas zu bekommen. Hartnäckig und voll Würde, ohne sich für ihren hingerichteten Sohn zu schämen, rieb sie gleich im ersten Satz der Stuttgarter Regierung unter die Nase: man habe «so unbarmherzig [...] mir gegen das selbstredende Gesetz der Natur untersaget, nur noch einmalen mit meinem doch unter meinem Herzen getragenen ehelieblichen Sohn Joseph Süß vor dessen so schneller, bedenklichster Hinrichtung» reden und «von ihm Abschied nehmen zu dürfen». Selbst durch einen öffentlichen Fußfall habe sie darum gebeten. Erst danach kam sie auf ihre Forderungen zu sprechen. Sie wolle auch das von ihr eingebrachte, 1719 ihrem Sohn geliehene Heiratsgut zurückhaben, zuzüglich Zinsen, zusammen über 2750 Gulden.

Nun kehrte Michele zur juristischen Attacke zugunsten ihres Sohnes zurück, der «mit Verlust seines teuresten Lebens mehr als zu vieles» erlitten. Sofern er etwas verschuldet habe, sei es ein privates Delikt gewesen, alles andere habe er nur auf Befehl seines Herzogs ausgeführt. Solche Töne hatte man in Stuttgart nie gehört. Michele erinnerte weiter an Josephs Testament, das man nach geltendem Recht schon lange hätte vorlegen müssen. Ein letztes Mal stellte sie sich gegen die rechtsbeugende Stuttgarter Regierung: eine ohne Vorbehalt zu ihrem ermordeten Sohn stehende Mutter. Ihre Ansprüche vererbte sie ihrer Tochter Thamar. Die Stuttgarter Regierung stellte sich taub, mißachtete alle rechtsgültigen Papiere, so auch das Testament von Süß, und zahlte weder die alten Forderungen noch einen Erbteil aus.

Frauen
und Liebschaften

Nach der Hinrichtung verwandelten die Württemberger in ihren Erinnerungen den Gehenkten zu einem Gewalttäter, den das ganze Land angstvoll gemieden habe. Er war kein Mensch mehr, zeitweise nur noch eine Vogelscheuche, die im Katharinenstift, im ehemaligen Palais, den höheren Töchtern Stuttgarts als erzieherisches Schreckgespenst vorgeführt wurde. Wie zum Ausgleich strahlte darüber der Stern eines jüdischen Casanova. Davon hatte sich einst die Stuttgarter Justiz bedrängt gefühlt, der es bei allen Frauen, die man je in Süß' Umgebung gesehen hatte, schwül geworden war. Bei jeder Begegnung von Süß mit einem weiblichen Wesen fühlten die Untersuchungsrichter sich mit einer Erektion konfrontiert, in ihrer Phantasie der von Süß, in Wirklichkeit ihrer eigenen. Männlicher Sexualneid tritt in den Verhörprotokollen unverhüllt auf.

Mit Lust stürzten sich die Juristen auf Spuren des Liebeslebens. Unter Ausschluß der Öffentlichkeit durften sie alles ausforschen, perverserweise bei den Frauen, nicht beim Charmeur selbst. In den Untersuchungen der weiblichen Körper fiel blanker Sadismus über die Opfer her. Ansonsten gab's nur erotisches Kleingeld: papierene Sexualität, tintenschwarze Stimulation der Fantasie, unaufhaltsames Nachsetzen bei den zurückweichenden Frauen. Voyeurismus in der Dienstzeit. Das Ganze unter dem heuchlerischen Vorwand, die lädierte Sexualmoral des pietistischen Ländchens rächen zu müssen.

Das erotische Leben war in Wirklichkeit eingeschränkt gewesen. Als Außenseiter hatte Süß in den höfischen Kreisen keine Chancen, ganz zu schweigen beim bürgerlich-patrizischen Württemberg, das ihn lieber am Pranger gesehen hätte als bei einem Kuß. Bei der Aufmerksamkeit für die Hofdame Krafft in Wildbad, bei der Porzellanlieferung für die künftige Herzogin sparte er nicht mit Charme, Witz und Anspielungen, aber von Erotik ist nichts zu spüren. Er wußte, daß sich da unüberwindliche Schranken vor ihm erhoben. Als Händler und Geldleiher ließ man ihn durchgehen, mehr durfte er sich nicht einbilden, wenn er nicht zum Gespött werden wollte. Und der unter vielen Schlägen Aufgestiegene war überaus empfindlich.

Die höchsten Regionen der Hofgesellschaft streifte Süß, als er im November 1735 in Frankfurt die verstoßene Geliebte des geistlichen Kurfürsten von Köln, Johanna Christiana Freifrau von Schade, bei sich aufnahm. Eine kühne Aktion, die niemand sonst sich getraut hätte. Um ja keinen Verdacht zu erregen, ließ er die Dame in einem anderen Haus einquartieren, wo er seine Weine aufbewahrte und einen württembergischen Husarenoffizier unterbrachte. Nicht gerade schmeichelhaft für eine Baronin. Zu Süß kam sie in Begleitung ihrer Mutter und eines katholischen Geistlichen, niemand dachte da an Erotik. Nur ihr schon lange überflüssiger Ehemann, von dem sie seit vielen Jahren getrennt lebte, hielt es für richtig, Frankfurter Schreihälse zu kaufen, mit ihnen vor Süß' Wohnung einen Krawall zu veranstalten und ins Haus einzufallen. Süß holte einen Bürgermeister, der mit der Stadtwache die Menge vertrieb. Der Magistrat gab sich empört, nur über Süß, und witterte eine Chance, ihn aus der Stadt zu jagen.

Eine Liebesbeziehung bildeten sich nur die Richter in Württemberg ein. Bei Süß' erstem Verhör auf dem Hohenneuffen wollten sie wissen, «mit was für Weibspersonen er in verbote-

ner Gemeinschaft gelebt»? Süß überlegen, als ob so etwas un-
denkbar wäre: «Man solle ihm die Ankläger kundmachen.» Die
nächste Frage: «Wie dann die Dame zu Frankfurt geheißen, welche vor einiger Zeit seinetwegen in Arrest gekommen?» Süß un-
erschrocken: «Darüber müsse man den Kurfürsten von Köln
fragen, wann man denselben mit ins Spiel ziehen wolle.» Der
Untersuchungsrichter mußte seinen Ärger hinunterschlucken.
Der Unsinn dieser Frage, wie wenn Frau von Schade verhaftet
gewesen wäre, blieb unkorrigiert im Protokoll.

Im Sommer 1735 hatte Süß an Frau von Schade in Bonn Juwelen verkauft; im Herbst wandte sich der Kurfürst von ihr ab. In
ihrer Verzweiflung konnte sie sich nur Süß als hilfsbereit vorstellen, der sich freilich rückversicherte, ob der Kurfürst die Unterstützung billige. Die Zustimmung traf nie ein, Süß hielt sie für
stillschweigend erteilt. Später, auf dem Hohenasperg, hatte er
ein gutes Gewissen: Er habe mit ihr «nicht den geringsten ungebührlichen Umgang gehabt», sonst hätte er von ihr keine Pfän-
der für die offene Juwelenrechnung genommen. Der Nachsatz
veranschaulicht die strikte Trennung von Geschäft und Liebe.
Wenn Süß liebte, und sei's nur vorübergehend, gab er gerne
und ohne Berechnung. In Stuttgart soll er einmal behauptet haben, seine Liebschaften kosteten ihn jährlich 20000 Gulden. Das
war Angeberei – falls er je davon sprach. Diese Summe lag viel
zu hoch, das Stuttgarter Palais kostete ohne Möbel und Weinkeller 15000 Gulden.

Der Grund, weswegen Süß die vertriebene Frau in Schutz
nahm, entsprang seinem Liebesverständnis. Einem Hofkavalier
in Bonn schrieb er: Es sei nicht recht, Frau von Schade so zu
verlassen. Eine Stichelei gegen den Kurfürsten, der sich vorher
auch Süß gegenüber schofel gezeigt hatte. Nachdem Süß im
Sommer 1735 bei mehreren Reisen nach Bonn einen Plan für die
Münze ausgearbeitet hatte, beauftragte der Kurfürst am Ende

einen Kölner Bankier mit der Münzproduktion. Für Süß war es selbstverständlich, daß ein Liebhaber bei einer Trennung die Frau keinen materiellen Schaden erleiden ließ. So sagte man ihm in Württemberg nach, er habe seinen Geliebten zu guten Heiraten verholfen und großzügig zur Aussteuer beigetragen. Er hatte, wie ein zentraler Grundsatz seiner Ethik lautete, «ein Herz für die Bedrängten». Und eine verstoßene Geliebte gehörte für ihn zu den Bedrängten. Gleichzeitig war er Diplomat: Um einen Skandal zu vermeiden, bot er dem Kurfürsten an, die vertraulichen Briefe zurückzuschicken, die Frau von Schade mit sich führte.

Selten kam Süß in Gesellschaften, in Stuttgart am häufigsten zum Geheimrat Pfau, der als Außenseiter schwer gelitten hatte und über der württembergischen Judenfeindschaft stand. Pfau war in Dessau auf die Welt gekommen, als Sohn eines Beamten aus Sachsen-Anhalt, er gehörte zum reformierten Bekenntnis, das im lutherischen Württemberg nicht anerkannt war. Nach dem Sturz der Grävenitz war er nicht sofort aus seinem Regierungsamt entlassen worden, sondern erst bei Carl Alexanders Thronbesteigung im Dezember 1733. Ohne Gerichtsverfahren wurde er wie viele andere Regierungsbeamte auf den Hohenneuffen verschleppt; später nahm sich Süß seiner an, verhalf ihm zur Freiheit und verschaffte ihm eine Berufung in den Geheimen Rat. In Pfaus Wohnung trafen sich Männer und Frauen zum Pharao und Bassette, Kartenspielen um Geld. In dieses Haus ging Süß auch nach Einbruch der Dunkelheit, was die Phantasie der Justiz erregte. Wenn Pfau zu Hause war, blieb Süß länger. Liebesspiele waren bei dieser großen Gesellschaft nicht angebracht.

Der Lakai Albrecht Hensler hatte häufige Besuche von Süß bei Baron Röder beobachtet. Da hörte die Justiz partout nicht hin, denn Röder hatte in der Nacht, als der Herzog starb, mit seiner eigenmächtigen Verhaftung von Süß das Zeichen zum Umsturz gegeben. Dabei hatte Süß gerade zu den Röders lange ein enges Verhältnis gepflegt, mit heftiger Freundschaftsbezeigung. Röder schlug sich durch die kaltblütige Gefangennahme im letzten Augenblick auf die Seite der «Gewinner».

Harmlose Beziehungen hatte Süß auch am Mannheimer Hof, so zu Frau von Hallberg, der Ehefrau des Regierungschefs, und zu Frau von Mühlenthal, deren Mann er nach Stuttgart berufen wollte. Hier trat er vor allem als Händler auf, der Juwelen oder andere erlesene Waren besorgte. Gut stand er auch mit Frau von Phul, der Ehefrau des Kommandanten der schwäbischen Kreistruppen. Dessen Stuttgarter Palais in der Seegasse kaufte er am 6. Dezember 1736 und nahm von ihm noch 120000 Gulden auf, die höchste Summe, die er je in Württemberg anvertraut bekam. Auf Frau von Phul setzte er, als er im Hausarrest lag, seine ganze Hoffnung, schrieb ihr versteckt ein Kassiber und bat sie händeringend, am Hof für seine Freilassung einzutreten.

Ein gutes Verhältnis gab es zur Gräfin von Sponeck, zu der sich Süß öfters in seiner Sänfte tragen ließ, auch bei Dunkelheit. Der Lakai Hensler bemerkte zwischen beiden einen regen Briefverkehr, den die gräfliche Kammerjungfer Wucherer besorgte. Die Gräfin war die uneheliche Tochter eines württembergischen Prinzen, gehörte also am Rand zum Herrscherhaus. Einmal vergaß Süß bei ihr «ein Paar perlenfarbene seidene Strümpfe» – kein Beweis für ein erotisches Erlebnis, sondern ein Verkaufsmuster für die Kundin, denn Süß pflegte sich für die Liebe nicht auszuziehen. Die Gräfin wird sich wie alle anderen Damen der höheren Gesellschaft gehütet haben, mit ihm ins Bett zu gehen. Allenfalls durfte er die Kammerjungfer der Gräfin deflorieren. Für dieses Vergnügen schenkte er der jungen Frau drei Karolinen, die besten Goldmünzen, zusammen 30 Gulden wert. Ein fürstliches Präsent, immerhin hielt eine von Süß' Mägden 16 Gulden Jahreslohn für hoch. Die Kammerjungfer stand unter dem Schutz der Gräfin und unter der Jurisdiktion des Hofmarschalls, sie blieb deshalb der Rache der bürgerlichen Justiz entzogen. Im Gegensatz zu niedriger stehenden Frauen mußte sie ihre erotischen Abenteuer nicht mit Haft, Verhör und Geldstrafe büßen.

Ein intensives Liebesleben wurde Süß mit Frau Götz nachgesagt, der Witwe eines Geheimrats. Dagegen spricht Süß' rigides Geschäftsgebaren, ein sicheres Indiz für das Fehlen jeder Zuneigung. Als Frau Götz von ihm für einen Monat 500 Gulden leihen wollte, wies Süß seinen Kassier Isaac in barschem Ton an, den Wechsel nur auf diese kurze Zeit auszustellen, nicht für länger.

Am Rand von Süß' Geschäften tauchten jüdische Händlerinnen auf. So ging bei ihm einmal ein schriftliches Warenangebot einer Frau ein, «welche ihn gar liebhat, desgleichen von ihm sich noch ferner ausbittet, und [hat] zugleich einen Zettel von allerhand Waren zugeschickt». Als ein Untersuchungsrichter diesen Brief in die Finger bekam, kritzelte er mit Rotstift das Wort «Huren» an den Rand. Diese Vermutung verdankte sich ausschließlich seiner Phantasie. Das Wort «liebhaben» gehörte zur Händlersprache und bezeichnete Verehrung und Anerkennung der Überlegenheit.

Die Justiz nahm es Süß krumm, daß er sich gelegentlich mit einer Frau vergnügte. Bei den geheimen Untersuchungen tappte sie von einer Peinlichkeit in die andere, ungeniert und ausgiebig. Um den Liebesakt zu beschreiben und angesichts sprachlicher Verklemmtheit doch nicht erröten zu müssen, entfaltete sie einen großen, verschleiernden Wortschatz, eine verkrüppelte Sprachlust: «mit jemandem Vertraulichkeit pflegen», «mit jemandem ungebührlichen (oder unerlaubten) Umgang haben», «einen genauen Zuwandel haben», «jemandes Willen leben», «mit jemandem seines Willens pflegen», «jemanden gebrauchen», «jemandem etwas zumuten», «jemandem eine unzüchtige Zumutung tun», «es passiert etwas Unrichtiges». Und deftiger: «sich mit jemandem fleischlich vermischen». Am häufigsten heißt es in den Protokollen «mit jemandem zuhalten».

Auf dem Hohenasperg leugnete Süß sein Sexualleben bald nicht mehr, ließ aber lieber die Juristen ermitteln. Später stand er frei dazu und befürchtete keine nennenswerte Strafe. Von der Moral der Hofgesellschaft hatte er sich nie entfernt, im Zweifelsfall ließen sich die sexuellen Erlebnisse mit Geldstrafen erledigen, so glaubte er. Beim ersten Verhör, das sich den Bettgeschichten widmete, gestand er aus freien Dingen vorwiegend Verbindungen zu Prostituierten, die nicht zu belangen waren, sie wohnten in anderen Staaten. Am Ende gab er in der Verteidigungsschrift sexuelle Erlebnisse mit elf Frauen zu. Da stellte er sein erotisches Licht doch zu sehr unter den Scheffel.

Selbst bei gelegentlichen Liebschaften schwebte Süß in Höllenangst vor einer Bindung. So wurde ihm einmal eine Frau Müller aus Wertheim, eine Verwandte des württembergischen Rates Keller, durch den Grafen von Löwenstein empfohlen: Süß möge ihr eine Stelle am Stuttgarter Hof besorgen. Als daraus nichts wurde, war sie verzweifelt. Er sah seine Chance gekommen und schäkerte mit ihr, unter Berührungen. Er glaubte zu spüren, daß sie einem Abenteuer nicht abgeneigt sei, brach aber das Spiel ab, «weil er gesorgt, er möchte sie nachgehends nicht mehr vom Hals bringen». Die Frau stand der patrizischen Führungsschicht des Landes nahe. Um sie loszuwerden, schickte er sie zum Oberhofkanzler und ließ sie später nicht mehr bei sich vor.

Die Frauen, die Süß bevorzugte, waren jung, um die 20 Jahre

alt, mit einer vollen Figur und unverheiratet. Junge Witwen mochte er, sie brachten Erfahrung mit. Als man ihn über die Frau des Sekretärs Knab verhörte, die als Ledige zu ihm in die Münze gekommen sein sollte, erinnerte er sich nicht mehr so recht. Kein Wunder bei dem raschen Wechsel und nach zwei Jahren. «Seine Inklination», seine Neigung, sei sie sowieso nicht gewesen, das wußte er noch.

Die beamteten Voyeure interessierten sich bei den Verhören auch für den Sexualakt selbst. Ein Samenerguß galt als strafverschärfend, weniger für Süß, bei dem es darauf nicht mehr ankam, sondern für die Frauen. So wurde Süß zu jeder Frau gefragt, ob etwas passiert sei. Er selbst sprach von «Dechargieren». Eines Tages faßte sich ein Untersuchungsrichter ein Herz, «wie er denn solches verstehe und ob es gar nicht erfolgt sei?» Das Protokoll weist hier, wie an vielen Stellen, eine verstümmelte Antwort auf: «Nicht allezeit, jedoch öfters.» Damit sind wir so klug wie zuvor.

So muß es auch dem Verteidiger gegangen sein, der ebenfalls mehr wissen wollte. Süß ließ ihn in der Verteidigungsschrift schreiben: «Es verhoffet aber Inquisit [der Anklagte] umso eher hierüber mit einer gelinden Strafe angesehen zu werden, als a.) bei denen rezensierten [angeführten] Personen er das Delictum per immissionem seminis [Vergehen durch die Einführung des Samens] bei einigen gar nicht vollbracht, bei andern aber nur zuweilen dechargiert hat, zumalen b.) Serenissimus Inquisiten durch Herrn General von Remchingen, daß Höchstdieselben ihm Mätressen genug erlaube, haben versichern lassen.» «Dechargieren» stammte aus der Artilleriesprache und bezeichnete das Abfeuern eines Geschützes. Süß meinte die Penetration mit Samenguß. Er hatte nicht nur panische Angst vor einem Dauerverhältnis, wo ihm eine Frau samt Verwandtschaft am Hals gehangen hätte, in ihm lebte auch die Angst, ein Kind zu zeugen. Deshalb beließ er es oft beim Petting und gab sich mit einem Samenerguß in sein Hemd zufrieden. Diese Praktiken und ein Coitus interruptus waren seine Verhütungsmethoden.

Beim Prozeß hielt das Personal trotz des regen Frauenwechsels loyal zu seinem Herrn. Die Köche, Mägde und Diener hatten nichts gesehen, nichts gehört und taten so, als ob ihr Chef kein sexuelles Wesen sei. Köstlich, wie die Sänftenträger ausgefragt wurden, wohin sie wann Süß getragen hätten, ob es Nacht gewesen sei, was er erzählt habe, und vor allem, wie lange sie vor einem Haus hätten warten müssen. Die Träger schützten ihren Chef durch gesprächige Aussagen, die wenig taugten. Die Namen der Verehrten waren ihnen unbekannt, auch wenn sie die Frauen in seine Wohnung getragen hatten. Insgesamt haben wir hier die amüsanteste Seite des Hochverratsprozesses vor uns.

Beharrlich verteidigte der Kassier Isaac den Angeklagten. «Von seinem [Süß'] Umgang mit Weibsbildern wisse er nichts. Daß er [Süß] aber überall vor einen Liebhaber des Frauenzimmers passiert, das sei wahr.» Im Gegensatz zu Isaac stand Süß im Verhör dazu, daß er sich in Frankfurt den Tripper geholt hatte, ein Stuttgarter Barbier hatte beide vergeblich behandelt. Süß machte sich nichts daraus. Solange der Herzog lebte, interessierte dies niemanden, Süß war am Hof damit ja auch nicht allein.

Da Süß sich nur flüchtig mit Frauen abgab und keine Damen der höheren Gesellschaft sich mit ihm einließen, behalf er sich oft mit Prostituierten. Das entsprach dem Hofstil. Wie der Herzog sich aus Mannheim eine Gespielin mit ihren Hunden kommen ließ, so schickte der Mannheimer Kriegsminister Graf de la Marck dem Finanzrat im Sommer 1736 zwei Frauen nach Wildbad.

Sie kamen aus Durlach bei Karlsruhe mit einer vierspännigen Postkutsche und gaben sich für Schwestern aus, angeblich

Kaufmannstöchter aus Frankfurt. Süß ließ die beiden in einem der besten Gasthäuser einquartieren, im «Bären». Die eine trug ein «blaues», die andere ein «grünes Taftkleid». Die Wirtin meinte, beide hätten Frankfurter Dialekt gesprochen, und beschrieb das Äußere: «[...] die eine mittelmäßiger Größe, etwas mager und brünett im Gesicht, mit schwarzen Augen, übrigens ranken Leibes; die andere etwas ringer [kleiner] von Person, rot im Gesicht, im Gesicht und ganzen Leib stark, fett und wohlbesetzt. Dem Ansehen nach möchte die erstere älter gewest sein als die letztere.» Angeblich wollten die beiden Frauen eine Badekur machen, tatsächlich setzten sie bereits nach wenigen Tagen mit dem Bad aus. Daß sie Schwestern waren, glaubte ihnen niemand, weil sie «einander höflicher traktiert, als unter Geschwistern zu sein pflegt». Anfangs wurden sie ohne Empfehlung im «Bären» hinten hinaus in ein bescheidenes Zimmer einquartiert. Süß setzte durch, daß sie vorne im Gasthaus ehrenvoll ein schöneres Zimmer erhielten. Seine Begründung: sie seien seine «Landsmänninnen». Niemals ging er mit ihnen zu Tisch. Die Badegäste tuschelten über diese Frauen, die sich unauffällig verhielten und den christlichen Gottesdienst besuchten. Viel Geld schienen sie nicht zu haben, bei Essen und Trinken hielten sie sich zurück. Die Ältere, bleich, machte Süß einen kranken Eindruck. Er hatte an seinem Tripper genug und hielt sich lieber an die Jüngere, die ihm, der selber in fülliger Barockgestalt daherkam, mit ihrer prallen Figur sowieso mehr zusagte. Die andere blieb übrig für Isaac Simon Landau. Da dieser sich später zu einem tüchtigen Belastungszeugen gegen Süß mauserte, verkniff sich die Justiz jede weitere Nachforschung gegen ihn. Da gewann die lutherische Sexualmoral auf einen Schlag Großzügigkeit. Süß blieb vier Wochen im Bad, die beiden Frauen nur eine. Man sah ihn niemals abends oder nachts zu ihnen gehen. Süß verlor in ihrem

Zimmer seinen herzoglichen Orden, den er stolz mit sich herumzutragen pflegte.

In Wildbad konnte Süß keinen Schritt tun, ohne aufs schärfste beobachtet zu werden. In dem kleinen Ort wurde alles bemerkt, es war kein erquickliches Bad, seine miefige Atmosphäre paßte zum Land. Gleichzeitig mit diesen Frauen logierte im «Bären» der Jude Lippmann aus Metz. Er befahl einem Wildbader, das Pferd, mit dem er heraufgekommen war, wieder nach Karlsruhe zu reiten und einen Brief dem Karlsruher «Hirschwirt» zu bringen, wegen der beiden Frauen, die später im «Spieß» zu Wildbad logierten. Für diese zwei aus Karlsruhe, die die Engelwirtin forsch, um sich zu distanzieren, «Canaillen» nannte, hatte Süß, der gegenüber im Gasthof «Zum Engel» logierte, ein Zimmer bestellt. Sie kamen mit einer zweispännigen Kutsche und «mittelmäßigem Staat, Nachtzeug, Reifröcken und Contouche von Cotton». Eine Contouche war ein Frauenkleid, das von den Schultern ohne Taillenmarkierung über den Reifrock fiel.

Die Spießwirtin gab über das Aussehen der beiden Frauen an: «Eine davon sei klein gewesen und noch ziemlich jung, im Gesicht gefärbt und ziemlich wohl, doch etwas schmal aussehend, im Leibe rank und schneiderig, die andere sei besser gewachsen gewesen und um ein gutes älter, ihres Erachtens bei etlichen und 20 Jahren» [meinte genau 20 Jahre], «im Gesicht nicht so wohl gefärbt wie die andere, jedoch der Stärke nach nicht übel aussehend, darbei dupfelicht [gepünktelt, mit Sommersprossen] im Gesicht». Beide sprachen Karlsruher Dialekt, waren ihrer Sprache nach nicht als Jüdinnen zu erkennen. Sie gaben an, «sie hätten hier etwas bei dem Herrn Residenten zu suchen und zu negotiieren [Geschäfte treiben]», sie wollten bald wieder fort. Der Knecht hörte, die Ältere stamme eigentlich aus Mannheim. Untereinander sprachen sie sich mit «Du» an, vor anderen dagegen mit «Ihr». Anfangs logierten sie vorne hinaus, im ersten

Stock. Weil dort aber «auch vornehme Badegäste» untergebracht waren, wurden sie in den unteren Stock und in ein Zimmer nach hinten umquartiert.

Viel machte sich Süß nicht aus ihnen, er besuchte sie nur zweimal kurz. Gelegentlich kamen andere Juden zu ihnen. Auch
diese Frauen waren schwach bei Kasse, wie die Wirtin sah. «Sie
haben wohl und etwas Gutes essen mögen, doch nichts Über-
flüssiges.» Wie die anderen zahlten sie ihre Rechnung selbst. Ihr
Aufenthalt in Wildbad war kurz, nach drei bis vier Tagen ließen
sie sich alleine wieder nach Karlsruhe fahren. Süß gestand, in
Wildbad mit einer der beiden geschlafen zu haben, mit Catharina Fiedler aus Karlsruhe. Sie hauste mit ihrer Mutter in einer
heruntergekommenen Karlsruher Wirtschaft, dem «Hirsch» gegenüber.

Bei der Engelwirtin in Wildbad hatte Süß im ersten Stock
zwei Zimmer mit zwei Küchen gemietet. Hier bewirtete er die
jüdischen Geschäftsleute, mit denen er zu tun hatte. Für seine
orthodoxen Kollegen führte er auch hier, wie in Ludwigsburg
und Stuttgart, eine koschere Küche, neben der gewöhnlichen.
Außer dem Küchenpersonal hatte er einen Schächter dabei. Als
die Engelwirtin beim Verhör nichts von Süß' Sexualleben zu
wissen behauptete, mußte sie sich anfahren lassen, «eine ziemlich gute Freundin von dem Juden» zu sein, die wohl «Mitleid»
mit ihm habe. Süß hatte bei ihr tatsächlich ein Stein im Brett.
Gleich nach seiner Verhaftung ließ die Engelwirtin die Adler-
wirtin wissen, «der Jud daure sie so, und es sei ihr ganz schwer
darob». Die Engelwirtin hatte ihn ab und zu um Hilfe gebeten.
Beim Verhör, sechs Wochen nach Süß' Verhaftung, hielt sie
trotz des Umkippens der Stimmung die Wahrheit hoch, «daß
sie auch im Notfall Hilfe bei ihm [Süß] gesucht hätte, leugne sie
nicht; allein haben ja auch andere Leut aus dem ganzen Land
Hilfe bei ihm gesucht, und habe er ja auch manchen geholfen».

Ihre Treue zur Wahrheit, auch angesichts des Geschreis über den Verhafteten, war ein seltener Fall von Zivilcourage.

Eine solche judenfreundliche Stimme ist in Württemberg selten belegt, es wird sie öfters gegeben haben, nur beherrschten die Feinde Justiz und Politik und am Ende auch die Überlieferung. In Wildbad sprach man noch lange nach Süß' Sturz selbst in den amtlichen Protokollen korrekt vom «Residenten», nicht abfällig vom «Jud Süß», wie in Stuttgarter Regierungskreisen. Nur langsam kroch die Haßstimmung von Stuttgart aufs Land hinaus.

Lange nach den Wirtinnen wurde der Wildbader Vogt Friedrich Carl Georgii verhört. Er selbst hatte die Wirtinnen und das Personal ausführlich zu Süß' Sexualleben vernommen, in Anwesenheit des Dekans, des höchsten evangelischen Geistlichen der Gegend. Obwohl Georgii nicht mehr wissen konnte als die schon wenig ergiebigen Zeuginnen, log er kaltschnäuzig: Die beiden Schwestern von Frankfurt seien «des Jud Süßen Mätressen gewesen und die er so tags als nachts fleißig besucht». Der Vogt brauchte sich über eine Falschaussage kein graues Haar wachsen zu lassen, schließlich war er ein Bruder des Stuttgarter Geheimrats Johann Georg Georgii, der im Untersuchungsgericht saß.

Über die Ludwigsburger Zeit erzählte einer der Sänftenträger: «Sonsten habe er in Ludwigsburg viele Weibspersonen, die in denen Wirtshäusern logiert, von denen man vorgegeben, daß sie von Stuttgart, Frankfurt und anderwärts herkommen, bei nächtlicherweil in des Süßens Haus tragen und etwa zwei Stund hernach wieder abholen müssen.» Prostituierte ließen sich eher im höfischen Ludwigsburg nieder als im landständisch-bigotten Stuttgart.

Mitte bis Ende Januar 1737 erschien in Ludwigsburg Maria Dorothea von Kirch aus Schweinfurt, geborene Stockmann, 21

Jahre alt, mit einer Dienerin. Die Prostitution in höheren Kreisen trat gerne als Reisegewerbe auf. Süß ließ sich anfangs mit dieser Frau ein und nahm sie vorübergehend in seine Mietwohnung auf, in Bambergers Haus. Dort warf Frau Kirch der Luciana Fischer schnippisch hin, «es werde sie [Luciana] verdrießen, daß sie [Kirch] bei dem Herrn Süßen sei, diese [Luciana] hingegen geantwortet, sie frage nichts darnach und wisse wohl, daß er sie nicht allein habe». Frau Kirch half für Süß' Geschmack ihrem Gewerbe zu eifrig nach, sie leistete zuwenig Widerstand, raubte ihm so die Illusion, der große Verführer zu sein. So stellte es Süß in der Haft dar. Er schickte sie angewidert weg, «nachdem er sie betastet und gefunden, daß sie gar zu gutwillig sei». Er gab ihr 100 Gulden «wegen ihrer Reisekosten von Schweinfurt, als woher er sie zu sich kommen heißen».

Der Vorwand oder Wunsch dieser Frau war, wie so oft, eine Anstellung am Hof. Dies hatte zur fatalen Folge, daß eine Frau, die ohne männliche Begleitung um eine Anstellung oder sonst eine Gefälligkeit bat, leicht mit einer Prostituierten verwechselt wurde. Süß ließ Frau Kirch noch einige Zeit in verschiedenen Gasthäusern wohnen. Die Frau berief sich auf das Versprechen einer Stelle und war nicht so leicht fortzuschicken. Zusammen mit ihrer Dienerin wurde sie ausgewiesen, ging als Haushälterin zu einem Hauptmann nach Neckartailfingen und wurde dort ebenfalls ausgewiesen. Dann soll Süß' Sekretär Strotbeck ihr die Ehe versprochen haben. Am Ende wurde Frau Kirch verhaftet, mit ihrer Dienerin ins Zucht- und Arbeitshaus Ludwigsburg gesteckt, bei Wasser und Brot zu Aussagen gezwungen und nach einem halben Jahr Quälerei aus Württemberg hinausgejagt.

Schon in Süß' erste Stuttgarter Wohnung, die Münze, hatte man Frauen gehen sehen. Die Arbeiter hängten sich bei den Verhören nicht aus dem Fenster, sie wollten nichts Genaues beobachtet haben. Nur der Münzmeister Breuer griff ins volle, aus Rache: Süß habe aus der Münze «ein Hurenhaus» gemacht, «leichtfertige Personen» seien Tag und Nacht aus und ein gegangen, seine Mägde seien alle von «derselben Gattung» gewesen. Süß selbst wollte sich nur erinnern, daß die Kammerjungfer Wucherer einige Male zu ihm in die Münze gekommen sei. Hensler wußte noch von einer Leutnantswitwe, die öfters in die Münze kam und zwei bis drei Stunden zu bleiben pflegte. Ab und zu habe Süß sich nachts zu ihr tragen lassen, in ihre Wohnung auf dem Graben – heute Königsstraße – und befohlen, er wolle in einer Stunde wieder abgeholt werden. Ein andermal nahm er auf einer Reise in Calw eine Näherin in die Münze nach Stuttgart mit, kein zweites Mal.

Lieber ging Süß in die Häuser, oder er traf sich an einem dritten Ort, ließ sich in Ludwigsburg das Gartenhaus eines Grafen zum Liebesnest präparieren oder in Stuttgart nachts mit einer Sänfte forttragen, die Vorhänge zugezogen. Die Träger bedrohte er, ja nichts zu reden und von keiner Frau Trinkgeld anzunehmen. Anders als sonst durften dann keine Kerzen angezündet werden, seine Liebesgefühle mußten sich durch die Dunkelheit stehlen. Einmal ließ er sich in Ludwigsburg die Tochter des Geheimrats Götz mit einer Kutsche zu seinem Haus fahren, sie bekam dafür einen kostbaren Stoff. Die Geschichte, in die die Mutter sicherlich eingeweiht war, fädelte das herzogliche Faktotum Joachim Friedrich Neuffer ein, ohne spätere Sanktion.

Mit der Stuttgarterin Johanna Justina Pfannzelt wurde Süß bekannt, als sie ihr zerrüttetes Verlöbnis durch einen Auflösungsvertrag beenden wollte. Sie war seit drei Jahren verlobt, ihr Bräutigam, ein Organist, konnte nicht heiraten, er hatte zuwenig Geld. Im Februar 1735 formulierte Süß für die Frau die Auflösung. Zu dieser Zeit schlief er einige Male abends mit ihr.

Bald empfand er Ekel. So oder ähnlich war es immer. Später wurde Frau Pfannzelt von einem anderen Mann schwanger, das Kind kam am 25. Februar 1737 auf die Welt. Sie geriet in längeren Hausarrest, wurde wie andere von Süß sexuell berührte Frauen unter Vormundschaft gestellt, kam ins Zuchthaus und mußte eine Geldbuße an den Stadtvogt zahlen.

Freilich begegnete Süß auch Frauen, die von Anfang an nichts mit ihm vorhatten und die weit jenseits des Hofmilieus lebten, wo es zu einer guten Heirat führen konnte, wenn man durch das Bett eines Hofkavaliers, gar eines spendierfreudigen, gegangen war. Eine solche entschlossene junge Frau fand Süß in Barbara Schneider aus Haberschlacht bei Brackenheim, einer Magd von 17 Jahren. Er hatte sie öfters beim Ochsenwirt in Brackenheim gesehen, von dem sie nach schlechter Behandlung fortlief und zu Süß in Dienste treten wollte. Ihr Vater stimmte erst zu, als sie ihm erzählte, Süß sei getauft und verheiratet. Süß hatte ihr diese Ausrede vorgeflunkert, er wußte, wie man sich in Württemberg zu verstellen hatte. Barbara fuhr nachts mit Süß nach Stuttgart und trat Martini, 11. November 1734, bei ihm in den Dienst, blieb aber nur zehn Wochen.

Beim Verhör wurde sie gefragt, warum sie vor der Zeit gekündigt habe. Sie antwortete knapp: «Weil Süß sie dreimal als eine Hur gesucht, worzu sie sich aber nicht verstehen wollen.» Der Stadtvogt wollte es genauer wissen. Sie fuhr fort, «daß es das erste Mal in der Münz, da sie vier Wochen in Diensten gestanden, geschehen, daß Süß sie zum Bettmachen in sein Zimmer berufen lassen, allwo Süß sie über das Bett hineinwerfen wollen, dessen sie sich aber erwehrt; worauf Süß ihr Geld zu geben versprochen, sie hätte ihn aber abgewiesen und gesagt, sie sei ehrlich, so daß er sie gehen lassen.

Das zweite Mal, als sie kurz hernach einen Rauch in seiner Stuben gemacht, habe er sie bei der Hand mit Gewalt angefaßt und gesagt, ob sie noch nicht tun wolle, was er an sie verlange, worgegen sie aber sich wiederum erwehrt und die Kohlpfanne auf den Boden geworfen und gemeldt: Sie schreie, darüber er von ihr abgelassen und ihr garstige Reden gegeben.

Das dritte Mal wäre er zu ihr allein in die Gesindsstuben gekommen und hätte sie in sein Zimmer hervorgehen heißen und, da sie solches nicht getan, habe er sie einen Ochsen- und Baurenstrumpf gescholten, ohne daß er sie jedoch weiteres angerührt.»

Die Magd ließ diese Angriffe damals Leining wissen, der ihr riet, «es werde gut sein, wann sie bald fortgehe, und wofern sie sich aller Orten so verhalte, so werde sie überall Glück haben». Sie wechselte den Dienst. Als Süß auf dem Hohenasperg nach ihr gefragt wurde, konnte er sich an die Vorfälle entsinnen, nach zweieinhalb Jahren. Er war noch immer beeindruckt von dieser Frau und nannte sie respektvoll «ehrlich».

In Wildbad, August 1736, versuchte Süß einmal die ledige Bademagd Benedicta Margaretha Steegmüller von Magstadt bei Böblingen in sein Schlafzimmer zu locken. Er sah sie morgens um fünf Uhr vom Einheizen des Bades zurückkommen, mit einem Leuchter in der Hand, am «Engel» vorbeigehen und rief sie zu sich herauf, um ein Bad zu bestellen. Aus Vorsicht blieb sie an seiner Zimmertür stehen und ließ diese etwas offen. Süß ging auf sein Schlafzimmer zu und hieß sie mitkommen. Sie wollte nicht. Er kam zurück und versuchte, sie bei der Hand zu nehmen. Sie ließ es nicht zu. «Er wollte ihr etwas schenken.» Sie gab zurück: «Sie könnte sich wohl einbilden, er werde ihr nichts umsonst schenken.» Süß zeigte auf sein kleines Warenlager, habe «allerhand alldort in Bereitschaft gelegene kostbare Stücke von Cotton, Zeug, schöne Tücher und allerhand dergleichen ihr offeriert und mit Gewalt aufdringen wollen, sie sollte sich da etwas herauswählen, was sie wollte, einen schönen Schurz, ein schöns Tüchlein, schöne Spitzen oder was sonsten anständig [gewünscht] wäre». Sie lehnte ab, mit dem Stolz der kleinen Leute: Sie habe das «nicht nötig». Als jemand die Treppe heraufkam, sagte Süß: «Wann sie dann nicht wolle, so kann ich sie auch nicht zwingen.» Mehr geschah nicht.

Die entlassene Bademeisterin im Frauenbad, Maria Susanna Stuber, 31 Jahre alt, bekam von Süß das Versprechen, er werde ihr wieder zu der Stelle der Bademeisterin verhelfen, sie solle morgen wiederkommen. Dann trug man ihn in einer Sänfte zum Bad. Am nächsten Morgen ließ er sie in sein Schlafzimmer rufen – er lag noch im Bett –, gab ihr die Hand, zog sie zu sich heran und verlangte, sie solle sich zu ihm setzen. Er versuchte, mit Gewalt «ihre Hand unter seine Decke an ungebührlichen Ort» zu führen. Sie riß sich los, rief «Pfui Teufel!» Er war erbost und verwies sie «mit hitzigen Reden: Ihr stellt euch gegen mich wie gegen einen Bauren.» Sie ging fort. Draußen spöttelte einer seiner Diener: «Sie komme bald wieder, andere Weibspersonen habe er länger drin behalten.» Süß sah die Frau später nochmals kurz und sprach sie an: «Wie ist's Schwarze? Wollt ihr nimmer zu mir kommen? Ihr müßt euch aber nimmer so narrend und so grob stellen, wie ihr euch gestellt habt.»

Ein andermal fielen Süß' Augen auf Maria Barbara Burkhard, die Tochter des Waldhornwirts in Wildbad, 20 Jahre alt, die mit der Gemüselieferung für Süß' Küche und dem Aufsetzen des Konfekts beschäftigt war. Süß traf sie in der Küche, führte sie in sein Zimmer und fragte, ob er ihrem Vater nicht bei irgendeiner Angelegenheit behilflich sein könne. Er behauptete aus heiterem Himmel, sie sei wohl mit einem vom Hof versprochen, er wolle ihr zur Heirat helfen. Wenn dem nicht so sei, so wolle er ihre eine gute Partie besorgen. Dann führte er sie zu zwei Tischen, einem mit silbernem Schmuck, dem anderen mit goldenem. Er bot an, sie dürfe sich etwas von den goldenen Ringen, schönen Ketten oder sonst etwas aussuchen. Sie lehnte ab, mit gutem Gespür für den Widerspruch zu ihrer Kultur: «[...] daß sie nicht wüßte, für was er ihr solche Präsente machen sollte, da sie von keinen Verdiensten gegen ihn wüßte, noch ihm Dienst zu tun capable wäre», außerdem gehörten solche Dinge «nicht vor solche schlichte Mägdlein, sondern vor Dames». Süß bot ihr Tee, Kaffee und Schokolade an oder was sie sonst mit ihm trinken möge, und lud sie auf ein andermal ein. Sie entschuldigte sich wieder mit ihrer andersartigen, unpassenden Kultur: «[...] ihre Diskurs, die sie zu führen wüßte, wären nicht von solcher Art, daß er viel Plaisir daran finden könnte, über alles aber hätte er ja Gelegenheit genug, mit solchen Dames und Frauenzimmer zu konversieren, die ihm gar viel andere Satisfaktion geben könnten». Dann riß sie sich von seinen Händen los und lief weg.

In Wildbad plante Süß «ein großes Tractement», ein großes Festmahl. Maria sollte den Korb mit Konfekt für den nächsten Tag zusammenstellen, sie mußte erst nachts um elf Uhr in Süß' Küche hinüber. Süß suchte sie beim Personal in der Küche, wo sie sich hinter der dicken Frau des Kochs versteckte. Als er sie fand, schlug er ihr vor, drinnen ihre Arbeit zu verrichten, alles befinde sich dort. Sie dagegen ging heim und kam mit einer Magd erst um Mitternacht wieder, als Süß schon zu Bett gegangen war. Das ganze Küchenpersonal arbeitete «bis gegen Morgen», Süß ließ sich nicht mehr blicken.

Ein drittes Mal: Maria war Brautjungfer und «nach dem allgemeinen Brauch in Wildbad werden alle Badegäste miteinander zur Hochzeit geladen». Als sie zu Süß kam, nahm er sie an der Hand und ließ die Braut achtlos stehen. Sie wiederholte die Einladung und fragte, ob er jemanden von seinem Personal schicken wolle. Süß versprach, selbst zu kommen, wenn sie ihn aus seinem Zimmer abholen wolle, sie müsse aber allein kommen, ohne die Braut. Maria berief sich auf den Brauch, «es wäre wider die hiesige Gewohnheit, daß die Brautjungfer ohne die Braut zu einem Hochzeitsgast ginge. Er aber hierauf versetzte: Was ihn die Wildbader Gewohnheit anginge?» Süß schenkte den beiden Frauen einige Pomeranzen, bittere Apfelsinen, und Likör. Maria holte Süß nicht ab, er nahm es als persönlichen Affront und ließ einen Diener nach ihr suchen. Später sah er sie auf der Gasse und führte sie mit der Hand zu seinem Gasthaus. Hinter ihr stand Isaac Simon Landau, der «sie heimlich am Rock gezupft, ihr ins Ohr flüstert: Gehe sie nicht!» Sie riß sich los und lief nach Hause. Süß bedrohte sie hinterher, er werde ihr Schaden zufügen, was dann doch nicht geschah.

In einigen anderen Episoden ist Süß' Gewalttätigkeit nicht zu übersehen. Die Frauen wußten, womit sie zu rechnen hatten, wenn sie mit einem höheren Herrn allein ins Zimmer gingen. Das war nicht bloß beim Geheimen Finanzrat so. Gewalt dominierte aber auch auf der politischen Gegenseite, bei Süß' Feinden. Wenn die Justiz irgendeine Frau im Verdacht hatte, zu Süß in Beziehung gestanden zu haben, dann war sie bei der Wahl der Untersuchungsmittel nicht zimperlich, wenigstens nicht gegenüber schutzlosen Frauen. Während verdächtigte bessere Damen nie mit Verhören, Geldstrafen und Anprangerung belästigt wurden, mußten Schwächere die ganze Grausamkeit einer voyeuristischen Justiz über sich ergehen lassen.

Der Gärtner von Joseph Süß denunzierte zum Beispiel die vierzehnjährige Tochter des Wächters am Stuttgarter Seegassentor, Margaretha Magdalena Homberger. Er habe sie «öfters in dem Haus bei Tag und Nacht aus- und eingehen sehen», er habe gehört, wie Süß' Koch zu dem Mädchen sagte, «sie wäre schon gut zu brauchen, wann sie nur nicht so schreiete». Der Gärtner wußte nicht, was der Koch damit hatte sagen wollen.

Der Stadtvogt glaubte es besser zu wissen, erhob den Verdacht, sie sei von Süß vergewaltigt worden, und ließ das Mädchen, das er für «noch nicht mannbar» hielt, zu sich holen. Margaretha war schon in das Palais gekommen, als das Anwesen noch dem General von Phul gehörte. Dessen Kammerdiener Johann Wilhelm Bauer, jetzt Süß' Hausmeister, und seine Frau hatten sie beauftragt, weil sie ohne Magd waren, ihnen «das Nötige täglich vom Markt zu holen». Später kam Margaretha auch zu Luciana Fischer und erhielt von Süß ein Schmuckstück im Wert von zweieinhalb Gulden geschenkt, weil sie sozusagen zur Dienerschaft gehörte. Diese Umstände lieferten sie nach Süß' Verhaftung einer schlimmen Behandlung aus, sie wurde festgenommen und verhört. Ihre Antwort: in Süß' Zimmer sei sie nie allein gewesen, von Unzucht wisse sie nichts. Ihr wurde «mit Zwangsmitteln und Schlägen gedroht», sie gestand keinen Geschlechtsverkehr ein. Man setzte sie in der Stube des Stadtknechts fest, dann wurden die Eltern geholt, die auch nichts wußten. Nun griff der Stadtvogt zu einem entwürdigenden Mittel, er ließ zwei vereidigte Hebammen kommen, die das Mädchen «inspizierten»: eine kriminalistisch-gynäkologische Untersuchung. Der Stadtphysikus schrieb nach Angaben der Hebammen: Es gäbe «nicht die geringste Anzeige, daß sie mit einer Mannsperson etwas zu tun gehabt hätte». Sie hätte «noch ganz und gar keine Anzeige zu Brüsten; ihre äußere Geburtsglieder [seien] allzusammen so wie bei einem kleinen, unschuldigen Kind beschaffen, [...] daran sei nicht das Geringste geschwollen oder verletzt; auch die Öffnung in die Mutterscheid [sei] so eng, daß man nicht einmal mit dem kleinen Finger durch oder hinein könne.» Das Jungfernhäutchen sei noch nicht zerrissen.

Das Mädchen war für Süß viel zu jung: ein Kind. Wenn aber hübsche, junge Bittstellerinnen zu ihm in sein Haus kamen, konnte es anders gehen. Dabei bat eine solche junge Frau gewöhnlich nicht für sich, sondern für ihren Vater, ihre Verwandten oder ihren Bräutigam. Die Familien wußten, wie gefährlich der Besuch für eine allein auftretende hübsche Frau bei einem hohen Herrn werden konnte. Man hätte ja auch die Mutter schicken können, doch gerade die Mütter schoben lieber ihre mehr Erfolg versprechenden Töchter vor. «Sollizitieren», ein Bittgesuch einreichen, hatte einen schlüpfrigen Beigeschmack.

Während der Karnevalszeit 1737, im Februar, kamen bei Dunkelheit zwei maskierte Frauen zu Süß in sein Palais, zum «Sollizitieren». Die Masken verbargen zwar fürs erste ihre Identität, aber sie fielen so auf, daß das Ergebnis erst recht zur geflügelten Erzählung wurde. In der Maskierung steckten die Tochter des Kanzlisten Burk und die Magd. Die Mutter wollte Süß dazu bewegen, für ihren unbezahlt arbeitenden Ehemann ein Gehalt als Kanzlist durchzusetzen. Nathan Marum riet ihr zu einem Besuch. Da fragte die Mutter zurück, «ob es nicht besser wäre, daß sie ihre Tochter zu ihm schickte, worauf [Nathan Marum] ihr geantwortet, sie habe die Wahl, sie könne die Tochter mit der Magd in des Süßen Haus oder in das Carneval [Maskenball] schicken». Die Tochter benahm sich bei Süß sehr schüchtern. Nach fünf Minuten war er dabei, sie alleine in sein Büro zu bitten, das zugleich sein Schlafzimmer war, sie solle ihm ihr Anliegen allein erzählen, ohne die Magd. Da kam die Mutter gerade noch herbeigeeilt, reuevoll. Sie hatte erst spät ihrem Mann gestanden, daß sie die Tochter zum Maskenball gelassen habe. Der pfiff sie an, die Tochter sofort zurückzuholen, vom Sollizitieren in Süß' Haus erfuhr er noch immer nichts.

Bei drei anderen Bittstellerinnen gab es niemanden mehr, der ihnen beispringen konnte, sie waren jeweils allein gekommen. Catharina Agatha Reyher, beim Verhör schon Witwe, war vor ihrer Heirat ein paarmal von Joachim Friedrich Neuffer zu Süß geschickt worden, damit ihr Bräutigam nicht seine Stelle verliere.

Sie hatte Erfolg, mußte aber mit besonderer Währung bezahlen. Im Verhör trieb der Untersuchungsrichter sie durch fünfmaliges Nachfragen in die Enge. So kam heraus: Süß, nur mit Schlafrock und Hemd bekleidet, warf sie auf sein Bett, hob ihren Rock bis zu den Knien hoch, legte sich auf sie und rückte ihr «auf den bloßen Leib». Später kam sie einige Male morgens zu ihm. Er schlief mit ihr, legte dabei «große Gewalt an sie», wie sie sagte. Er versprach ihr noch – auch deshalb kam sie wieder –, ihrem künftigen Mann zu alten Schuldforderungen zu verhelfen, was er aber nicht hielt. Das Ganze geschah fünf oder sechs Wochen vor Catharinas Hochzeit. Sie kam später noch öfter, wurde aber abgewiesen.

Noch stärker nach Vergewaltigung sieht es bei zwei anderen jungen Frauen aus. Christina Dorothea Hettler, Tochter des Amtmanns von Berg bei Stuttgart, zur Zeit des Verhörs Oktober 1737 verheiratet mit dem Regierungsratssekretär Johann Friedrich Faber, hatte lange jeden sexuellen Kontakt zu Süß geleugnet. Als der Gefangene gestanden hatte, brach der Untersuchungsrichter Jäger, der schärfste Hund in den erotischen Partien des Hochverratsprozesses, in einem Verhör ihren Widerstand. Jäger ging zu ihr in die Wohnung, was sonst kein Richter tat, und zingelte sie, die verzweifelt nach Auswegen suchte, mit hochnotpeinlichen Fragen ein. Das Verhör gefährdete erst richtig ihre Ehe, ihre Stellung, ihre Versorgung, ihr Selbstwertgefühl. Nach fünf Nackenschlägen im Verhör, die die Frau schutzlos machten, brach sie zusammen und gestand: Süß habe sie auf das Bett gelegt, ihr die Kleider hochgeschoben, sie entblößt und ihr «fleischlich beigewohnt». Der Richter war nicht zufrieden. Sie gestand ferner, «daß der Süß damalen mit seinem Glied ihr in den Leib gekommen, den Samen aber habe sie nicht gespürt, daß er in den Leib gelassen, sondern [sie habe] im Wehren eine Nässe an seinem Hemd beobachtet».

Frau Hettler hatte sich gegen Süß stark zur Wehr gesetzt, auch beim Verhör leistete sie lange Widerstand. Der Jurist säuberte das Protokoll schon bei der Niederschrift, indem er noch weniger als sonst ihre Worte nachschrieb, sondern seine eigenen Vorstellungen sprechen ließ. Ihren Widerstand gegen Süß überging er dauernd, obwohl die Frau ihn mehrfach wiederholt haben muß. Erst am Schluß kam etwas davon durch, als sie vom Samenerguß sprach. Hochbefriedigt über dieses Detail, fügte Jäger am Rand hinzu: «sondern im Wehren eine Nässe an seinem Hemd beobachtet». Ohne ihre Beobachtung der Nässe, dem Voyeur äußerst wichtig, wäre ihr «Wehren» nicht ins Protokoll gekommen. Die Vergewaltigung geschah Ende 1734, an einem Abend. Süß versuchte es später noch mehrere Male, konnte Frau Hettler aber nicht mehr auf sein Bett bringen. Widerstand reizte ihn am meisten. Das Verfahren der Justiz stürzte das Ehepaar Faber in die Krise. In Regierungskreisen wurde über die Frau hämisch getuschelt. So wollte der Mann zwei Monate nach dem Verhör wissen, was über diesen «Fehler» seiner Frau, wie er schrieb, im Protokoll stehe. Er müsse sich überlegen, ob er mit ihr noch weiterhin «ehelich leben» könne. Er bekam den Auszug und die Aussicht, daß über die Bestrafung seiner Frau bald entschieden werde. Wie die Eheleute miteinander zurechtkamen, interessierte die Justiz nicht mehr, die Akten bleiben stumm.

Zwei Tage nach Frau Faber wurde Regina Margaretha Walter verhört, Tochter des Gerichtsschreibers und Lehrers Johann Friedrich Beck von Steinheim (Murr) bei Ludwigsburg. Sie war inzwischen die Ehefrau des Lehrers von Nordheim bei Heilbronn. Noch vor der Heirat hatte sie mit 18 Jahren in Ludwigsburg bei Süß «sollizitiert». Die Familie in Steinheim war schwer geschlagen, «es sei die Not gewesen, indem ihre Eltern und Geschwister arretiert gewesen». Zuerst übergab Regina Beck dem Herzog persönlich drei Denkschriften. Danach brachte sie bei Süß diese und eine eigene Sache vor, ihr Verlobter suchte eine Lehrerstelle. Später im Verhör wehrte sie sich von Anfang an tapfer. Sie habe, als Süß ihr zumutete, «seines Willens zu leben», geantwortet, «wann sie huren wollte, so könnte sie solches zu Steinheim tun und hätte nicht nötig, auf Ludwigsburg zu kommen, und wann sie den Dienst [die Lehrerstelle] nicht anderst als auf solche Art bekommen könnte, wollte sie lieber solchen nicht haben, wie sie dann wirklich davon abstrahiert [abgelassen] habe».

Der Untersuchungsrichter Jäger setzte nach, die Frau wich aus. Er griff zu einem beliebten Trick, zitierte genüßlich eine von ihm erfundene Aussage des Angeklagten. Das Protokoll nimmt merkwürdige Züge an, die Zwischenfragen des Juristen werden länger als die Aussagen, die außerdem mehr Jägers Sprache verraten als die der Frau. Sie gab etwas nach: Süß habe sie zwar auf das Bett gebracht, «wiewohl nicht völlig entblößt». Als sie sagte «Potz Juden und der Teufel, ich will ja meinen Schuldienst fahren lassen, so habe er, da sie sich ohnedies sehr gewehrt, von ihr abgelassen».

Ein weiteres Mal hakte Jäger nach, wollte ihre Tapferkeit nicht glauben. Da brach auch diese Frau zusammen: «Er sei ihr auch in den Leib gekommen, sie habe ihn aber nicht austoben lassen und zurückgestoßen.» Jäger machte scheinheilig weiter: «Wenn ihr dann zu widerstehen so ernst gewesen, warum sie dann nicht gerufen habe?» Ihre Antwort: «Sie habe sich vor dem Süßen gefürchtet.» Jäger war nicht satt und wollte wissen, ob Süß es noch öfters mit ihr getrieben habe. Sie fand keinen Ausweg mehr und gab auf: «Ja, sie habe ihres Memorials [Denkschrift] halber angemahnt und der Süß sie wieder auf sein Bett gebracht, mithin die Unzucht mit ihr völlig ausgeübt.» So gräßlich es klingen mag: das Opfer dieser Frau war wenigstens nicht umsonst.

Ihre Familie wurde freigelassen, der Vater wieder in seine Ämter eingesetzt, der Bräutigam erhielt die Lehrerstelle von Nordheim.

Wir könnten versucht sein, angesichts solcher Gewaltanwendung mit heimlicher Genugtuung auf den Galgen zu schielen. Der nicht viel bessere Richter Jäger und andere wurden nie für ihre seelischen Mißhandlungen bestraft. Und Süß war in der Hofgesellschaft keine Ausnahme. Man hätte in den Weinbergen rund um Stuttgart Hunderte von Galgen aufrichten müssen; nicht viele Herren bei Hof und sonstwo hätten Untersuchungsverfahren überlebt. Gelegentliche Gewaltakte konnten nicht die Todesstrafe rechtfertigen, und um die allein ging es der Justiz. Für den Hochverratsprozeß gegen Süß aber waren eventuelle Sexualstraftaten bedeutungslos.

Vier dieser Frauen wurden im März 1738 vom Geheimen Rat bestraft: Frau Faber-Hettler zu 50 Reichstalern, wobei in Rechnung gestellt wurde, «daß ihre Ehe dieserhalben dissolviert [aufgelöst] werden dürfte und sie also über die zugezogene Blame [Schande] und Prostitution [Zurschaustellung] noch in andere Wege unglückselig genug sein werde». Frau Pfannzelt, die Witwe Reyher und Frau Walter-Beck seien «eine jede auf drei Monat lang ins Zuchthaus zu Ludwigsburg zu schicken, um dasselbst die Strafe ihres unzüchtigen Wandels zu büßen».

Heiratspläne

Beim Regierungsantritt Carl Alexanders war Joseph Süß Oppenheimer 35 Jahre alt. Er verdiente gut, die meisten jüdischen Händler mußten ihre Familien mit weit weniger durchbringen. Seine beruflichen Aussichten waren berückend, er hätte schon längst heiraten können. Aber innerlich war er unsicher, sein Verhältnis zu Frauen schwankte, bei keiner hielt sich seine Zuneigung. Als Jude, der sich von der Tradition löste und äußerlich der christlichen Gesellschaft anglich, bewegte er sich zwischen den Kulturen. Seine engste Geschäftsumgebung war im wesentlichen noch jüdisch. Süß hielt sich eine koschere Küche mit dem dafür notwendigen Personal, aber seine Mode und Alltagsgewohnheiten folgten christlichen Vorbildern. Und doch wollte er keine christliche Frau, er hätte konvertieren müssen. Dieser Zwang ging ihm gegen den Strich, wenigstens sein Innerstes wollte er von geschäftlicher Kalkulation freihalten.

Mitten in der Stuttgarter Münzarbeit, im Herbst 1735, erwärmte er sich für Heiratsabsichten. In der Verteidigungsschrift heißt es: Er wollte sich nur deshalb durch den Kaiser in Wien in den Adelsstand erheben lassen, weil «er sich an eine Portugiesin oder Engelländerin hätte verheiraten sollen, diese aber wegen seines bürgerlichen Stands sich dazu nicht resolvieren [entschließen] wollen». Der Verteidiger hatte geschludert, im Verhör hatte Süß vielmehr erklärt: Es habe sich um «eine Heirat in Engelland mit einer reichen Portugiesin» gehandelt, «die aber

Anstand gehabt, sich an einen deutschen Juden, welcher nicht nobilitiert sei, zu verheiraten». Als Süß ab Mitte 1735 dem Herzog mehrmals seine Dienste kündigte, wollte er nur noch heiraten und nach England oder Holland gehen. Einer der vielen Auswanderungspläne, die bei seinem Temperament nicht lange anhielten. Vermutlich war die in Aussicht gestellte Braut eine portugiesische Marranin, die in England lebte, wohin ihre jüdischen Vorfahren nach generationenlanger Unterwerfung unter die Inquisition ausgewandert waren. Fühlte Süß selbst sich vielleicht als kurpfälzischer Marrane, äußerlich der intoleranten Umgebung angeglichen, unter Bewahrung einer geheimen jüdischen Identität, die selbst der Todesdrohung widerstehen wird? Liegt hier der Schlüssel zu seinem inneren Festhalten am Judentum?

So recht ernst scheint es vorerst mit der Heirat nicht gewesen zu sein. Der Herzog unterzeichnete am 25. Oktober 1735 das Nobilitierungsgesuch an den Kaiser und nannte darin einen ganz anderen Grund, einen wirtschaftlichen. Dem Inhalt nach spricht hier niemand anderes als Süß, im Horizont und in den Ausdrücken seiner Geschäftswelt, die verwickelte Formulierung ist dagegen ein Bürokratenprodukt. Süß selbst sprach und diktierte viel klarer, moderner. Durch die Nobilitierung sollen «seine bei vielen kur- und fürstlichen Höfen und Reichsständen, auch Privatpersonen hin und wieder führende, wichtige Negotia [Geschäfte] und dabei habender großer Kredit und desto besserem Flor, Wachstum und Bestand konservieret verbleiben». Den Adelsstand habe man schon portugiesischen Juden verliehen. Hier irrte der Antrag zur Hälfte, es hatte sich um Marranen gehandelt, deren Vorfahren auf der Iberischen Halbinsel konvertiert waren, nach der Auswanderung konnten die Familien wieder zum Judentum zurückkehren. Klar jedenfalls tritt schon hier zutage, daß Süß nicht im entferntesten an den Übertritt zum Christentum dachte. Graf Colloredo in Wien beabsichtigte, ihn in kaiserliche Dienste zu nehmen. Aber auch der Graf und der württembergische Regierungsrat Keller bekamen in Wien zu hören, ohne die Preisgabe des Judentums sei die Nobilitierung nicht möglich.

Joseph Süß zog es nicht nach Wien. In einem Antwortschreiben an Keller in Wien gab er sich geradezu vergnügt, mit seiner Religion zufrieden, er habe trotz rechtlicher Beschränkungen als Jude bis jetzt «in ziemlicher Freiheit» gelebt. Von der bevorstehenden Heirat ist nicht die Rede, sie scheint nicht so wichtig gewesen zu sein. Allerdings hatte man mit Keller den Bock zum Gärtner gemacht.

Bald kam Süß in Verbindung mit dem Bischof von Würzburg, der als einer der führenden katholischen Fürsten Süddeutschlands in Wien für Süß' Nobilitierung sprach. Der Würzburger Regierungsrat Franz Ludwig von Fichtl, Kontaktmann zum württembergischen Herzog, später als Drahtzieher eines angeblichen katholischen Staatsstreichs in Württemberg verdächtigt, schaltete in Wien einen Vertrauensmann ein. Am 11. Juli 1736 mußte er Süß mitteilen, es gebe «keine Hoffnung für die Erhebung in den Adel durch die Reichskanzlei»; wenn je ein Jude geadelt worden sei, müßte es durch die österreichische Kanzlei oder einen großen Herrn mit dem Recht zur Nobilitierung geschehen sein. Dem Stuttgarter Regierungsapparat erschien Süß' möglicher Adel ohnehin höchst gefährlich. Abgerechnet wurde nach seiner Verhaftung, da gaben sich die Untersuchungsrichter die größte Mühe, mit dem mißlungenen Versuch der Nobilitierung Süß' Hochverrat am klerikal-ständischen Württemberg zu beweisen.

Im Sommer 1736 nahm Süß einen neuen Anlauf zur Heirat, mit mehr Interesse, es ging nicht mehr um eine Marranin. Als die Absicht bekannt wurde, traten Schadchen, jüdische Heiratsver-

mittler, auf. Süß stellte seinem Sekretär Nathan Marum eine Ernennung zum Hoffaktor in Aussicht, wenn dieser ihm eine reiche Heirat vermittle. Marum bekam eine Partie in Bamberg angeboten, daraus wurde nichts. Ernster sah es bei der Tochter
von Süßkind Stern in Frankfurt aus. In diese reiche Partie mischten sich zwei Schadchen: neben Marum auch Seckel Engers in
Frankfurt. Bei den Sterns handelte es sich um eine alte, sehr
angesehene, vermögende Familie, benannt nach dem «Haus
zum Stern». Immer wieder gehörte einer der Sterns zu den
Höchstbesteuerten des Gettos. Der Brautvater war Isaac Süßkind Stern zur goldenen Kanne, ihm gehörte die Firma Gebrüder Isaac und Samuel Stern zur goldenen Kanne, die sich mit
Juwelen, Geldwechsel und Armeelieferungen beschäftigte.

Gegenüber Marum wollten die Eltern nicht zustimmen. Nicht
viel besser erging es Engers, der am 28. Oktober 1736 aus Frankfurt an Süß' Büro in Stuttgart berichtete – der holprige Text geht
auf den Übersetzer Bernard zurück. Zuerst habe er, Seckel
Engers, «überall wegen einem jungen Rabbi, welcher ein
Schlachter ist, nachgefragt». Vergeblich. «Er war auch in
H[errn] Süßkind Sterns Behausung und bald bei einer Stunde
lang diskurriert im Beisein Rabbi S[terns] und seiner Frau. etc.
[Auslassung des Übersetzers] Die lieben Leutlein seien übel
daran, möchten gerne, wissen aber nicht, wie sie mit Manier
darzu kommen könnten. Die N. N. ist mit beide Hände zufrieden, aber auf was für Art, durch eine Bagage [Auflage, Bedin-
gung] ist es auf Seiten des großen Herrn keine Reputation,
schlechterdings ist auch keine Manier, nun gebe er doch etwas
an die Hand, wie es einen Eingang haben könnte. Ich werde
kurz machen, denn ich weiß zu keinem Zweck zu bringen. Das
Beste würde sein, wenn unser Geheimrat selbst seine rechte
Lust etc.» Süß hatte den Schadchen offenbar ohne präzise Angaben, Unterlagen und persönliches Schreiben gelassen. So wuß-

ten die Brauteltern nicht, ob es ernst sei. Süß versuchte nicht, dieses Versäumnis nachzuholen, er hatte eben keine «rechte Lust». Seit einigen Wochen wohnte Luciana Fischer bei ihm, gleich im Nebenzimmer. Zum ersten und einzigen Mal in seinem Leben genoß er eine dauerhafte Liebe, der Heiratswille hatte sich fürs erste verflüchtigt.

Einen hübschen Schadchenbrief erhielt Süß von der Witwe Tamerle aus Hamburg, am 13. Juli 496 (1736). «Weil sie gehört hatte, wie er Sinnes ist zu heiraten, wolle sie ihm raten, die Jungfer Lendele, des berühmten Rabbi Eli Tochter, rekommendieren [empfehlen], indem ihrgleichen ist nicht auf dem ganzen Erdboden zu finden; auch sie ist capabel, den ganzen Erdboden durch ihren Verstand zu beherrschen und zu regieren; auch hat dieselbe Jungfer mir versprochen, was ich ihr werde raten, wolle sie tun und in allem folgen.» Solche Übertreibungen gehörten zur Geschäftssprache, gewaltige Lobsprüche verschönerten die jüdischen Geschäftsbriefe. Eigentlich war so gut wie jeder Rabbi berühmt. Die angebotene Frau mußte Wunderdinge leisten, ihr Regiment über «den ganzen Erdboden» meinte ein machtvolles Hausregime, mit viel Personal. Von der Mitgift war in diesem Angebot nicht die Rede und nicht von Schönheit. Süß legte den Brief gelangweilt zu den Akten.

Richtig ernst wurde es erst mit der Tochter eines französischen Bankiers, des Nathan Salomon Cahen aus Metz. Mendel Wiener, der nebenbei mit Juwelen handelte, schrieb am 13. März 1736 auf einer Reise nach Stuttgart, «wie er auf Montag oder Dienstag wird nach Stuttgart kommen und werde sich mündlich gegen den Residenten legitimieren. Auch hat Isaac Landauer geschrieben, daß Ihro Majestät [der Kaiser in Wien] an den Durchlaucht Herzog zu Württemberg wider den Süßen solle geschrieben haben, und also kann der Resident sehen, was für Freunde allda hat». In Stuttgart bot er sich Süß an, saß lange untätig im Gasthaus «Hirsch» herum – heute Hirschstraße 14 – und klagte dem Kassier Isaac sein Leid, «wie er muß sich recht betrüben, daß er dem Residenten nicht darf seine Aufwartung machen, es müsse sein, daß er bei demselben sehr ist verschwätzt worden, da er doch allezeit bereit gewesen sei, sein Blut vor ihn zu lassen».

Erst in Frankfurt konnte Mendel Wiener mit Süß reden, der ihm versicherte, nicht auf das Geld zu sehen, sondern ausschließlich auf die Schönheit. Wiener begab sich auf Schadchenreise nach Mannheim und Worms. Über seine Erkenntnisse schrieb er «einen weitläufigen Brief und endlich koppelt er ihm eine Jungfer, die wäre des Aberle Wormis Tochter, oder wenn er will, werde er die Jungfer, des Nathan Scharlowirls Tochter [vorschlagen]. Sie sind beide recht hübsch und schön.» Heiratsgut 2000 Gulden. Das war für Süß, der sehr wohl auf das Geld sah, keine Summe.

Der Schadchen reiste weiter, an seinen Heimatort, nach Metz, in die Hochburg der französischen Juden, wohin Süß schon lange geschäftliche Beziehungen pflegte. Am 13. Juni kam Mendel dort an und berichtete gleich nach Stuttgart: hier seien Jungfern, wie sie «gleich in der Welt nicht zu finden seien». Eine Übertreibung, die man gerne las. Wieder schrieb ein überforderter Untersuchungsrichter mit Rotstift an den Rand «Huren», von einem Schadchen verstand er nichts.

Nun klafft in der Korrespondenz eine Lücke von drei Monaten. Mendel Wiener reiste mit einer ersten Antwort nach Stuttgart zurück. Aber Süß hatte tausend andere Dinge zu tun, die Heirat eilte nicht. So entstanden dem Schadchen nur Kosten, er schrieb an Süß' Büro, er «wolle noch bis auf den Zukünftigen [Datum vom Übersetzer Bernard weggelassen] warten, und wenn er keine rechte Antwort von ihm erhalten werde, so will er sich nach Metz wieder begeben».

Die zweite Reise. Mendel kam Ende September 1736 in Metz an und versprach, er werde sich bei der Erledigung seines Auftrags «in Acht nehmen». Im Brief vom 23. September bemerkt er, «weil er bis dato keine Antwort bekommen, so wolle er noch sich gedulden, bis auf den Dienstag oder Donnerstag, sollte aber doch keine Antwort kommen, so wolle er die Antwort selbst holen». Die Antwort der Brauteltern muß interessiert geklungen haben, Mendel Wiener konnte zurückreisen. Am 28. September richtete der Brautvater Nathan Salomon Cahen einen persönlichen Brief an Süß in hebräischer Schrift auf jiddisch, nicht französisch. «Weil die Frage allein auf die Person zielet, so wolle er versichern, daß alles, was er von derselben Person bis dato geschrieben, wahr sei.» Ein verklausulierter Stil, wie er im geschäftlichen und politischen Leben üblich war, um unbefugt Mitlesenden nichts zu verraten. Cahen bestätigte sein Interesse.

Inzwischen ging Mendel Wiener auf der Rückreise in Mannheim das Geld aus. Am 12. Dezember bat er Süß um einen Vorschuß. Dann blieb er noch eine Weile in Mannheim und berichtete am 29. Dezember, «wie er von großen Herren Kommission bekommen habe, nach Paris zu gehen». Aber wieder fehlte dem armen Teufel das Reisegeld, er pumpte Süß um 30, mindestens 25 Gulden an, in Aussicht auf die Schadchenprovision.

Der Brautvater war ein vermögender Bankier, verheiratet seit 1713. Seine Tochter zählte zur Zeit der Werbung höchstens 22 Jahre, eher weniger, also Süß' bevorzugtes Alter, deutlich unter dem bei 25 liegenden Heiratsalter der Metzer Jüdinnen. Die Mutter, eine geborene Schwabe, stammte aus einer Metzer Bankiers- und Anwaltsfamilie. Cahen schrieb am 16. Februar 1737 an Süß, «weil der Resident das Porträt seiner Tochter verlangen tut, so habe [ich] durch den Lemle itzo überschicken wollen». Anfang März 1737 reiste Cahen nach Stuttgart, um den künftigen Schwiegersohn und dessen Geschäfte kennenzulernen. Er wohnte in einem Flügel des Palais, beim Personal, sah deutlich, wie wenig Süß noch von der jüdischen Tradition hielt. Aber Cahen war Geschäftsmann und Süß ein Komet am Wirtschaftshimmel.

Kurz vor der Verhaftung schlossen beide einen Vertrag, nur mündlich. Man war sich geschäftseinig geworden: Wer jetzt noch von der Heirat zurücktrete, müsse dem anderen 50000 Reichstaler (75000 Gulden) Entschädigung zahlen. Süß war es ernst, so viel Geld konnte er nicht in den Kamin schreiben. Seine Braut hatte er noch nicht gesehen. Nach dem Vorbild fürstlicher Eheanbahnungen hatte er sich ihr Ölporträt schicken lassen. Seiner Freundin Luciana Fischer, die hilflos mit ansehen mußte, wie sie ausgebootet wurde, hatte er noch vorgeflunkert, diese Frau gefalle ihm nicht. Die Heirat wurde für die Zeit festgelegt, wenn der Herzog nach Danzig abgereist sei, also gleich nach dem 13. März 1737. Doch am Abend vorher starb Carl Alexander, Süß wurde verhaftet. Zwei Tage vor diesem Umsturz waren weitere Metzer Juden der künftigen Verwandtschaft in Ludwigsburg angekommen, darunter die Schwiegermutter, um Süß zur Hochzeit nach Metz abzuholen. Der Bräutigam ließ alle in seinem Stuttgarter Palais unterbringen. Nur weil sie am Morgen nach Süß' Verhaftung schnell abreisten, bevor weitere Verhaftungen Stuttgart in Aufregung versetzten, kamen die Metzer Juden aus der Stadt.

An eine Hochzeit war jetzt nicht mehr zu denken. Cahen verlangte die Abstandssumme, aber Süß zahlte nicht: Er könne nichts für dieses Unglück. Cahen erhielt das Geld nie. Er hatte die Nase voll. Wie alle Juden in Stuttgart, die mit Süß zu tun hatten oder die einfach nach Juden aussahen, war er verhaftet worden. Eine schwere Verletzung seiner beruflichen Ehre, was zum Protest Frankreichs durch den französischen Gesandten Blondel beim württembergischen Gesandten führte, beide waren am Mannheimer Hof akkreditiert. Das Königreich Frankreich stand zu seinen Juden, wenigstens zu den vermögenden. Von dieser Zuverlässigkeit hatten schon früher Metzer Juden Joseph Süß vorgeschwärmt. Am Ende seiner Freiheit sprach Süß von einem neuen Auswanderungsplan: Nach der Heirat wolle er sich in Metz niederlassen und für 50000 Reichstaler den Schutz des französischen Königs erwerben, von dem er eine höhere Meinung hatte als von dem unsicheren Schutz der Juden im Deutschen Reich. Nur wenig später bewahrheitete sich sein Grundgefühl.

Mit Süß' Verhaftung brachen Mendel Wieners Schadchenpläne zusammen. Anfangs befand sich Wiener noch in Stuttgart, in einer Bittschrift vom 21. März 1737 nannte er sich «königlich französischer Untertan» aus Metz. Seine persönlichen Dinge, die in der Münze lagen, seien beschlagnahmt. Er habe «zehn Monate durch beständige Hin- und Herreisen» ziemliche Kosten gehabt, «allerhand kostbare Weine und Waren» geliefert, er besitze «von großen Potentaten und Ministeriis aus Frankreich glaubwürdige Pässe». Er bat um einen Abschlag aus Süß' Geldvermögen, zuletzt um Schutz, «da man derzeit vor dem gemeinen Volk seines Lebens nicht wohl sicher ist». Beides umsonst.

Luciana Fischer,
die Lebensgefährtin

Einer Frau, bei der er es länger aushält, begegnet Süß erst im Oktober 1736, fünf Monate vor seiner Verhaftung. Henriette Luciana Fischer ist 18 Jahre alt, geboren April 1718 in Monsheim bei Worms, also zwanzig Jahre jünger als Süß, eine evangelische Christin. Er lernt sie in Frankfurt kennen, in der Wohnung der Fürstin von Nassau-Hadamar. Wie so oft, wenn er jemand bei sich haben will, verspricht er Luciana eine Anstellung bei der Herzogin, ihrem Vater winkt er mit beruflichem Aufstieg in Stuttgart. Georg Anton Fischer, der Vater, war Hof- und Regierungsrat in der Rheingrafschaft Grumbach, einem Zwergenländchen südlich von Bad Kreuznach. Seine Familie zählte zu der dünnen Honoratiorenschicht dort. Schon mit elf Jahren wurde Luciana im Ort Taufpatin, ein andermal trat der Vater neben der Gräfin als Taufpate auf. 1729 starb die Mutter Magdalena, Luciana, die Älteste, war erst elf Jahre alt. Der Vater heiratete ein zweites Mal, zwei Jahre später starb auch diese Frau. Luciana wuchs nun mit ihren fünf Geschwistern und einem Stiefbruder bei den Großeltern mütterlicherseits in Kindenheim bei Worms auf. Dort war der Großvater Georg Horn Oberamtmann gewesen und lebte ohne Anstellung auf dem eigenen Gut. Im Herbst 1736 trat Luciana in Mannheim ihre erste Stelle als Kammerfrau an.

Einer von Süß' Sekretären, Carl Schwerd aus Grünstadt (bei Ludwigshafen), verbreitete sich im Verhör über Luciana, um sich lieb Kind zu machen. Jahrelang hatte er in der Mannheimer Stadtschreiberei gearbeitet. Luciana, so meinte er, habe in Mannheim vor einem Jahr als Kammerjungfer beim Regierungsrat Mößbach gedient und sei aus der Stadt ausgewiesen worden, weil man ihr ein Verhältnis zum Grafen de la Marck nachsagte. Ihr Vater habe sie deshalb ins Zuchthaus einliefern wollen, sie sei vorher nach Frankfurt durchgegangen. Andere wollten wissen, sie sei in verschiedenen Frankfurter Bordellen tätig gewesen. Die Stuttgarter Kirchenbehörde schrieb wegen dieses aufregenden Gerüchts an das Konsistorium nach Frankfurt. Eine Bestätigung kam nie, auch keine der anderen üblen Nachreden ließ sich je erhärten.

Im Oktober 1736 fährt Luciana Fischer mit Süß in drei bis vier Tagen von Frankfurt nach Stuttgart. Tagsüber verhandelt Süß in Mannheim und Heidelberg, nachts geht die Reise in der Kutsche weiter. In seiner Ludwigsburger Mietwohnung, im Haus Bambergers, erhält Luciana Fischer ein eigenes Zimmer und wird «Jungfer Haushälterin» gerufen. Sie arbeitet wirklich im Haushalt mit, eine Stelle bei Hof ist nicht frei. Zwei Wochen nachdem Luciana mit ihm in Ludwigsburg eingezogen ist, fährt Joseph Süß nochmals nach Mannheim, holt ihren Vater nach Stuttgart und erreicht dessen Anstellung als Regierungsrat. Anfangs ist der Vater mit Lucianas Verhältnis zu Süß nicht einverstanden. Als er seine glänzende Stelle in Stuttgart antritt und Luciana ihm wohl von Süß' Heiratsgezwitscher erzählt, wird er sich damit abgefunden haben. Die Stuttgarter Justiz trompetet ihn später als ruchlosen Zuhälter aus, freilich ohne ihn zu belangen.

Ende Januar 1737 bezieht Süß das Stuttgarter Palais. Luciana Fischer bekommt ein eigenes Zimmer, das einen Stock höher direkt über dem Zimmer von Süß liegt und mit dem unteren Raum durch «eine verborgene Stiege» verbunden ist. Der einzige Weg zu ihrem Zimmer geht durch seines, von außen gibt es keinen Zugang. Luciana ist nicht bloß abhängig, sie ist regelrecht eingeschlossen. Als das Personal über Luciana Fischers und Süß' Verhältnis verhört wird, hält es absolut dicht. Es kommt nur heraus, daß Luciana in Stuttgart nicht mehr als Haushälterin arbeitete. Von Süß erhält sie nicht nur Kost und Logis, sondern auch Kleider, darunter einige Karnevalskostüme, Schmuck und kleine Geschenke: ein silbernes Teekännlein, eine Zuckerdose und zwei Teelöffel. Die Untersuchungsrichter neiden ihr jeden Bissen und jedes Präsent und sehen in allem einen Beweis für ihre angebliche Tätigkeit als Prostituierte.

In der Haft gesteht als erster Süß die Liebesbeziehung, Ende August 1737. Luciana Fischer hält sich tapfer, auch wenn sie dafür schwer zu leiden hat. Für sie steht die Zukunft auf dem Spiel, Süß dagegen belasten beim Hochverratsprozeß die Sexualvorwürfe nicht weiter. In neun langen Verhören entwikkelt sie eine intelligente Verteidigungsstrategie, die Bewunderung verdient. Zuerst sitzt sie wie alle anderen im Hausarrest, im Palais in der Seegasse, im eigenen Zimmer. Zu ihrer Bedienung bekommt sie ein Mädchen zugewiesen, Luciana Fischer gilt noch etwas. Die Justiz ist unsicher, worauf die ganze Sache mit Süß hinauslaufen mag. Am 27. März 1737 wird Luciana zum erstenmal verhört, von zwei Regierungsräten, die ihr 29 Fragen und viele bohrende Zwischenfragen stellen. Luciana bleibt sich treu. Schon eine der ersten Fragen will ihr ein schlechtes Gewissen suggerieren, aber Luciana macht nicht mit. «Ob sie die Ursach ihres Arrests wisse oder sich einbilden könne?» Sie verneint und kann sich auch den Grund ihrer Verhaftung nicht denken. Süß, so führt sie aus, habe sie für die Karnevalszeit von Ludwigsburg in sein Haus nach Stuttgart eingeladen, «worinnen sonst andere Standspersonen logiert». Im Haus, sie meint das Stuttgarter Palais, habe sie «keine Verrichtung» zu tun gehabt.

Joseph Süß Oppenheimer und Luciana Fischer.
Anonyme Radierung

Ihren Status als Geliebte, der offiziell im Haus nie hervorge-
kehrt wurde, weiß sie geschickt zu verbergen. Sie habe als Ledige keine Bedenken gehabt, bei einem unverheirateten Juden
zu wohnen, «weil zerschiedene Standspersonen bei ihm logiert,
auch andere Weibspersonen von Hof und der Stadt ein- und
ausgewandelt seien und vielfältig bei ihm gespeist hätten». Ob
Süß nicht mit ihr geschlafen, «ihr nichts Ungebührliches zugemutet habe?» Sie verneint, im ersten Teil ihrer Antwort mit einer
für Süß unzutreffenden Ausflucht, im zweiten mit einem typischen Gedanken von Süß, der Hilfe zur Heirat. «Er habe allezeit
gesagt, er möge mit ledigen Personen nichts zu tun haben,
wann sie aber einen Mann wolle, wollte er ihr dazu behilflich
sein und sie aussteuern.»

Der Untersuchungsrichter will's nicht glauben. Luciana Fischer setzt keck drauf, was Süß' Annäherungspraxis verrät: Er
habe sie «nicht einmal ungebührlich betastet». Süß habe ihr immer nur geraten, einen Mann zu nehmen, er wolle sie versorgen. Luciana bekommt Oberwasser, spöttelt: «Er habe ja sonst
Leut genug gehabt, mit denen er, wie sie vermute, genug getan
haben werde.» Der Jurist stürzt sich gierig auf diese Idee: Wer
das gewesen sei? Luciana schnippisch, «sie habe niemand gesehen, man pflege zu dergleichen niemand zu nehmen». Der Frager erleidet einen Wutausbruch: Sie solle die Kommission nicht
länger aufhalten und endlich bekennen, «ob sie sich mit dem
Süßen vermischt habe». Keine Antwort.

Am nächsten Tag ein weiteres Verhör. Die Fragen werden sug-
gestiver und bedrohlicher. Luciana Fischer leugnet weiter, sie
verliert ihr Selbstbewußtsein und ihre Geistesgegenwart nicht
und paßt mit ihrer Stärke gut zu Süß. Warum sie das Teeservice
von Süß bekommen habe? «Zum Andenken.» Warum Süß es ihr
schenkte, wo er doch sonst nichts umsonst verschenkte? «Könne
ein jeder mit dem Seinigen tun, was er wolle.»

Luciana Fischer, die Lebensgefährtin

Am 3. April wird Luciana Fischer in reguläre Haft genommen und aufs Herrenhaus am Marktplatz verlegt. Der eisige Wind, der später allen Süß-Anhängern ins Gesicht pfeift, trifft als erste sie, noch vor dem Kassier Isaac und Süß' jüdischen Geschäftspartnern. Bettgeschichten sind halt doch aufregender als Geld, Landesverfassung und Religion. Am 27. April verlegt man Luciana Fischer ein paar Meter weiter auf die Stadtvogtei am Marktplatz, Ecke Schulstraße, wo man sie am 29. April zum drittenmal verhört. Der Ton wird gröber. Die Beschuldigungen lauten auf Konkubinat und Unzucht. Sie wird angefahren, ob sie behaupten wolle, noch eine Jungfrau zu sein? «Ja.»

Einer kriminalistischen Unterleibsuntersuchung, ob sie noch Jungfrau sei oder schon schwanger, unterwirft man sie am 30. April. Eine widerliche, gründliche Prüfung, beaufsichtigt vom Stadtarzt Dr. Wilhelm Gottfried Gmelin, dem Vater von Süß' Sekretär Friedrich Wilhelm Gmelin, zwei Chirurgen und zwei Hebammen. Es entsteht ein Protokoll von sechs Seiten. Ihre erste Menstruation bekam Luciana mit 13 oder 14 Jahren. Ihr Zyklus: mal vier, mal sechs Wochen. Die letzte Menstruation habe sie vor vier Wochen gehabt. Dann begibt sich Luciana Fischer auf schwieriges Gelände, es gilt, ihre Schwangerschaft zu verbergen, sie befindet sich im fünften Monat. Ihre Rolle spielt sie gut: Sie habe bei der letzten Menstruation «Schmerzen im ganzen Leib» gehabt, was sie den Haftumständen anlaste. Ob sie nie einen weißen Ausfluß hatte? Sie weiß überhaupt nicht, was das sei. Die Ärzte fragen nach typischen Schwangerschaftsbeschwerden der ersten Monate. Luciana hat sich gut im Griff und gibt nichts zu.

Da sie weiterhin jede sexuelle Beziehung zu Süß leugnet, wird «eine Besichtigung ihres Leibes» vorgenommen. Man will beweisen, daß sie schwanger sei oder zumindest «gehurt» habe. Luciana Fischer wird «dem äußerlichen Ansehen nach sehr bestürzt und protestiert, so viel sie konnte, teils mit Worten, teils mit großem Lamentieren, Schreien, Weinen, und Klagen wider unsere Inspektion, mit Vermelden, daß sie solche nicht geschehen lassen könnte, es wäre ihr ein ewiger Schimpf und Spott vor der ganzen Welt, sie sei schon genug beschimpft worden». Die drei Ärzte geben sich ungerührt und bieten einen Handel an: Wenn sie zugebe, daß sie «gehurt» habe, verzichte man auf die Untersuchung. Luciana gibt sich nicht auf. Die Ärzte lassen die Hebammen beginnen. Luciana verteidigt die Würde der Frau und protestiert gegen die Anwesenheit der Ärzte. Aber die Hebammen gehorchen und diktieren ins Protokoll: die Brüste und Brustwarzen seien wie bei einer Jungfrau, weder Milch noch eine andere Flüssigkeit könnten herausgepreßt werden; der ganze Bauch «ebenfalls natürlich, nicht hart, nicht groß, sondern weich, gelind, ohne Runzeln wie nach einer Schwangerschaft; die Genitalien des Unterleibs» nicht geschwollen, nicht entzündet; in den Muttermund könne die Hebamme kaum mit einem Finger eindringen.

Die Untersuchung ergibt nichts, dennoch behaupten die Doktoren am Ende besserwisserisch das Gegenteil. Sie kommen richtig in Fahrt und werfen sich lustvoll auf die von den Hebammen und Luciana Fischer nicht kontrollierbare lateinische Sprache. Die Hebammen fänden zwar keine Schwangerschaft, glaubten aber, daß Luciana «die Ausübung der Liebe, wo nicht öfters, doch etliche Male getrieben haben könnte». Die Ärzte zitieren aus lateinischen Lehrbüchern und bedauern, daß sie Luciana nicht schon vor einem Vierteljahr untersuchen durften.

Darauf erfolgt am 2. Mai Luciana Fischers viertes Verhör, noch länger, mit 48 Fragen. Ob sie sich in Mannheim nicht von Grenadieren habe «als Hure gebrauchen lassen?» Nein. «Ob sie nicht wegen ihres liederlichen Lebens eingefangen worden und sie den Kotkarren ziehen, auch die Stadt räumen müssen?»

Nein, sie wäre «niemal außer hier in obrigkeitliche Hände gekommen». Ob sie später nicht inkognito nach Mannheim zurückgekehrt sei und sich bei einem Liebhaber aufgehalten habe?
Dann werden Frankfurter Bordelle aufgezählt, bei denen sich
die Herren erstaunlich gut auskennen. Der Untersuchungsrichter beruft sich auf das Kirchenkonsistorium in Frankfurt, eine
gemeine Erfindung, denn von dort ist nie eine Nachricht einge-
laufen. Hätte wirklich etwas gegen Luciana Fischer vorgelegen,
die Stuttgarter hätten schon längst genaue Nachrichten aus
Mannheim gehabt. Es geht nur darum, sie in den Dreck zu ziehen, die Wut gegen Süß an ihr zu stillen. Zum Ende Haftver-
schärfung: Sie soll «mit Wasser und Brot abgespeist werden».

Die Justiz läßt am selben Tag, dem 2. Mai, Süß' Buchhalter
Heß in der Haft einen Bittbrief an Lucianas Großvater Horn nach
Kindenheim schreiben, in der Hoffnung, hinter Geheimnisse zu
kommen. Heß schreibt «im Namen und Verlangen der Jungfer
Fischerin» – vielleicht war dies auch bloß eine Finte. Luciana
befinde sich seit sieben Wochen in Haft, letzten Samstag sei sie
dem Stadtvogt übergeben worden und liege jetzt «in harter Gefangenschaft bei Wasser und Brot in einem Turm und erbärm-
lichen Loch». Es werde ihr bald noch übler gehen. Sie werde «beschimpft», wenn der «Herr Großpapa» ihr nicht «in ihrem elenden und jammervollen, betrübten Zustand» beistehe. Er solle
nach Stuttgart schreiben oder selbst herkommen und sie «erlö-
sen». Er möchte sie als «eine verlorene Tochter wieder zu Gnaden annehmen» und die begangenen Fehler verzeihen. Die Justiz ist von dem Inhalt enttäuscht, beschlagnahmt den Brief und
legt ihn zu den Akten. Der Großvater erfährt nie etwas davon.

Das fünfte Verhör folgt am 7. Mai. Es sei zu prüfen, ob die
Härte etwas nütze. Bei Luciana Fischer taugt sie nichts, auch das
sechste Verhör am 13. Mai endet ergebnislos. Sie bleibt in der
Stube des Stadtknechts eingesperrt. Am 23. Mai soll sie zur

Strafverschärfung ins Zucht- und Arbeitshaus nach Ludwigsburg gebracht werden. Sie weigert sich und wird drei Tage später mit Gewalt abgeführt. Die Schwangere weiß ihren Zustand
bis zur Niederkunft zu verbergen. Erst kurz vor der Geburt gesteht sie dem Pfarrer ihre Schwangerschaft, läßt die Hausmeisterin herbeirufen und bekommt für die Geburt eine Hebamme.

«Wider jedermanns Vermuten», wie es verdutzt im Protokoll
heißt, bringt Luciana Fischer am 14. September abends zwischen 19 und 20 Uhr im Ludwigsburger Zuchthaus einen Sohn
auf die Welt. Sofort danach wird sie verhört, zum siebtenmal.
Als man sie fragt, wer der Vater ihres Kindes sei, sagt sie mit
aufgewühlten Gefühlen und erleichtert über das Ende des Ver-
steckspiels: «Ach, wer anderst als der Jud Süß.» Der Zusatz
«Jud» stammt vom Verhörenden, gehört nicht in Lucianas Sprache, eine der vielen Fälschungen in den Protokollen. Die erschöpfte junge Mutter hat sich ihre Verteidigungsstrategie lange
überlegt. Jetzt schützt sie sich mit einem Heiratsversprechen,
das Süß womöglich auch einmal äußerte, das sie selbst aber so
wenig glaubte, daß sie es bisher nicht erwähnte. Er habe mit ihr
nach Holland ziehen wollen.

Der verhörende Beamte will mehr über die Liebespraxis wissen: Wie oft sie dem Süß «beigewohnt»? Luciana Fischer, ko-
misch berührt, sie «hätte es nicht gezählt». Zur Zeit ihrer Verhaftung habe sie noch nichts von ihrer Schwangerschaft gewußt
und erst sechs Wochen vor der Niederkunft etwas gespürt. Sie
habe absolut kein Kind gewollt, deshalb wisse Süß nichts davon. Für die Gegner ein Genuß, Süß weiterhin in Unkenntnis zu
lassen, zur Strafe. Ob sie nicht ein Mittel genommen habe, «die
Leibesfrucht zu verunglücken»? Luciana treuherzig: «Davor
hätte sie Gott bewahrt.» Ein Fieberpulver des Ludwigsburger
Arztes Dr. Ludwig Friedrich Breyer liege noch unbenützt hier.
Luciana geht es schlecht, sie bittet den Zuchthausverwalter, er

solle «sie dessen nicht vergelten lassen, sondern sich ihrer jetzt in ihrem miserablen Zustand erbarmen».

Eine Stunde später läßt sie den Zuchthausverwalter nochmals kommen, sie will noch mehr gestehen. Sie möchte sich von allen Verwicklungen in Geldsachen befreien, die sie nur noch schwerer belasten würden. Gleich am ersten Abend des Hausarrestes im Palais ließ Joseph Süß ihr durch den Kassier Isaac Samuel Levi 1000 Reichstaler (1500 Gulden) in wertvollen Goldstücken auf ihr Zimmer bringen, sie solle es behalten und für ihr eigenes Geld ausgeben. Sie schickte es Süß zurück. Dieser sandte erneut Isaac mit dem Geld. Sie gab es wieder zurück, Isaac wollte es nun für sie aufbewahren. Eine schöne Summe, mit der man in Heidelberg ein Haus kaufen konnte. Eine gute Heirat war mit weniger Mitgift zu bekommen.

Luciana Fischers Sohn stachelt die erotische Phantasie der Feinde an, der Asperger Festungskommandant Glaser widmet sich dem Thema in seiner Korrespondenz mit Süß' Verteidiger. Drei Tage nach der Geburt schreibt er amüsiert: «Das ist eine artliche Begebenheit mit der Jungfer Fischerin, daß sie ein Judenknäble geboren.» Der Neugier folgt die Rache: «Ich verbiete allen Offiziers, dem Juden nichts davon zu sagen, weil die Bestien [Süß und Fischer] so geleugnet.»

Dem Kind geht es schlecht, es ist sehr schwach, aber die Justiz schiebt die Verantwortung auf die Mutter. Durch ihr Leugnen habe Luciana sich die verschärften Haftbedingungen bei Wasser und Brot selbst zuzuschreiben, die das Kind schädigten. Glaser erfährt das Neueste wieder vom Arzt Breyer, der auch fürs Zuchthaus zuständig ist. Aber selbst in Glasers gefühllosem Brief vom 28. September dringt Luciana Fischers Stimme durch. Der Arzt habe gesagt, «daß der junge Hebräer noch lebe und die Fischerin um des Kindes Gesundheit sehr bekümmert sei; kann also die Gevatterschaft [Taufpatenschaft] wohl stattgefunden haben. Wann ich wüßte, wer reussiert [Erfolg gehabt] hätte, wollte meine Gratulation erstatten. Die Fischerin mache sich Hoffnungen, den Süß noch zu bekommen, er habe sich in Holland taufen und mit ihr kopulieren zu lassen versprochen.»

Joseph Süß ist Lucianas Schicksal keineswegs gleichgültig, aber in seiner Isolierung kann er nicht mehr tun, als seinem Verteidiger einen Kassiber zuzustecken: «Was fangen sie denn mit der Fischerin an, die Commissarios?» Gemeint sind die Untersuchungsrichter. Der Anwalt stellt sich taub. Das Kind wird evangelisch getauft, Taufpatin ist die ehemalige Hausmeisterin, ins Kirchenbuch wird nichts eingetragen. Fünf Wochen später erreicht das Ausquetschen der Luciana Fischer den Höhepunkt: im achten Verhör am 24. Oktober. Zwei Untersuchungsrichter, die bisher Süß und alle Zeugen ausführlich vernommen haben, reisen nach Ludwigsburg. Luciana weiß schon lange, daß Süß seine Beziehung zu ihr gestanden hat, und nun hat sie ein Kind von ihm. Sie fühlt sich frei von allen Rücksichten und gesteht, was ihr wichtig und nützlich erscheint. Und dennoch fällt sie nicht über Süß her. Sie mag ihn noch immer, will ihn nicht verlieren, hofft noch. Gesundheitlich geht es ihr besser.

Die Richter kehren zu den Anfängen ihrer Verhörstrategie zurück und machen sie gleich als Prostituierte herunter, die Süß schon in Frankfurt «gebrauchte». Luciana hat ihren Stolz behalten und durchschaut die Lüge: «Das werde der Süß nicht von ihr sagen können oder müßte in Hals hinein lügen, der Süß sei capable gewesen, noch vornehmere Leute zu verführen als sie.» Wie Süß sie zu «seinem Willen gebracht»? Lucianas Antwort ist im ersten Teil zweifellos authentisch und trifft mit Süß' Abneigung, als Jude angesprochen zu werden, präzis seine Stellung zwischen Judentum und Christentum: «Der Süß habe vorgegeben, er sei bereits getauft, und durchaus nicht leiden wollen, daß man ihn einen Juden heiße, und habe ihr versprochen, wann er seine Schulden eingetrieben habe, wolle er sie heiraten und mit sich in Holland nehmen.» Die Richter halten ihr den Heiratsplan mit der reichen Metzer Bankierstochter vor. Luciana Fischer ist nicht auf den Kopf gefallen, sie selbst habe bei Süß eingewendet, er werde «vielmehr eine Standsperson heiraten». Süß beruhigte sie, er habe genügend Geld, und zeigte auf das Porträt der Metzer Jüdin: «Diese solle er heiraten, er wolle sie aber nicht.» Einer der üblichen Männertricks oder Lucianas Schutzbehauptung?

Bei seinem Geständnis führte Süß aus, er habe mit Luciana Fischer nur auf solche Weise geschlafen, daß sie nicht schwanger werden sollte. Er war stolz auf seinen Coitus interruptus. Luciana läßt sich nicht bluffen: Das sei doch nicht wahr, ihr Kind sei dafür Zeuge. Ob Luciana es nicht auch mit anderen getrieben habe? Nun hat sie es satt und packt aus, wie sie von dem Eifersüchtigen eingesperrt worden sei. «Sie sei des Nachts niemal aus dem Haus gegangen, außer daß sie viermal mit ihm Süßen und einmal mit einer Magd in den Karneval gegangen, welche [die Magd] der Süß deshalb blau geschlagen und fortgejagt, sie [Luciana] auch hart examiniert, aber nichts Verdächtiges herausbringen können, wie dann auch überhaupt nichts Verdächtiges geschehen; der Süß habe gemeiniglich, wann er ausgegangen, ein Schloß vor die Tür gelegt, daß sie nicht herausgekonnt.» Luciana lebte fast wie in einem Harem. Ansonsten kommt noch zutage, daß Süß in seinem Palais oft allein mit den beiden Kapuzinern sprach, bis morgens drei Uhr. Über diese Religionsgespräche ließ er einmal bei Luciana fallen, «wenn er eine christliche Religion annehmen wollte, gefiele ihm die katholische am besten».

Am selben Tag das neunte Verhör. Die Justiz jagt vermeintlichen Riesensummen hinterher, von denen Luciana Fischer wissen müsse. Tatsächlich hatte eine unbekannte Person der Gefangenen einige Gulden geschickt, für die Verpflegung. Große Aufregung auch, weil Luciana mit Tinte und Papier um Hemdchen und Stoff für ihren Säugling bitten will. Überall wird eine Verschwörung gewittert, selbst hier. Das Kind hat zwar Anrecht auf Versorgung aus dem Vermögen des Vaters, aber der ist ja enteignet und wird bald unter dem Galgen stehen. So bewilligt die Vermögensverwaltung nur umständlich und widerwillig winzige Beträge für Säuglingskleidung.

Wenige Tage vor dem 5. Januar 1738 stirbt das Kind von Luciana Fischer und Joseph Süß Oppenheimer im Ludwigsburger Zuchthaus, bei klirrender Kälte. Der Vater erfährt bis zum Galgen nichts von seinem Sohn. Der Name bleibt unbekannt, nur die Mutter wußte ihn. Das Kind wird irgendwo beim Zuchthaus verscharrt, ohne Eintrag ins Totenbuch. Vorher war es Gegenstand aufgeregtester Nachforschungen, jetzt ist es Unperson.

Luciana Fischer bleibt auch nach Süß' Hinrichtung im Zuchthaus, man hat sie glattweg vergessen. Da rafft sie sich Mitte März 1738 zu einem Gnadengesuch auf und beweist noch einmal Format. Sie habe «keinen Menschen, der sich meiner annimmt». Sie bittet um mildernde Umstände wegen ihres jugendlichen Alters, auch ältere und verständigere Leute hätten verführt werden können. «Denn so ein Mensch, wie der Süß ist gewesen, der so viel hat können zuwegen bringen und so fürnehmer Personen ihre Augen verblenden. Was hab ich unverständig Mädchen mich vor so einem listigen Menschen genug können fürsehen. Es ist fast nicht möglich gewesen, weilen er mir mein zeitlich Glück mit solchen Umständen hat fürgestellt, daß ich auch hab glauben müssen, ich sei recht glücklich, aber darunter mein groß Unglück erfahren müssen.» Sie spricht von Süß' Judentum und bestätigt die völlige Angleichung im Alltag. Händeringend bittet sie, vor der Ausstellung am Pranger bewahrt zu werden. Hier wenigstens zeigt das Kriminalgericht

Einsicht: Luciana hätte sonst keine Chance, «ehrlich» zu leben, ohne Brandmarkung. Wenn man sie strafen wolle, dann solle man sie lieber weiter im Zuchthaus behalten.

Zwei Regierungsräte prüfen das Gnadengesuch und stellen erstaunt fest, daß für Lucianas weitere Haft jeder Rechtsgrund fehlte. Sie sei nur Untersuchungsgefangene gewesen, der Justizfall Süß aber abgeschlossen. Die Juristen interessiert nur noch, wer die Haftkosten aufbringe, denn Luciana Fischer habe kein Geld. Dasselbe Kriminalgericht, das Süß aburteilte, berät am 12. April 1738 über sie. Die Richter sind erbost, weil sie in Lucianas Gnadengesuch nicht die geringste Reue und keine Verurteilung von Süß finden. Sie spüren, daß Luciana Fischer noch immer zu ihm hält, zum Hingerichteten. Sie beschließen, Luciana auf ewig des Landes zu verweisen, und gestehen ihr mildernde Umstände zu: ihre Jugend und die Schwäche des weiblichen Geschlechts, wie sie sich ausdrücken. Auf öffentliche Auspeitschung oder Ausstellung am Pranger verzichten sie, mit einer Spur sozialen Gefühls, Luciana könne sonst nie mehr eine ehrliche Arbeit finden. Im Hintergrund wartet ein anonym bleibender Mann, der Luciana heiraten wolle, wenn sie nicht öffentlich angeprangert worden sei. Die Mehrheit der Kriminalrichter beschließt, Luciana Fischer noch ein Vierteljahr im Zuchthaus zu behalten, bei Zwangsarbeit. Die hartherzigere Minderheit will es brutaler haben: eine Viertelstunde auf die Schandbühne, dann Ausweisung. Der Geheime Rat verwirft beide Vorschläge und denkt nur an die Haftkosten. Wenn die Gefangene das Geld auftreibe, solle sie sofort entlassen und des Landes verwiesen werden.

Über das weitere Leben der Unglücklichen erzählen die Akten nichts. Beim Urteil des Konkursgerichts von 1747 taucht sie als «die gewesene Süßische Beischläferin» auf. Ihren Namen schleppte man nur deshalb mit, weil die Justiz die paar Kreuzer für Säuglingskleidung dem hingerichteten, zugunsten der Staatskasse enteigneten Vater in Rechnung stellen wollte. Als Gläubiger galt die Staatskasse, die nun ihrerseits als Justizverwaltung von sich selbst als Vermögensverwaltung das Geld einzutreiben suchte. Die Quadratur bürokratischen Unsinns.

Phantasie,
Sprache, Persönlichkeit

Eine unglaubliche Durchsetzungsfähigkeit bei Carl Alexander wurde Süß nachgesagt. Diese Eigenschaft war das Rätsel, das den ganzen Prozeß durchzog: Wie kam Süß zu seinem Erfolg? Die Justiz half sich mit einer Verführungstheorie: Süß habe den Herzog ständig überrumpelt, zu allem verführt, dem Landesfürsten sei im Grunde nichts anzulasten. Damit entmündigte die Justiz den Herzog noch postum. Diese willkürliche und juristisch widersinnige Theorie diente als Grundlage für das Todesurteil über Joseph Süß.

In den Verhören sah sich als erster der Geheimrat Pfau vor das Rätsel von Süß' Persönlichkeit gestellt. Er, in Stuttgart einer der wenigen, der Süß verstanden hatte, schrieb ihm im Verhör ein «promptes Naturell» zu. Von irgendwelchen «Kunstgriffen», Tricks, wußte er nichts, hielt auch nichts von dieser Ausrede. Süß habe es «an schlauen und fertigen Einfällen niemalen gefehlet», so meinte Pfau. Beim Herzog habe Süß «ein ganz außerordentlich Gehör und Protektion» gehabt. Die Folge: niemand habe «ihn gerne zu beleidigen getrachtet». Die Entdeckung des «prompten Naturells» war bei Pfau keine Eintagsfliege, nicht erst geboren in der Not eines gefährlichen Verhörs. Im Sommer 1735 beabsichtigte Pfau, in Frankfurt Süß zu treffen, der ins Kurfürstentum Köln abreisen wollte. Pfau vermutete in einem Brief an Süß, daß dieser «nach seinem prompten und merkurialischen Geist» schon nach Bonn abgefahren sei.

Sofern sich außerhalb von Württemberg Erinnerungen an Süß erhalten haben, fehlt ihnen die spezifisch württembergische Gehässigkeit. In dem Buch «Leben und Tod des berüchtigten Juden Joseph Süß Oppenheimers aus Heidelberg», 1738 herausgegeben von Wilhelm Johann Christian Gustav Casparson, erhielt sich eine aufschlußreiche Erzählung, mehr als bloß eine Anekdote. Der Herausgeber nannte sie «ein Histörchen» und hielt sie für köstlich und zugleich authentisch. Die Szene geht auf Süß' Darmstädter Beziehungen zurück. Seit 1730 stand Süß in Verbindung mit dem Geheimrat von Zangen, der in Gießen amtierte. Casparson war damals Beamter auf der Gießener Post, einer Börse für Neuigkeiten. Die Erzählung schrieb jemand nieder, der Jiddisch verstand, ein wohlwollender Zeitgenosse, der Spaß an dem Spiel hatte, das Süß und der Wirt miteinander trieben. Der Wirt «Zum Weißen Roß», Martin Paul Krach, mag sie dem Autor erzählt haben.

Im Jahr 1734 kommt Süß einmal nach Gießen, wie immer mit der Extrapost. Begleitet von einem Lakaien in Livree, steigt er im Gasthof «Zum Weißen Roß» ab – heute Kreuzplatz 3. Seinen Namen nennt er nicht, er benimmt sich als vornehmer Herr und wird selbstverständlich als solcher behandelt. Der Wirt, nur Herr K. genannt, verneigt sich und fragt, es ist Mittagszeit, «ob Ihro Gnaden zu speisen beliebte?» Süß bejaht und wünscht ein besonderes Zimmer. Der Wirt muß zuerst einheizen und bittet Süß derweil in die Gaststube, wo Studenten zu Mittag essen. Die jungen Herren erheben sich respektvoll. Süß winkt ab: «Sitzen geblieben, Ihr Herren! Sitzen geblieben.» Da erblickt er in der Stube einen Juden, der im Gegensatz zu Süß sein Judentum sichtbar herumträgt, und spricht ihn an: «Woher Ebräer?» Antwort: «Aus Düsseldorf, Ihro Gnaden.» Süß wird vom Wirt nach oben ins Zimmer geholt und gibt seine Bestellung auf: «Ich werde nicht essen, schicke er mir nur eine Bouteille Wein auf mein Zimmer.» Der unsichere Wirt fragt nebenher den Lakaien, wie der Herr tituliert werde. Der Diener: «Ihro Gnaden», nicht Ihro Exzellenz. Süß läßt seinen Diener bei einem Herrn in der Stadt seinen Besuch ankündigen, vermutlich beim Geheimrat von Zangen. Dann muß ihm jemand den Düsseldorfer Juden heraufholen. Süß verwickelt ihn in ein Gespräch, das man in Stuttgart niemals so unvoreingenommen, mit kaum verhohlener Sympathie, wiedergegeben hätte. Während er sich noch immer nicht zu erkennen gibt, bekommt er heraus, daß der Jude Lipmann heißt, in Gießen einen Prozeß betreibt, der von seinem verstorbenen Vater herrührt. Für Süß eine Chance, mit seinen Kenntnissen der Verwandtschaft zu glänzen: «So habt ihr ja Verwandte in Mannheim und Heidelberg, und zählte ihm solche auf den Fingern her.» Lipmann ist entsetzt. Süß lacht und bietet ihm ein Glas Wein an. Ganz der moderne, aufgeklärte Geschäftsmann, nichts von Orthodoxie, wo nur der von einem Rabbiner kontrollierte koschere Wein erlaubt ist. Süß weiß natürlich, daß er damit den anderen in Verlegenheit bringt, aber er liebt nun mal die Schauspielerei. Lipmann lehnt ab, Süß tut so, wie wenn er nicht wüßte warum. Gegen Lipmanns Einwand, ihm sei nur koscherer Wein erlaubt, posaunt Süß seine freidenkerische Einstellung hinaus: «Narrenspossen! Trinkt Ihr doch!»

Jetzt erst gibt Süß seine jüdische Identität preis, zum eigenen Spaß und um jemanden für die Freiheit zu gewinnen. Er wechselt die Sprache, bedient sich des «Loschen hakoudesch» (der «heiligen Sprache»), eines mit Hebräisch vermischten Jiddisch. «Endlich veränderte sich das Spiel auf einmal, wie ihm der Süß das Glas mit den Worten auf Loschen hakoudesch darhielt:

Schoute [Narr] trink! Ich bin so wohl ein Bar [Sohn] Isroel wie du.

Der Jud ward ganz bestürzt und antwortete: Eure Gnaden scherzen.

Dem der Süß in die Rede fiel: Catouves [Schwindel] ist Catouves. Aber ich dibbere dir den Emmes [ich sage dir die Wahrheit], daß ich ein Bar Isroel bin.

Ein Bar Isroel? fragt jener mit der größten Verwunderung. Pschite! [es ist gewiß] beschloß dieser. Schoute, ich bin der Süß Oppenheimer.»

Süß wird von seinem Diener abgeholt, dann bestellt er für die Zeit der Rückkehr die Extrapost nach Wetzlar und macht seinen Besuch. Währenddessen erzählt Lipmann sein Erlebnis dem Wirt, mit der Reaktion des Orthodoxen, der sich über Süß' liberale Haltung ärgert. Lipmann «mißbilligte gar sehr, daß der Süß den Satzungen der Rabbiner so frech entgegen handelte; gab auch den Anschlag [Vorschlag]: man möchte ihn beim Zöllner anzeigen, weil er sich am Tor vermutlich für einen Christen ausgegeben und den Zoll [Judenleibzoll] nicht entrichtet haben würde.» Lipmann wird mit seiner Denunziation kein Glück gehabt haben, Süß ließ sich bei allen Fürsten, für die er arbeitete, vom Judenleibzoll wie vom Warenzoll befreien.

Beim Versteckspiel um die Identität findet Süß seinen Meister in dem Gastwirt, der sich auf humorvolle Weise an Süß «rächen» will. Der Wirt schickt eine Botschaft «in die benachbarte Judenherberge und ließ den Bletegästen [Betteljuden für den Sabbat] sagen, daß sie sich alle in seinem Hause einfinden sollten, weil ein fremder, reicher Jud da wäre, der sie beschenken wolle. Es war den Freitag Nachmittag, wie dieses geschah, und die Herberge war voll armer Juden, die den Schabbes in Gießen zu feiern gedachten. Alle diese erschienen vor dem Weißen Roß und warteten auf den Oscher [reicher Mann], der sie beschenken würde.» Süß erkennt sofort «seine Glaubensbrüder und -schwestern», verleugnet sie und sich selbst nicht und fragt den Wirt, woher sie kämen. Der stellt sich naiv: «Ihro Gnaden, weil hier ein Wirtshaus ist, so finden sich beständig arme Leute, die von großen Herrn ein Almosen erwarten.» Süß' Antwort paßt zu seinem Benehmen in Württemberg, das die Geschichtsklitterer verdunkelt haben: «Es ist so, man trifft überall arme Leute an, und reichte allen gegenwärtigen Juden, von den Alten bis auf die kleinen Kinder, ein reichlich Almosen dar.»

Diese Anekdote steht einmalig in der Süß-Überlieferung. Sie zeigt Mitleid, jüdische Identität, aber auch Freidenkertum, Spaß am Spiel, Versteck hinter einer völlig angepaßten, noblen Erscheinung. Süß gibt sich äußerlich nicht als Jude zu erkennen, und dennoch ist er im Herzen ein mit den Armen seines Volkes mitfühlender Jude geblieben.

In Stuttgart kam Süß' Lust am Schauspiel und am freidenkerischen Spott einmal selbst in den Verhören zur Sprache. Anfang 1737 hatte sich Süß mit den Pächtern der geplanten Ludwigsburger Tabakfabrik um die übliche Gewinnbeteiligung gestritten, mit Bensheimer und anderen Mannheimer Juden, auch mit dem portugiesischen Juden Pancorbo, der Anfang 1737 zu seinem gefährlichsten Feind wurde. Mitten in der Verhandlung fühlte er sich von einem Einfall hingerissen. Stieg auf einen Stuhl, um auf humorvolle Weise seine Überlegenheit zu demonstrieren. Ließ seinen Blick über die Versammelten schweifen und spöttelte: «Seht, ich übersehe euch alle miteinander.» Damit wollte er seine Überlegenheit und die Unvermeidlichkeit seiner Forderung unterstreichen. Bensheimer gab sich zufrieden, die anderen schlossen sich an: «In Gottes Namen, so müssen wir es denn eingehen.» Süß schlagfertig: «Wißt ihr was, wenn ihr zu unserm Herrn Gott kommt, so grüßet ihn meinetwegen, wann ich aber eher als ihr zu ihm komme, will ich ihn auch von euretwegen grüßen.» Für die sauertöpfischen Württemberger war so etwas Blasphemie – ein todeswürdiges Verbrechen. Doch selbst der Ludwigsburger Schutzjude Maram Kahn, Süß' Intimfeind, meinte im Verhör,

dieser Ausspruch sei von Süß nicht als «Gotteslästerung» gemeint gewesen, aber so habe Süß nun mal «nach seinem ange-
borenen brutalen und gottvergessenen Leichtsinn geredet».
Hier riecht es nach einer Mischung aus orthodoxen Vorbehalten
und geschäftlichem Neid.

Im Hintergrund und schweigend konnte es Süß nicht lange
aushalten, er mußte im Mittelpunkt stehen. Isaak Simon
Landau ärgerte sich ständig darüber, daß Süß sich am liebsten
produzierte, wenn das Zimmer voller Leute war. Zu diesem Bedürfnis paßte der Lebensstil. In Mannheim war Süß' Quartier
noch bescheiden gewesen. In der Frankfurter Post arbeitete sich
Süß Zimmer für Zimmer, Stockwerk für Stockwerk voran. Alle
Zimmer, Flure und Treppenhäuser müssen voller Ölbilder gehangen haben. Gleich nach der Hinrichtung wurde diese
Sammlung, die fast nur aus Kopien bestand, in Frankfurt ver-
steigert. Das Verkaufsprotokoll vermerkt, es hätten sich «keine
sonderlichen Liebhaber» für diese 149 Bilder gefunden. Fast alle
Werke gingen unter dem Schätzpreis weg, so kamen nur 340
Gulden zusammen. Lediglich zwei Bilder verrieten einen jüdischen Hintergrund: «Das Opfer des Isaacs» und «Der keusche
Joseph». Die meisten zeigten Landschaften, Bauern, Porträts,
Kaiser, Tiere, Jagden. Süß besaß durchaus Geschmack, er leistete sich, in Kopien, eine «Lucretia» Lucas Cranachs, einige
Rubens, dann Dürer, Holbein und mehrere Rembrandts. Er
schätzte brabantische Meister, Franzosen und Italiener. Die wenigen Aktbilder sorgten für Empörung: Zwei «nackete Bilder»
gingen bloß für vier Gulden weg, zwei weitere brachten 20 Gulden ein, andere erhielten gleich gar keinen Schätzpreis. Ein «las-
zives Stückchen» zeigte einen «Pater, so eine Nonne castigieret
[auspeitscht].» Merkwürdig ein anderes Werk: «eine japanische
Maschine mit allerhand lasziven Stellungen». Im Stuttgarter Palais verwahrte Süß eine seltsam ausufernde Sammlung von 4256

Kupferstichen: Porträts von Kaisern, Fürsten, Fürstinnen, Gelehrten, Künstlern und besonders vielen Theologen.

Noch aufwendiger gab sich Süß in der Kleidung. Allein in Frankfurt kamen zur Versteigerung zehn Röcke, 28 Westen, 24 Hosen, zehn Paar seidene Strümpfe, sechs Paar neue Schuhe, 31 Halsbinden/Krawatten, 25 Oberhemden, sechs Perücken, 31 Servietten, vier Bademäntel, acht Nachtmützen. Gute Preise erzielten Kleidungsstücke, wenn sie mit silbernen oder gar goldenen Knöpfen, Borten, Schleifen und Besätzen versehen waren. Jüdisches taucht nur ein einziges Mal auf: «ein Beutelchen mit zwei ledernen jüdischen Bändern» – Gebetsriemen.

Daneben fanden sich in der Frankfurter Wohnung ein silbernes Degengehänge, ein goldenes Gehänge für einen Hirschfänger und vier Pistolenhalfter. Süß ging bewaffnet, wie es bei Persönlichkeiten des Hofes üblich war. In Württemberg trug er einen Säbel und tat sich mit einem herzoglichen Orden hervor. Auf den Bildern nach dem Tod wurden diese Kennzeichen seiner hohen Stellung weggelassen. Auch darin, nicht nur durch den Käfig, verfälschen alle bildlichen Darstellungen den historischen Süß.

Bei allem Glanz, den die Frankfurter Wohnung verbreitete, brachte die Versteigerung des ganzen Frankfurter Besitzes nicht mehr als 6000 Gulden ein. Den Höhepunkt erreichte der Lebensstil jedoch in Stuttgart. Die Versteigerung des Inventars und der Kleider ergab 13 444 Gulden. Ein wohlsituierter Geschäftsmann, mehr nicht, kein Krösus, der in Geld, Gold und Edelsteinen schwamm. Als Herr der besseren Gesellschaft glaubte Süß, einen Gang zu Fuß selbst bei geringsten Entfernungen vermeiden zu müssen. Auch in Frankfurt besaß er eine eigene Sänfte. In Stuttgart, Ludwigsburg und Wildbad ließ er sich fast jeden Meter tragen und gründete in Stuttgart ein Unternehmen mit Mietsänften. Die Württemberger Richter sahen selbst in diesem

harmlosen Betrieb ein Verbrechen gegen ihre Wirtschaftsver-
fassung.

Während die jüdischen Händler meistens noch in traditioneller Judenkleidung gingen, in schwarzen Mänteln, eventuell mit
einem Judenhut, kleidete sich Süß in Übereinstimmung mit der
neuesten Strömung des deutschen Judentums modern, ausgesprochen höfisch. Seine Staatskleidung, mit der er am Hof und
beim Herzog auftrat, bestand in einem langen Kleid aus schön-
stem scharlachrotem Samt und war reich mit Gold bestickt, ge-
füttert mit weißem, gekräuseltem Samt. Dazu trug er ein feines
blütenweißes Oberhemd, scharlachrote Hosen und Weste,
weiße Strümpfe, hohe schwarze Schuhe, eine Perücke und
einen samtenen Dreispitz. Diese Prachtkleidung zwang ihm
dann das Kriminalgericht für die Hinrichtung auf. Der Verur-
teilte selbst wünschte sich eine einfache Trauerkleidung:
schmuckloses Hemd und Weste, am Arm ein schwarzes Band.

Wie sehr Süß' Lebensstil städtisch geprägt war, zeigte sich am
deutlichsten im ländlichen Wildbad. Dort wurde Süß einmal,
der Sitte entsprechend, wie alle anderen Badegäste zu einer
Hochzeit eingeladen. Die Gleichbehandlung ist bemerkens-
wert, weil die antijüdische Geschichtsüberlieferung später sich
davonstehlen wollte. Süß ignorierte die daneben stehende Braut
und verlangte, die Brautjungfer soll ihn allein abholen. Der Verweis auf den Brauch, daß so etwas nicht gehe, ließ ihn kalt. Was
und wie etwas zu geschehen hatte, bestimmte alleine er, der
Geschäftsmann aus einer fernen Residenz, umgeben von der
Gloriole der höfischen Gesellschaft. Er empfand sich als souveräne Person, der sich die Sitten und Gebräuche unterzuordnen
hatten. Für die ländliche Umgebung kannte er keine Wertschät-
zung. Er wird wieder einmal als arrogant empfunden worden
sein, aber das war bei keinem Höfling anders und gehörte, wie
die Sänfte, zur Unterscheidung von den einfachen Leuten. Als

die Brautjungfer ihm nun bewies, daß sie nicht mit den Sitten ihrer Landschaft brechen wollte, und ihn einfach nicht abholte, fühlte Süß sich beleidigt. Den Zusammenprall unverträglicher Lebensstile nahm er persönlich. Wenn er diesen Zusammenstoß auf seine jüdische Herkunft zurückführte, so wäre das ein Mißverständnis gewesen. Die Sitte hatte Gültigkeit für jede Person des Badeortes, also auch für einen Juden.

Ansonsten galt Süß in der Öffentlichkeit als großzügig, vorwiegend gegenüber Persönlichkeiten des Hofes, der höheren Kreise. Aus dem Stuttgarter Regierungsapparat warf man ihm im Sommer 1735 vor, er sei ein «Verschwender», was ihn sehr traf. Vom landesüblich bescheidenen Lebensstil hob sich Süß tatsächlich stark ab. Für ein Essen in einem Gasthaus konnte er ohne weiteres zehn Gulden hinlegen. Seine Briefe ließ er nur mit Eilpost befördern: ein teurer Weg, der aber sicherer war und mehr Ansehen einbrachte. Ein Brief mit der Eilpost von Frankfurt nach Bonn kostete zwölf Gulden. Eine junge Magd bei Süß war zufrieden, wenn sie neben Kost und Logis 16 Gulden Jahreslohn empfing.

Joseph Süß lebte noch in einer engen Einheit von Geschäft, Personal und Wohnung, einen getrennten, privaten Bereich kannte er kaum. Sein Schlafzimmer war zugleich Büro, Lagerort für Juwelen, Gold- und Münzlieferungen, für wertvollste Waren. Als Patriarch wohnte er mitten unter seinem Personal. Wie er jederzeit bei seinen Leuten eintreten konnte, um nach dem Rechten zu sehen, so war auch bei ihm die Tür meistens offen. Nur bei Frauenbesuch und heiklen geschäftlichen Besprechungen wurden Schlafzimmer und Speisezimmer abgeschlossen.

Zu Tisch ging Süß nie allein; die Gäste wurden nicht nach Sympathie, sondern nach geschäftlicher Bedeutung ausgewählt. Die Mahlzeiten liefen als Arbeitsessen ab, Luciana Fischer hatte dabei nichts zu suchen. Kulturelle Angebote interessierten ihn nicht – keine Musik, keine Künstler, kein Theater, keine Literatur. Alles war dem Geschäft untergeordnet. Die einzige Ausnahme bildeten zwei Kartenspiele um Geld. Süß liebte das Pharaospiel. Den Namen verdankte es einer Karte, die den ägyptischen Pharao zeigt. Gespielt wurde mit zwei kompletten Sätzen französischer Karten, zusammen 104 Blätter, mit einem Bankhalter und den Gegenspielern, den Pointeurs. Auf eine oder mehrere Karten wurde Geld gesetzt. Ähnlich das venezianische Bassettespiel. Süß verbreitete beide Spiele in den dafür konzessionierten Kaffeehäusern.

An seinen Tischgesellschaften der letzten Monate nahmen kurpfälzische Geschäftsleute teil, die wichtigeren jüdischen Kollegen, die koscher essen wollten, und die beiden Kapuziner aus Weil der Stadt, die Beichtväter des katholischen Herzogspaares. Seltener kamen seine Gefolgsleute aus dem Regierungsapparat. Die mit dieser Freizügigkeit verbundenen hohen Kosten erwirtschaftete Süß durch sein Büro. Wer auch immer von ihm eine Empfehlung, eine Förderung, ein Papier, einen Auftrag haben wollte, mußte dafür bezahlen. Durch die Akten klingt es monoton und vorwurfsvoll, Süß habe nichts umsonst getan. Seine Nutznießer und die Regierungsleute hielten es für selbstverständlich, daß er vieles, wenn nicht alles ohne Entlohnung tun sollte. So aber hätte er seinen großen Haushalt nicht finanzieren können, der die Grundlage seiner geschäftlichen Reputation und seiner vielen Verbindungen abgab. Sein Kredit und sein Ansehen beruhten auch auf der großzügigen Lebensführung. Deshalb und weil Süß sich nicht entscheiden konnte, wo er sich endgültig niederlassen wollte, unterhielt er Wohnungen mit allem, was zu einem Haushalt gehörte, gleichzeitig in Mannheim, Frankfurt, Ludwigsburg und Stuttgart, zeitweise selbst in Heidelberg. Durch seine Leute hörte er aus den verschiedenen Regionen, ob irgendwo ein Geschäft zu machen sei.

Die Großzügigkeit war aber mehr als bloß geschäftliche Berechnung. Als Süß seine letzte Fahrt vom Hohenasperg nach Stuttgart antrat, verschenkte er, was ihm in die Finger kam. Dabei hoffte er noch immer, mit dem Leben davonzukommen. In der Todeszelle tat es ihm leid, daß er dem Schächter Salomon nie etwas geschenkt hatte. Dem Hoffaktor Marx Nathan wagte er nichts zu geben, es wäre eine Beleidigung gewesen.

Die Besuche, die Süß irgendwo in Württemberg machte, verfolgten geschäftliche Absichten. 1735 kam er einmal nach Kochendorf – heute ein Ortsteil von Bad Friedrichshall bei Heilbronn. Gleich bildete sich um ihn eine Gesellschaft, die drei bis vier Stunden zusammensaß, bis tief in die Nacht. Süß pflegte aus Zeitgründen mit der Kutsche nachts zu reisen. Er trank nur ein Glas Wein. Bei ihm saß die Familie des Obersten von Creg, mit dem Schwiegersohn von Gemmingen zu Meyenfels und anderen Verwandten. Weitab vom feindseligen Stuttgarter Klima ergaben sich problemlos Treffen, in deren Mittelpunkt Süß stand. Der Oberst schlug «einträgliche Projekte von Tabak, Lederwerk, Gerberei und dergleichen mehr vor». Dafür bat er sich «ein jährliches Gehalt aus, welches ihm der Süß zu verschaffen versprochen, wann nur eines davon akzeptabel wäre». So sagte später Nathan Marum aus, der dabei war. Marum vermittelte den Besuch eines hohen Bittstellers, des Hauptmanns Mettes, der mit seiner Frau bei Süß erschien und bestens aufgenommen wurde. Das Ehepaar kam «einmal nach dem Spaziergang und ist danach bei dem Süßen bei dem Essen geblieben». Der Hauptmann bat Süß, ihm zu einer bezahlten Stelle zu verhelfen.

Geradezu leidenschaftlich gern hielt Süß Audienzen ab, bei Gesprächen mit tiefer Stehenden drängte er seine Hilfe gegen den Regierungsapparat oder mächtige Amtsinhaber förmlich auf. Wenn er Audienz gewährte, war der Flur mit Wartenden voll. Im Zentrum der Hoffnungen anderer zu stehen tat ihm gut. Viele profitierten von seiner Verwendung. Ihre Stimmen über ihn dürften nach der Hinrichtung anders geklungen haben als die der Patrizier, aber sie wurden aus der Überlieferung gestrichen.

Welchen guten Ruf Süß im Land bei den Opfern der Beamtenwillkür genoß, zeigt das Gesuch des einstigen Generalkriegskommissars Josua Albrecht de Bolderin aus Tübingen vom 7. November 1736. Nach 35 Dienstjahren, die Bolderin im Kriegsdienst verbracht hatte, wo er mehrmals verwundet worden war, stand er nun ohne Versorgung da. Einst war er Vizepräsident des Kriegsrats gewesen, also stellvertretender Kriegsminister, und Oberstleutnant. Beim Thronantritt Carl Alexanders zahlte man ihm heim, daß er eine Schwester der Grävenitz geheiratet hatte. Man entzog ihm die Obervogtstelle von Kirchheim unter Teck, strich seine Pension und ließ seinen Besitz zwangsversteigern. Mit 67 Jahren besaß er «keine Mittel mehr zum Leben», wie er Süß schrieb. Verschiedene Eingaben hatten seit zwei Jahren keine Lösung gebracht. Er bat Süß «um die Barmherzigkeit», ihm beim Herzog zu einer «jährlichen Pension, wie gering sie auch wäre, solang meine wenige Jahre noch währen möchten», zu verhelfen. Von einem Erfolg ist nichts bekannt.

Joseph Süß war ungewöhnlich sprachgewandt. In Heidelberg wuchs er zwischen und in verschiedenen Sprachen auf: Zu Hause sprach man Jiddisch, das «Loschen hakoudesch», in der Synagoge Hebräisch, auf der Straße hörte er die rheinfränkische Mundart. Seine Modernität drückte sich auch in der Geschäftssprache aus, die sich frei hielt von der Sprache der Juden wie der Kurpfälzer. Süß hatte die hebräische Kurrentschrift gelernt, überließ aber die hebräische Korrespondenz seinem jüdischen Personal. Wie jeder Händler mußte er die Fachsprache des Geldmarktes verstehen. Davon zeugt ein Brief seines Frankfurter Korrespondenten Seckel Engers in hebräischer Schrift, der am 23. Juli 1736 aus Frankfurt an Süß' Büro nach Stuttgart schrieb. Dem Übersetzer Bernard war diese Welt so fremd, daß sein Unverständnis sich am Ende mit der Übersetzung vermischte. «Seckel meldete, daß er mit dem Bewußten am Fenster bei einer halben Stund gesprochen, habe sehr rolliert. Er aber gab mir zur Antwort, er brauche keines Rollierens. Es ist noch weit davon, der Mosquiter, welcher bei dem weit berühmten Herrn ist, hat einen Brief über Amsterdam an den Bewußten geschrieben, hat mir das schöne Schreiben und also höflich eingericht gerühmt.» Dann kommt der Übersetzer ins Schleudern und notiert kopfschüttelnd: «Bei diesem vielen Diskurs ist nichts fundamentalisch herauszunehmen. Endlich und endlich: Schwarz ist Trumpf.»

Bei amtlichen Schreiben bediente sich Süß erfahrener Sekretäre, die seine eruptiven Diktate und Gefühlsäußerungen abmilderten. Dennoch wußte er seinen Schreiben eine persönliche Note zu verleihen, wie sich schon im Brief an die Hofdame Krafft, dann vor allem in den bewegten Schreiben an den Herzog zeigt. Süß entrümpelte den deutschen Kanzleistil, der in unendlich verschachtelten Sätzen Geduld und Verständlichkeit auf eine schwere Probe stellte. Zweckmäßig, wie er als Geschäftsmann arbeiten mußte, gliederte er seine Schreiben in klarem Aufbau, vermied Wiederholungen und sorgte bei der Überarbeitung der Konzepte für Straffung und Deutlichkeit. Auch stilistisch bewies er sich als Aufklärer, als Mitglied einer rationalen Geschäftswelt. Floskeln, wolkige Belanglosigkeiten, drängte er zurück. So gelang ihm ein moderneres Deutsch, als es im Stuttgarter Regierungsapparat geschrieben wurde.

Selbst in den kompliziertesten, aufgeregtesten Geschäftsbriefen machte Süß aus seinem Herzen keine Mördergrube. Immer wieder ließ er seine Gefühle, seine Wut über seine Gegner, selbst seine Lebensangst zu Wort kommen. Die letzten Haftbriefe vom Hohenasperg zeigen einen verzweifelten Menschen, der um sein verlöschendes Leben kämpft. Er liebt keine Umschweife, kommt gleich zur Sache und reißt seinem scheinheiligen Verteidiger Mögling bereits im ersten Satz die Maske herunter: «Es heißt bei dem Herrn Doktor: aus den Augen, aus dem Herzen, indem mein Arrest sich leider noch in allen Stükken [um] nichts gelindert hat, hingegen meine Gedanken vielmehr in Verwirrung billig kommen dürften, wie denn aus den hier beikommenden drei überschriebenen Bögen Papier wohl abzunehmen ist, wie konfus ich in meinem Kopf sein muß.» Am Ende des Briefes ein Notschrei: «Ich bitt den Herrn nur inständig, der Sach ein Ende machen zu lassen, denn sonst alle Gnad nach meinem Tod kommen [wird], denn ich im Leben und der Gesundheit sehr miserabel bin.» Dieses Schreiben entstand im September 1737, als Süß noch lange nicht an den Galgen dachte.

Einen Monat später bestürmte er seinen Anwalt erneut, versprach, wie immer, für die Bemühungen gut zu zahlen, und änderte die Grußformel ab, seinem Gemütszustand entsprechend: «in großer Bestürzung». Sein letzter Brief, am 5. Januar 1738 geschrieben, bringt die rechtswidrige Prozeßführung auf den Punkt: «Dieser angefangene und gezwungene Prozeß kommt darauf an, auf richtige Fakta. Und wenn man solche verlangt, hat man nicht vonnöten gehabt, mich mit solchen ausgeübten, ohnerlaubten Mittel abzudringen, da man meine Registratur, Korrespondenz, alle Konzepte von den Leuten, als die Leut selbst, gehabt hat.»

Bei aller Aussichtslosigkeit seiner Bemühungen ging Süß bis zum Ende die sprachliche Kraft nicht aus. Selbst der dickfellige Kommandant Glaser auf dem Hohenasperg zeigte sich im Dezember 1737 beeindruckt, als Süß ihm eine Parabel erzählte, die der Gefangene als symbolisch für sein Schicksal empfand. Der Militär faßte zusammen: «Es wäre einem Bauern weisgemacht worden, es gehe ein Ungeheuer auf seinem Acker. Der Bauer sei, solches zu sehen, auf seinen Acker gegangen. Indem sei ein Passagier vorbei und über den Acker gefahren, welchem die Uhr aus dem Sack gefallen und an dem Pflug hangenblieben. Da der Bauer den goldenen Wecker gesehen und gehört (diesem vergleicht er [Süß] sich), habe dieser mit anderen, mit Prügeln, als wäre es das Ungeheuer, draufgeschlagen, selbiges ins Dorf gebracht, wovon ein jeder zum Andenken ein Stück haben wollen. Nachdem aber der Passagier seine Uhr wieder gesucht und die Obrigkeit 1000 Dukaten dafür zu zahlen gesprochen, habe keiner nichts davon zu haben oder damit umgangen zu sein vorgeben. So werde es seinetwegen ergehen, die Herren Commissarii werden sich auch also entschuldigen wollen.»

Zugespitzte Formulierungen gefielen Süß. Auf dem Hohenasperg nannte er den Regierungsrat Pflug, den Vizepräsidenten des Untersuchungsgerichts, «einen Landesvampir», der Süß' «Blut aussauge». Als wortschöpferisch hatte er sich schon früher bewiesen. So titulierte er den Kammerpräsidenten von Gemmingen, der ihm in der Münze Schwierigkeiten (Diffikultäten) machte, als einen «Diffikultätenmacher», oder er nannte die Regierungs- und Geheimräte glattweg «Diffikultätenräte». Die Aussichtslosigkeit, aus dem Herzog Bargeld herauszuholen, umschrieb er in einem Vergleich. Als es um die herzogliche Unterschrift unter Befehle ging, sagte Süß, «er getraue sich eher den Weg von Winnenden bis auf Stuttgart mit lauter Carl Alexanders Unterschriften zu pflästern, als nur einen Gulden Bargeld vom Herzog zu bekommen». – Vom Schloß in Winnenden nach Stuttgart sind es 20 Kilometer. – Allein schon die Unterschrift zu bekommen war eine Kunst, die nicht viele am Hof und in der Regierung verstanden. Und Süß brauchte als Geschäftsmann mehr: sein vorgeschossenes Geld plus Zinsen.

Seine Zunge konnte im schärfer werdenden Streit mit

dem Regierungsapparat selbstverständlich auch verletzen. So drückte Süß seine Verachtung für die einheimischen Regierungsbeamten in dem Spruch aus, «man könne aus einem Schwaben nicht mehr machen als höchstens einen Expeditionsrat». Gemeint war die unterste Stufe der Rätekarriere. Konsequenterweise suchte er im Auftrag des Herzogs außerhalb Württembergs neue Kandidaten für Geheimräte und Regierungsräte. Bei Spannungen mit den Landständen und dem Patriziat hatten so etwas schon andere Herzöge getan. Erst wenn ein Jude dabei beteiligt war, sollte es auf einmal Hochverrat sein.

Durchaus zutreffend hatte Süß schon 1733 erkannt, daß die württembergischen Landstände «mit dem Geldgeiz besessen» seien. Sie hatten Interesse am Kauf weiteren Landes, um das württembergische Territorium abzurunden, aber kosten durfte es nichts.

Höchstes geschäftliches Glück animierte Süß zu Wortschöpfungen. Wenn er besonders gute Honorare einsteckte, respektable Provisionen, so nannte er sie «seine Flugschüsse». Dem Herzog imponierte das Phantasiewort wie die Sache, er gönnte Süß die außerordentlichen Einnahmen. Glücksgefühle überhaupt verbanden sich bei Süß am stärksten mit Geldgeschäften, mit Gewinnen, den Früchten langer Bemühungen und heftiger Kämpfe. 1733 rechnete er dem hessischen Landgrafen seinen eigenen Verlust von 20000 Gulden vor und verglich damit den großen Profit des Landesfürsten bei der Münzprägung durch ihn, Süß. Er glaube, daß derjenige, «welchem ich den Himmel geschenkt, mir ja wohl einen Platz darinnen zugestehen kann». Der Himmel säkularisierte sich im Geldgeschäft. Das war die Sprache eines Freidenkers und aufgeklärten Finanzmaklers.

Zu der bildhaften, zupackenden, immer sprungbereiten Sprache paßte der Handlungsstil. In Wildbad, es könnte 1734 gewesen sein, wollte Süß das nutzlos herumliegende Bargeld der herzoglichen Kasse in sein Münzprojekt einbeziehen. Er fragte Joachim Friedrich Neuffer aus, wieviel in der Kasse sei. Neuffer wies ihn ab: Er sei zufrieden. Damit konnte man Süß nicht kommen. In bester Laune und voller Schalk warf Süß dem Herzog einen Witz hin: Der Herzog «müßte viel Geld mit sich herumführen, weilen vier Haiduken [Lakaien] so schwer an der Kasse tragen». Süß ließ nicht locker, bis der Herzog ihm 40000 Gulden Vorschuß gewährte, die Süß aber nachher nicht zurückgab, sondern mit der offenen Juwelenrechnung verrechnete. Eine kühne Tat. Süß war Erzähler, Höfling, Finanzier und Unterhalter, mit einer Spürnase für Geschäfte.

Dazu besaß er ein außerordentliches Gedächtnis, eine unerläßliche Bedingung für die weitgehend mündliche Geschäftspraxis. Als Fürnkranz aus Paris nach Stuttgart kam und Generalkontrolleur wurde, gewann er den Eindruck, daß Süß bisher «alles in der Konfusion traktierte»; Süß habe nichts aufgeschrieben, kein Kassenbuch geführt, erst spät ein Wechselbuch begonnen. Das war die zugespitzte Aussage eines Buchhalters. Die Wechselbücher seit 1730 sind noch heute vorhanden, viele Aktenbündel des Prozesses bestehen aus nichts als Quittungen, bis zu Kleinigkeiten wie Apotheker- und Schneiderrechnungen. Aber Süß war alles andere als ein Buchhalter: ein eifriger Pläneschmied, der vor allem am Zustandekommen von Verträgen Spaß hatte und sie mit Gewinn weiterverkaufte.

Seine Spontaneität brachte ihn im Juwelengeschäft in Bedrängnis, als er anfangs dem Herzog aus lauter Freude unbesorgt Juwelen ohne Quittungen überließ, zur Ansicht. Es war Fürnkranz, der Süß' Wesen trotz Bedenken begriff. Er empfand ihn als «Hazardeur», als Glücksspieler, der die Münzproduktion gegen alle Geschäftsregeln bis aufs äußerste Risiko durchpeitschte. In den komplizierten Finanzierungsgeschäften ein Jongleur, ein Künstler, kein Pedant.

Spielen konnte er selbst mit dem Herzog, auch im übertragenen Sinn. Nach Joachim Friedrich Neuffers Empfinden benahm sich Süß zeitweise unverschämt. Wenn er bei einer Audienz sauer auf den Herzog war, konnte er diesem den Rücken zukehren und warten, bis der Fürst weich wurde und seinem Finanzberater gute Worte gab. Aber gerade mit dieser unerhörten Selbstsicherheit paßte Süß bestens zum Herzog. In der Verteidigungsschrift ließ er schreiben, der Herzog habe «diejenigen Leute, welche allzu submiß [unterwürfig] gewesen, nicht ertragen können». Der Herzog schätzte besonders, daß Süß alles, was er selbst vorschlug, auch wirklich durchsetzte, unter Aufbietung aller Kräfte und Mittel. Was für ein Gegensatz zu den ewig zaudernden und häufig unpraktischen Regierungsleuten.

Für den autoritären Landesherrn besaß Süß das richtige Format. Den anderen kam er eher herrschsüchtig, gewalttätig, brutal vor. Der Hoffaktor Marx Nathan, der Süß immer aus dem Weg gegangen war und ihn dann doch auf die Hinrichtung vorbereiten mußte, traute sich selbst nicht mehr zum Herzog. Ganz anders Süß, der, wenn er einen guten Grund hatte, sich auch dem Herrscher widersetzte. Ein neuer Typus des selbstbewußten bürgerlichen Geschäftsmannes, ohne Rückendeckung bei einem machtbeteiligten Patriziat, im Kern schon ein Bürger neuer Art, den engstirnigen, kurzsichtigen Landständen und ihren Anhängern in der Regierung weit überlegen. Ein selbstbewußter Wirtschaftsbürger zwei Generationen zu früh, fünfzig Jahre vor der Zeit und im falschen Land.

Einem Traditionalisten wie Marx Nathan mußte dieser couragierte Finanzier wie eine dämonische Gestalt vorkommen. Wenn er sich für jemanden einsetzte, war nichts mehr zu machen. «Er hatte den Teufel im Leib», so empfand Nathan. Wenn Süß in einem Zimmer tobte, fuhr er «wie ein Teufel» herum. So drückte sich Joachim Friedrich Neuffer aus, der in der herzoglichen Garderobe viel mitbekam.

Ein letztes Mal spielte Süß seine Überlegenheit auf dem Hohenneuffen aus, gleich im ersten Verhör. Auf die dritte Frage: «Was seine Profession sei, und was er gelernt?» warf er den Kriechern hin, die er immer verachtet hatte: «Große Herrn zu traktieren und mit ihnen umzugehen.» Dann bekannte er sich unbeugsam zu seiner Religion, verweigerte jede Aussage zu seinem Vermögen, berief sich auf andere Fürsten, die für die Justiz ungreifbar waren, machte sich lustig über die vielen unpräzisen Fragen, die im Nebel der Ignoranz herumstocherten, und verwies auf seine Geschäftsakten, die sich wie ein unbezwingbarer Berg vor den Untersuchungsrichtern auftürmten.

In seiner Privatbibliothek, die größtenteils in Frankfurt geblieben war, in acht «grün angestrichenen Bücherkasten», offenbart sich sein philosophisches Interesse. In Stuttgart befand sich nur ein winziger Teil seiner Bücher, die bei der Versteigerung lediglich 33 Gulden einbrachten. In der Frankfurter Bibliothek gab es nur wenige Judaica: den jüdischen Geschichtsschreiber Josephus in verschiedenen Ausgaben, daneben mehrere Werke des Konvertiten Bernard, den Süß erst in der Todeszelle kennenlernen wird, dazu zwei christliche Bibeln im Folioformat. In der Philosophie dominierten unter Süß' Büchern Samuel Pufendorf (1632–1694) mit «Einleitung zur Historie» und «Heiliges Religionsrecht» und Christian Thomasius (1655–1728) mit «Einleitung zur Sittenlehre», «Ausübung der Sittenlehre» und «Entwurf der politischen Klugheit», beide hervorragende Exponenten der frühen deutschen Aufklärung. Wenn man philosophische Quellen für Süß' Denken sucht, so muß man zu Thomasius greifen: Abschüttelung der Theologie durch das aufgeklärte Rechtsdenken, Schwerpunkt auf dem Recht, nicht auf der Moral, Betonung individueller Gewissens- und Denkfreiheit,

Toleranz im Deutschen Reich, Gegnerschaft zur Folter, wissenschaftliches Interesse am Verwaltungs- und Finanzwesen. Süß' Bibliothek veranschaulicht eine von der Adelskultur sich trennende bürgerliche, intellektuelle Kultur, die vor allem in Sachsen und Berlin heimisch war, im Süden nur in der aufgeschlossenen Kurpfalz. Im zurückgebliebenen Württemberg hätte diese Bibliothek einen Fremdkörper dargestellt.

In der Literatur schätzte Süß Abraham a Sancta Clara, von dem er viele Werke besaß: einen oberschwäbischen, katholischen Barockdichter, einen satirisch begabten Prediger und populären Erzähler in Wien. Süß war in der literarischen Mode auf der Höhe der Zeit. Daneben liebte er «galante Poesie», auch französische. Sprachbücher waren ihm wichtig, für Deutsch, Französisch, Italienisch und Lateinisch. Außerdem besaß er französische Reiseliteratur. Praktische Werke widmeten sich den Arbeiten im Büro: «Sekretariatskunst»; «Anweisung zu deutschen Briefen»; «Galante Briefe»; «Die Kunst deutsch zu schreiben»; «Maximen in der Konversation»; «Wohlinformierter Briefsteller». Einige Werke beschäftigten sich mit dem Geld- und Münzgeschäft: «Wechselrecht» und «Silberkauf», eines galt der Arithmetik, «Der faule Rechenknecht».

Ein erstaunlich großer Teil der Bibliothek bestand aus juristischen Büchern für Notare und Advokaten, behandelte das Prozeßrecht, das Strafrecht, das Militärrecht und das deutsche Staatsrecht. Süß scheint sich als Autodidakt gründlich in den Rechtswissenschaften umgetan zu haben. Seine Bibliothek enthielt für einen Finanzmakler auch ungewöhnlich viel historische Literatur, zur deutschen Reichsgeschichte, zum Adel, aber auch zu den Rechtsverhältnissen in Württemberg und zur neueren Geschichte des Herzogtums. Für den Alltag standen einige politisch-zeitgeschichtliche Nachschlagewerke zur Verfügung. Zuletzt etwas höfische Unterhaltungsliteratur wie «Europäischer

Höfe Liebes- und Heldengeschichten» oder «Spion an den Höfen christlicher Potentaten» – insgesamt eine Bibliothek, wie wohl selten ein Finanzier der Zeit sie besaß, Zeugnis eines breiten Bildungsinteresses.

Die Obstruktion des Patriziats
und der Landstände

Nach der ständischen Verfassung teilten sich zwei Institutionen die Macht in Württemberg: der Herzog und die Landstände. Seit dem Tübinger Vertrag von 1514, der Magna Charta des württembergischen dualistischen Regierungssystems, besaß die Vertretung der patrizischen Oberschicht das alleinige Recht der Steuerbewilligung. In der Folge stimmten die Stände Steuern nur zu, wenn sie neue Verfassungsrechte vertraglich zugestanden bekamen.

Zur Zeit Carl Alexanders befand sich die bürgerlich-patrizische Macht nicht bei den Landständen, die wenig hervortraten, sondern beim höchsten Regierungsorgan, dem Geheimen Rat. Damit hatte sich die in der Verfassung angelegte Spannung in den Regierungsapparat hineinverlagert. Noch bevor die Elite des Landes jede finanzpolitische Initiative des Landesherrn zu untergraben suchte, drängte der Geheime Rat darauf, dem katholischen Regenten die Herrschaft über die evangelische Landeskirche zu entwinden. Der Herzog war zu dem Entgegenkommen bereit, zumal die Identität des Landes stark mit dem Stolz auf das reformatorische Bekenntnis verbunden war. Schon am 27. März 1734 verzichtete er in den «Religionsreversalien» auf seine kirchlichen Rechte als Landesherr. Die Kontrolle über die Kirche lag jetzt beim Geheimen Rat. Das führte zu einer Verstärkung der Doppelherrschaft. Der Geheime Rat wuchs zum Bollwerk des patrizischen Widerstands heran.

Am Anfang des Polnischen Erbfolgekriegs blieben die Konflikte noch von geringer Bedeutung. Als der Herzog aber seine Befehle rascher vollzogen sehen wollte und es sich mehr um Geldfragen handelte, nahmen die Spannungen zu. Der Kragen platzte ihm, als er Frühjahr 1735 im Generalhauptquartier der Reichsarmee eintraf. In einer gefährlich klingenden Anweisung vom 17. März aus Heilbronn an den Geheimen Rat fuhr der Herrscher die Opposition an, zu der er keineswegs alle höheren Regierungsbeamten rechnete. Einige seiner Räte, deren Name er kenne, fädelten Dinge ein, «welche nicht allein Unserer vorhin bekannten gnädigsten Willensmeinung, folglich Unserm Landesfürstlichen Respekt zuwiderstritten, sondern gegen die Landesverfassung und Gewohnheiten laufen, folglich keinen anderen Endzweck haben können, als Uns Unsere Regierungslast beschwerlicher und alle auf Ruhe, Frieden und Wohlstand Unserer Lande und Untertanen angesehene Verfügungen zunicht und rückgängig zu machen».

In verklausulierter Amtssprache deckte hier Carl Alexander das Oppositionssystem der Geheimen Räte auf. Sobald der Herzog die ersten Neuerungen ins Auge faßte, um das Land verteidigungs- und zahlungsfähig zu machen, hatten die Räte jede seiner Maßnahmen mit langen Einwänden beantwortet. Darin waren sie Meister, so gewannen sie Zeit und suchten den ungeduldigen Generalfeldmarschall zu zermürben, der genügend mit den Kriegsvorbereitungen beschäftigt war. Im Zweifelsfall ließen die Räte die Sache einfach liegen oder schoben sie von einem Zimmer ins andere und begruben sie allmählich unter ihren Stellungnahmen. So wurde dem Herzog von seinem eigenen Apparat der Überblick verstellt. Jede, bald auch die geringste Änderung sahen die Geheimräte als ein Attentat auf die Mitwirkung der Landstände an. In ihrem Ursprung hatte die ständische Verfassung einen Fortschritt gebracht, die Kontrolle rechtswidriger, diktatorischer Regenten, nun wurde sie zum Hemmschuh für jede Erneuerung.

Der Herzog tobte in seiner Heilbronner Anweisung weiter: Er wolle nicht länger «dergleichen schuldigkeit- und pflichtwidrigem Betragen zusehen», er werde sich «genötigt finden, gegen solche Aufwiegler mit exemplarischem Ernst ohne einige Nachricht zu verfahren». Dies sei die letzte Warnung. Zuletzt verlangte er, daß seine Verordnung «sträcklich» eingehalten werde. Das war es, was den Landesfürsten aufregte: Seine Anweisungen wurden nie auf der Stelle ausgeführt. Auch Süß bezeugte, daß der Herzog, ein General, die Regierungsarbeit sich in militärischem Stil vorstellte: mit sofortigem Vollzug.

Dieser Ton fruchtete eine Zeitlang. Ein halbes Jahr später fuhr Carl Alexander seine Geheimräte erneut an, nun konkreter: Sie würden seine Anordnungen überhaupt nicht ausführen oder nur hinausschieben. Das hatte auch Süß beobachtet. Wieder ein halbes Jahr danach erkannte der Herzog in der Opposition des Geheimen Rates eine sich organisierende Gegenmacht. In Ludwigsburg unterzeichnete er am 11. August 1736 eine Anweisung: Die Räte würden ihre Behinderung «fast ohne Scheu und in öffentlichen, auch zuweilen gleichsam geschlossenen Zusammenkünften» betreiben. Zum Hintergrund: Am 30. Juni hatte der Herzog Süß zu seinem Geheimen Finanzrat ernannt. Der Apparat fühlte sich im Alarmzustand. Da Süß kein Mitglied eines Regierungsorgans wurde, hatte der Geheime Rat dabei eigentlich nichts zu melden. Doch die höchste Regierungsinstitution glaubte, Württembergs verfassungsmäßiges Judenverbot verteidigen zu müssen, das für den Hof sowieso nicht galt. Der patrizische Kastengeist, getränkt mit Judenfeindschaft, stellte sich bockig gegen den jüdischen Finanzier.

Der Regent ging in seinen Vorhaltungen weiter. Sogar gegen seine Kabinettsregierung und einzelne, von ihm mit Spezialaufgaben beauftragten Räte hätten diese Pflichtvergessenen «allerhand Invektiven [Beleidigungen] und Bedrohungen auf künftige Zeiten» ausgestoßen. Drohreden hatte auch Süß zu hören bekommen, manche hinterhältig getarnt als Befürchtungen. Er hatte gute Gründe, sich gegen ein Giftattentat vorzusehen, indem er in seiner Küche auf jüdisches Personal Wert legte. Carl Alexander sah in den Umtrieben seiner Gegner «ein frevelmütiges und gleichsam auf komplottierende Faktionen abzielendes Beginnen». Diese «pflichtlose Frevler» werde er beim nächsten Fall «auf eine exemplarische Weise an Ehr, Leib und Gut, andern zum Abscheu, wohlverdient öffentlich» bestrafen.

Die Obstruktionspolitik der Regierung zwang den Regenten erst recht, Süß mit der Forcierung der Finanzpolitik zu beauftragen. So ernannte Carl Alexander Mitte Oktober 1736 Süß zum Kabinettsfiskal, der, allein dem Herrscher verantwortlich, herzogliche Rechtsuntersuchungen und die Vergabe von Ämtern in fiskalischem Sinn einzuleiten hatte. Es ging darum, den langwierigen und folglich teuren Behördengang abzukürzen und bei Bestrafungen lieber Geld zu kassieren, als für den Staat nutzlose, für den Bestraften ruinöse Haftstrafen zu verhängen. Eine Beschleunigung und Modernisierung der Verwaltung, wenn auch in fiskalischer Absicht. Die Räte erblickten darin ihre Entmachtung.

Eine Woche später, am 21. Oktober 1736, war der Herzog weit weg von Stuttgart, in Blaubeuren, hier konnte er endlich seinen Kropf leeren. Er erwischte eine Sternstunde. In einem seiner grundsätzlichsten Briefe formulierte er fast so etwas wie die Magna Charta der patrizischen Vetternwirtschaft. Den Brief schrieb Joachim Friedrich Neuffer nieder, wie die Handschrift zeigt, er brauchte es nie zu büßen. Das Schriftstück war an den Oberhofkanzler gerichtet, den Regierungschef Scheffer in Stuttgart, keineswegs an Süß, wie man erwarten könnte. Der Herzog hatte sich «Wort für Wort», was offenbar selten geschah, die Kritik des Geheimen Rates an Süß' Ernennung zum Fiskal vorlesen lassen. Am Stil hatte er den Geheimrat Schütz als Autor erkannt. Schütz gehörte neben Georgii und Gemmingen zum militanten Flügel gegen den Herzog und Süß. Er, der Herzog, könne sich «nicht genug wundern, wie diese Leute, Meines darüber führenden beständigen Klagens ohngeachtet, nicht nachlassen, alle Meine Verordnungen zu kritisieren und aus allem nur den [!] Gift herauszuziehen, ohne auf das daraus fließende Gute zu reflektieren oder davon einige Erwähnung zu tun, indem sie nur beständig auf die alte Observanz [Gewohnheitsrecht] und daß alles in dem alten, gewöhnlichen Trainite [Schlendrian] möchte gelassen werden, sich beziehen, und wann sie all dieses nicht anders mehr beschönen können, um ihre Verbitterung darunter zu verbergen, so kommen sie mit dem puncto juris [juristischen Standpunkt] aufgezogen, um ihren Justizeifer an den Tag zu legen, melden aber dabei nicht, daß eben die übel administrierte Justiz und der bisher bei den Collegiis [Regierungsorganen] eingerissene Eigennutz und die so schädliche Rücksicht auf Familien Mich zu solchen Entschließungen, und damit all dergleichen vermieden, mithin Meine Untertanen prompte Justiz angedeihen möge, bringen.»

Des Herzogs Konsequenz: er befahl dem Regierungschef, den Räten eine «geschärfte Anweisung» zu erlassen, ohne Begründung. Der Herzog sehe sich gezwungen, künftig seine Maßnahmen selbst zu besorgen. Damit meinte er seine Kabinettsregierung, die er am 16. Juni 1735 eingerichtet hatte und wie sie bereits in europäischen und deutschen Staaten existierte, um die schwerfälligen, traditionalistischen Regierungsorgane auszuschalten. Dann berührte er einen heiklen Punkt: seine Finanzen. Während die Steuereinnahmen im Land der Genehmigung und Kontrolle durch die Landstände unterlagen, konnte der Herzog selbst nur über die Einnahmen der Rentkammer aus den herzoglichen Gütern verfügen. Das war zuwenig, um einen verschuldeten Staat voranzubringen.

Nun mußte Carl Alexander feststellen, daß ihm durch den widerwilligen Regierungsapparat selbst diese Einnahmen beschnitten wurden. Das Patriziat kontrollierte faktisch das ganze Land, von der lokalen Ebene bis in die Staatsdomänen. Der Herzog war erbittert darüber, daß «bei der Kammer [Rentkammer], allwo Meine Revenuen [Einkünfte] besorgt und vermehrt werden sollen, die Ansehung der Personen und Familien wie auch der schädliche Eigennutz beständig regiert, so daß endlich in allen dergleichen Vorkommenheiten Ich immediate [unmittelbare] Verordnungen erlassen müssen, wann Ich anders dies oder jenes in der Ordnung haben wollte».

Zum Schluß gelang dem empörten Herrscher ein Satz von klassischer Qualität: «Bei der Regierung sind ja die Parteilichkeiten so eingerissen, daß Ich fast nicht wüßte, welchen unter den Räten Ich einiges Vertrauen beimessen könnte, wie dann dem Herrn Oberhofkanzler selbsten bekannt, wie oft Ich darüber geklagt und wie vielerlei Klagen vom Land deswegen bei Mir sowohl als bei demselben angebracht worden.» Für zuverlässige Leute, die bei der Formulierung dieses scharfen Befehls mitwirken sollten, hielt der Herzog neben Scheffer nur noch Pfau und Süß. Den Namen des Geheimrats Heinrich Reinhard Baron von Röder ließ er erst nachträglich einfügen. Daß Röder ein unsicherer Kompagnon war, erwies sich beim Ausbruch der konservativen Revolte.

Carl Alexander war so erregt, daß er mit eigener Hand ein Postskriptum anfügte, das in origineller Weise ein Loblied auf den angegriffenen Süß anstimmte. «Es ist mir herzlich leid, daß des Süßens Sentiments [Gesinnungen] christlich, die mehreste von Meinen Räten aber passioniert [voreingenommen], interessiert [eigennützig] und jüdisch sein.» Die landläufige negative Meinung über die Juden schlug beim aufgeklärten Herrscher gegen die Judenhasser zurück.

Drei Tage danach kam in Stuttgart ein Erlaß des Herzogs heraus, ein mutiger Schritt zur Modernisierung. Carl Alexander wollte der Zerrüttung der herzoglichen Einkünfte mit einer Finanzplanung begegnen. Eine Idee von Süß, entwickelt unter der Mithilfe von Fürnkranz, den der Herzog auf Vorschlag von Süß als Generalkontrolleur eingesetzt hatte. Das Kassenwesen in Württemberg befand sich in einem heillosen Zustand. Künftig sollte jedes Amt jährlich seine Rechnungen einreichen, was infolge der patrizischen Versippung der Amtsinhaber und des allgemeinen Schlendrians schon lange nicht mehr geschehen war. Der Herzog wollte im voraus wissen, mit welchen Einnahmen er rechnen könne. Die Vergabe von Ämtern und anderen herzoglichen Gnadenerweisen, «Gratialien» genannt, die künftig nur noch gegen Geld zu haben waren, sollte der Regierungschef Scheffer überwachen, Süß hätte die Beschlüsse des Herzogs auszuführen und die Gelder zu kassieren. Mit der Abrechnung sollte er nichts zu tun haben, für das ganze Verfahren war er nicht verantwortlich. Die Quittungen für die eingenommenen Gelder hatte Scheffer zu unterschreiben.

Wieder nur zwei Tage danach kam ein weiterer Erlaß heraus. In Vorwegnahme einer Steuerreform, die schon lange fällig war, aber von den Landesständen blockiert wurde, machte Carl Alexander einen ersten Anlauf zur Vermögenssteuer. Das hätte vor allem das Patriziat getroffen, das viel besaß und bei der Steuerbemessung sich zu schonen pflegte. Der patrizische Widerstand wurde wütend und die neue Steuer Süß angelastet, obwohl die Regierung genau wußte, daß Süß dem Herzog immer wieder von der Vermögenssteuer abgeraten hatte. Süß rechnete mit zu vielen Schlupflöchern und Betrügereien.

Der Herzog, noch immer in Blaubeuren, schrieb am 28. Oktober 1736 erneut an Scheffer und beschwerte sich über die Verschleppungstaktik in der «Kaminfegersache». Hier entlarvten sich die Landstände und das Patriziat als hinterwäldlerisch. Es ging um eine neue Kaminfegerordnung, die mit der Pflicht zur regelmäßigen Reinigung und natürlich mit Gebühren verbunden war. Die Oberschicht des Landes sah in allen Geldfragen rot, winkte mit dem Tübinger Vertrag von 1514 und verwechselte hartnäckig die Gebühren mit einer Steuer. Der Herzog wies nun Scheffer, Röder, Pfau und Süß an, diese Sache sofort zu Ende zu bringen. Die übrigen Geheimräte zögerten die Sache seit Monaten hinaus, der Herzog sah dahinter Absicht und «Bosheit». Für den Fall, daß die Sache bei seiner Rückkehr nach Stuttgart nicht beschlossen sei, werde er zu exemplarischer Bestrafung schreiten. Es sei «eine verdammte Moda», alles, was er befehle, zu verschleppen, gar zu hintertreiben. Als der Herzog in Stuttgart eintraf, war dennoch nichts geschehen, die Bestrafung blieb aus. Carl Alexander war handlungsunfähig.

Selbst aus der lächerlichen Kaminfegerordnung, die überhaupt nicht zustande kam, drehten die Räte später einen Teil von Süß' Galgenstrick. Obendrein leisteten sie sich einen Witz im Geiste der Voreingenommenheit. Die Kaminfegerordnung hatte ausgerechnet ein Prälat vom Engeren Ausschuß der Landstände vorgeschlagen: Philipp Heinrich Weißensee. Er wurde dennoch nie belangt, man überging ihn lediglich bei der nächsten Wahl zum Engeren Ausschuß, gegen die Gewohnheit.

Am 29. Oktober schickte der Herzog schon wieder einen empörten Brief an Scheffer nach Stuttgart. Das abgelegene Blaubeuren bot ihm eine seltene Freiheit. Er hatte erfahren, daß bei der ordentlichen Abrechnung der Landstände Bestechungsgelder auftauchten, dafür hielt er die «Douceurs», Geldgeschenke, die die Landstände allen Ministern und sogar den Beschäftigten im herzoglichen Kabinett und im Geheimen Rat zuschoben, hinter dem Rücken des Regenten.

Die Regierung sperrte weiter. Die Landstände, die regelmäßig nur im «Engeren Ausschuß», selten im «Großen Ausschuß» zusammentraten, drängten auf die Einberufung eines Landtags, der alle strittigen Fragen erörtern und die finanziellen Probleme lösen sollte. Gegen das Patriziat, das dem Herzog die Regentschaft immer schwerer machte und jede finanzielle Neuerung hintertrieb, entwarf Carl Alexander am 1. Februar 1737 eine machtbewußte Gegenposition. Der Pietismus befand sich schon so stark auf dem Vormarsch, daß die Geheimräte angesichts der kriegsbedingten Wirtschafts- und Zahlungskrise des Landes «einen allgemeinen Buß- und Bettag» einführen wollten. Der Herzog antwortete mit seiner Sicht der Krise, er ahnte, daß der Landtag die Ursachen für die staatlichen Schulden untersuchen werde. Er wollte vorbeugen: er habe weiteres Land für Württemberg erworben, «ohne daß man Uns von Landeswegen etwas dazu gegeben». Darin verbarg sich die wirtschaftliche Ignoranz der Landstände, wie sie zur Mentalität des Landes gehörte. Als der Karlsruher Salomon Mayer bei der Vermittlung eines Güterkaufs «einen kleinen Gewinn» machte, indem er eine Maklergebühr, ein Honorar, verlangte und auch bekam, empörten sich die Regierungsräte, die gut auf ihren Gehältern saßen. Sie hielten die Gebühr für «ein landesverderbliches Verbrechen». Mayer antwortete mit Recht, daß «dergleichen Maklergeld [...] in der ganzen Welt gebräuchlich» ist. Das interessierte die Räte nicht, sie erwarteten zumindest von Juden, wenn nicht von allen Händlern und Maklern, honorarfreie Leistungen. Mayer wurde später sein angebliches Verbrechen freilich verziehen, er stellte sich als Belastungszeuge gegen Süß zur Verfügung.

Nach dem Vorfrieden von 1735 drängte der Herzog auf die Beibehaltung eines Heeres, auch nach Abschluß des Friedensvertrags. Die Landstände lehnten traditionell ein ständiges Heer ab, nicht aus pazifistischen, sondern aus finanziellen Gründen. Der Herzog behielt sich vor, noch mehr jüdische Hoffaktoren zu ernennen. Einen verdienstvollen Schritt zur Modernisierung machte er damit, daß er eine Vereinheitlichung der Längenmaße, der Gewichte und der Hohlmaße vorschlug. Ein revolutionärer Plan, ein Segen für das Land, aber das Patriziat hatte dafür weder Interesse noch Sachverstand. Der Regent beharrte auf der Einführung einer neuen Kaminfegerordnung und zeigte sich moderner, indem er den Überschuß in eine Brandkasse überführen wollte. Die Patrizier kannten so etwas nicht und hätten keine Kontrolle darüber gehabt, also sträubten sie sich. Die für Ludwigsburg geplante Tabakfabrik sollte den Gewinn aus dem Tabakverkauf im Land behalten und nicht an ausländische Fabriken fließen lassen. Eine steuer- und beschäftigungspolitische Verbesserung, an die sich das Patriziat nicht gewöhnen wollte. Bisher war der Tabakverkauf bei freier Einfuhr lokal geregelt gewesen, woran nur die machthabenden Familien des Landes verdienten.

Heftig umstritten war die Einnahmepolitik des Herzogs, für die Verleihung von Ämtern und für sonstige Gnadenerweise Geld für seine eigene Kasse, seine «Schatulle», zu verlangen. Der Herzog barsch: «Wegen der Schatullgelder, als welche in andern Orten und Ländern gleichfalls usual [üblich] sind, halten Wir vor unnötig, Uns weiters zu explizieren, noch viel weniger der Landschaft deshalb Red und Antwort zu geben.» Basta. Dann verteidigte der Regent seine Absicht einer Vermögenssteuer. Es gebe Leute, die «ihr teils großes Vermögen bis dato gar nicht oder doch nicht völlig versteuert haben». Diese sollten «einen freiwilligen Beitrag» leisten. Die Landstände waren dagegen, der Herzog biß auf Granit. Gegen die geplante Wiederbelebung des Salz- und Weinhandels durch einen Vertrag mit Bayern beharrten die Landstände auf alten Verträgen, die der Herzog für nicht mehr nützlich hielt. Den Opponenten hielt er entgegen, diese Verträge seien für die Interessen bestimmter Leute gemacht worden. Gemeint war das Patriziat, das auf lokaler Ebene die Macht in Händen hielt. Zuletzt bewies der Landesherr seine der Landesfrömmigkeit überlegene Gesinnung, indem er den Buß- und Bettag in einen allgemeinen Dank- und Friedenstag abzuändern wünschte. Der hoffentlich «langwierige Frieden» lag ihm, dem alten Soldaten, mehr am Herzen als Büßen und Beten.

Seit 1735 bildeten die Finanzierung und die Größe des württembergischen Militärs einen ständigen Zankapfel zwischen Herzog und Landständen. Carl Alexander forderte 12100 Mann, für das kleine Land zweifellos zuviel, höchstens in Kriegszeiten zu ertragen, 3 Prozent der Bevölkerung wären ständig unter Waffen gestanden. Die Zahlungsverweigerung der Landstände führte zu giftigen Angriffen seitens des Herzogs und seiner Anhänger. Besonders der katholische General Franz Joseph Freiherr von Remchingen, Oberbefehlshaber der württembergischen Truppen, ein Nichtwürttemberger, tat sich in scharfmacherischer Weise als Maulheld hervor, in Wutausbrüchen befürwortete er, wenn auch im kleinen Kreis, einen Staatsstreich: Die Ausschußmitglieder der Landstände sollten verhaftet und auf eine Festung gesetzt werden. Natürlich drangen solche Drohworte rasch nach außen und wurden sofort auch Süß angehängt. Solche harschen Töne waren üblich bei Zusammenstößen, wie die Geheimräte sehr gut wußten. Immer wieder schlug Carl Alexander schärfste Töne gegen seine Räte an, seit zwei Jahren, ohne daß er jemals einen einzigen Rat eingelocht hatte. Als im Mai 1736 der Würzburger Bischof den Herzog in Stuttgart besuchte, witterte das evangelische Patriziat dann endgültig eine katholische Verschwörung.

Angesichts der schweren Differenzen genehmigte Carl Alexander nicht die Einberufung des Landtags, sondern beließ es bei der Auseinandersetzung mit den Ausschüssen. Im Engeren Ausschuß saßen fünf Prälaten und sechs Bürgermeister, die letzteren aus den drei Hauptstädten Stuttgart, Tübingen und Ludwigsburg und aus Weinsberg, Cannstatt und Brackenheim. Den Größeren Ausschuß bildeten neben einem knappen Dutzend Prälaten die Bürgermeister von Böblingen, Urach, Göppingen und Kirchheim unter Teck. Beraten wurden die Ausschüsse von Landschaftskonsulenten, den einzigen Fachleuten der Landstände. Württemberg war ein lutherischer Kirchenstaat, die höchstrangigen Pfarrer bekamen den Titel eines Prälaten, benannt nach alten, aufgehobenen Klöstern, in denen sie meistens gar nicht wohnten. Von einer Vertretung des Landesinteresses konnte da nicht die Rede sein, zumal diese Titularprälaten viel vom Luthertum, aber wenig von Wirtschaft, Finanzen, Recht und Politik verstanden.

In den beiden Ausschüssen herrschten patrizischer Geist und die Pflege des Althergekommenen, manche Sitze waren Familienerbe. Im Engeren Ausschuß saß der Prälat von St. Georgen, Christoph Friedrich Stockmayer, der Spezialsuperintendent und Spitalprediger von Stuttgart. Diese Familie dominierte bis in die napoleonische Zeit hinein den Landschaftsausschuß. Zum Größeren Ausschuß gehörte der Generalsuperintendent und Prälat von Maulbronn, Augustin Hochstetter. 36 Jahre lang hatte er seinem Vater bei den landständischen Geschäften geholfen, fünf Jahre lang seinem Bruder, er war optimal eingearbeitet und angepaßt. Die Prälatensitze galten faktisch lebenslang, dieselben landständischen Abgeordneten saßen jahrzehntelang beieinander. Federführend war der Konsulent Johann Heinrich Sturm, aus einer Familie, die seit langem und noch später die Landstände prägte.

Zu guter Letzt saß die patrizische Verwandtschaft auch im Regierungsapparat, in der Justiz und in der sonstigen Landesverwaltung. Da man vorzugsweise untereinander heiratete, gab es überall Verwandte im Land, auf jeder politischen Ebene. Besonders eng ging es zwischen der Regierung und den Landständen her. Überall mußte Rücksicht auf die weitverzweigte Verwandtschaft genommen werden. Keiner tat dem andern weh, einer setzte den anderen ins Brot und versorgte zuerst einmal die Verwandtschaft mit Ämtern und Aufträgen. Gegen dieses enge, das ganze Land überziehende Netz war der Herzog machtlos, ein Regent ohne Boden unter den Füßen. Wohin der Herzog und Süß im Land schauen mochten, sie fanden zum Beispiel einen Georgii: drei Brüder, einer in der Regierung, einer Vogt in Wildbad, einer in den Landständen. Wenige Familienclans hatten sich das Land aufgeteilt.

Der Herzog war anfangs nicht sonderlich informiert über die ständische Besonderheit der Landesverfassung. Verständnis für die Landstände konnte man zum Beginn auch Süß nicht nachsagen. Das war nicht verwunderlich, kam er doch als Privatmann nach Stuttgart, geschützt allein vom Herzog und nur diesem verantwortlich. Die Landstände wiederum akzeptierten es nie, daß dieser Jude sich außerhalb ihrer Reichweite tummelte. Als ein Mann der Aufklärung schätzte Süß politische Traditionen nicht hoch ein. Für ihn mußte sich alles zweckrational den wachsenden Geschäften unterordnen. Andererseits hielten sich Patrizier wie Landstände keineswegs immer an ihre eigene Ideologie. So ließen auch sie, die das Banner der Judenfreiheit Württembergs vor sich hertrugen, jüdische Händler ihren Beitrag zu den Kriegslieferungen erledigen: Baruch Weil Sinsheim, Elias Hayum, selbst Süß. Prälat Weißensee, im Engeren Ausschuß, spielte den Vermittler zwischen Herzog und Landständen, auch zu Süß.

Ein anderer, Egidius Böhm, eine schillernde Gestalt in Stuttgart, war ein unternehmungslustiger Rat, der ganz in Süß' Fahrwasser zu segeln wünschte. Er hatte mit Süß Uniformen geliefert, dann versuchte er eine Woll- und Tuchmanufaktur einzurichten und den Salzhandel als Staatsmonopol an sich zu bringen. Verhaßt hätte er sich durch den Vorschlag einer neuen Vermögenssteuer (29. Juni 1736) machen müssen. Wider die Wahrheit wurde auch diese Idee Süß angelastet, und Böhm, der es auch zum Stuttgarter Bürgermeister brachte, wurde nie zur Rechenschaft gezogen.

Joseph Süß' Sekretär Strotbeck führte im Verhör an, die Ideen zu vielen neuen Wirtschaftsprojekten, die man samt und sonders Süß in die Schuhe schob, seien von fürstlichen Räten, Beamten und anderen Bürgern gekommen. Diese Aussage wurde vom Tisch gefegt. Der Landschaftskonsulent Dr. Neuffer war Süß' Ohr in den Landständen gewesen. Böhm, der dem Herzog ständig neue Projekte unterbreitete, verriet dem Herzog alles, was an oppositionellen Ideen in den Landständen vorgetragen wurde. Zu den übelsten Mitgliedern der Führungsschicht rechnete man nach dem Tod des Herzogs den Vogt Johann Jacob Weißer von Waiblingen, der beim Herzog gegen die Landstände gehetzt hatte. Er blieb Vogt. Johann Friedrich Rampacher, Vogt von Cannstatt, war nach Süß der böseste Denunziant, der vielen Bürgern im Land hohe Geldstrafen eingebrockt hatte. Er wurde Regierungsrat und stieg ins Hofgericht auf, sein Schwiegersohn erbte die Cannstatter Vogtei. Dabei hatte gerade Rampacher und nicht Süß eines der verhaßtesten Projekte vorgeschlagen: die staatliche Verwaltung der frommen Stiftungen. Hinterher wollte er den Hergang verfälschen und Süß anlasten. Dessen Absicht sei ganz allgemein gewesen, die herzoglichen Einkünfte generell zu verringern. Dieser Hirnrissigkeit folgte nicht einmal das Kriminalgericht.

Zu den zweifelhaftesten Personen des Regierungsapparats gehörte Heinrich Reinhard von Röder, Oberburggraf und Erbhofstallmeister, der den Marstall unter sich hatte. Einst war er dick mit Süß befreundet gewesen, wußte von dessen Projektideen für den Herzog und trat als Konkurrent auf. Das Brückengeld pachtete gerade er, ein Projekt, für das man nachher Süß haftbar machte. Er galt neben Joachim Friedrich Neuffer, der den Zugang zum Herzog kontrollierte, als der Bestechlichste. Röder war auch Geheimrat, nahm an den Sitzungen dieses höchsten Regierungsorgans freilich selten teil und führte sich so eigenmächtig auf, wie es Süß sich nie hätte erlauben dürfen. So formulierte er von sich aus herzogliche Erlasse, die er nicht, wie Süß es immer tat, vom Oberhofkanzler und einem Rat gegenzeichnen ließ, besprach sich auch nicht mit den Ministern.

Als Süß Röder wegen großer Unterschlagungen beim Herzog anzeigte, begann die Feindschaft. Das Untersuchungsgericht säuberte Süß' lange, belastende Aussagen gegen Röder von den schlimmsten Vorwürfen. Röder überstand auch eine Anklage durch die Landstände, obwohl er im Zusammenhang mit dem Süß-Prozeß zu den Beschuldigten zählte.

Unter den Patriziern des Landes verdienten durch Süß am meisten die Calwer Großhändler Notter und Stuber. Durch ihren Holzhandel, der bis nach Holland reichte, galten sie als die reichsten Leute in Württemberg. Für das Münzprojekt besorgten sie Gold und Silber für über eine Million Gulden in Frankfurt und Augsburg und brachten die neuen Münzen wieder dorthin zurück zu den Geldwechslern. Als Süß die Münze abgeben wollte, wurden sie oder Elias Hayum als Nachfolger vorgesehen. Mindestens dreimal waren Notter und Stuber in einen Ämterkauf verwickelt. Am Tag nach Süß' Verhaftung gingen von den wichtigen Herrschaften nur noch sie ungeniert in Süß' Palais ein und aus. Zu ihren Geschäften mit Süß wurden sie wohl verhört, sagten freilich nichts Belastendes aus. Sturz und Ermordung des Geheimen Finanzrats konnten diesen Patriziern nichts anhaben. Die beiden hatten mitgeboten, um gegen die Konkurrenz des Mergentheimer Juden Isaak Samuel Noe den Salzhandel in ganz Württemberg an sich zu bringen. Nach dem Tod von Joseph Süß kamen sie doch noch zum Sieg. Mit ihrem Salzgeschäft gewannen sie ein gigantisches Vermögen, das freilich zwei Generationen später, zu Napoleons Zeiten, wieder zerrann.

Die konservative Revolte

Das erste Grollen einer rebellischen Bewegung im Regierungsapparat gegen den Herzog vernahm Carl Alexander schon Mitte
1735. Ein Jahr später drängte er vehement darauf, seiner leeren
Kasse mit neuen Einnahmequellen auszuhelfen. Süß und ähnlich orientierte Räte oder Bürger unterstützten den Herzog mit
Vorschlägen zu Staatsmonopolen, deren Gewinne nicht der
landständischen Bewilligung unterlagen. Das giftiger werdende
Klima spürte Süß sehr wohl, er reagierte mit immer mehr Entlas-
sungsgesuchen, mündlichen wie schriftlichen.

Der Abschied von Stuttgart fiel ihm um so leichter, als er im
Januar 1737 durch den portugiesischen Juden Pancorbo beim
Herzog zahlreichen Verleumdungen ausgesetzt war. Eine Beschuldigung nach der anderen konnte er entkräften, aber innerlich hatte er mit dem Hof gebrochen. Georgii und Röder fügten
weitere Denunziationen hinzu, die den Herzog nicht beein-
druckten, der bemühte sich sogar, das Verhältnis zwischen Süß
und Pancorbo zu kitten. Süß jedoch hatte die Nase voll, er wollte
nur noch weg und dem Herzog dafür 20000 Gulden geben. Carl
Alexanders Verhältnis zu Süß blieb bis zum letzten Tag gut.
Dem Geheimen Rat gelang es indessen, bis zuletzt fast alle
staatsmonopolistischen Projekte zu verschleppen. Die meisten
der finanzpolitischen Neuerungen, die Süß später vorgeworfen
wurden, kamen überhaupt nie zustande. Da wurde in der Anklage fleißig leeres Stroh gedroschen.

Die konservative Revolte

Zur Vorbereitung seines Abschieds beharrte Süß auf der herzoglichen Zusicherung völliger Straffreiheit. Dieses «Absolutorium» vom 12. Februar 1737 sollte ihn den Rachegelüsten der patrizischen Fraktion entziehen. Im Hochverratsprozeß wurde es weggefegt, obwohl es legal zustande gekommen und sogar im Amtsblatt gedruckt worden war. Solche Erlasse von Straffreiheit entsprachen der Rechtspraxis gegenüber Juden an deutschen Höfen, sie stellten den einzigen Schutz vor willkürlicher Verfolgung und Ausplünderung dar. Dieses Dokument kursierte später unter den Gesandten auf dem Reichstag in Regensburg und erregte Verwunderung über die widerrechtlichen Handlungen der Württemberger.

Das Unglück geschah am 12. März 1737, der Herzog wollte am nächsten Tag auf eine längere Reise nach Danzig gehen. Für die provisorische Regierung während der Abwesenheit des Herzogs waren Röder, Remchingen, Scheffer, Pfau und Lautz vorgesehen. Außer General Remchingen konnte niemandem ein Umsturz der Verfassung zugetraut werden. Patrizier wie Landstände befürchteten während der Abwesenheit des Herzogs einen katholischen Putsch, wenigstens redeten sie später gerne davon. Die Volksagitation faselte in Liedern sogar von einer württembergischen Bartholomäusnacht, einem Blutbad unter den Evangelischen. Daran glaubten die patrizischen Umstürzler selbst nicht, sie ergriffen keinerlei Gegenmaßnahmen. Das Putschgerücht diente nur dazu, die Stimmung im Land gegen Süß anzuheizen. Später fabulierte man, die Stuttgarter Zünfte, voran die Schmiede, hätten sich zur Abwehr des katholischen Staatsstreichs mit Waffen versorgt. Ein patriotisches Märchen.

Am Abend des 12. März veranstaltet der Herzog im Ludwigsburger Schloß ein Abschiedsfest. Süß fährt mit dem Regierungsrat Lautz in der Kutsche nach Ludwigsburg, bis zum Schluß hatte er wichtige Zahlungsgeschäfte mit Stuber und pfälzischen Geschäftsleuten erledigt. In seinem Palais wartet schon die neue Metzer Verwandtschaft, die Hochzeit steht vor der Tür. Süß will an diesem Abend dem Herzog erneut seine Kündigung aussprechen. Der Herzog zieht sich früher zurück, erleidet eine Lungenembolie und stirbt innerhalb weniger Minuten gegen 22 Uhr. Später wird die Legende wuchern, der Herzog habe, bevor er mit einer neuen Tänzerin ins Bett wollte, von Joachim Friedrich Neuffer absichtlich eine zu große Dosis des üblichen Aphrodisiakums erhalten, die zum Tod führte. Neuffer sei von den Landständen mit einer hohen Summe belohnt worden. Alles Unsinn.

Kurz nach dem Tod Carl Alexanders setzt sich Röder in die Kutsche und lädt Süß ein, mit nach Stuttgart zu fahren. Süß denkt nicht im entferntesten an Flucht. Und Röder hat nicht die Absicht zu einer Revolte. Nachdem Süß gegen Mitternacht der Herzogin im Stuttgarter Schloß kondoliert hat, wartet Röder am Portal bei der Schloßwache auf ihn. Jetzt erst erkennt er seine Chance, am Hof einen unbequemen Konkurrenten, Gläubiger, Kontrolleur und Kritiker loszuwerden, große politische Überlegungen liegen bei ihm wohl nicht vor, ihn beherrschen eher persönliche Ressentiments und Habgier. Röder handelt auf eigene Faust, das Machtvakuum wirkt verlockend: Wer zuerst handelt, gewinnt. Er hat so viel Dreck am Stecken, daß er mit seiner eigenen Verhaftung rechnen muß, daher reißt lieber er das Kommando an sich, als es seinem gefährlichen Widersacher zu überlassen. Es geht Schlag auf Schlag, ohne Schwierigkeiten. Im Grunde ein Kinderspiel, wenn man Uniform, Ansehen und Übung besitzt. Röder befiehlt der Wache, Süß festzunehmen, läßt ihn zu seinem Palais in die Seegasse transportieren, nimmt ihm dort den Degen ab, beläßt ihm aber den herzoglichen Ordensstern und stellt ihn mit allen, die sich in dem Gebäudekomplex befinden, unter Hausarrest.

Ein Haftbefehl gegen Süß liegt nicht vor, auch wenn man nachher von einem mündlichen Befehl der Herzoginwitwe oder einem zurückgelassenen schriftlichen des Herzogs oder von der Zustimmung des Geheimen Rates sprechen wird – allesamt spätere Erfindungen des schlechten Gewissens. Geschwätzigkeit spinnt weiter am Gewebe der Gerüchte; man scheut sich nicht, Zeugenaussagen zu erdichten, die dann fleißig abgeschrieben und in der schludrigen Landesgeschichtsschreibung als sichere Quellen behandelt werden. Die Todesnachricht sei nachts durch Stuttgart geflogen, die Bürger hätten aus Freude Kerzen in ihre Fenster gestellt, ein Handwerker habe ein Transparent aus dem Fenster gehängt, auf dem der Teufel den Herzog holte. In Stuttgart, das arm an politischen Taten und ohne politische wie geistige Kultur des Bürgertums ist, fällt das Gerede auf fruchtbaren Boden für die kommende Geschichtsklitterung.

Am nächsten Tag, dem 13. März, ergreift der Geheime Rat die Initiative und richtet einen Permanenzdienst ein, der bis spät in die Nacht erreichbar ist und bei Bedarf entscheidet. Der Engere Ausschuß der Landstände kann so rasch gar nicht zusammentreten und rührt sich die nächsten Tage nicht. Die Zentrale der anlaufenden konservativen Revolte liegt im Geheimen Rat, den der Herzog beiseite geschoben hatte. Noch am selben Tag wird das Testament des Herzogs eröffnet, in Anwesenheit des künftigen herzoglichen Vormunds Carl Rudolph. Dieser Angehörige einer Seitenlinie des Herrscherhauses soll als Administrator regieren, bis Carl Alexanders minderjähriger Sohn Carl Eugen den Thron besteigen kann. Der Vormund, über 70 Jahre alt, erweist sich als kaum mehr geschäftsfähig und ist leicht zu lenken.

An der Testamentseröffnung nimmt Remchingen als Bevollmächtigter der Witwe teil. Nur der reformierte Pfau spricht für die Respektierung des Testaments, wonach die Witwe bei der vormundschaftlichen Regentschaft mitwirken soll und die Kinder katholisch zu erziehen seien. Der Vormund und die versammelten Räte halten das Testament für Luft. Die neue Macht zögert nicht, kümmert sich, darin revolutionär, nicht um rechtliche Bedenken. Es geht nur um den alleinigen Besitz der Regierungsgewalt. Zu der Witwe hält lediglich der Mannheimer Lautz, als Fremder sowieso ohne Gewicht, er kann froh sein, wenn er nicht hinter Gittern verschwindet. Die Witwe schickt ihn als ihren Vertreter nach Wien, wo er beim Kaiser nicht einmal erreicht, daß das Testament in Kraft gesetzt wird. Selbst das wenige, wofür der Kaiser sich ausspricht, wirft die patrizische Revolte über den Haufen.

Zu Beginn des Machtkampfes zwischen Witwe und Vormund versucht Remchingen einen Gegenputsch. Aber was für ein Dilettant! Als Oberbefehlshaber der Armee gibt er an, in militärischen Dingen nur den Anweisungen der Herzoginwitwe zu gehorchen, und verweigert die Vereidigung auf den Vormund Carl Rudolph. Die Anführer des Umsturzes trauen sich nicht, sofort zurückzuschlagen, so wenig sind sie sich ihrer Macht und ihres Vorgehens sicher. Als echte Bürokraten brauchen sie einige Tage Nachdenken, bis sie Remchingen am 19. März verhaften und bei einem Sattler in ein Privatgefängnis legen, wo er von zwanzig Grenadieren bewacht wird. Remchingen kann sich nicht auf Truppen stützen. Die Putschisten haben mit der Angst vor einem katholischen Staatsstreich beim württembergischen Militär gut vorgearbeitet. Der Regierungschef Scheffer nimmt anfangs an den Sitzungen des Geheimen Rats teil, hält sich still und wird erst am 23. April verhaftet, sechs Wochen später als Süß. Gegen seine Festnahme protestiert die Herzoginwitwe, der Geheime Rat pfeift auf ihre Meinung.

Stuttgart befindet sich am 13. März in heller Aufregung. Neben der Bürgerwehr zieht eine Masse von Schreihälsen durch die Straßen und sucht nach Juden, die man mit Süß in Verbindung bringen könnte. Wen sie erwischen, der wird mit Gewalt in Haft genommen. Zu einem Pogrom kommt es nicht, das Volk ist dazu nicht genügend aufgepeitscht, Süß hatte mit den meisten Untertanen überhaupt nichts zu tun. Aber auf den Straßen werden die Juden noch lange bedroht. Marx Nathan, das Haupt der jüdischen Gemeinde, sieht sich zwei Monate nach dem Umsturz gezwungen, die Regierung erneut um Schutz zu bitten. Er schildert die prekäre Lage: «Nachdem aber die allhiesige Handwerksbursch und Buben nicht nachlassen, uns, wann wir auf der Gassen gehen, allerhand Schimpfreden nachzurufen, zu klopfen, zu schmähen, ja gar mit Steinen zu werfen, so daß wir vor selbigen des Lebens nicht mehr sicher sein, wie dann vor etlich Tagen nach meinem hinkünftigen Tochtermann Seligmann mit einem Stein von einem Haus herab geworfen worden, welcher, wann er ihn getroffen, sein Tod hätte sein können.» Mit «Buben» sind «Jungen» gemeint, kein moralisches Urteil.

Am Tag nach Süß' Verhaftung wird Joel Dettelbach «in dem ersten Anlauf allhier auf der Gasse, ohne sich solches zu vermuten oder, seinem Vorgeben nach, etwas Böses bewußt zu sein, in Arrest genommen», so erklärt er im Verhör. Man bringt ihn in die Bürgerhauptwache im oberen Teil des Großen Grabens – heute obere Königsstraße –, wo er wochenlang bleibt, ohne verhört zu werden. Am Abend des 13. März geht der Kassier Isaac Samuel Levi von der Münze, in der er wohnt, zu Süß' Palais, das von Soldaten umstellt ist, und tappt in die Falle. Auch er ist nicht auf die Flucht vorbereitet und wird sofort festgesetzt. Drinnen steht ein Offizier vor Süß' Schlafzimmer, in dem auch die Gelder, Juwelen und Schuldscheine liegen. Er soll jede Verbindung unterdrücken. Kopflosigkeit herrscht im ganzen Haus. Die Offiziere verhängen Redeverbot, ohne viel Erfolg. Am ersten Hafttag kommen die Brüder Johann

Sigmund und Andreas Fürnkranz, der Calwer Kaufmann Stuber, der Mannheimer Bankier Togni, der Würzburger Rat Carl Joseph Raab und andere ins Haus. Viele der Anhänger wollen Süß sehen, keiner kann helfen. Isaac bekommt durch eine Magd im Auftrag von Süß Geld und Wechselbriefe zugesteckt und gibt 1500 Gulden an Luciana Fischer weiter. Joseph Süß ist hilflos. Der Dramatik zuliebe schmückt die württembergische Legende sein Schicksal mit einer mißlungenen Flucht. Schon in Kornwestheim, nach zwölf Kilometern, sei er von den Husaren in seiner Kutsche eingeholt worden. Das Ganze ist erdichtet. Am dritten Tag seines Hausarrests, am 15. März, schreibt der ständig Bewachte unter der Decke ein Zettelchen an die Ehefrau des Generals von Phul, sie möge an den Hof gehen und sich für ihn verwenden. In unbeobachteten Augenblicken präpariert er sich für den Notfall, polstert seine Weste mit Wechselbriefen und Juwelen aus. Alles kommt bei der Leibesvisitation am 20. März zum Vorschein. Fluchtinstinkt besitzt er noch, wie alle traditionell Verfolgten, selbst als assimilierter Geschäftsmann.

In Stuttgart reichen die Haftlokale nicht aus. Die meisten der rund 70 Inhaftierten befinden sich in Süß' Palais, andere in der Bürgerhauptwache, in der Münze, im Herrenhaus, auf dem Turm, selbst in Privathäusern. Die Haftbedingungen sind übel. Bei Isaac Simon Landau in der Münze liegen in seinem engen Zimmer zwölf Wachsoldaten, die durch «ihren Tabakrauch, ihr Sprechen und übrigen Zeitvertreib» den Gefangenen belästigen. Er kann keine Gebete verrichten, wie er möchte, bis Juni besitzt er kein Bett. Um Remchingen lagern in einem größeren Raum zwanzig Soldaten. Der Münzkontrolleur Wolfgang Adam Held liegt auf dem Herrenhaus bis in den Herbst hinein nur mit Stroh auf den bloßen Steinplatten in einem ungeheizten Raum. Allen Verhafteten, Juden wie Christen, wird unter der Verletzung der württembergischen Landrechte die Hinzuziehung eines Verteidigers verweigert. Allein schon der Forderung nach einem Anwalt wird der Stempel des Verbrechens aufgedrückt. Etwas Großzügigkeit genießen willige Belastungszeugen. Salomon Mayer darf zum Pessachfest 1737 vorübergehend nach Karlsruhe. Da er vor seiner Freilassung einen Eid auf den Talmud leisten muß, holt man einen Rabbiner. Elias Hayum wird am 5. April freigelassen, gegen eine Kaution von 10000 Gulden. Maram Kahn von Ludwigsburg, der nach Mannheim flüchtete, erhält freies Geleit zugesichert. Für einige Verhaftete bitten auswärtige Fürsprecher um Freilassung: für Isaac Simon Landau der französische Festungskommandant von Landau und die Regierung der Kurpfalz, für Nathan Marum der Graf von Hohenlohe-Öhringen. Süß dagegen bleibt einsam. Als selbstbewußter Geschäftsmann wollte er sich zu niemandem in ein Abhängigkeitsverhältnis begeben; nochmals Schutzjude zu werden widerstrebte seinem Stolz. Jetzt ist er allein: die Kehrseite seiner vorzeitigen Unabhängigkeit.

Die Umstürzler richten ihre Aufmerksamkeit sofort auf das Vermögen, das sie sich gewaltig ausmalen. Gleich am ersten Tag schicken sie Eilboten nach Frankfurt, Augsburg, Heidelberg, Mannheim, Worms und an andere Orte, die die Beschlagnahmung von Süß' Besitz verlangen. So eilig hat man es sonst nie gehabt. Der Frankfurter Magistrat freut sich, Süß eins auswischen zu können, und macht keinerlei Schwierigkeiten, gegen die Interessen von Süß' örtlichen Gläubigern. Der Frankfurter Besitz wird bereits am 15. März versiegelt und in die Wohnung eines Gerichtsdieners verlegt. Am 12. August beginnt in Frankfurt die öffentliche Versteigerung, erst im Februar 1738 ist sie abgeschlossen. In Mannheim erfolgt die Beschlagnahmung am 2. April 1737 und bringt merkwürdigerweise nicht viel ein. Ob hier Verwandte, Freunde und Gläubiger früher kamen? Der

Heidelberger Stadtrat beschäftigt sich am 8. April mit Süß' Häusern, nach denen Württemberg am Ende vergeblich die Hände ausstreckt. In Augsburg, Worms oder sonstwo kommt nichts zutage. Süß' Stuttgarter Hab und Gut wird am 2. April zur öffentlichen Versteigerung ausgerufen, am 13. April gerät das ganze Vermögen unter Zwangsverwaltung. Faktisch handelt es sich um eine Enteignung, die schon fest mit der Verurteilung zum Vermögensverlust oder gar zum Tode rechnet.

Ansonsten hat man es in Stuttgart nicht eilig. Am Anfang der patrizischen Revolte bleibt einige Tage alles in der Schwebe, Süß gilt noch als Respektsperson, man scheint mit einem Gegenschlag zu rechnen. Erst am 18. März zeigt sich die Umsturzbewegung gefestigt und publiziert ihren Herrschaftsantritt. Der Herzogsvormund Carl Rudolph wird als Landesadministrator proklamiert, unter rechtswidrigem Ausschluß der Herzoginwitwe. Der Geheime Rat installiert sich als der eigentliche Regent. Der Vormund bekommt keine Vorrangstellung eingeräumt, er muß den Räten versichern, daß er nichts ohne Wissen und Einwilligung des Geheimen Rates beschließen werde. Bei Abstimmungen im Rat hat er sich nach der Stimmenmehrheit zu richten, er stellt nur den Präsidenten des Geheimen Rats dar. Das Regierungsorgan versetzt sich in die Mitvormundschaft, ja noch mehr, es hält die Fäden allein in der Hand. Der pietistische Geheimrat Georg Bernhard Bilfinger, neben Schütz der überragende Kopf, holt seine gestürzten Kollegen Forstner, den ehemaligen Geheimratspräsidenten, dann Dr. Neuffer und Philipp Eberhard Zech zurück. Die ersten Tage beraten im Geheimen Rat nur Röder, Johann Eberhard Friedrich Wallbrunn, Schütz, Bilfinger und Johann Conrad Hellwer. Scheffer, Pfau und Lautz dagegen sind als Parteigänger des alten Herzogs, der Herzoginwitwe und des verhafteten Süß ausgeschaltet.

Die Patrizier erleben ihre höchste Machtentfaltung, neben

dem Regierungsapparat beherrschen sie auch den Thron. Nun kann die neue Regierung zuschlagen. Am nächsten Tag, dem 19. März, wird der Oberbefehlshaber Remchingen abgesetzt und verhaftet, das Oberkommando über die Truppen bekommt General Philipp Albrecht von Gaisberg, ein Oberhofrichter aus demselben schwäbischen Uradel übernimmt bald den Vorsitz des Untersuchungsgerichts.

Am 20. März packen die Geheimräte Süß schärfer an. Zusammen mit den beiden verhafteten Expeditionsräten Bühler und Hallwachs, die in der Hierarchie auf der untersten Ebene stehen, wird Süß auf die Festung Hohenneuffen verlegt, der Häftling Metz bleibt in Stuttgart. Vor der Abfahrt entdeckt man bei einer Leibesvisitation, daß Süß' Weste mit großen Vermögenswerten ausgepolstert ist. Am selben Tag wird die Habe versiegelt, was die ganze Nacht hindurch bis morgens 5 Uhr dauert, und in herzogliche Gebäude neben dem Alten Schloß gebracht.

Einen Tag darauf hält die Untersuchungskommission gegen Süß und Komplizen ihre konstituierende Sitzung im «Bibliotheksstüblein», dahin bringt man auch das Firmenarchiv. Die Untersuchungsrichter bemühen sich um Belastungsmaterial gegen Süß, es ist noch nichts vorbereitet. Erst jetzt kippt die Benennung um: Bisher wurde der Gefangene, selbst noch bei der Beschlagnahmung in seinem Palais, korrekt «Geheimer Finanzrat» genannt. Ab dem 21. März 1737 wird er bis zum Ende heißen, wie er nie heißen wollte: «Jud Süß». Dieser Tag sieht die Geburt eines Schimpfnamens, der sich unauslöschlich ins Gedächtnis der Deutschen einprägen wird. Den Häftling kann man freilich nicht zwingen, mit diesem abwertenden Namen zu unterschreiben, wie Hoffaktoren es sonst tun mußten.

Am 23. März ruft die Regierung mit einem gedruckten Plakat alle Beamten und Untertanen im Land auf, anzugeben, was jeder zur Erlangung eines Amtes oder eines herzoglichen Gnadenerweises bezahlen mußte. Die Anzeigen laufen so schleppend ein, daß der Aufruf zweimal wiederholt werden muß. Was für die Regierung nach dem größten Verbrechen aussieht, hat diesen Geruch im Lande noch lange nicht. In seinem Plakat offenbart das Untersuchungsgericht, wie wenig es gegen Süß hervorzubringen weiß. Es lastet ihm und seinen Komplizen recht allgemein «viele arglistige, gottlose und landesverderbliche Gewalttätigkeiten und Streiche» an. Konkreter wird auch die Begründung des Todesurteils nicht ausfallen.

Erst zwei Wochen nach dem Beginn des Umsturzes äußert sich am 26. März der Engere Ausschuß der Landstände und bittet um die Einberufung eines Landtags. Es soll um drei Themen gehen: «die Befestigung der evangelischen Religion und den rechten Gebrauch des Kirchenguts; die Regelung einer Miliz; die Abtuung der auf dem Lande noch liegenden beschwerlichen und häufigen Gravaminum [Beschwerden]». Von Süß ist gar nicht die Rede, auch wenn er im dritten Punkt mitgemeint sein dürfte. Die Landstände sahen nie in Süß das Hauptproblem, dies war die spezifische Sichtweise des einst entmachteten, nun fast absolut regierenden Geheimen Rats.

Bis zum Beginn des Landtags am 4. Juli 1737 hätten die Prälaten und Bürgermeister Zeit, der von der konservativen Revolte angeheizten Stimmung gegen Süß Rechnung zu tragen und den Gefangenen in das Zentrum der Beratungen zu rücken. Nichts dergleichen geschieht. Der Vorschlag der Regierung für die landständischen Beratungen sieht drei andere Punkte vor, die Süß noch weniger tangieren: Übernahme der zwei Millionen Staatsschulden; Aufstellung einer Landmiliz und höherer Anteil an den Militärkosten (was dem alten Herzog immer verweigert worden war); Einrichtung eines dauernden Hofgerichts auf Kosten der Landstände. Kein Programm, dessentwegen ein Staatsstreich nötig gewesen wäre.

Endlich, am 28. März, erhebt der Engere Ausschuß die ersten konkreten Beschuldigungen gegen Süß. Der erste Punkt unternimmt das Kunststück, alle Schuld nur Süß in die Schuhe zu schieben und den toten Herzog von jeder Verantwortung freizusprechen. Der Ausschuß habe «bald nach Antritt der Regierung des höchstseligen Herrn Hochfürstliche Durchlaucht mit äußerster Wehmut wahrnehmen müssen, daß des ruchlosen Juden Süß und anderer vornehmste Bemühung und Sorge dahin gehe, das anfänglich so liebreiche und großmütige Vaterherz in beschwer- und schädliche Suspicion [Verdacht] wider redlich und getreue Ministres, Räte, Bediente, Landkinder und besonders die Landschaft einzusenken und dieselbe verdächtig zu machen». Man habe die Landschaft beim Herzog angeschwärzt, sie wolle Mitregent spielen. Dann verzettelt sich das Gremium in seinen Vorwürfen gegen Süß: Klagen über den Wildschaden, mit dem Süß nicht im entferntesten zu tun hatte; Neuregelung des Vormundschaftswesens; Salz- und Weinhandel; sogar die Bagatelle der Kaminfegerordnung. Nebenbei gesteht der Ausschuß etwas zu, was der alte Herzog nie bekommen konnte, obwohl es zum Kernstück seiner Finanzreform gehörte: Künftig sollen die Einnahmen aus der landständischen Verbrauchsteuer mit der Staatskasse geteilt werden. Alle Titel, die Süß vom Herzog bekam, werden nur dem Finanzier angelastet. Der tote Herzog, ein machtbewußter, zielstrebiger, energischer Regent, erscheint jetzt als Dummerchen und Süß' Marionette.

Der Ausschuß versteigt sich zu einem Gipfel hirnrissiger Selbsteinflüsterung: Süß habe alle Württemberger zwingen wollen, nur noch in seine Kasse einzuzahlen, um dann die ganze Landeskasse an sich reißen zu können. Das ist es, was die Prälaten und Bürgermeister sich seit Jahren selbst einreden: Süß schleppe alles Geld weg. Eine Zwangsvorstellung, die jeden Blick für die Wirklichkeit verstellt. Aus allen Maßnahmen von

Süß hätte «nichts anders als der völlige Ruin und Umsturz dieses so edlen Herzogtums, dessen Verfassung und Religion [...] entstehen müssen».

Interessanterweise fehlt zu dieser Zeit noch die Beschuldigung, Süß habe zusammen mit der katholischen Partei und den Würzburger Truppen einen Staatsstreich beabsichtigt. So etwas wird man später in das hier noch verschwommene Bild des «Umsturzes» hineinmalen.

Dieses erste Dokument des Engeren Ausschusses, des Zentrums der Landstände, hält am Ende die Fahne der ständischen Macht hoch: «die beiden teuersten Kleinode des Vaterlands» seien «Religion und Freiheit». Das war schon vor dem Dreißigjährigen Krieg die Parole der Landstände gewesen. An die Einengung beider Worte wird kein Gedanke verschwendet: «Religion» meint im voraufklärerischen Sinn die repressive Landesreligion, «Freiheit» den Freiraum für die patrizische Führungsschicht, organisiert und legitimiert in den Landständen. In Verwechslung ihres eigenen Interesses mit dem der machtlosen Untertanen behauptet der Ausschuß, er spreche für «den armen, so sehr geplagten und nach Hilfe und Erleichterung seufzenden Untertanen».

Nun regt sich auch der Kirchenrat, in dem Bilfinger den Ton angibt, mit der umfangreichsten Stellungnahme überhaupt, die am 1. April beginnt und in fünf Etappen bis zum 21. Mai fortgeschrieben wird. Ab und zu blitzt Sachverstand auf. So gesteht das Gutachten ein, man wisse bei vielen Projekten nicht, wer der eigentliche Urheber sei. Diese Zurückhaltung geht während des Hochverratsprozesses verloren. Die einst bei den Finanzprojekten Mitwirkenden, sofern sie aus dem Regierungsapparat, dem Patriziat und den Landständen kommen, geraten in Vergessenheit, die Wut konzentriert sich allein auf Süß. Wie der Vogt Rampacher, so müht sich der Kirchenrat ab, den finanziellen Ertrag der Staatsmonopole im Handel zu bezweifeln. Auch hier taucht die Legitimationslegende der Umstürzler auf, Süß und seine Anhänger hätten den Herzog überlistet und den Landständen entfremdet. Deshalb wird das neue Verhältnis zwischen Regierungsorganen und Landständen ostentativ als harmonisch und kooperativ dargestellt – eine Verharmlosung der in der Verfassung angelegten Spannungen.

Der Kirchenrat beschreibt aus seiner Sicht die letzten Zusammenstöße mit dem alten Herzog, der gegen seine ständig opponierenden Regierungsorgane «ungnädige und scharfe Decreta [Befehle]» erlassen habe, als ob die herzoglichen Anweisungen von der Regierung nicht etwa befolgt würden. So mußte es für Carl Alexander tatsächlich aussehen, wenn nach Monaten nichts anderes geschehen war, als daß man ihm Papier auf Papier dagegen einreichte. Der Herzog hatte deshalb beschlossen, die Regierungsleute dürften erst nach Erlaß eines herzoglichen Beschlusses dagegen protestieren. Damit hatte er die Regierung auf die Seite geschoben.

Das Fiskalatamt, in dem drohende Strafmandate durch Geld abgegolten wurden, empfindet der Kirchenrat als «ein spanisches Inquisitionsgericht» und ist empört, daß alle Vergehen durch Geld gesühnt werden durften. Gegen die Landkommissionen, die im Land Straftatbestände untersuchten und mit Geldstrafen erledigten, hält sich der Kirchenrat an die Utopie einer «unparteiischen Justizadministration». Wie wenn es so etwas geben könnte in einem Land der Ungleichheit und der patrizischen Cliquen. Weitere Behauptung: Diese Strafen hätten das Land so sehr verarmen lassen, daß es für keinen Krieg mehr Geld aufbringen könne. Diese demagogische Übertreibung bricht zusammen, als die Landstände der neuen Regierung finanziell unter die Arme greifen, was sie dem katholischen, antipatrizischen Herzog verweigert hatten.

Nach der bald schon gebetsmühlenartigen Beschwerde über die staatliche Verwaltung der Stiftungen und über die Vermögenssteuer beklagt der Kirchenrat, daß gegen alle Tradition kirchliches Vermögen zur Staatskasse herangezogen wurde. Damit hatte der Herzog angesichts der Finanzkrise die ersten Schritte zur Säkularisierung des evangelischen Kirchenbesitzes eingeschlagen. Zweifellos ein moderner Weg. Die Räte dagegen pflegten das wirkliche Kirchenvermögen für ihr «Geheimnis» zu halten, auch vor dem Regenten. Die Kirche stellte einen Staat im Staat dar, Carl Alexander hatte damit Schluß machen wollen. Die Verteilung der hohen kirchlichen Einkünfte bildete seit Jahrhunderten einen Hauptstreitpunkt zwischen den Herzögen und den Landständen. Seit eh und je hielten die Patrizier jeden finanziellen Anspruch des Regenten auf die Kircheneinnahmen für einen Verfassungsbruch. Die Säkularisierung der kirchlichen Finanzen stand schon länger an.

Nun konzentriert sich der Kirchenrat auf Süß, der durchgehend «impertinent» oder «frech» heißt. Dessen Münzproduktion habe eine allgemeine Inflation und Münzabwertung verursacht und damit auch das Kirchenvermögen geschädigt. Süß habe dabei «einen erstaunlichen Privatprofit» gemacht. Wie gering dieser war, hat nie jemand zur Kenntnis genommen. Für die ganze mit dem Krieg zusammenhängende Wirtschafts- und Finanzkrise wird Süß persönlich haftbar gemacht. Im Herrschaftssystem scheint es den Herzog gar nicht gegeben zu haben. Schließlich bricht blanker Judenhaß durch: Süß habe sich angemaßt, nach Eigendünken Juden nach Württemberg zum Handeln hereinzulassen, was nur ein Recht des Landesherrn sei. Diese Juden hätten den Untertanen einen großen Schaden zugefügt.

Erst ab Mitte April 1737 erkennen die Geheimen Räte, daß sie ihren riskanten Prozeß gegen Süß bei auswärtigen Herrschaften absichern und Süß isolieren müssen. Sie erklären den Gefangenen überall für einen notorischen Verbrecher und nehmen den Prozeßausgang vorweg. Von der Reichsstadt Worms wollen sie am 20. April wissen, welche «schlimmen Taten» Süß sich dort geleistet habe. Der Wormser Stadtrat antwortet, er wisse nichts davon, daß Süß sich «schuldhaft gemacht haben soll». Vom Landgrafen in Darmstadt möchte die Stuttgarter Regierung erfahren, welche Münzverbrechen Süß dort begangen habe. Doch der Regent ist mit Süß zufrieden und verweigert die Auskunft. Überall bekommen die Württemberger eine Abfuhr.

Da die deutschen Juden dem Reichsrecht nach unter dem Schutz des Kaisers stehen, müßte die Regierung beim Kaiser gegen eine mögliche Klage von Süß vorbeugen. Sie verschläft es. Mitte Mai 1737 verlangt ein Schreiben aus Wien händeringend «eine summarische Nachricht von des Süßen Delikten». Der Geheime Rat beschließt, den Antwortbrief noch am selben Tag zu verfassen. So flott ging es früher nie, wenn der Herzog auf Erledigung drängte.

Rätselhaft bleibt, warum die Kurpfalz sich nicht für Süß verwendet. Kein anderer Kurpfälzer in Stuttgart geht auch nur für einen Tag ins Gefängnis. Der Heidelberger Finanzmann Süß ist kurpfälzischer Schutzjude, er besitzt zwei Häuser in Heidelberg. Jüdische Händler in Mannheim und Heidelberg wenden sich im Namen des Stiefbruders Daniel Süßkind Oppenheimer an den Anwalt Johann Andreas Dietz in Wetzlar. Die Initiative geht von Hirschel Baruch in Mannheim aus, bei dem Daniel in Diensten steht. Baruch möchte den Mannheimer Heß als Verteidiger haben, Heß lehnt ab. Die Stimmung in Mannheim ist vergiftet, niemand getraut sich, etwas für Süß zu unternehmen. Man befürchtet weitere Gewaltmaßnahmen der württembergischen Regierung.

Die Darstellung des Anwalts Dietz für das Reichskammergericht folgt offensichtlich Informationen des Gefangenen. Süß sei vom Herzog zum Geheimen Finanzrat ernannt worden, der Herzog habe alles, was Süß «zum Nutzen des Landes und des herzoglichen Interesses» vornahm, «gutgeheißen, schriftlich ratifiziert und konfirmiert [bestätigt]». Drei Tage vor dem Tod habe der Herrscher die Gesamtabrechnung von Süß anerkannt, alle Dokumente, die ganze Buchhaltung und das Geschäftsbuch geprüft, «alles liquid und richtig befunden». Nach dem Tod des Herzogs sei Süß nachts in seinem Haus von 40 bis 50 Grenadieren überfallen worden. Man habe ihm «sein völliges Vermögen de facto hinweggenommen», ihn festgenommen und «nach einigen Tagen gleich dem ärgsten Malificanten [Verbrecher] auf die Festung Hohenneuffen in gefängliche Haft bringen lassen». Dort werde er von jedem Kontakt abgeschnitten, könne mit niemandem sprechen, seine Leute dürften ihm «die nötigen Lebensmittel» nicht «öffentlich» bringen. Gemeint war koschere Kost, die der Gefahr eines Giftanschlags vorbeugen sollte. Die neue Regierung stehe dem Gefangenen «ganz gehässig und feindselig gegenüber». Sie beginne nicht nur den Kriminalprozeß, sondern drohe bereits mit der «Tortur durch den Scharfrichter». Immer deutlicher hören wir Süß selbst sprechen, der eine Stellungnahme nach außen schmuggeln konnte, durch eigenes Personal, das ihn in der Haft versorgte. Süß habe «alles, was er getan, nicht anders als auf speziellen Befehl [des Herzogs] verrichtet, und wann ihm nun die Kommunikation aller seiner Dokumente und Briefschaften verstattet und restituiert würde», könne er sich erfolgreich verteidigen. Von Heidelberg und Mannheim seien schon Versuche gemacht worden, Süß einen Verteidiger zu besorgen, aber kein einziger Auswärtiger, gemeint war ein Nichtwürttemberger, getraue sich, nach Württemberg zu reisen. Süß will gegen Kaution seines ganzen Vermögens auf freien Fuß gesetzt werden und den freien Zugang eines ausländischen Advokaten und seiner Verwandten bekommen.

Ein Spitzel am Reichskammergericht warnt Mitte Mai 1737 die Stuttgarter Regierung vor der noch nicht eingereichten Klage und schlägt vor, dem Prokurator Dr. Johann Goy in Wetzlar, Württembergs Interessenvertreter beim Gericht, eine amtliche Stellungnahme zu schicken. In Stuttgart formuliert Keller für Wetzlar die verleumderischen Beschuldigungen, die die eigene Ratlosigkeit kaschieren. Süß sitze in der Haft «wegen seiner reichskundigen Mißhandlungen», wegen seiner «Übeltaten», er befinde sich aber «in einem sehr gelinden Arrest». Dann folgt in Kellers Konzept, es handle sich um einen «Kriminalprozeß, so zumalen in seiner Art bei dem kaiserlichen Hof bereits anhängig» sei. Dieser Satz hätte einen frühen Plan geoffenbart, der noch wacklig war und den man bald fallenließ. Zu einem Prozeß in Wien hatten die Putschisten keinen Mut, der Satz wurde also gestrichen. Und weiter: Süß sei «ein berüchtigter Bösewicht», habe gegen Reichsgesetze verstoßen, keinen Respekt vor dem Herzog gehabt und «dero nachgesetzte fürstliche Collegia [Regierungsorgane]», habe sich mit verächtlichsten Ausdrücken und Taten vergangen, habe «Unsere treugehorsamste Landschaft und alle gute Ordnung und löbliche Landesverfassung gänzlich zu Boden zu treten gesucht», habe Landesrechte «mittelst Einführung mehr dann 50 allerhand stillschweigenden Auflagen auf das äußerste gekränkt». Das Lügengespinst wird immer größer: Süß habe «viele Tonnen Golds auf eine nie erhörte Art fast von allen Familien erpreßt», die fürstlichen Kassen «nicht nur um eine Tonne Goldes» bestohlen. Jetzt befinde er sich auf dem Hohenneuffen, habe dort «sein eigenes Bett und andere benötigte Mobilien, nicht wenig von Essen und Trinken alles, wie er es selbsten verlange», damit er sich nicht das Leben nehme.

Am 22. Mai 1737 reicht der Anwalt Dietz im Namen von Da-

niel Süßkind Oppenheimer die Klage in Wetzlar beim Reichskammergericht ein, als Dringlichkeitsfall: Süß solle sofort aus
der Haft entlassen werden. Die Klage wäre durchgegangen, Süß
entlassen worden, der ganze Prozeß geplatzt, wenn nicht der
von Stuttgart gewonnene Goy die Sache ins Wanken gebracht
hätte, die dann im Senat vom Prokurator Ambros Franz Graf
von und zu Virmont und einem Beisitzer gekippt wurde. Die
Reichsjustiz steht auf wackligen Beinen, das Recht eines Verfolgten ist jederzeit zu verhindern durch eine gut geschmierte
staatliche Intervention. Die Richter machen sich nicht die geringste Mühe, Süß' Argumente zu prüfen. Das Gericht folgt
dem Stuttgarter Sperrfeuer und lehnt die Dringlichkeit ab, der
Häftling lebt ja noch. Später vollendet das höchste deutsche Gericht das Drama unter der Flagge des Zynismus. Als der Ermor-
dete bereits mehr als 15 Monate am Galgen hängt, nehmen sich
die Richter am 23. Mai 1739 endlich Daniel Süßkind Oppenheimers Klage vor und beschließen – die Klage zu verwerfen.

Einen rührenden Versuch, Süß zu retten, unternimmt im Juni
1737 die Gräfin Wilhelmina von Leiningen-Westerburg in Grün-
stadt/Pfalz. Sie verlangt die Auslieferung des Gefangenen, er
habe ihre Rechte verletzt. Ihre Forderung reicht sie dem Wormser Stadtrat ein, wohl um ihn für ein gemeinsames Vorgehen zu
gewinnen, unter kaiserlicher Autorität. Der Geheime Rat in
Stuttgart wirft das Papier weg, legt es nicht einmal unter den
Prozeßakten ab, Süß erfährt nie etwas davon.

Am 4. Mai 1737 versuchen die Landstände, alle Juden aus
Württemberg auszuweisen, das könnte die Krönung des Umsturzes sein, wenn die Stände das Sagen in der neuen Regierung
hätten. Der Geheime Rat stimmt aber nicht zu und läßt weiterhin Juden im Land, aus wirtschaftlichen Gründen, genau wie
der alte Herzog. Die Einheit zwischen Regierung und Landständen war eine kurze Episode.

Sobald es ums große Geld geht, stößt der württembergische Raubzug gegen Süß' Vermögen an eine Grenze, in Frankfurt findet er seine Meister. Ein Ausschuß von Süß' Frankfurter Gläubigern erhebt in Wetzlar Klage gegen die Beschlagnahmung des Frankfurter Vermögens, wodurch alles Geld nach Stuttgart abzufließen droht. Zehn Kaufleute und Bankiers, neben Christen die Juden Bär Herz Oppenheimer, Moses Isaak zum Roseneck und Aaron Hayum zur Windmühle, bringen den Mut auf, auch gegen einen mächtigen Staat den langen Klageweg zu beschreiten. Sie beweisen, daß Süß zahlungsfähig war, nicht bankrott. Ihr Prozeß beim Reichskammergericht dauert und dauert und endet schließlich im Jahr 1764: mit einem Sieg. Auf einmal funktioniert die Reichsjustiz, freilich nur auf dem Papier. Süß wäre eigentlich postum zu entlasten und sein Vermögen den Erben und Gläubigern auszuteilen. Aber wenn ein ihr unangenehmes Ergebnis herauskommt, interessiert sich die Stuttgarter Justiz keinen Pfifferling für das Reichsgericht. Schon lange ist Süß' Vermögen geplündert. Das Gerichtsurteil klingt wie ein Gelächter zynischer Helfershelfer der schon lange entkommenen amtlichen Stuttgarter Räuber.

Erste Haft
auf der Festung Hohenneuffen

Erst sieben Tage nach dem Tod des Herzogs waren sich die putschenden Geheimräte klar darüber, was sie mit Süß anfangen wollten. Am 20. März 1737 ließen sie um 7 Uhr den Oberstleutnant Maximilian Gottlieb von Reischach mit 50 Grenadieren zu Pferd und mit zwei sechsspännigen Kutschen vor Süß' Palais aufziehen. Die Mitgefangenen Bühler und Jacob Friedrich Hallwachs wurden in die hintere Kutsche gesetzt, in der vorderen nahmen Reischach und Süß Platz. Bei der Fahrt durch die Stadt kam es zu einem Volksauflauf, die Gaffer schrien «Pereat [er soll untergehen]» und «Es sterbe Jud Süß». Bis zum Bopser, einer Anhöhe oberhalb von Stuttgart, begleiteten spottende Jungen den Zug. Nach vier Stunden kamen die Häftlinge auf der Festung Hohenneuffen an. Süß wurde in den Kommandantenbau eingeliefert. Eine Woche lang blieb er ohne Verhör. Wie bei Staatsgefangenen üblich, befand er sich im Arrestantenbau, wo es «ziemlich konditionierte Zimmer» gab – einst links an der Schildmauer, wenn man auf die oberste Ebene der Festung kommt.

Das Untersuchungsgericht konstituierte sich am 21. März 1737 in Stuttgart, zu Süß' Komplizen rechnete es nur die Räte Johann Albrecht Metz, Hallwachs und Bühler, später noch Remchingen und Scheffer. Die beschuldigten Mitarbeiter von Süß und die jüdischen Händler zählten nie zu den Komplizen, dennoch mußten sie monatelang hinter Gittern bleiben, in Beugehaft, um als Zeugen weichgekocht zu werden.

Unter der Aufregung, der beschämenden Zurschaustellung und der Bedrohung litt Süß' angeschlagene Gesundheit. Am 23. März überfielen Fieber und Magenbeschwerden den Gefangenen. Nun gab er zu, seit einem Jahr unter Magenkrämpfen zu leiden, zur Zeit der schlimmsten Zusammenstöße mit dem Regierungsapparat. Er hatte also auch gesundheitliche Gründe, sich aus Württemberg zu verabschieden, seine Wünsche nach einer längeren Badekur waren keine Ausflucht gewesen. Mit dem Beginn der Krankheit weigerte sich Süß, das vorgesetzte Essen zu sich zu nehmen. Unter einem Zwang, wie er ihn noch nie erlitten hatte, als Jude aber immer befürchten mußte, hielt er die Zeit für gekommen, zu seiner jüdischen Identität zu stehen. Für die Essensverweigerung berief er sich auf die Vorschriften koscherer Speisen, in seinem Inneren brach die alte Furcht vor einem Giftattentat durch. Bei der offenen Rückkehr zum Glauben seiner Vorfahren wirkten verschiedene Faktoren: krankheitsbedingte Erregung, gesteigerte Nervosität, Verletzung der Ehre, Auflehnung gegen den Zwang und eine seit langem schwelende Lebensangst. Die Rückkehr war ein Akt der Besinnung auf die Unantastbarkeit seiner innersten Regungen und zugleich ein Akt politischen Widerstands.

Die Justiz schlug am 24. März der Regierung vor, der koschere Koch des Häftlings solle auf die Festung geschickt werden, freilich dürfe er nicht zum Gefangenen gelassen werden, er habe die Speisen unter der Aufsicht des Kommandanten zuzubereiten. Für Süß' Mißtrauen eine schwer annehmbare Einschränkung. In Daniel Süßkind Oppenheimers Klage beim Reichskammergericht ließ der Häftling monieren, daß ihm seine eigenen Leute das Essen nicht offen bringen und die Speisen nicht vor ihm zubereiten durften.

Die Untersuchungsrichter schlugen weiter vor, Süß sei zwar zur Zeit gesundheitlich «ziemlich schwach», aber da das Verhör

Hohen Neuffen gegen Urach.

Die Festung Hohenneuffen.
Radierung von Adam Ludwig d'Argent
nach F. Stoll; 1799

noch nicht beginnen könne, solle der Kommandant fragen, ob Süß nicht «sein Gewissen» erleichtern und «zu diesem Ende etwas zu Papier bringen lassen wollte», in Anwesenheit des Kommandanten. Dann schoben sich die Juristen in den Vordergrund: ob es nicht das sicherste wäre, wenn ein bis zwei von ihnen auf die Festung gingen? Sie wollten bei Süß sondieren, ob er mündlich oder schriftlich etwas mitzuteilen habe. Daraus wurde auf der Festung während des Verhörs eine Zwangssituation, wie sie nicht zulässig war.

Der Geheime Rat erlaubte zwei Tage später den koscheren Koch und erteilte den beiden Untersuchungsrichtern Pflug und Jäger den Befehl, sie sollten sich sofort auf den Hohenneuffen begeben und die drei Häftlinge, da «bei annoch ohnpräpariertem Geschäft dermalen nicht weiter darinnen zu progredieren [weiterzumachen], generaliter [im allgemeinen] um ihre freiwillige Geständnis mit Beziehung eines Secretarii ad protocollum vernehmen». Zur Orientierung bekamen beide Beamten einen Fragekatalog mit – ein erstes Tasten des noch unwissenden Geheimen Rats. Zu diesem Zeitpunkt hatten die Anführer des patrizisch-ständischen Putsches noch nicht in Süß' Firmen- und Privatarchiv geforscht, konnten also nur auf ihre eigene Erinnerung, auf die Befragung anderer und vor allem auf das Hörensagen zurückgreifen.

Die zwei Untersuchungsrichter, schnelle Aufsteiger in der juristischen Laufbahn, beide erst 32 Jahre alt und die ersten Einpeitscher des Prozesses, kommen am 27. März gegen 18 Uhr auf der Festung an. Am nächsten Morgen lassen sie Süß zum Verhör holen, in «die Stube neben dem Fürstenzimmer». Im ersten Stockwerk des Kommandantenbaus hielt man für den Landesfürsten besser ausgestattete Räume bereit. Von Süß' Krankheit und Schwäche liest man im Protokoll nichts. Der Gefangene verlangt zwar einen Arzt und Medizin, das Protokoll notiert nichts. Die Zwangssituation wirkt auf Süß animierend, sie putscht seine Widerstandskräfte auf. Er gibt sich als der souveräne Finanzberater des Herzogs, wie wenn Carl Alexander noch lebte. Den Fragenden müssen Süß' selbstbewußter Ton und seine schnörkellosen Antworten als Frechheiten in den Ohren geklungen haben. So pflegte Süß gegen Regierungsbeamte aufzutreten, die die herzogliche Finanzpolitik hintertrieben.

Das Protokoll eines Verhörs, gerade auch dieses ersten, ist keineswegs identisch mit dem wirklichen Verlauf der Auseinandersetzung, einem ständigen Ringen zwischen Justiz und Häftling. Beschwerden und Forderungen des Gefangenen darf der Sekretär nicht niederschreiben. Was fehlt, läßt sich jedoch aus späteren Gerichtsakten, aus Briefen, Protokollen nachfolgender Verhöre und der Verteidigungsschrift erschließen. Gleich zu Beginn verlangt Süß einen Verteidiger. Mit gutem Gespür für die Voreingenommenheit der einheimischen Juristen und ihre Servilität fordert er einen Nichtwürttemberger. Diese vom Recht garantierte Wahlfreiheit wird ihm bis zum Lebensende verweigert. Der Hochverratsprozeß beginnt, bevor er richtig in Schwung kommt, mit einem schweren Rechtsbruch. Als Süß die Frage nach seinem Vermögen nicht beantwortet, wird er mit dem Scharfrichter bedroht, was die Ankündigung der Folter bedeutet. Das Protokoll schweigt zu diesen ersten Auseinandersetzungen.

Vom ersten Verhör an hängt über dem Gefangenen das Damoklesschwert der Folter, in Württemberg ein legales Prozeßmittel, erst 1809 abgeschafft. Die Kriminalprozeßordnung von 1732, den württembergischen Landrechten als fünfter Teil angefügt, sieht folgenden Ablauf vor. Zuerst die Konfrontation mit den Folterinstrumenten, ohne Anwendung, dann die drei regulären Grade der Folterung: 1. «die Zuschraubung der Daumenstöcke und Anlegung der Spanischen Stiefel»; 2. das Hinaufzie-

Philipp Friedrich Jäger,
Untersuchungsrichter im Prozeß gegen Joseph Süß.
Kupferstich von Jakob Andreas Fridrich jun.

hen an der Leiter ohne Schläge und Gewichte, die Hände auf den Rücken gebunden, eine Zeitlang hängenlassen; 3. Wiederholung des Hinaufziehens, nun unter Schlägen und Gewichten. Bei «Jaunern und Zigeunern, auch andern verstockten Delinquenten» sei endlich als vierte Stufe das «Mecklenburgische Instrument» anzuwenden, auch der «Polnische Bock» genannt. Ein Instrument aus den Hexenprozessen, das Daumen- und Zehenschrauben kombiniert. Die zeitliche Anwendung der Folter sieht eine Steigerung vor, in der mathematischen Logik einer Stundenteilung. Die erste Stufe eine Viertelstunde lang, die zweite Stufe eine halbe, die dritte eine dreiviertel Stunde. Bei einem «arglistigen Bösewicht» durfte man bis zu einer Stunde verlängern.

Das erste Verhör, am 28. März, folgt dem Horizont, in dem sich die Untersuchungsrichter zu dieser Zeit den Prozeß vorstellen: Fragen zur Person, ein großes Gewicht liegt gleichermaßen auf der Religion wie auf dem Vermögen; auswärtige Tätigkeit; «verbotene Gemeinschaft mit Weibspersonen»; wie Süß in württembergische Dienste gekommen sei; Amtstitel mit Kompetenzen; verfassungsmäßiger Ausschluß eines Juden von einer Ratsstellung; Süß' Drohungen gegen Räte; das Absolutorium; seine amtliche Verpflichtung. Schon hier ist zu sehen, wie der Untersuchung jegliche Konzeption fehlt, Kraut und Rüben purzeln durcheinander. Süß versteht es nun immer wieder, seine Sicht so stark ins Spiel zu bringen, daß das Verhör den Juristen zu entgleiten droht. Die Fragen halten sich lange bei Aussprüchen von Süß auf, der mit seinem vorzüglichen Gedächtnis und seinem Erzähltalent leichtes Spiel hat, die konkrete Situation eines vorgehaltenen Ausspruchs breit zu rekonstruieren und zu seinen Gunsten zu erläutern.

Ein Grundpfeiler von Süß' künftiger Verteidigung kommt bei der Frage 27 in Sicht: «Wie lang es sei, daß nichts mehr ohne ihn geschehen dürfen?» Es geht um den Vorwurf der «Präpotenz», der Anmaßung und Vorherrschaft. Süß dreht den Spieß herum und nimmt den toten Herzog in Schutz – der habe so etwas nie gesagt. Was der Herzog ihm befohlen habe, dazu habe er, Süß, jedesmal einen Spezialbefehl bekommen. Das Verhör will den Gefangenen als geheimen Regierungschef hinstellen, der in der Kabinettsregierung alles beherrscht habe. Süß kann sich glücklich preisen, daß er sich aus Regierungsämtern immer herausgehalten hat. Der Beamte versteht nicht ganz und versucht erneut, Süß für die Einführung der Kabinettsregierung verantwortlich zu machen. Schon hier spürt man, wie die Justiz auf Süß einschlägt, aber den toten Herzog meint. Der konservativen Revolte fehlt die Courage, den wirklichen Gegner beim Namen zu nennen. Die politische Bühne betritt ein Bürgertum ohne Rückgrat, zur Selbstregierung noch unfähig.

Immer wieder soll Süß in die Rolle des faktischen Alleinherrschers im Regierungsapparat gedrängt werden. Er gibt überlegen zurück, daß er für jede Handlung den schriftlichen Befehl des Herzogs gehabt habe. Den Vorwurf der Alleinherrschaft, eine Weichenstellung für die Anklage, biegt Süß ab mit der Aufforderung, man solle ihn mit konkreten Vorgängen konfrontieren. Die Juristen müssen passen. Das Verhör verheddert sich in Bagatellen, die die Eifersucht der Räte grell beleuchten. So habe Süß einmal verlangt, man solle ihm den Oberhofkanzler Scheffer «herabschicken, er [Süß] hätte Sachen anzuzeigen, die Land und Leut betreffen». Süß' Geschäftsstil fehlte einfach die richtige Demut, wie sie bei Hof und Regierung obligatorisch war. Süß packt die Situation entschlossen an: Er habe auch einen Vertreter des Kaisers, der Herzogin, des Bischofs von Würzburg, des Vormunds «sich ausgebeten, um sein Verbrechen von demselben zu vernehmen und seine

Unschuld an den Tag zu legen, daß er nämlich dem Land bisher nicht schädlich gewesen».

Es folgt breit die Lotterie. Süß soll mit einem Schreiben an die Kommunen zur Abnahme von Losen gezwungen haben. Später hofft die Justiz, Betrügereien zu finden. Alles umsonst. Mit der 42. Frage endet das morgendliche Verhör, Süß unterschreibt das vorgelesene Protokoll. Mittags geht es weiter. Bis zum Ende am 1. April, fünf Tage lang, werden es 170 Fragen auf 109 Seiten. Das mittägliche Verhör des 28. März beginnen die Richter mit neuem Schwung. Sie haben sich über den bisherigen Verlauf geärgert und erkennen, daß sie so nicht weiterkommen. Jetzt steuern sie den Kernvorwurf an: Süß habe «alte, getreue Ministros und Räte bei Serenissimo in Ungnaden gesetzt». Der Beschuldigte weiß nur soviel: Der Herzog habe öfter gesagt, er könne bestimmten Räten nicht mehr vertrauen, diese habe er dann entlassen. Mit Sprachwitz formuliert Süß die herzogliche Begründung: weil diese Räte den Regenten «mehr in Prozesse hinein- als herausgeführt» hätten.

Die nächste Frage will eine Süß-Partei am Hof konstruieren, in der Regierung kann man in einer anderen Kategorie gar nicht mehr denken. Und Süß soll spüren, daß er bei der falschen Partei gewesen ist. Der Häftling will sich darauf nicht einlassen, er möchte alles genauer erklärt haben. Die Frage behauptet, nur über ihn habe man direktes Gehör beim Herzog bekommen. Süß: Seine Projekte hätten keine andere Absicht gehabt, als dem Interesse des Herzogs zu dienen. Er bringt eine Spitze an: Das herzogliche Interesse «wäre ein jeder verpflichtete Rat zu befördern schuldig». Die Putschisten hören weg. Die mit der Verfassung gegebenen Spannungen zwischen Herzog und Patriziat werden auf Süß abgewälzt, ihre Unvermeidlichkeit, ja ihre Existenz überhaupt geleugnet.

Die Untersuchungsrichter behaupten, Süß habe den Herzog

nach Belieben manipuliert, indem er ihm immer wieder neue Projekte vorschlug, mit denen leicht Geld zu machen sei. Die Antwort kommt in einer Klarheit daher, bei deren Respektierung sich der weitere Prozeß erübrigt hätte: «Das beantworte sich von sich selbsten, daß er nicht im Vermögen gewesen, indem er Serenissimum zu seinem eigenen Interesse und zu Erhaltung seiner Dimission [Entlassung], worin Serenissimus ihn zwei Jahr amüsiert [aufgehalten], disponiert haben würde. Es seien von Verschiedenen allerhand Projekte gemacht worden, welche von ihm nicht hergerührt und davon ihm nichts wissend sei.» Die Untersuchungsrichter wollen diese Argumentation den ganzen Prozeß über nie hören. Süß hatte zwei Jahre lang vergeblich versucht, aus Württemberg hinauszukommen. Das bleibt genauso unberücksichtigt wie die Tatsache, daß viele Finanzprojekte von anderen eingereicht wurden.

Die nächste Frage behauptet, reichlich plump und aus heiterem Himmel, Süß habe viele Blankoerlasse des Herzogs gehabt, die er mit beliebigem Text habe ausfüllen können. Entgegen den Legenden stellt Süß klar fest, was im ganzen Prozeß nicht widerlegt wird: «Er habe keine verlangt, auch keine erhalten, und hätte auch keine angenommen.» Danach läßt er etwas ins fertige Protokoll einfügen, weil er geistesgegenwärtig ein Schlupfloch für Übelmeinende sieht: «und hätte von Serenissimo in seiner eigenen Sache nichts erhalten, als was von Herrn Oberhofkanzler und Herrn Regierungsrat Lautz kontrasigniert [gegengezeichnet] gewesen».

Unvermittelt stößt das Verhör auf eine wichtige Institution, das Fiskalatamt: Warum auch Ehesachen vom Fiskalatamt mit Geldstrafen entschieden wurden? Süß kann sich zurücklehnen: Befehl des Herzogs. Die meisten Fragen gelten dem toten Herzog. Warum Süß den Rat Fischer, Lucianas Vater, ins Fiskalatamt geholt habe? Süß: Angesichts der Verbindungen unter den württembergischen Räten sollte es «unparteiisch hergehen», deshalb wollte der Herzog «auch einen Fremden haben». Die Stiche sitzen.

Die folgende Frage offenbart den Dünkel der einheimischen Juristen gegen Land- und Fachfremde: Ob Fischer und Süß überhaupt «die gemeinen und die Landrechte in Strafsachen» kennen? Süß: Darüber solle man Fischer fragen. Er selbst, Süß, habe sich in die Sachentscheidungen nicht eingemischt, die die Räte zu treffen hatten. Die Erledigung von Justizsachen durch das Fiskalatamt sieht Süß durch eine Verbilligung des Verfahrens gerechtfertigt. Viele Familien seien so nicht öffentlich angeprangert worden und hätten ihr geschäftliches Ansehen nicht verloren. Argumente, die nie widerlegt werden.

Was Süß von den Bestraften bezahlt bekommen habe? «Sie haben ihm etwas freiwillig gegeben, weil er das Geld an Serenissimum bezahlt, bis sie es aufgebracht haben.» Der Aspekt der Vorfinanzierung übersteigt den Horizont der württembergischen Räte, die Zins für geliehenes Geld nie akzeptieren. Hier wie im ganzen Prozeß stoßen die Mentalitäten zweier gegensätzlicher Gesellschaften hart aneinander. Die Köpfe der Württemberger stecken noch in der Naturalwirtschaft, in der Geld wie Zinsen unbekannt oder übel angesehen sind. Süß dagegen ist ganz Finanzier, der seinem Herrn neue Geldquellen eröffnet. Die Räte selbst, mit guten Gehältern gepolstert und insofern bereits Nutznießer der Geldwirtschaft, hinken hinter der Zeit her. Süß ist diesem Land um Jahrzehnte voraus.

Obwohl das erste Verhör nur allgemein geführt werden soll, verbeißen sich die Juristen in die Details mehrerer Strafsachen, für die Süß verantwortlich sein soll. Der Nachweis dafür gelingt bis zum Schluß des Prozesses nicht. Das mittägliche Verhör des 28. März endet bei Frage 69, draußen ist es bereits dunkel. Obwohl Süß krank ist, verlangt er nach der Verlesung des Proto kolls, es müsse noch eine längere Erklärung von ihm aufgenommen werden. Ein Mittel seiner Verteidigung, an dem man die allmähliche Herausbildung seiner Strategie erkennen kann. Der Gefangene fordert, seine Verbrechen genannt zu bekommen, warum man ihm sein Vermögen raubt und ihn «in einen Arrest» wirft, «in welchem er Gut und Blut, Seel und Seligkeit einbüßen würde». Er bittet um Audienz beim Herzogsvormund, damit er sich rechtfertigen könne. Sein Verhältnis zum Regenten sieht er noch immer im Rahmen eines persönlichen Dienstes und verspricht dem Vormund «an die Hand geben» zu wollen, «was ihn groß mache und dem Land nützlich sein könne». Für diese Audienz mögen die Räte «sogleich 1000 Reichstaler [1500 Gulden] von seinem Vermögen unter die Armen austeilen lassen». Angesichts der Haßstimmung wird Süß damit eher weitere Verbitterung geerntet haben. Er kann sich nicht vorstellen, daß die württembergischen Räte darin einen Versuch sehen, sich loszukaufen. Er spürt nicht, daß beide Welten zu weit auseinander liegen.

Der Gefangene redet sich in Fahrt und greift erstmals explizit auf seine jüdische Identität zurück. Er wolle aus dem Alten und Neuen Testament beweisen, «daß ein großer Regent eine solche bedrängte Person selbst zu hören nicht wohl refusieren [verweigern] könne. Bei dem Hiob stehe: Wajomer Adonai elle Satan.» Süß spricht zum erstenmal hebräisch. Die Richter sind konsterniert und Süß so beschwingt, daß niemand nach der Übersetzung fragt: «Und Gott sprach zum Satan.» Süß fällt ein glänzender Vergleich ein: «[...] und werde er [Süß] doch nicht schwärzer gemalt sein.» Süß wird noch eindringlicher: «Ingleichen stehe in den Psalmen geschrieben: Rufe mich an in der Not, so will ich dich erhören.» Zuletzt bittet er um Freilassung gegen die höchste Kaution, die er aufbringen könne. Inzwischen ist es 22 Uhr geworden.

Am nächsten Morgen, 29. März, stürzen sich die Frager gleich wieder auf Strafsachen gegen einzelne Bedienstete, deren Sache Süß gar nicht untersucht hatte. Er verwahrt sich erneut dagegen, daß ihm zugetraut werde, er hätte den Herzog «dirigieren» können. Gegen alle Vorwürfe, er habe Honorare bezogen, beruft sich Süß auf den Erlaß vom 12. Februar 1737 für seine Straflosigkeit. Die Beamten weichen aus. Süß wird aus dem Absolutorium eine Hauptstütze seiner Verteidigung machen.

Dann geht es um die Personalpolitik. Ob Süß nicht viele seiner Leute, die nichts taugten, in Landesdienste brachte? Diese Beschuldigung ist in ihrer Ignoranz so peinlich, daß sie später nie mehr wiederkehrt. Das Verhör kommt zum Ämterkauf zurück. Die Konzeption der Befragung ist chaotisch. Am Nachmittag kommt das Verhör kaum mehr vom Fleck: nur acht Fragen. Es geht um die staatsmonopolistischen Projekte, die Süß ausführlich erörtert, so daß die in Wirtschaftsfragen unwissenden Juristen nur zuhören können. Das Verhör wird zum Monolog. Süß bekommt das Stichwort, der Sekretär kann mit der Feder nur noch hinterhereilen: Tabakfabrik in Ludwigsburg, Kalendermonopol, Salzhandel, Lederhandel, Druck des Katechismus, Bierbrauerei, Getränkesteuer. Zuletzt fragen die Beamten nach allen möglichen Einzelheiten der letzten Entscheidungen des toten Herzogs.

Das Verhör vom 30. März macht in den eingefahrenen Gleisen weiter. Süß erläutert die fiskalischen und ökonomischen Aspekte verschiedener Maßnahmen, von denen die Richter nicht viel wissen. Für die Vorbilder vieler Projekte verweist er immer wieder auf Mannheim. Als er erneut mit der finanziellen Belastung des Landes konfrontiert wird, antwortet er verärgert, er habe schon lange und wiederholt seine Entlassung verlangt. Die Richter hören weg. Die nächsten Fragen erwecken am stärksten den Eindruck eines ungeordneten Zettelkastens. Süß wird mit der Lieferung der Uniformen konfrontiert, der beteiligte Rat und Bürgermeister Böhm bleibt unbelastet. Süß betont seine generelle Abneigung, mit anderen zusammen Sozietäten, Handelsgesellschaften, zu betreiben. Er war im Grunde Makler und Finanzier, nicht Großhändler. Und ein Individualist.

Am Nachmittag des 30. März wird die Substanz des Verhörs noch dünner. Die Untersuchungsrichter haben etwas auf ihren Zetteln stehen, das sie nur blindlings abfragen können. Süß antwortet einsilbig auf die riesigen Komplexe, zu deren Erörterung ausgedehnte Archivstudien nötig wären. Eine der typischen Fragen: «Ob er nicht seit dem Frühjahr 1734 das Münzwesen an sich gezogen?» Süß: «Das müsse der Akkord [Vertrag] geben.» Die Einwände wegen der Münze beantwortet Süß mit dem Vorschlag, man solle «ohnparteiische Handelsleute» untersuchen lassen, ob er angesichts der Kosten und der gestiegenen Goldpreise zum alten Münzfuß überhaupt noch einen Profit hätte machen können. Zuletzt will man ihn in die angeblichen Putschpläne des Generals Remchingen hineinzerren. Süß: «Von Landschaftssachen und in dergleichen großes Spiel habe man ihn nicht einsehen lassen.» Am nächsten Tag fügt er hinzu: Im Streit um die Verfassung und Religion des Landes habe man «ihm nicht getraut, weil man ihn von allen Seiten für neutral gehalten».

Der Katalog der Anklagepunkte geht zu Ende, er zeigt noch lange nicht die Systematik, die bei den späteren Urteilsberatungen herrscht. Nebenbei spricht Süß von seiner Isolierung, «in ganz Stuttgart hätte er sich keinen Vertrauten gehalten». Er weigert sich, über die Mithäftlinge etwas auszusagen, während diese nebenan ihn ausgiebig belasten. Am Schluß packt ihn die Verzweiflung, «mit vielem Lamentieren» erklärt er: «Er wolle nichts als Gnad und ohne Prozessieren sich in allem submittieren [unterwerfen].»

Die Untersuchungsrichter Pflug und Jäger berichten am 31. März erstmals nach Stuttgart, was Süß sagte und wie er sich verhielt. Ihre Sicht ergänzt das Verhörprotokoll, wobei sie freilich den Gefangenen schwächer darstellen, als er nach dem Protokoll aussieht. Süß habe «anfänglich sich ganz desperat angestellt und teils aus Furcht, teils in Hoffnung, sich annoch durch das Negieren durchzubringen, mit der Sprache nirgend deutlich herausgehen wollen». Erst nach gütlichem Zuspruch habe er ausgesagt. Unter der vorgetäuschten Freundlichkeit verstecken die beiden Herren die Bedrohung mit der Folter, sie sind zu dieser Einschüchterung gar nicht berechtigt gewesen. In ihrer Zusammenfassung zählen sie nur auf, was Süß leugnete. Was er zu seiner Entlastung angab, unterschlagen sie.

Der Bericht geht weiter. Süß habe bei jedem Verhör «mit der größten Geduld und Güte traktiert werden müssen». Sooft «eine bedenkliche Frage gekommen», habe er über seine mächtigen Feinde geklagt, deshalb wolle er vorerst nichts aussagen. Dann greifen die Untersuchungsrichter zu einem betrügerischen Trick: Sie geben Süß «die Versicherung, daß ihm von niemand wider Recht und Billigkeit das Geringste zugefügt werden solle». Sie seifen ihn lange ein, doch dann erwacht bei ihm wieder das Mißtrauen, und er widerruft eine Aussage, die ihm belastend zu sein scheint. Er schwankt zwischen Widerstand und Unterwerfung und wird von den Juristen unter Druck gesetzt: Wenn er eine Aussage widerrufe, die sie mühselig protokolliert haben, finde er «desto weniger Mitleid».

Die beiden Untersuchungsrichter spüren, daß sie es nicht zu weit treiben dürfen, sonst wird Süß aus Verzweiflung jede Aussage verweigern. Um den Gefangenen aufzumuntern, stellen sie ihm «eine Medizin vor seinen Magenkrampf und etliche Bouteilles von seinem Tokayer und anderen Wein» in Aussicht. Einen Geistlichen will man nicht holen, sonst könnte Süß seine baldige Exekution befürchten oder es entstünde das Gerücht, er solle zur Konversion überredet werden. Süß beharre «in seinem von Anfang her gefaßten Vorsatz, sich auszuhungern». – Der Hungerstreik, hin und wieder unterbrochen und aus unterschiedlichen Motiven geführt, wird die Justiz bis zum Schluß in Atem halten. – Süß wirft sich vor den Untersuchungsrichtern auf die Knie. Was er sagt, übergehen sie und nennen es nur «Lamentieren». Trotz allen Zuspruchs habe er «keine Speise mehr zu sich nehmen wollen».

Einen Tag später, am 1. April: Süß belaste Remchingen nicht. Man habe Süß deshalb «mit schärferen Zwangsmitteln» gedroht. Gemeint waren Wasser und Brot, vielleicht auch Stockhiebe und Verlegung in das schreckliche unterirdische Verlies im Arrestantenturm. Weil Süß sich «entsetzlich vor dem Tod und einer seinen Taten gemäßen Strafe fürchtet», achte er auf «die kleinsten Worte» seiner Aussagen. Von ganz anderem Kaliber sind die beiden Mithäftlinge nebenan, sie belasten Süß schwer, vor allem mit angeblichen Putschplänen, und «zeigen eine Munterkeit bei ihrer Verhör, mit der Versicherung, daß sie zwar wie andere unter der Süßischen Sklaverei gestanden, aber alles getreulich anzeigen wollen».

Der Geheime Rat antwortet am nächsten Tag, er rechnet mit einem raschen Fortgang. Man brauche nur noch Süß' Akten studieren und könne dann den Kriminalprozeß eröffnen, genügend Fakten seien schon jetzt bekannt. Zu diesem Zeitpunkt sieht noch alles einfach aus. Ansonsten sei Süß an Speisen und Getränken zu geben, was er wünsche. Man befürchtet, er werde durch den Hungerstreik «Schaden an seiner Gesundheit» nehmen, womöglich «auf solche Weise das Leben zu verkürzen trachten». Im dritten Bericht vom Hohenneuffen, erstellt am 4. April, können die Richter aufatmen. Süß werde keineswegs durch den Hungerstreik «sein Leben vorsätzlich verkürzen», denn er habe «eine gewisse Speise bestellt, nachgehends aber so lang nichts davon essen wollen, bis der Wachtmeister zuerst etwas genossen, mit der Erklärung, daß er sich vor einer Vergiftung und also vor dem Tod fürchte und denselben nicht suche». Als sich ein Geschwür auf seiner Brust zeigte, verlangte er zwei Ärzte.

Ansonsten raten die beiden Juristen von einem Anklageprozeß ab. Fast überall sei der Inquisitionsprozeß eingeführt worden, der nicht halb soviel Zeit brauche wie der Anklageprozeß. Damit könne auf eine förmliche Anklageerhebung verzichtet werden, worauf Süß als Jude sowieso kein Anrecht habe. Die Verhörenden wissen schon ganz genau, wie die Untersuchung abzulaufen habe, alles scheint in Kürze über die Bühne gehen zu können. Die Gerichtsakten solle man der juristischen Fakultät der Tübinger oder einer nichtwürttembergischen Universität zur Begutachtung schicken. – Dies wurde nie gemacht. – Oder man könne zur Beschleunigung des Verfahrens Leute aus dem Geheimen Rat nehmen, unter Zuziehung einiger Regierungsräte und Professoren der Tübinger Juristenfakultät, dann in Gegenwart der Landstände einen gemeinsamen Bericht vortragen und sofort das Urteil fällen. Man solle Süß einen Verteidiger geben, weil dann «die ganze Welt erkennen müßte, daß man dem Süßen auf keinerlei Art zu kurz geschehen zu lassen» beabsichtige, «anbei durch einen fremden [Verteidiger] von Frankfurt oder aus einer andern benachbarten Reichsstadt der Prozeß nur desto mehr beschleunigt werden dürfte». Der Auswärtige wolle möglichst rasch wieder nach Hause gehen. «Der Magistrat einer solchen Reichsstadt [werde] eine geschickte, gewissenhafte und fleißige Person aussuchen.» Die Originalauszüge aus den Akten könne man dem Verteidiger nachher wieder abnehmen, so drängen keine Geheimnisse nach draußen. Dieser Vorschlag wird später verworfen, im sicheren Gefühl dafür, daß Süß, gestützt auf die finanzielle Hilfe Mannheimer und Heidelberger Juden, mit einem guten Frankfurter Anwalt große öffentliche Aufmerksamkeit für seine Gegenklage bekäme. Ein intimer auswärtiger Kenner des Prozesses hätte zudem mit mehr Gewicht und besseren Argumenten in Wetzlar und Wien Klage erheben können.

Joseph Süß ist weiterhin krank und verlangt am 10. April wieder einmal Medizin, er hat noch immer keine bekommen. Am nächsten Tag kehren die beiden Untersuchungsrichter nach Stuttgart zurück. Süß, erneut mit Fieber, verlangt am 19. April wärmere Kleidung. Jetzt erst wird der Nürtinger Arzt Dr. Ernst Honold angewiesen, nach Süß zu sehen. Und endlich gibt man Süß am 9. Mai aus seinem Besitz weitere Kleidung, drei Pfund Kaffee, vier Pfund Tee, sechs Flaschen Champagner und sechs Flaschen französischen Rotwein.

In Stuttgart betreibt das Untersuchungsgericht am 20. Mai die Beschleunigung des Prozesses und stellt zuerst die Frage, ob Süß auf die Folter zu legen sei. Wenn er weiterhin den Fragen ausweiche, könne man die ersten beiden Stufen der Folter anwenden, auch vor Anhörung der Verteidigung. Dann folgt im Protokoll ein verräterischer Nebensatz: «[...] wobei jedoch wegen seiner weichen Hiebs- und Gemütskonstitution viele Moderation [Mäßigung] zu adhibieren [anzuwenden] sei.» Offensichtlich hat man Süß' Empfindlichkeit bei Hieben schon ausprobiert, ohne im Protokoll etwas davon zu sagen. Weiter: Wenn Süß zwar antworte, aber leugne, so könne er mit verschärfter Haft bestraft werden, «in sein erstes Gefängnis, sodann in den Turm an Boden gesetzt und längs geschlossen, dabei aber mit Hinwegnehmung seines Halstuchs» und anderer Dinge, mit denen er sich erdrosseln könnte. Die Wache hätte gut auf ihn aufzupassen. Während der Beweisaufnahme brauche er nicht gefoltert zu werden, ebenso nicht, sofern Zeugen ihn überführten. Aber «wegen der Machinationen gegen die Landschaft und Religion» könne man ihn «kurz vor der Exekution» auf der Folter verhören, ebenso wenn er nicht alle Hauptdelikte «in der Güte» gestehe.

Diese Erörterung zeigt klar, daß die Justiz mit einem Todesurteil rechnet, lange bevor die Anklagepunkte feststehen, Süß richtig verhört ist und Zeugen befragt worden sind. Nach dem Bericht von Casparson wurde Süß noch auf dem Hohenneuffen in Ketten gelegt.

Heute ist bei Führungen auf dem Hohenneuffen eine mündliche Überlieferung zu hören: Auf der höchsten Ebene zeigt man hinten rechts zwei Gitter im Boden, die die Verliese im übriggebliebenen Unterbau des beseitigten Arrestantenturms abdecken, unter ihnen zwei gewölbte Räume, jeder 3,40 auf 2,40 m messend, in der Scheitelhöhe 3,50 m hoch, mit einer steinernen Bank und einem Luftloch. Hier sei Süß herauf- und hinuntergelassen worden. Die Verhörprotokolle auf der Festung und Daniel Süßkind Oppenheimers Klage in Wetzlar erzählen nichts davon. Vielleicht wurde diese Maßnahme, wenn es sie je gab, erst gegen Ende der Hohenneuffener Zeit verhängt, als die Informationen von Süß für Wetzlar die Festung schon verlassen hatten.

Das im geheimen schon gefällte Todesurteil ahnt Süß und wirft es am 6. Juni 1737 auf dem Hohenasperg den Untersuchungsrichtern vor, die ihre Unkenntnis heucheln. In der Sitzung vom 20. Mai wird weiter die Frage nach einem Universitätsgutachten aufgeworfen, wie es bei komplizierten, auf Leben und Tod gehenden Prozessen üblich war. Gegen ein Gutachten der Tübinger Juristenfakultät spreche, daß dadurch der Inhalt des Verfahrens bekannt werde. Zum Ersatz wolle man zwei Tübinger Juraprofessoren als Beisitzer ins Untersuchungs-, dann ins Kriminalgericht berufen. Als Verteidiger werden der Stuttgarter Advokat Johann Jacob Obrecht oder der Tübinger Mögling ins Auge gefaßt, beide Württemberger.

Zwei Tage später, am 22. Mai, wird der Kriminalprozeß gegen Süß eröffnet, «wegen der ihm zuschulden kommenden zerschiedenen enormen Verbrechen». Genaueres weiß man noch immer nicht. Das Untersuchungsgericht besteht aus dem Hofrichter von Gaisberg als Präsident und den Beisitzern von Pflug, Professor Dr. Georg Friedrich Harpprecht, Prof. Dr. Wolfgang Adam Schoepff (beide von der juristischen Fakultät in Tübingen), Wilhelm Eberhard Faber, Johann Jacob Dann, Eberhard Ludwig Bardili, Georgii und Jäger. Ausdrücklich wird ein Verteidiger zugelassen. Es soll «alles weiter mit der erforderlichen Legalität observiert werden». Das Urteil sei «den Rechten gemäß» abzufassen. Die juristische Orientierung habe die Württembergischen Landrechte, die Peinliche Halsgerichtsordnung Karls V. und die Landesverfassung zu berücksichtigen. Der Geheime Rat erwartet einen baldigen Abschluß. Am selben Tag noch werden Süß seine Amtstitel und Funktionen genommen.

Bis Ende Mai rechnet die Justiz damit, daß das Hauptverhör auf dem Hohenneuffen durchgeführt wird, wohin die Regierungsakten und Exzerpte aus Süß' Dokumenten gebracht werden sollen. Ein rasches Ende des ganzen Prozesses gilt als sicher, aber Klarheit über die Vorwürfe gegen Süß hat man noch immer nicht. «Die dem Jud Süßen zu Schulden kommenden Delicta» seien, selbst in einer «summarischen Spezifikation, viel zu weitläufig». Das Hauptverbrechen sei «Hochverrat», begangen nicht nur gegen den Regenten, sondern in Analogie auch gegen den württembergischen Staat «durch gefährliche Ratschläge und Attentate wider die Landesverfassung». Im ganzen handle es sich um einen komplizierten Tatbestand, «wohin alle des Süßen und seiner Komplizen Projekte und übrige Unternehmungen einschlagen».

Alle Einzelbeschuldigungen werden dem Hochverrat zugeordnet. Eine kühne Konstruktion, die, obwohl aus Unklarheit geboren, bis zum Schluß durchgehalten wird. Selbst sexuelle Abenteuer fallen darunter, auch alle Vergehen gegen den Kaiser und den Herzog. Schon hier taucht eine Lieblingsidee der Bürokratie auf: Vergehen gegen die Regierungsorgane und Räte seien Majestätsverbrechen gewesen. Die eigentliche Majestät ist in diesem Prozeß der Regierungsapparat selbst, für den Herzog bleibt kein Platz übrig. Insgesamt läuft alles auf den Vorwurf des «Hochverrats» hinaus. Noch im Mai wirft die Justiz einen großen Teil ihrer Stategie über den Haufen. Am 30. des Monats transportiert man Süß näher an die Hauptstadt, auf die Festung Hohenasperg, wo die Häftlinge Scheffer und Metz schon liegen.

Haft und Verhöre
auf dem Hohenasperg

Schwierigkeiten macht Süß von Anfang an, er gibt sich nicht mit dem Üblichen zufrieden, läßt nicht alles, wie es nun einmal ist, er will ändern, ob er kann oder nicht. Der Kommandant der Festung Hohenasperg, Wolfgang Conrad Glaser, aus dem Patriziat stammend, kann davon ein Liedlein singen und singt es fleißig in seinen Briefen. Die beiden anderen mit Süß vom Hohenneuffen eingelieferten Gefangenen, Bühler und Hallwachs, «sind gelassen und still; der Jud aber kommt auf allerhand Gedanken».

Am ersten Tag auf dem Hohenasperg, dem 30. Mai 1737, ist Süß mit seiner neuen Zelle noch zufrieden. Schon am Tag darauf bricht sein «promptes Naturell» durch: Er protestiert. Der Kommandant verdutzt: Das sei doch «sein bestes Quartier». Der nächste Zusammenstoß beim Mittagessen. Der Gefangene hält es für unter seiner Würde, in Gegenwart des Offiziers zu essen, er verlangt alles nach seinem eigenen Geschmack eingerichtet zu bekommen. Doch wie auf dem Hohenneuffen werden ihm Messer und Gabel verweigert. Süß sperrt sich lange, etwas zu essen. Am Schluß nimmt er ein bißchen zu sich, der schleichende Hungerstreik geht weiter.

Die Regierung beweist ihre unterschiedliche Beurteilung der Asperger Gefangenen durch die Behandlung. Die drei Hohenneuffener, darunter Süß, werden Tag und Nacht in einem Zimmer verschlossen gehalten, Remchingen dagegen genießt Be-

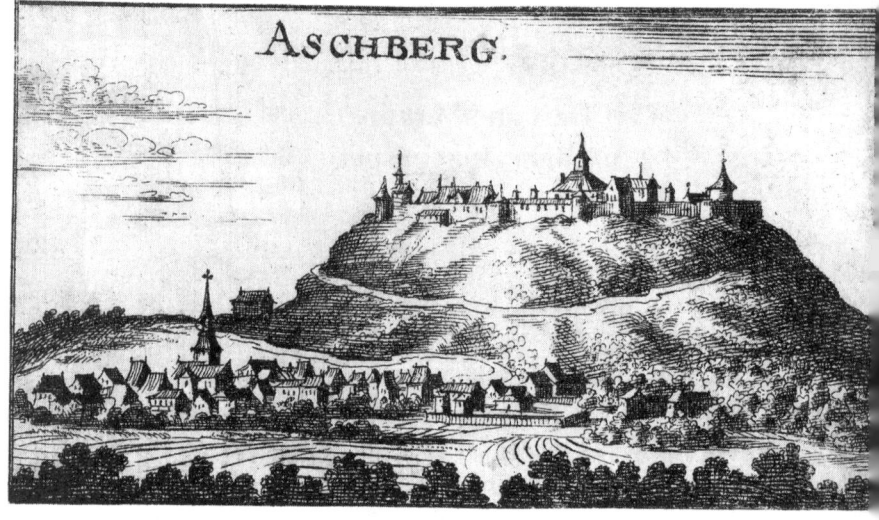

Die Festung Hohenasperg.
Anonymer Kupferstich; um 1700

vorzugung, man fürchtet, daß Wien und Würzburg hinter ihm stehen. Zur Führung einer eigenen Küche stehen ihm ein Lakai, ein Koch und eine Magd zur Verfügung. Tagsüber darf er seine Zelle verlassen, damit sie als Küche dienen kann. Ein Offizier hat dafür zu sorgen, daß Remchingen mit keinem seiner Bedienten sprechen kann. «Die Domestiken aber werden durch genugsame Schildwachten und zwar ein jeder insbesonders observiert.» Der Oberhofkanzler Scheffer ist nachts mit einem Bedienten in der Zelle eingeschlossen, tagsüber bleibt die Zelle offen, zwei Wachen stehen davor.

Süß' Kriminalverhör, «das Spezialverhör», beginnt am 4. Juni 1737. Die Untersuchungsrichter glauben, in den Akten ausreichend Belastungsmaterial gefunden zu haben. Entgegen ihrer Erwartungen wachsen sich die Verhöre zu einem riesigen Werk aus: 1365 Seiten mit 1075 Fragen. Süß setzt gleich zu einer langen Erklärung an – 19 Seiten im Protokoll. Er beharrt auf der Nennung der Anklagepunkte. Seine Rechtfertigung: Nirgends wirkte er je in der Regierung mit und ließ alles die einzelnen Regierungsabteilungen entscheiden; nirgends in Württemberg pachtete er ein Staatsmonopol, er verkaufte keine Güter im Land und führte nirgends eine Zwangsvollstreckung durch. Als Carl Alexander noch Erbprinz war, lieh er, Süß, ihm 80 000 Gulden, als Vorauszahlung auf die Apanagen. Der Herzog holte ihn ins Land, um seine Einkünfte zu verbessern. Die Landeskasse war zerrüttet, teilweise schon verpfändet.

Dann kommt Süß auf die Münze zu sprechen, auf die ungünstigen Verträge seiner Vorgänger: ein Verlustgeschäft für den Herzog. Er riet, sich der Praxis anderer Münzstaaten anzuschließen. Er hatte nur einen Vorschlag auszuarbeiten, der Herzog zwang ihn, diese Idee auch auszuführen. Die Ausschreibung für die Münze war öffentlich gewesen, niemand bot bessere Konditionen als er. So verläuft Süß' erste Verteidigungslinie.

Er redet sich warm. «In der ganzen Welt» gab es ein Aufsehen, weil die Stuttgarter Münze Erfolg hatte und bei den Geldwechslern in Frankfurt Agio, Wertaufschlag, erhielt. Dennoch erlebte er nirgends soviel Hindernisse wie in Württemberg. Die anderen Münzstätten arbeiteten ohne Widerspruch und erreichten doch keinen so guten Wechselkurs wie Stuttgart. Alle Denunziationen gegen seine Münzarbeit sind schon einmal widerlegt worden: Georgii unterlag mit seiner Denunziation beim Herzog und sprach ebenfalls für das privatwirtschaftliche Liefersystem.

Am Mittag des 4. Juni beginnt das Verhör mit den Personalien und dem Lebenslauf. Süß wird ausführlicher als auf dem Hohenneuffen. Breit werden die Mannheimer Tätigkeiten erörtert, Stuttgart vermutet von dort eine Gefahr für den schon beschlossenen Justizmord. Süß wundert sich mit Recht, warum sich die Württemberger auch dafür interessieren, was er in Darmstadt tat. Die Richter wollen um alles in der Welt hören, daß Süß in Mannheim ein armer Mann war, ohne Kredit. Süß, an seiner Ehre getroffen, wirft hin: Man soll sich in Mannheim erkundigen. Die Justiz kneift. Er ist noch im Gefängnis stolz darauf, daß in den letzten zwanzig Jahren niemand ihn für zahlungsunfähig hielt.

Beim zweiten Verhör am 5. Juni schleudert er Pflug und Dann ins Gesicht, sie seien befangen. Nur unter der Bedingung, daß die anderen Untersuchungsrichter nichts gegen das Recht unternehmen, erklärt er sich damit einverstanden, daß sein Befangenheitsantrag nicht zu Protokoll genommen wird. Doch er beharrt weiter auf der Wahl eines nichtwürttembergischen Anwalts. Das Verhör schleppt sich dahin, Süß ist nicht in die Ecke zu drängen, Krankheit und Essensverweigerung scheinen seine Gegenwehr eher zu verstärken. Die Beschuldigungen gehen weiterhin durcheinander. Nach der Münze kommen die angeblichen Majestätsverbrechen zur Sprache. Auf jede Vorhaltung antwortet der

Beschuldigte mit einer langen Erklärung. Seine Taktik: Viel sagen und noch mehr erklären, dann werden die Sachverhalte den mit der Regierungsarbeit nicht vertrauten Untersuchungsrichtern schon zuviel werden. Danach verfallen die Frager wieder auf die Juwelen, als ob diese eine Staatsaffäre ausmachten.

Bei den Juristen ist kein Durchblick zu erkennen. So werfen sie Süß vor, er habe einmal aus Trotz nicht an den Hof gehen wollen. Den Juristen riecht das schon nach «Majestätsverbrechen», obwohl sie Süß eigentlich gar nie am Hof sehen wollten. Er steht zu seiner Verweigerung und dreht den Spieß herum. «Wenn ihm Serenissimus etwas zugemutet, welches er nicht habe tun können, so sei solches [die Weigerung] geschehen, und habe er jederzeit hinweg begehrt, weil er wahrgenommen, daß man ihn in allem kritisiere und drohe.» Am Ende denunzierte man ihn ständig, deshalb verlangte er vom Herzog das Absolutorium. Süß schildert die servile Hofatmosphäre, wo die Denunzianten sich nie nannten und der Herzog sie ihm verschwieg. Viele Fragen erscheinen regelrecht dumm. Zu Gericht sitzen Leute, die nichts von dem verstehen, worüber sie schon lange das Todesurteil gefällt haben.

Das Verhör vom 6. Juni behandelt zu Beginn den Versuch, Süß zu adeln. Die Patrizier glaubten, darin ein schweres Verbrechen sehen zu können – ein Jude mit deutschem Reichsadel! Irgendwelche Gesetze hatte Süß bei diesem Versuch nicht verletzt, es geht um die pure Judenfeindschaft. Gleich anschließend dreht es sich darum, daß Süß sich für einen Juden einsetzte, der im Staatsauftrag bei Bauern in den Ställen Salpeter abklopfte. Eine Bagatelle. Hier sitzt eine eitle, gekränkte Bürokratie auf dem Richterstuhl gegen einen geistesgegenwärtigen Außenseiter, der argumentativ nicht zu Fall zu bringen ist.

Das Untersuchungsgericht überlegt es sich bis zum 7. Juni endgültig anders. Entgegen seiner Forderung soll Süß doch keinen Nichtwürttemberger als Verteidiger bekommen, ein Auswärtiger wäre eine große Gefahr. Zuerst erscheint morgens die Fortsetzung des Verhörs gefährdet: Süß leidet an Gleichgewichtsstörungen, sagt, er könne nicht aufstehen, Jäger möge ihn in der Zelle befragen. Jäger geht hin und fährt den Gefangenen an: Die Schwindelgefühle kämen daher, weil Süß «gestern nichts gegessen» habe. Man werde so etwas «vor einen Mutwillen, teils vor eine Verstellung ausdeuten». Süß will's mit der Justiz nicht verderben, er steht auf und verspricht, er werde «ein paar Schalen Schokolade trinken».

Dann stellt er seine Unterwerfung unter die Gewalt des alten Herzogs heraus, dem er ja nur «damit das Herz gestohlen habe, daß er dieselbe [Majestät] niemalen stecken lassen». Wenn der Herzog auf eine neue Idee verfiel, so habe er «solches wie ein Standrecht auf der Stelle ausgemacht haben wollen». Er, Süß, wisse schon, wie man in Württemberg nach des Regenten Tod mit dem herzoglichen Absolutorium umspringe: Es gelte nichts. Das habe er einst auch Carl Alexander gesagt, als er Württemberg zu verlassen wünschte. Jetzt möchte er nichts anderes, «als ein Stück Erden zu kaufen, wo er seinem Gott dienen und sich begraben lassen könnte». Der Herzog schlug ihm einst vor, sich in Holland niederzulassen und Juwelen zu schicken.

Sobald Süß seinem geängstigten Herzen Luft verschafft hat, ist er wieder ganz der alte. Er gerät ins Schwärmen über die Juwelengeschäfte mit dem Herzog, der nach dem Erwerb eines schönen Steins die nächsten acht Tage die beste Laune gezeigt habe. Dann kommt ihm Röder in den Sinn, ein «Achselträger», der von allen Finanzprojekten wußte. Röder und seine Frau hätten «ihm ihre Freundschaft auf ihre Seele geschworen, ihn geküßt und in die Lippen gebissen». Gegenüber dem Kaiser habe er, Süß, ein gutes Gewissen, dieser habe ja auch die anderen Münzstätten nicht verboten.

Jäger forscht nach den Quellen von Süß' Reichtum. Der Gefangene gibt zu, am meisten am Juwelenhandel verdient zu haben, mit einer Gewinnrate von 100 Prozent. Viel gewonnen habe er auch bei der Heulieferung für die Armee, er erinnert sich noch genau an die Preise. Ob Süß jetzt einen koscheren Koch wolle? Er hat Zeit, er möchte noch vier Tage warten, ob man ihn nicht nach Ludwigsburg in den Hausarrest entlasse. Jäger will ihm den Tübinger Mögling als Verteidiger schmackhaft machen, der sei ein Mann «von gutem Verstand und aufgeheitertem Gemüt». Er, Jäger, habe zu Mögling «ein besonderes Vertrauen». Der darin verborgene Zynismus kommt erst später zutage. Süß spricht von den Landständen: Er riet dem Herzog, sich mit ihnen gutzustellen.

Als der Gefangene sich am Ende von Jäger doch noch überreden läßt, vormittags vor den Untersuchungsrichtern zu erscheinen, führt er sich «sehr kleinmütig und gelassen» auf. Die Beamten reden auf ihn ein, durch einen ausländischen Anwalt werde sich «die Sache verzögern und seinen Arrest sowohl als die Kommission verlängern.» Sie versprechen das Blaue vom Himmel: Ein Württemberger kenne sich in den «Landesrechten und Gewohnheiten» besser aus. Die Doppeldeutigkeit des Wortes «Gewohnheiten» empfinden sie nicht. Süß verlangt als Wahlverteidiger Emanuel Schnerr von Mannheim, den Direktor des kurpfälzischen Ehegerichts. Die Beamten fallen entsetzt über Süß her. Der beharrt auf seiner Wahl. Sollte Schnerr ablehnen, so möge ihm die Mannheimer Regierung einen anderen aussuchen. Süß setzt ganz auf die Kurpfalz. Das Untersuchungsgericht befindet sich in der heiklen Lage, einen Rechtsbruch rechtfertigen zu müssen. Diese Empfindlichkeit wird sich bald verbrauchen. «Ob nun zwar einem jeden Inquisiten [Angeklagten] regulariter freizustellen ist, was sich selbiger vor einen Defensorem [Verteidiger] aussehen will, auch Eure Hochfürstliche Durchlaucht [...] ihm solche Freiheit gelassen», so gäbe es doch gewichtige Gründe dagegen. «Süß könne keine andere als [eine] vollkommene ohnparteiische Person zugestanden werden.»

Gerade einen Kurpfälzer will man in Stuttgart nicht für unparteiisch halten. Als unabhängig gilt der württembergischen Justiz nur, wer garantiert keine Schwierigkeiten macht, folglich nur ein Einheimischer. Und man hofft, Schnerr werde wegen seiner hohen Stellung sowieso ablehnen. Außerdem habe Süß in seiner Mannheimer Zeit Schnerr als Anwalt für seine Prozesse genommen und ihn auch anderen empfohlen. Die Auswahl des Anwalts durch die Kurpfalz sei «bedenklich, als nicht nur der Kanzler von Hallberg, sondern auch die alldort etablierten, sämtliche Familien des Comitialgesandten von Franken und des von Hartmann mit dem Süßen secundum acta [nach den Akten] in sehr genauer Korrespondenz gestanden». Von Mannheim und Heidelberg aus sei die Klage beim Reichskammergericht auf Süß' sofortige Freilassung unterstützt worden. Zudem würden durch einen Kurpfälzer Dinge bekannt, die man nicht publik machen wolle, besonders in Sachen der Münze. Man solle besser einen Anwalt aus einer der drei Reichsstädte wählen, die Süß' Firmenort Frankfurt am nächsten liegen. Die Untersuchungsrichter sind über Süß erbost, er zeige sich «ziemlich impertinent», besonders von ihnen spreche er «respektlos».

Der Häftling schleudert ihnen ins Gesicht, sie hätten «die Macht, wider ihn mit der Tortur vorzugehen». Die Juristen sind beleidigt über soviel Offenheit. Nachdem sie ihm, Süß, den Verlust aller Titel und Vollmachten angekündigt haben, begreife er, daß sein Ende schon beschlossen sei. Wenn das Absolutorium nichts mehr gelte, «so wisse er [Süß], daß er in allem schuldig» sei. Ihm bleibe nichts anderes übrig, als sich dem Herzogsvormund vor die Füße zu werfen und um Gnade zu bitten. Man solle ihm den herzoglichen Beichtvater und einen Kapuziner-pater schicken, er habe ihnen «wichtige Sachen, die sein Herz drücken, zu offenbaren».

In Wirklichkeit will Süß keinen Pfaffen, sondern seine Argu-mente in die Hofgesellschaft tragen. Die Untersuchungsrichter möchte er damit gewinnen, daß er Geheimnisse über das Militär preisgeben werde. Im Protokoll steht am Ende, Süß habe sich mit Mögling einverstanden erklärt – vielleicht eine Fälschung. Den Richtern ist das sowieso egal. Auch ohne das bestenfalls resignierte Einverständnis von Süß haben sie bereits den Befehl an Mögling abgeschickt, sofort auf den Asperg zu kommen. Mögling, vorgesehen als Pflichtverteidiger, windet sich. Er spricht von «bedenklichen Umständen», weil «Jud Siess seiner viefältigen Delictorum [Verbrechen] halber nicht nur allein in diesem Herzogtum, sondern auch in und außer dem ganzen Rö-mischen Reich auf eine nicht bald erhörte Weise dergestalten verrufen und übel berüchtiget ist, daß ein ehrlicher Mann und zumalen ein geborenes Landeskind billiges Bedenken tragen muß, seiner Causae plane desperatae [seinem völlig verzweifel-ten Prozeß] sich anzunehmen». Sollte der herzogliche Vormund auf der Ernennung beharren, so stelle er, Mögling, folgende Be-dingungen: Befreiung von den Terminen seiner anderen Pro-zesse; «ein erklöckliches Tagegeld», 7 Gulden 30 Kreuzer täg-lich, plus Reisekosten. Die Regierung bleibt bei Mögling, der sucht neue Ausflüchte.

Die Verhöre gehen weiter, Tag für Tag. Süß ist nicht niederzu-ringen, er sagt nichts aus, was sich gegen ihn verwenden ließe, und überlegt sich jede Antwort sorgfältig. Die Verhöre springen von einem Thema zum andern. Immer steht er mit detaillierten Erklärungen bereit und wehrt geschickt ab. Die Richter werden drohender und verlangen, er solle irgend etwas gestehen.

Am 14. Juni zeigt er sich mittags bereit dazu – und gibt doch nur einige Liebeserlebnisse zu.

Am nächsten Tag platzt den Untersuchungsrichtern der Kragen. Zuerst lehnt Süß erneut Pflug und Dann als befangen ab, mit einer ausführlichen Begründung: einem Konflikt beim Geldverleih. Der Beisitzer Harpprecht von Tübingen, der sich den Scharfmachern des Prozesses anschließt, rät, man solle darauf einfach nicht eingehen, die Einwände seien bedeutungslos. Dann wird, als grausame Retourkutsche, Süß mit schlimmster Gewalt bedroht. Wenn er sich weiterhin winde und nichts gestehe, würden «unbeliebige Mittel» angewendet. Süß versteht: Folter.

Am 17. Juni beschließen die Richter einstimmig, Süß in eine andere Zelle zu bringen und «kreuzweis zu schließen». Der Gefangene wird «am rechten Arm und Fuß langgeschlossen». Wenn das nicht tauge, werde er «kreuzweis geschlossen in eine Kassematte» gebracht, «bei Wasser und Brot», beim Verhör werde er nur noch mit dem erniedrigenden «Ihr oder Du» angeredet.

Die erste Stufe der Quälerei beginnt noch am selben Tag, Süß wird «kreuzweise geschlossen», seine Hände werden hinter dem Rücken gefesselt und an einen Fuß angeschlossen. Von jetzt an kann er sich nicht mehr richtig bewegen, sich nicht mehr entspannen, nicht mehr bequem schlafen. Er, der auf dem Hohenneuffen den Eindruck eines Weichlings machte, entwickelt einen Widerstandswillen, den die Gewalt erst richtig stärkt. Der Festungskommandant Glaser schreibt indessen genüßlich nach Stuttgart: «Der gute Gesell sieht lächerlich drein, wann er vom Tisch zum Bett will oder sonsten wohin. Eine solche Figur wird er in seinem Leben nicht gemacht haben. Er ist mit der Hand bis unter das Kinn geschlossen.»

Um die wütenden Untersuchungsrichter zu besänftigen, verspricht Süß am 18. Juni, «alles ohne Scheu anzuzeigen». Er besitze außerhalb des Landes 40000 bis 50000 Gulden Vermögen, seinen Kredit habe er in Frankfurt gehabt, bei der Münzarbeit hätte er sein Leben verlieren können. – Er ließ offen, was er damit meinte. – Dem Herzog habe er gerne Juwelen vor die Augen gehalten. Das ist alles. Die Richter werden lange Gesichter gemacht haben. Dann verweigert er die Unterschrift unter das Verhörprotokoll, weil man seine Aussage nicht ganz niederschrieb. Das Protokoll muß vervollständigt werden. Mittags drohen die Juristen, weitere Zwangsmittel zu ergreifen.

Vor der Gewalt weicht Süß nicht zurück, er besinnt sich immer stärker auf sein unverletzbares Inneres, auf seine jüdische Identität. Äußerlich kann man ihn zu vielem zwingen, innerlich bewahrt er sich seine geistige Freiheit. So verweigert er öfter das Essen und nimmt nur noch rituell unbedenkliche Speisen und Getränke zu sich: Tee, Eier, Brot. Er beschreitet den Weg der Askese, legt Fasttage ein. Sein Glaubenszeuge vor der Hinrichtung, Salomon Schächter, berichtete darüber in seiner Gedenkschrift «Relation von dem Tod des Joseph Süß seligen Gedächtnis» (1738): Süß «hat von Tag zu Tag Fasten gehabt, bis auf die Abendzeit [erst] angebissen [gegessen], auch in jeder Woche bis hieher Zweiling und Dreiling gefastet. In dem vergangenen Osterfest hat derselbige gegessen Brot und Wasser und rohe Rüben, hat auch nichts anders essen wollen.» Bei Zweiling und Dreiling handelte es sich um eine Fastenperiode von je zwei bzw. drei Tagen und Nächten.

Der Geheime Rat ernennt inzwischen Mögling zum Pflichtverteidiger, der will noch immer nicht. Die Regierung greift, genau wie die Untersuchungsrichter, zu einer Lüge: Süß setze «sein Vertrauen» gerade auf Mögling. Der furchtsame Anwalt bekommt zugestanden, daß alle Termine seiner laufenden Prozesse verlängert werden; für jeden Bogen der Verteidigungsschrift erhält er zusätzlich viereinhalb Gulden, er wird von allen Amtspflichten befreit, zuletzt erhält er eine im judenhasserischen Württemberg wichtige Schutzzusage und Schadloshaltung durch den Herzogsvormund. Mögling fürchtet für sein Ansehen und seine Sicherheit: «Das ganze Land [sei] über den Jud Süß dergestalten aufgebracht, daß jedermann Rache über ihn schreit.» Er möchte sich «bei dem unwissenden Pöbel» damit legitimieren, daß er vom Regenten unmittelbar und amtlich verpflichtet wurde und dafür den Schutz zugesagt bekam. Und gleich verlangt er mehr Honorar.

Wenn Süß sich ausführlich über seine Arbeit ausläßt und dabei seine geistige Überlegenheit erlebt, gerät er in Hochstimmung, doch danach stürzt er leicht in Depressionen ab. Nachdem er schon drei Wochen lang durch die Fesselung geplagt worden ist, sieht er nur noch schwarz. Er will vom Hohenasperg herunter, auf dem Verhandlungsweg. Das Verhör vom 3. Juli beginnt er mit dem erneuten Versprechen, er wolle jetzt endlich gestehen. Er bittet darum, sein Leben in der Stille zu Freudental bei Brackenheim, wo es eine jüdische Gemeinde gibt, oder anderswo beschließen zu dürfen, zumindest wolle er nach den Zeremonien seiner Religion begraben werden. Beim Herzogsvormund möchte er ein Gnadengesuch einreichen.

Dieser Versuch einer begrenzten Zusammenarbeit scheitert an der Starrköpfigkeit der Justiz, die nur am Todesurteil interessiert ist. Süß spürt diese Absicht, rafft sich wieder auf und verkauft in monatelangem Widerstand sein Leben so teuer wie möglich. Sein Gnadengesuch wird nicht weitergegeben, aber dafür legt er nun auch kein Geständnis ab. Süß ist noch lange nicht gebrochen.

Erst Anfang August versucht das Untersuchungsgericht zu ermitteln, welche Funktionen Süß in anderen Staaten hatte und wie es dort mit Geschäften und Geld aussah. Erneut ein ärger-

licher Fehlschlag: niemand belastet Süß. Der Haß hat sich bei
der Stuttgarter Regierung so tief eingefressen, daß sie nicht bemerkt, wie isoliert sie innerhalb des Deutschen Reiches da-
steht. Der Gefangene läßt am 13. August dem Präsidenten des
Untersuchungsgerichts anbieten: Er, Süß, werde alle Scha-
densansprüche von Privatleuten und des Staates aus seinem
Vermögen begleichen, er «lege Serenissimo Gut und Blut zu
Füßen und bitte einzig und allein um Gnad». Die Justiz ist desinteressiert.

Zwei Wochen später verlegt sich Süß wieder auf die Verweigerung: Er werde beim «gütlichen Verhör», das bald beginnt,
nicht mitmachen, wenn man nicht seinen Protest gegen einige
Untersuchungsrichter zu Protokoll nehme. Bei dieser zweiten
Verhörserie handelt es sich um ein Instrument der Verteidigung. Der Anwalt des Gefangenen leitet dieses Verhör und
kann den Beschuldigten die Verteidigung vortragen lassen.
Dabei müßte die tägliche Bedrohung durch die Untersuchungsrichter eigentlich ausgeschlossen sein, aber leider sitzen immer
einer oder zwei von ihnen dabei. Süß klagt, er sei von ihnen
ständig viel zu sehr in Furcht und Schrecken versetzt worden.
Das «gütliche Verhör» ist in einem Verfahren, bei dem nicht
schon von Anfang an die Hinrichtung feststeht, von großer Bedeutung. Aus den Protokollen dieses Verhörs, das am 26. August beginnt und bis zum 3. September 1737 dauert, erstellt
Mögling die Verteidigungsschrift.

Danach stehen nur noch die Zeugenverhöre unter Eid, die
Erstellung der Verteidigungsschrift und die Urteilsberatung
aus. Am 16. September werden auf dem Stuttgarter Rathaus,
«im oberen Zimmer», die jüdischen Zeugen Isaac Simon
Landau, Salomon Mayer, Marx Nathan, Maram Kahn und
Koppel Brill vom eigens herbeigeholten Heidelberger Rabbiner
Krautheimer mit dem jüdischen Eid verpflichtet, unter Aufset-

zung ihrer Hüte. Die Justiz rechnet für den Prozeß nur noch mit wenigen Wochen, daraus werden aber fünf Monate.

Seit dem Ende der Verhöre kann sich Süß nur mit dem Festungskommandanten Glaser auseinandersetzen. Der bekommt ständig Widerstand zu spüren und beklagt sich brieflich beim Verteidiger. Während Mögling keine Anstalten macht, das Leben seines Mandanten zu retten, unterhalten sich die beiden Herren derb, zotig, zynisch, hinterfotzig. Im Brief vom 17. September freut sich der Kommandant gleich eingangs, «der Jud weiß nicht, wie er dran ist». Er, Glaser, habe dem Häftling vorgeworfen, «daß er nicht fressen will. Ich sagte, warum er von den Christen kein Fleisch fressen wolle, da ihm doch zuvor der Christinnen Fleisch so wohl beliebt.» Süß bleibt die Antwort nicht schuldig: «Gnädiger Herr! Das Huren ist mir erlaubt gewesen, und Sie werden auch keine auf den Bauch legen.» Der Kommandant hat einzustecken: «Damit mußt ich zufrieden sein. Er [Süß] hatte ein verfluchtes Maul, dahero ich ihm auch sagte, er soll schweigen, sein Geschwätz helfe bei mir nichts.» Süß gibt zurück: «Das wisse er wohl, es sei, [wie] wann er gegen die Wand rede, so gehe es ihm aller Orten, doch wolle er reden, daß man ihn auch höre und wisse, wie es ihm ergehe.»

Der Gefangene verlangt einen evangelischen und einen katholischen Geistlichen. Von Konversion ist nicht die Rede, das weiß auch die Justiz, deshalb läßt sie ihn noch drei Monate warten. Süß will über einen Geistlichen Zugang zum Regenten bekommen, er hofft auf direkte Verhandlungen. Zu diesem Zeitpunkt verlangt er nur nichtwürttembergische Geistliche. Doch die Justiz fürchtet sich vor einem unabhängigen, auswärtigen Zeugen für Süß' Klagen. Am Ende greift der Gefangene erneut Pflug an: «[...] der Pflug sei ein Landesvampir, er wolle ihm, dem Juden, sein Blut aussaugen.»

Am 28. September folgt Glasers nächster Brief an Mögling.

Süß zermürbt seine Peiniger, er ist zäher als selbst das Wachpersonal. «Was der Jud bishero vor ein gottloses Lamentieren gehabt, ist nicht zu beschreiben, und konnte bald kein Offizier mehr zu ihm ins Zimmer. Nach so langem Heulen und Wehklagen habe [ich] ihm heute Tinte und Feder erlauben müssen.» Süß darf endlich seinem Verteidiger schreiben, von dem er genau weiß: Dieser Anwalt taugt keinen Pfifferling. Nun erlebt auch Glaser Süß' Temperament. «Der verfluchte Kerl raste desperat und sagte, man wolle ihn krepieren machen und ihn um sein Vermögen [bringen], mit Recht können sie ihm nichts tun.» Süß nimmt kein Blatt vor den Mund. «Wider die Kommission [der Untersuchungsrichter] flucht er wacker und sagte dabei, in Württemberg sei die Inquisition von Methusalems Zeiten gebräuchlich gewesen, werde auch bis ans Ende der Welt nicht ausgehen [...] All das Fragen und Plaudern, so bishero geschehen, sei nichts wert und nur ein Wind. Das Beste hab er nicht gesagt, und werde es auch nicht sagen. Was er ad Protocollum geben, das gelte nichts, und habe solches nur zwangsweis reden müssen, man habe ihm mit Corporals, Profossen und Henker gedrohet.» Gemeint sind die wiederholten Androhungen der Folter.

Am selben Tag schreibt Glaser auch an Pflug, im Ton schon vornehmer, aber auch hier wie in den Briefen an Mögling dringt die Stimme des Häftlings durch. Da Glaser Süß' Gesuche nicht weiterreicht, werde dieser «ganz toll». Der Häftling verlange, man solle ihm drei Offiziere bringen, die sein Gesuch anhören und dem Regenten mündlich vortragen sollen. Glaser flüchtet sich in die Ausrede, «die Offiziere seien keine Rechtsgelehrten». Dann zeigt Süß überraschend ganz andere Züge, besonders gegen machtlose Leute und wenn Depressionen ihn überfallen. «Gestern tat er wieder wie verzweifelnd, nahm Abschied von dem Unteroffizier, der das Essen brachte, – wollte aber nichts annehmen – und sagte zu diesem, er bedanke sich wegen vieler gehabter Bemühung. Es werde bald aus sein mit ihm. Sein rotes Kleid wolle er hiermit ihm, dem Unteroffizier, vermacht haben.»

Joseph Süß befindet sich in einem so jämmerlichen Zustand, daß selbst der Festungskommandant für das Leben fürchtet. Dabei hat Glaser die Aufgabe, ihn lebend nach Stuttgart an den Galgen zu liefern. «Ich machte mir endlich die Gedanken, weil er schon geraume Zeit so stark lamentiert und nichts essen will, er möchte endlich krepieren.» Die Erinnerung an Süß' gräßliches Aussehen beunruhigt den Briefschreiber Glaser so stark, daß er eine Nachschrift anfügt: «Bei gestrigem Lamentieren, und da er zeigen wollte, wie er in dem beschwerlichen Arrest sein Fleisch vom Leib verliere, zog er die Handschelle über die Hand herunter. Er stellte sich zwar, als tue er es mit Fleiß. Ich halte schier dafür, daß es aus Ohnvorsichtigkeit geschehen, dann er ja wenigstens des Nachts, da er sich solchergestalten an dem Arm von den Banden befreien können, davon profitiert hat.» Entsetzt muß Glaser feststellen, daß Süß bereits die engsten Handschellen trägt, die es gibt. Anfangs waren sie in der Größe richtig, im Hungerstreik sind sie zu weit geworden.

In seiner Phantasie beißt sich Süß an Pflug fest, der die meisten Verhöre führt und ihn ständig mit weiteren Gewaltmaßnahmen einzuschüchtern sucht. Im Brief vom 2. Oktober an Mögling berichtet Glaser von Süß' neuesten Ausfällen. «Der teuflische Jud hat immer Händel über Herrn von Pflug. Er sagte dieser Tage, wann er los wäre, wollte er ein Stecklen nehmen und dem Herrn von Pflug einen Degen geben und ihn doch wie weit jagen.» Weil Süß ihm soviel Schwierigkeiten macht, sehnt sich Glaser nach Süß' Hinrichtung, aber darauf wird er noch vier Monate warten müssen.

Gleichzeitig gibt der Kommandant zu, daß es Süß an vielem fehlt: Kleidung, Schuhe und Pantoffeln sind zerrissen. Der einstige Grandseigneur der Hofgesellschaft vegetiert in Lumpen. Süß möchte wenigstens eine Flasche von seinem Likör oder ähnliches haben. Auf der Festung ist jetzt, im Herbst, Kälte eingezogen. Die Stuben sind ungeheizt, worüber sich selbst die Wachen beschweren. Süß beschäftigt sich immer stärker mit seinem Tod, auch wenn er sich bis zuletzt an jeden Lebensfaden klammert. Um nicht in schwärzeste Verzweiflung abzustürzen, wehrt er sich bei jeder Möglichkeit, beschwert sich, verlangt nach seinem verschwundenen Verteidiger, überlegt sich neue Argumente für seine Verteidigung, verflucht die Untersuchungsrichter und bittet um ein Gespräch mit irgend jemandem vom Geheimen Rat, am besten gleich mit dem Regenten. Seine neuen Einfälle prallen an böswilliger Kälte ab.

Ende Oktober schüttet Süß, der im Grunde ein weiches Gemüt hat, sein Herz dem Offizier der Wache aus: «Er sehe wohl, daß man ihm auf das Blut ginge und ihm der Kopf abgeschlagen würde. Ob wohl dieses in einem Zimmer geschehen würde und in der Stille, welches er besorge? Wann es aber auf freiem Feld geschehe, so wolle er noch reden, daß die ganze Welt sich verwundern werde.» Noch in der Todeszelle, drei Monate später, werden ihn Ort und Art der Hinrichtung beunruhigen.

Dann reißt er sich wieder herum. Mitte November gibt er sich «sehr gelassen und still». Bei der Konfrontation mit seinem Kassier versucht er, alle Belastung auf sich zu nehmen. Danach wird er «schon wieder unruhiger», wie Glaser beobachtet. Süß drängt darauf, nochmals mit Isaac Samuel Levi zusammenzukommen. Weil er sonst krepieren oder verzweifeln müßte und nicht ordentlich verpflegt würde, möchte er «nach Ludwigsburg in das Bambergersche Haus oder nach Stuttgart in sein eigenes Haus gebracht werden, um bessere Pfleg zu haben». Der Kommandant antwortet zum erstenmal mit dem hinterhältigen Versprechen, Süß werde «nächstens nach Stuttgart gebracht werden». In der Tat rechnet Glaser mit dem baldigen Abtransport nach Stuttgart, der Häftling wird immer hinfälliger. Gegen Ende November liegt Süß morgens «im Bett, als wär er tot», klagt über «Seitenstechen». Sein Schuhwerk ist so jämmerlich wie die ganze Gestalt. Der Kommandant findet es lustig, wie Süß vor dem Ofen sitzt mit einem Stiefel an dem einen Fuß, einem ausgetretenen Schuh am andern. Süß hat inzwischen wieder vier Tage und Nächte hintereinander gefastet. Glaser erfüllt ihm nur deshalb jeden kleinen Wunsch, weil er den vorzeitigen Tod erwartet. Der Gefangene läßt sich zehn Eier in ein Getränk einrühren und ißt etwas Brot dazu. Am nächsten Tag dieselbe Mahlzeit. Glaser schöpft wieder «Hoffnung, ihn lebendig zum Galgen schicken zu können». Süß wünscht: Wenn man es auf sein Blut abgesehen habe, dann solle man mit ihm gleich ein Ende machen, «daß er von der Welt abkäme».

Eine Woche später, am 30. November, ist Süß' Zustand so alarmierend, daß Glaser endlich in Stuttgart eine Hafterleichterung vorschlägt. Süß nimmt bloß noch Tee und ein bißchen Weißbrot zu sich. Der Hungerstreik könnte rasch enden, mit dem Tod. So fügt Glaser seinem Brief eine schüchterne Nachschrift an: «[...] ob nicht zur Konservation [Bewahrung] des Juden die Ketten abzunehmen nützlich wäre, weil selbige nur zur Pein des Juden, nicht aber zu seiner Verwahrung dienen.» Der Justiz fährt der Schrecken in die Knochen, sie befürwortet den Vorschlag: Süß könne «in Ketten und Banden tags als nachts nicht ruhen», sei «ganz schmächtig, dürr und elend, so daß auch die engste Fesseln an seinen Händen nimmer schließen». Er drohe vor der Zeit zu sterben. Durch die Abnahme der Fesseln könne er «wiederum besseren Mut fassen». Am 3. Dezember werden die Fesseln gelöst.

Am nächsten Tag erhält der Gefangene den ersten Besuch eines Geistlichen: Pfarrer Georg Conrad Rieger von der Leonhardskirche in Stuttgart. Süß bleibt ohne Schwanken beim Glauben seiner Vorfahren. Der pietistische Pfarrer argumentiert mit dem wiedergekommenen Messias, Süß will davon nichts hören. Eine fruchtlose Unterredung. Die jüdisch-deutschen Missionsbüchlein, die Rieger mitbringt, gibt Süß ihm gleich wieder zurück: kein Bedarf. Zehn Tage später kokettiert Süß mit der Konversion zum Katholizismus. So hatte er gelegentlich schon früher gesprochen. Im Grunde keine ernsthafte Idee, denn nachher lehnt er die geringste Annäherung strikt ab. Bis Ende Januar 1738 beharrt er auf seiner Linie, verfolgt seine religiöse Form des Hungerstreiks und hält nichts von der Verteidigungsschrift. Ein letztes Mal ärgert er Jäger, als dieser nach Süß' Geld auf einer Amsterdamer Bank fragt. Süß, noch immer überlegen: Diese Gelder solle Jäger haben, und seinen Feinden gönne er, Süß, so viele gute Tage, wie er Kreuzer auf dieser Bank habe. Schwarze Ironie eines Freidenkers im Schatten des Galgens.

Gleichzeitig sucht Süß seine beiden Heidelberger Häuser für die Familie zu retten. Das erste sei ein gemeinschaftliches väterliches Haus, gehöre also den Geschwistern, das andere habe er seinem Bruder überlassen. Bis zuletzt bleibt Süß auch Geschäftsmann. Noch in der Todeszelle lehnt er aufgewühlt Ullmanns Wechselfälschung ab, in seiner Ehre tief verletzt.

Die Strategie
der Verteidigung

Vom ersten Tag seiner Haft an verlangte Süß zu erfahren, was man ihm im einzelnen vorwerfe; bis zum Ende erhielt er keine richtige Antwort. Intern gaben die Juristen zu, daß sie nur an einer Vereinfachung und Beschleunigung des Verfahrens interessiert waren, nicht an Gerechtigkeit. Dazu mußten sie den Gefangenen so hiflos wie möglich machen. Den Kopf des angeblichen katholischen Staatsstreichs dagegen, Remchingen, entließ man 1739 in den Stadtarrest nach Ludwigsburg. Der General versprach mit militärischem Ehrenwort, nicht zu verschwinden. In der Nacht vom 29. auf den 30. September 1739 flüchtete er nach Wien, der Kaiser lieferte ihn nicht aus.

In Sachen Süß stand alles im Geruch des Kriminellen, was mit einer wirklichen Verteidigung verknüpft war. Die Verbindungen zu den höchsten Gerichten des Deutschen Reiches in Wetzlar und Wien fielen unter schwerste Strafe. Wenn jüdische Belastungszeugen, die wie Schwerverbrecher gehalten und bei ihren Aussagen unter Bedrohung standen, nach Verhören und schikanösen Leiden in Stuttgart endlich freikamen, mußten sie einen Eid ablegen, nichts in Wetzlar oder anderswo für Süß zu unternehmen. Die erzwungene Verpflichtung trug den Stempel des Rechtsbruchs im Gesicht.

Ein früher Kern der Verteidigungskonzeption findet sich schon in der Denkschrift vom 9. Februar 1737 an den Herzog, knapp einen Monat vor der Katastrophe. Es geht um den Abschied aus Württemberg. Süß spürt schon lange ein Gewitter heraufziehen, er hat sich mit der patrizischen Cliquenwirtschaft angelegt, deren Macht und Geld beschnitten. Er befürchtet, dafür womöglich schwer büßen zu müssen. Er möchte sich «äußerst notgedrungen noch in Zeiten, ehe und dann ich vollends gar meinen Widersachern zum Opfer werde, mit Dero gnädigsten Erlaubnis retirieren [zurückziehen]», spätestens in einem Vierteljahr. Drei Jahre lang, die er in Württemberg wirkte, identifizierte er sich mit dem Interesse des Herzogs. Sein Grundsatz lautete: «Ich widersetzte mich mit großem Nachdruck und Eifer, was Dero Interesse entgegen war, und trachtete hingegen beständig, alles leicht nach Dero gnädigstem Wunsch auszuführen.» Mit Vergnügen füllte er des Herzogs Kasse auf, was anderen nicht gelang. Den Finanz- und Wirtschaftsunternehmungen des Herzogs half er auf, wobei er von seinem eigenen Vermögen «unter Furcht und Angst vieles [habe] verlieren müssen». Während der Kredit der herzoglichen Kassen «schon totaliter gefallen war», streckte er durch seinen persönlichen Kredit mehrere 100 000 Gulden vor. Niemand anderes wollte einspringen. Er brachte die Gehaltskasse für die Hof- und Regierungsleute wieder in Ordnung, die öfter zahlungsunfähig war. Manchen Prozeß wehrte er ab, der «von außen herein angedroht» war. Er ließ sich vom Herzog zu auswärtigen Missionen verwenden. Die Münze sei jetzt so gut eingerichtet, daß sie auch ohne ihn, Süß, weitergeführt werden könne.

Die Gegner, «die mir doch in das Gesicht heuchelten», möchten dem Herzog «den Verdacht wider mich beibringen, als wann ich mich auf eine ohnerlaubte Art in dem Lande bereicherte». Sie hätten nie überlegt, wovon er, Süß, seine Ausgaben bestreiten sollte, die er im Interesse des Herzogs hatte: Reisen, Eilboten, Wagenpark, verschiedene Haushalte, Zinsen für die aufgenommenen Gelder. Das alles machte in kurzer Zeit wenigstens 30 000 Gulden aus, während seine Gegner in der Regierung «nicht einen Ritt vor das Tor hinaus tun, man gebe denn ihnen die erforderlichen Kosten». Man spürt den tiefer liegenden Widerspruch, der niemals wieder so offen zutage tritt, weil die Justiz diesen Aspekt abwürgt. Süß ist Geschäftsmann, er muß seine Kosten selbst erwirtschaften, während seine Gegner im bürgerlich dominierten Württemberg schon ganz Bürokraten sind: Regierungsleute, die sich bei allen Kosten aus der Staatskasse bedienen. Süß hat hohe Personalkosten, alles muß er durch eigene Leute erledigen lassen. Bereichern konnte er sich im Land nicht. Dem Herzog werde er gerne seine Vermögensbilanz vorlegen. Der Vorwurf der ungerechtfertigten Bereicherung in Württemberg fällt Süß «umso sensibler, als zuletzt, wann meine Feinde nichts mehr wissen, das Punctum Religionis [der Aspekt der Religion] ihre Rachbegierde bemänteln muß».

Nun bietet sich eine seltene Gelegenheit, in Süß' Inneres zu blicken. Süß formuliert seine «Religion», seine Weltanschauung, seine wichtigsten «Principia»: «[...] daß ich den höchsten Beherrscher Himmels und der Erde fürchte und liebe, Euer Hochfürstlichen Durchlaucht mit untertänigster Treue und Devotion veneriere [verehre] und sodann meinem Nächsten gern, ohne auf Geld und Gut zu sehen, diene, welche ich vor die sicherste und beste Religion halte.» Dieses Programm der Aufklärung ist den intoleranten, militant lutherischen Württembergern ein rotes Tuch, und dann lebt es gar ein Jude vor: doppelt schlimm.

Süß skizziert Carl Alexander die politische Rechenschaft seiner Arbeitsbereiche: Fiskalatamt, Hofkasse, Gratialsachen und eigene Geschäfte. Die ersten drei Bereiche will er sofort loswerden. Seine Argumentation fällt mit dem zusammen, was er später in der Haft ausführen wird. Nur im Juwelenhandel, «welchen jedermann, der die Mittel darzu hat, in der ganzen Welt treiben darf», könne er sich bereichert haben. Deshalb bietet er dem

Herzog an, jeden Edelstein zum alten Preis zuzüglich 6 Prozent Zinsen zurückzunehmen. Damit will er seinen «Widersachern» den Mund «vollkommen stopfen». Dann geht er zum Gegenangriff über. Seine Gegner könnten den Schaden, den sie dem herzoglichen Interesse zufügen, gar nicht ersetzen. Sie haben unter sich «wider alle Reichsgesetze» und gegen ihre dem Herzog «abgelegten teuren Pflichten eine Liga» gemacht, «ein Komplot wider Dero fürstlichen Nutzen», und wollen Süß stürzen. Eines von Süß' stärksten Argumenten, das im Prozeß untergeht. Süß weiß, daß er in diesem Land keine Chance hat, er bittet um seine Entlassung. Zu spät.

Seit Juni 1737 arbeitet der Verteidiger auf dem Hohenasperg die Verhörprotokolle durch, in der Kanzlei der Untersuchungsrichter. Allein schon die Nähe zu den Gegnern verschlechtert die Chancen des Gefangenen. Mögling wird täglich in seine Rolle als Leibeigener des Gerichts eingeübt. Das «gütliche Verhör», vom Verteidiger geführt, hält sich zwar an den Rahmen der schon behandelten Beschuldigungen, gibt aber Süß breiten Raum, sich zu rechtfertigen. Es finden mehrere Sitzungen statt, mit 344 Fragen und mehreren längeren Erklärungen des Gefangenen, zusammen 167 Seiten. Auch hier geht alles durcheinander. Die Fragen fallen teilweise suggestiv aus, damit Süß sich entfalten kann. Jetzt hört sich der Ton auf einmal ganz anders an, Süß ist wie verwandelt. Er kann endlich vortragen, was er angesichts der ständigen Folterdrohungen durch Pflug gar nicht mehr vorzubringen wagte. Und jetzt wird es auch notiert. Freilich gibt es noch immer Grenzen, gezogen durch die Haft, die anwesenden Untersuchungsrichter und den knechtsseligen Anwalt. Alles, was den württembergischen Horizont übersteigt, der sich auf die möglichst schnelle Exekution ausrichtet, bleibt tabu. Süß behält sich vor, erst später mit wirklichen Geheimnissen herauszurücken.

Die Juristen fanden erst lange nach den Verhören eine Systematik ihrer Beschuldigungen. Es sieht so aus, wie wenn die eigentliche Reihenfolge der zehn Anklagepunkte erst für die Verteidigungsschrift entwickelt wurde.

«1. Vita anteacta [Leben vor den Akten, vor der Tätigkeit in Württemberg]

2. Angemaßte Präpotenz [Vorherrschaft]

3. Bemeisterung der Kassen

4. Gratial- und Fiskalatamt

5. Douceur und Adress-Gelder [Honorare für Vorschüsse]

6. Projekte, Monopolien, Admodiationen [Pacht]

7. Mißbrauch des juris recipiendo judaeos [das Recht, Juden im Land aufzunehmen]

8. Consilia wider die Landschaft [Ratschläge gegen die Landstände]

9. Die Münz

10. Vita privata [Privatleben]»

Die Liste verrät keinen scharfen systematischen Verstand und weckt kein Vertrauen in die juristischen Kenntnisse. Punkt 1: Was Süß in anderen Staaten gemacht hatte, ging die Württemberger nichts an. In Punkt 2 tobte sich die Aversion der patrizischen Cliquen an einem Außenseiter aus. Punkt 3: Alle Kassen, mit denen Süß zu tun hatte, waren ständig kontrolliert worden. Bei Punkt 4 lagen Befehle des Herzogs für die Einrichtung dieser neuen Ämter vor. Punkt 5: Dafür hatte Süß eine Erlaubnis des Herzogs bekommen. Punkt 6: Hier mischten gerade Einheimische am stärksten mit, bis hinein ins Patriziat; die Auffüllung der Kasse durch Staatsmonopole war erklärte Politik des Herzogs. Punkt 7: Süß war vom Herzog angewiesen worden, den geschäftlich bedingten Zuzug von Juden zu regeln. Er verhielt sich sehr restriktiv und genehmigte mit herzoglicher Vollmacht

nur den Zuzug des Schutzjuden Maram Kahn nach Ludwigsburg und des Mannheimer Kochs Abraham Götsch nach Stuttgart als Betreiber der ersten jüdischen Garküche. Ansonsten
ordnete er die Ausweisung weiterer Juden an. Punkt 8: Es ging
nur um einige Aussprüche, die von Remchingen viel markiger
und bedrohlicher zu hören waren. Punkt 9: Selbst die Münzkommission hatte die Münze geprüft und für ordentlich befunden. Punkt 10: die Frauengeschichten, angesichts des Hofstils
eine Heuchelei.

Die Verteidigungsschrift wünschte Mögling zu Hause zu verfassen, doch das Untersuchungsgericht erlaubte nicht, daß
Mögling Süß' Akten mitnahm. Es hätten unkontrolliert Abschriften entstehen können – ein Loch in der Geheimhaltung
des brisanten Materials. So mußte Mögling seine Verteidigungsschrift im Stuttgarter Rathaus verfassen, unter den Augen der
voreingenommenen Justiz. Innerhalb dieser Grenzen durfte er
alles für Süß sagen, doch wirkliche Schritte für die Freilassung
waren rigoros ausgeschlossen.

Am 31. Oktober 1737 kam Mögling mit dem Konzept der Verteidigungsschrift auf den Hohenasperg und las es zwei Tage lang
Süß vor. Der Gefangene zeigte sich nach den 260 Seiten zufrieden. Hier stand wirklich viel, was Pflug und die anderen ihn nie
hatten sagen lassen. Es gab endlos viele Verweise auf die Dokumente des Herzogs und des Häftlings, es fanden sich breite Zitate, die Süß entlasteten. Es sah alles gut aus, hoffnungsvoll.

Gleich zu Beginn stellt die Verteidigungsschrift den Haupt-
fehler des ganzen Prozesses heraus: Verbrechen anderer werden Süß zur Last gelegt; alle Handlungen des Herzogs und
Maßnahmen der Räte und vieler Landeskinder hängt man ihm
an. Mit Stolz beharrt der Angeklagte auf der Korrektheit und
dem Erfolg seines früheren Lebens. In Stuttgart hatte er seine
Entlassung nicht bekommen können. Im Fall seiner Flucht hätte

der Herzog ihn für vogelfrei erklären lassen. In den Regierungsakten findet sich kein einziger herzoglicher Erlaß, der von Süß
geschrieben und unterzeichnet worden war. Fiskalat- und Gratialamt waren überhaupt nicht neu, nur machten sie erstmals
ein besonderes, unabhängiges Regierungsorgan aus. Ämterkauf und Untersuchungen gegen Beamte gab es auch beim vorigen Herzog Eberhard Ludwig. Früher flossen die Strafgelder
den Ministern selbst zu. Ämterkauf kannte man noch in anderen Staaten Deutschlands und außerhalb des Reiches. An den
Sitzungen beider Ämter nahm Süß nie teil und überließ die Entscheidungen den Räten. Die Projekte der Hofkasse und der Vermögenssteuer wurden von Kammerdirektor Georgii formuliert,
ohne Sanktion.

Bei den Wirtschaftsprojekten werden die Anschuldigungen
geradezu grotesk. Ein «Bankalitätsamt», so hieß Württembergs
erste Bank, gäbe es auch woanders. Süß wunderte sich immer,
daß man in Württemberg eine Bank für ein schweres Verbrechen hielt. Die vormonetäre Mentalität einer Agrargesellschaft
blieb ihm unverständlich. Eines der vielen Beispiele, wie man
ihm Ideen und Taten anderer in die Schuhe schob, stellt «das
Pupillenamt» dar, die staatliche Verwaltung von Mündelgel-
dern, vorgeschlagen von Salomon Mayer. Die Pacht der Spielkarten hatte der Wiener Jude Moyses Drach in Händen. Grotes-
kerweise lief dieses Monopol weiter, als der vermeintliche Urheber Süß schon lange zwölf Meter über dem Boden baumelte.

Auch das Glücksspiel in Kaffeehäusern rechneten die vergnü-
gungsfeindlichen Württemberger Süß schwer an. Tatsächlich
liefen die Pachtgebühren nur von Süß' Kaffeehaus in Ludwigsburg und vom Wirt «Zum Rad» in Stuttgart ein. Frei von dieser
Abgabe blieb das prächtige Kaffeehaus auf dem Großen Graben
in Stuttgart, das Joachim Friedrich Neuffer und Hofkammerrat
Johann Friedrich Schwarz betrieben. Auch an allen Maskenbäl-

len und an der Lotterie sollte Süß schuld sein, dabei handelte es sich um herzogliche Veranstaltungen. Die Bewirtung bei den Bällen, den Maskenverleih und die Spieltische hatte Neuffer gepachtet, der im Karneval 1737 einen Gewinn von 1000 Gulden einstrich. Nach Süß' Hinrichtung blieb das Glücksspiel erlaubt, nur die Pachtgebühr wurde abgeschafft. Die Wirte konnten jetzt einen höheren Gewinn kassieren.

Im Fall des Amtsblattes werden die Beschuldigungen in einer Art hinterwäldlerisch, die schwer zu übertreffen ist. Süß hatte es für sinnvoll gehalten, die Beamtenschaft durch ein Amtsblatt zu informieren, das erste in Württemberg. Die patrizische Revolte sah darin ein Verbrechen. Das von der Entwicklung anderer Staaten sich selbst abschließende Land geriet unter einen Modernisierungsschock und reagierte schrullig. Auch das Bierbrauen geriet zum Witz. Süß behauptete, in ganz Stuttgart gäbe es kein gutes Bier, niemand konnte widersprechen. Er führte deshalb mit Fachleuten Verhandlungen, die Lizenz zum Brauen erhielt am Ende eine Christin, die nie belangt wurde – die Bagatelle findet sich jedoch in der Anklage gegen ihn.

Dann kommt die Verteidigungsschrift auf den Regierungsstil des Herzogs zu sprechen. Carl Alexander zog grundsätzlich die mündliche Befehlsform vor und verlangte Handlungen auch gegen jede amtliche Ordnung, der gegenüber er sich souverän fühlte. Selbst an die eigenen Amtsordnungen und die eigene Unterschrift glaubte er sich nicht gebunden. Süß verstand sich ausschließlich als Diener des Herzogs, in seinem privaten Dienstverhältnis nur dem Landesfürsten verpflichtet.

In etlichen Punkten stimmte er freilich mit dem Herzog nicht überein, so in Militärfragen, wo sich der Herzog jede Mitsprache verbat. Nach dem Friedensschluß riet Süß dazu, die Soldaten nach Hause zu lassen. Der Hauptstreitpunkt zwischen dem Herzog und den Landständen, die Militärkosten, hatte nicht das geringste mit Süß zu tun. Der Herzog wollte die Einteilung des Landes umkrempeln, durch die Einführung von zwölf militärischen Obervogteien: in den Augen der Landstände ein Alarmzeichen für den Staatsstreich. Als Süß sich gegen diese Neueinteilung aussprach, warf ihn der Herzog hinaus. Fälle mit Strafgeldern wollte Süß eigentlich weiterhin in den traditionellen Regierungsorganen behandeln lassen. Der Herzog war strikt dagegen, wegen der Cliquenwirtschaft in Württemberg, wo alles verraten und verwässert wurde. Der Herrscher wollte eine Vermögenssteuer einführen, Süß riet davon ab. Das Land aber schrie nur über Süß, während diese Idee von drei Räten vorgeschlagen wurde, die unbehelligt blieben.

Die Verteidigungsschrift wendet sich Vorwürfen zu, die man fälschlicherweise nur gegen Süß erhob. Das Liefergeschäft mit den Uniformen machte Süß zusammen mit Egidius Böhm. Wenn dabei der Herzog betrogen worden sei, «so kann man alle Augenblick den Böhmen darum angreifen». Das ganze Geschäft mußte Süß vorfinanzieren, Böhm erschien es zu unsicher. Daß Süß dafür Zinsen verlangte, konnte die Justiz nicht begreifen. Diese Zinsen gingen nur von Böhms Gewinn ab. Zu seinen Armeelieferungen stellt Süß fest: Das seien lauter Verträge, die, wie der Juwelenhandel, nicht in einen Kriminalprozeß gehörten, sondern vor ein Zivilgericht. Dieser juristische Unterschied war den Richtern egal. Süß' Abrechnungen waren aufgrund von Denunziationen mehr als einmal geprüft und für richtig befunden worden.

Zuletzt macht Süß Einwände gegen die Belastungszeugen. Die Münzbeamten wollten durch die Denunziationen bloß entschuldigen, daß sie selbst mitgewirkt hätten. Die Zeugenaussagen aller Juden seien untauglich. Juden hielten grundsätzlich einen Eid auswärts für erzwungen, ein Eid unter Zwang sei bei ihnen aber ungültig. Weil sie selbst in Gefahr schwebten, seien sie berechtigt gewesen, nur das zu sagen, was ihnen nützte. Das sei «ein Arcanum» der Juden, ein Geheimnis. Die meisten dieser Zeugen hätten mit ihm Geschäfte getrieben, sie hätten ebenso angeklagt werden können, überdies seien viele schon vorher mit ihm verfeindet gewesen.

Am 11. November 1737 reichte Mögling die endgültige Fassung der Verteidigungsschrift ein, Süß bekam sie nie zu Gesicht. Dann legte Jäger dem Untersuchungsgericht ein Gutachten über den ganzen Prozeß vor. Bei den Beratungen zeigten sich die Juristen auf einmal uneins. Keiner hatte bei den zehn Klagekomplexen dieselbe Meinung wie der andere, Einstimmigkeit kam bei keinem einzigen Sachverhalt zustande. Die Mitglieder des Untersuchungsgerichts hatten übrigens unterschiedlich häufig an den Verhören des Gefangenen teilgenommen. Der Präsident, Baron Ernst Conrad von Gaisberg, Geheimrat und Oberhofrichter, war nur bei 73 von 102 Verhören anwesend. Die beiden Beisitzer von der Universität Tübingen, Harpprecht und Schoepff, nahmen im ersten Drittel der Verhörserie nur an 12 Sitzungen teil, vom 14. bis zum 20. Juni, dann ließen sie sich überhaupt nicht mehr blicken. Bei den insgesamt 102 Verhören fehlten sie also in 90 Sitzungen. Die Verhörprotokolle werden sie nie gelesen haben. Als versierte Juraprofessoren konnten sie sich gut auch ohne Kenntnisse dem feststehenden Todesurteil anschließen.

Mitte November zeigt sich Süß mit der Verteidigungsschrift noch zufrieden. Dem Festungskommandanten erklärt er: Mögling sehe «die Sach schon recht ein, aber er dürfe nicht agieren, wie er wolle, er sei ein Landeskind». Süß wundert sich, daß «so viele Zeugen, wovon er nicht einen zu finden geglaubt hätte, wider ihn aufgebracht seien». Der Kommandant sucht ihn erneut hinters Licht zu führen. Süß bleibt skeptisch, «er begehre keine Justiz, dann solche nirgends zu finden sei». Das ist die traurige Einsicht eines deutschen Juden nach zwanzig Jahren Kampf um

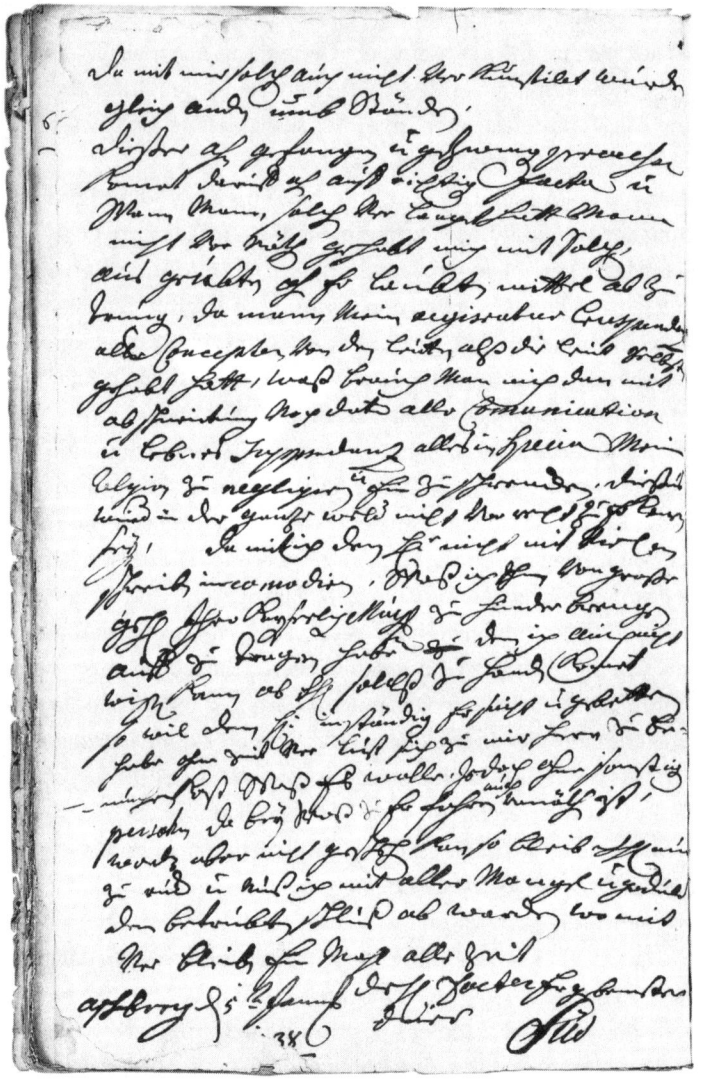

Der letzte Brief Joseph Süß Oppenheimers
an seinen Verteidiger Mögling vom 5. Januar 1738

gleiches Recht. Ungefähr zur selben Zeit stellt der Verteidiger eine Liste von 84 «Articuli Defensionales» («Fragen der Verteidigung») zusammen, die in Frageform die Zeugenaussagen und die inzwischen standardisierten Vorwürfe gegen Süß aufs Korn nehmen. Ein erstaunlich gutes Papier von zwölf Seiten, das vom Gericht weggefegt wird.

Je länger Süß auf sein Urteil wartet, desto mehr durchschaut er die trübe Gestalt des Pflichtverteidigers. In seinem letzten Brief an Mögling vom 5. Januar 1738 schreibt er ihm: Mögling habe zur Rettung von Süß' Leben, auch bloß zur Hafterleichterung, nicht das geringste unternommen. Mit Recht zieht Süß Möglings «Fidelität», Glaubwürdigkeit, in Zweifel. Ein alter Verdacht kommt in ihm hoch, «da doch der Herr Doktor in seiner gemachten Defension [Verteidigungsschrift], welche mich angehen soll, Wasser genug unter den Wein zugesetzt hat». Unvermittelt vollzieht Süß eine Wendung zur Hoffnung hin, «noch kann sich Gott in Spiel schlagen, der alle Gewalt zu brechen imstand ist». Sein religiös bestärkter Widerstand wirft sich im folgenden Satz auf den Vorwurf, daß man ihm keine detaillierten Anklagepunkte vorgelegt habe, denn er hätte sie widerlegen können. Er verlangt, sicher nicht zum ersten Mal, Mögling solle an den Kaiser in Wien appellieren.

Es gehört zu den schlimmsten Aspekten des Parteienverrats, daß der Verteidiger den Weg nach Wien unterläßt. Süß ist mit diesem Rechtsanwalt von jeder Möglichkeit der Berufung abgeschnitten. Kurz vor dem Abtransport nach Stuttgart nennt er seinen Verteidiger einen zwar «ehrlichen Kerl, aber einen blutschlechten Doktor». Er will unbedingt eine kaiserliche Justizkommission haben, die seinen Prozeß untersucht.

Je schneller es aufs Ende zugeht, desto mehr gewinnt Süß seine geistige Autonomie zurück, die er an den Verteidiger delegiert hatte.

Als er von allen verlassen ist und nur noch mit seiner Phantasie Zwiesprache halten kann, kommen ihm zukunftsträchtige Ideen zur Unabhängigkeit der Justiz: gegen das voreingenommene, gehässige Gericht solle der Kaiser angerufen werden, die Münzarbeit sei vom Kaiser und dem Reichsmünzdirektor einer unabhängigen Prüfung zu unterziehen. Bis zum Schluß fordert Süß ständig unparteiische Richter, einen landesfremden Rechtsbeistand und einen öffentlichen Prozeß. Sein Schicksal gewinnt prophetische Größe für eine unabhängige Rechtsprechung. Im Opfer einer alle Rechtsgrundsätze verachtenden Justiz zeigt sich ein aufgeklärter, vorurteilsfreier Geschäftsmann, schon auf dem Weg zum Citoyen, freilich zwei Generationen zu früh.

Die Vorbereitung
des Justizmords

Im Schwung der konservativen Revolte brauchte die neue Regierung sich nicht besonders um das Recht zu kümmern. Dennoch häufte die Justiz im Kriminalfall Süß einen Papierberg auf. Dieser bezeugt freilich mehr das schlechte Gewissen als die Korrektheit der Rechtspflege und verdankt sich vor allem der Angst vor auswärtiger Intervention aus Wien, Würzburg, Mannheim oder Wetzlar. Die Rechtswillkür begann mit der Festnahme ohne Haftbefehl, es folgte die verfrühte Beschlagnahmung des Vermögens. Noch bevor für die Justiz insgeheim das Todesurteil feststand, war sicher, daß sie Süß alles nehmen würde, was er irgendwo besaß. Selbst in andere souveräne Territorien des Deutschen Reiches erlaubte sich die Stuttgarter Justiz Übergriffe. Die Kurpfalz kuschte wenigstens beim Hausbesitz nicht, auch wenn sie ihren Schutzjuden widerstandslos preisgab. In Frankfurt bissen die Stuttgarter Richter freilich auf Granit, nicht beim Magistrat, sondern bei den Gläubigern von Süß.

Erst am 9. Januar 1738 wurde die Konfiskation in Stuttgart für den württembergischen Besitz rechtskräftig beschlossen. 1747 erklärte das Konkursgericht die Forderungen aller Gläubiger für erledigt, die Zahlungsansprüche der Frankfurter Geschäftsleute, die in Wetzlar klagten, zählte es schon gar nicht mehr mit. Es blieben 205 000 Gulden Außenstände aus der Erbmasse übrig, die als schwer einzutreiben galten. Erst 1772 kam die Konkursverwaltung an ihr Ende. An dem Raubzug nahm auch die württembergische Staatskasse teil, immer wieder holte sie aus dem Erbe große Summen heraus und bestritt damit unter anderem den Rückkauf württembergischer Güter. Selbst die Trauerfeierlichkeiten für den toten Herzog mußte der Gefangene mit 6800 Gulden mitfinanzieren. In Heidelberg hätte man damit vier schöne Häuser kaufen können. Dann nisteten sich in Süß' Palais die Todfeinde ein, die trotz ständiger Aufforderungen des Konkursverwalters Jahr für Jahr keinen einzigen Gulden der angesetzten Miete bezahlten. Pflug, Süß' gewalttätigster Feind im Gericht, krönte seine Rolle mit der Wohnungswahl: Er bezog zwei Flügel des Palais, bekam eine spottbillige Jahresmiete von 200 Gulden zugestanden – und zahlte nie.

Die wertvollsten Fürstenporträts aus Süß' Bildersammlung, die mit Gold und Juwelen besetzt waren, rissen sich die Geheimräte unter den Nagel. Während Süß zum Vorwurf gemacht wurde, Nichtwürttemberger in die Regierung geholt zu haben, waren unter seinen Todfeinden genügend davon. Pflug, Freiherr auf Strehla genannt, hatte auf der Burg Strehla bei Dresden das Licht der Welt erblickt, Schoepff in Schweinfurt, Dann in der Reichsstadt Reutlingen. Wenn die Haltung stimmte, drückte man ein Auge zu.

Die Rechtsbrüche gegen den Gefangenen setzten sich in der Verweigerung der freien Verteidigerwahl fort. Unter einem «unabhängigen» Anwalt verstand die Stuttgarter Justiz eine hörige Kreatur. Ein Mannheimer Anwalt hätte Schwierigkeiten gemacht, auswärtige Publikationen wären nicht ausgeblieben, Württemberg wäre als Willkürstaat bekannt geworden.

Den anderen Angeklagten, die alle als Süß' «Komplizen» galten, ging es besser. Metz bekam 1738 den Mannheimer Advokaten Trost als Verteidiger zugestanden, er verfügte eben über gute Beziehungen zum Patriziat. Sein Schwager Dr. Neuffer war Rechtsberater der Landstände und hatte dennoch von sich aus

Süß über die Vorgänge im Engeren Ausschuß der Landstände informiert.

Der Verteidiger Mögling entsprach überhaupt nicht der Prozeßnorm. Nach den «Württembergischen Landrechten», dem württembergischen Gesetzbuch von 1610, hatte er einen Eid zu leisten, gegen den er in vielen Punkten verstieß. Der Verteidiger sollte die Landrechte einhalten und der Partei, die er vertrat, «sowohl dem Armen als dem Reichen mit Fleiß und getreulich dienen». Keinem durfte er sein Recht und Prozeßanliegen «weder durch Gab, Freundschaft, Feindschaft, Forcht oder einigen andern unrechten Weg verschweigen und hingehen lassen». Süß durchschaute Mögling erst gegen Ende und warf ihm Rücksicht aus «Menschenfurcht» vor. Mögling war alles andere als «ein ehrlicher und redlicher Fürsprecher», wie er nach dem Gesetzbuch hätte sein sollen.

Der nächste grundlegende Rechtsbruch zeigte sich in der Zusammensetzung des Gerichts. Nach den Landrechten hatte das Gericht unparteiisch zu sein, es durfte keine Rücksicht nehmen auf soziale Unterschiede, auf «Freundschaft, Feindschaft, Sippschaft, [...] Gunst, Forcht, Geld oder Geldwert». Es sollte «kein Sonderpart oder in Urteil einen parteiischen Anhang suchen, desgleichen keiner Partei raten, noch selbige warnen». Der Begriff des «unparteiischen Richters» wurde explizit ausgesprochen. Wer diesen Bedingungen nicht entsprach, mußte «in selbiger Sach aufstehen, austreten und in der Urteil nicht sitzen». Über Süß richteten seine alten Intimfeinde aus dem Regierungsapparat, mit denen er im Interesse des Herzogs dauernd Streitigkeiten ausgetragen hatte. Einige Räte waren mit Süß in Geldgeschäften aneinandergeraten. Sie hatten es für selbstverständlich gehalten, daß der Außenseiter ihnen möglichst günstig und auf unbegrenzte Zeit Geld leihe: Der Jude habe ja genügend Geld. Über Herablassung hatte Süß sich immer geärgert.

Als er auf die termingerechte Zurückzahlung der Wechsel pochte, waren die Räte verschnupft. Nach den Zusammenstößen mit Süß kamen sie als unvoreingenommene Richter nicht in Frage. Zu den zähesten Gegnern in der Regierung zählten Schütz und Georgii, denen Süß in der Münzkommission und in anderen Finanzprojekten manche Niederlage zugefügt hatte. Nun standen sie auf einmal nicht mehr zu ihrer eigenen Anerkennung der alten Überprüfungen, wo sie ihre Schlappen hatten eingestehen müssen.

Auf Befehl der neuen Regierung sollten die «Peinliche Gerichtsordnung Kaiser Karls V.» von 1532, die «Carolina», und das Württembergische Landrecht als Rechtsgrundlagen dienen. War der Richter nicht unabhängig, so konnte er vom Angeklagten «recusiert», zurückgewiesen werden. Süß sprach oft davon, ohne gehört zu werden. Der Angeklagte besaß in diesem Fall das Recht der «Benennung eines andern ohnparteiischen Gerichts, um Remission» zu verlangen. Süß tat das mehrmals.

Nach dem Tübinger Vertrag von 1514 hatten die Württemberger einen verfassungsmäßigen Anspruch auf «Urteil und Recht». Mit welchem Recht eröffnete man den Prozeß gegen einen kurpfälzischen Juden? Das Gericht schrieb erst kurz vor der Hinrichtung Süß eine neue staatsrechtliche Qualität zu: Er sei württembergischer Schutzjude. Ein Titel aus heiterem Himmel. Süß, den man immer aus dem Land hinausgewünscht hatte, wurde auf einmal zu den Schutzberechtigten gezählt. Begründung: er besitze ein Haus. Eine verlogene Konstruktion. Süß hatte Bambergers Haus in Ludwigsburg nur gemietet und das größere Haus in der Mömpelgardstraße schon lange dem Herzog zurückgegeben, das außerdem immer Staatsbesitz geblieben war. Quittungen und Mietvertrag lagen dem Gericht vor. Der Kaufvertrag des Stuttgarter Palais war auf den Regierungsrat Lautz ausgestellt worden, Süß durfte ja kein Haus erwerben. Er hatte nie einen Judenschutzbrief erhalten und ihn nie angestrebt, Hoffaktor war er schon lange nicht mehr. Süß war und blieb bis zuletzt kurpfälzischer Schutzjude, mit zwei Häusern in Heidelberg.

Heinrich Schnee, von Nazi-Ideen gefärbt, fühlte mehr als 200 Jahre später das Bedürfnis, diese brüchige Rechtfertigung verbessern zu müssen: Süß sei als Resident vereidigt worden, also müsse er als württembergischer Beamter angesehen werden. Gegen den Beamtenstatus hatten sich Regierung, Landstände und Richter immer gewehrt. Sie hatten bestritten, daß Süß nach dem antijüdischen Reichsrecht in einem deutschen Staat überhaupt Beamter werden konnte. Und tatsächlich wurde bei den späteren Ernennungen zum Kabinettsfiskal und zum Geheimen Finanzrat keine Vereidigung mehr vorgenommen. Süß war Geschäftsmann und herzoglicher Berater, mehr nicht. Da Württemberg Judenniederlassungen immer abgelehnt und das kaiserliche Judenregal nie in Anspruch genommen hatte, blieb er außerhalb der Kurpfalz dem Kaiser in Wien unterstellt. Süß war in Württemberg «Kammerknecht des Kaisers», wie die reichsrechtliche Stellung lautete.

Die Stuttgarter Justiz blockierte jede Berufungsmöglichkeit, damit verletzte sie das Recht der deutschen Juden, die nicht der Willkür eines Landesfürsten ausgeliefert werden durften. Süß hatte das Recht, beim Reichskammergericht in Wetzlar oder beim Kaiserlichen Reichshofrat in Wien eine Klage einzureichen. Die Justiz wußte, warum sie diesen Weg versperrte. Süß hätte durchaus eine Chance gehabt, dem Todesurteil zu entgehen. Für den Angeklagten Metz erhoben seine Geschwister Klage in Wien, mit Erfolg. Metz, der den Hohenasperg schon verlassen hatte, bekam weitere Hafterleichterung, die Wache wurde aus dem Hausarrest abgezogen. Metz durfte «eine Bad- und Sauerbrunnenkur» in den Mineralquellen von Berg bei Stuttgart antreten.

Bei schweren Kriminalfällen verschickte man in Württemberg die Untersuchungsakten an die juristische Fakultät einer oder zweier Universitäten, um von dort ein gründliches Gutachten einzuholen. Dieser Weg sollte Voreingenommenheit und juristische Unfähigkeit ausgleichen, die Zeitverzögerung konnte Haßgefühle abkühlen. Um diese Chance wurde Süß betrogen. Den Weg nach auswärts hatte die Justiz anfangs auch für ihn ins Auge gefaßt, dann aber nach ihrer Festlegung auf ein Todesurteil verworfen. Im Prozeß gegen Metz gingen die Akten nach Frankreich, an die Universität Straßburg, sie kamen erst nach zehn Jahren zurück, 1752, als Metz schon seit acht Jahren frei war. Remchingens Akten schickte man nach Halle und Straßburg. Selbst die Akten des für seine Tätigkeit als Kommissar bei Landesvisitationen schwer beschuldigten Hallwachs wurden nach Straßburg gesandt, sie trafen ebenfalls 1752 mit einem riesigen Gutachten ein, einem Buch von 1309 Seiten. Die Straßburger Juraprofessoren plädierten, nachdem sie 13 Jahre über den Akten gebrütet hatten, auf «Todesstrafe oder ewige Gefangenschaft». Aber selbst Hallwachs war inzwischen frei, man ließ ihn in Ruhe.

Das Verfahren gegen Süß verletzte in einem fort die Prozeßvorschriften der Carolina. Die Drohung mit der Folter war viel zu früh und zu Unrecht ausgesprochen worden. Die Folter war nur gerechtfertigt bei Mord, Totschlag, Raub, Brandstiftung und Diebstahl. Die Justiz glaubte, Süß' ganze Tätigkeit als einzigen Diebstahl werten zu können. Aber nach Artikel 20 kam die Folter in Frage erst bei erwiesenem Verdacht, bei klaren Beweisen und Indizien, also bei einem genauen Kenntnisstand. Auf dem Hohenneuffen wurde Süß dagegen schon allein wegen der Frage nach seinem Vermögen mit dem Scharfrichter bedroht, ein Verhör hatte noch gar nicht stattgefunden. Pflug schmetterte auf dem Hohenasperg Süß öfters mit Folterandrohungen nieder und schrie ihm ins Gesicht, für ihn sei nichts mehr zu

hoffen. Nach Artikel 46 der Carolina bestand eine Protokoll-
pflicht: «Was er [der Beklagte] alsdann bekennt oder verneint,
soll aufgeschrieben werden.» Das Protokoll von Süß' Verneh-
mungen wurde dagegen selektiv geführt.

Die Zeugenverhöre wurden rechtswidrig vorgenommen und
ausgewertet. Die Carolina schrieb Beweise durch «zwei gute
Zeugen» vor (Artikel 23), die es aber in Stuttgart samt und sonders nicht gab. Als Indizien für ein Verbrechen galten auch «böser Leumund und Gerücht», aber nur, wenn sie «von unparteili-
chen, redlichen Leuten kommen» (Artikel 25). Süß wies immer
auf diesen Punkt hin, er war der bessere Kenner des Rechts,
stellte deshalb Befangenheitsanträge gegen die Richter. Seine
Einwände gegen die Zeugen wurden nicht ins Verfahren aufgenommen, wobei der Pflichtverteidiger böse mitspielte. «Be-
lohnte Zeugen» mußten nach der Carolina mit schweren Kör-
perstrafen rechnen (Artikel 64). Da alle Zeugen Eide geleistet
hatten, hätten sich viele bei Nachprüfungen als meineidig her-
ausgestellt. Auf Meineid stand das Abhauen der beiden
Schwurfinger (Artikel 107). Anschließend sollten die Mein-
eidigen mit derselben Strafe belegt werden, die sie dem Beklagten verschafft hatten. Von Wert waren nach der Carolina nur
Zeugen, die eigenes Wissen vorbrachten. «So sie aber von Fremden hören sagen würden, das soll nit gnugsam geacht werden.»
(Artikel 65) In der Sprache der Carolina handelte es sich bei den
Belastungszeugen zum großen Teil um «falsche, boshafte Zeugen» (Artikel 68). Überhaupt wäre dem Angeklagten das Zeugenverhör vorzulegen gewesen, damit er detailliert hätte Stellung nehmen können. Die Landrechte schlossen ebenfalls alle
Zeugen aus, die vom Prozeß wirtschaftliche Vorteile oder Schaden erwarteten. Die Zeugenaussagen hätten bei einem «Ge-
richtstag», also öffentlich verlesen werden müssen, in Gegenwart des Beschuldigten.

Nach Artikel 70 der Carolina mußten die Klagepunkte ordentlich aufgezeichnet werden. Das geschah nicht. Die meisten der Beschuldigungen gegen Süß fielen nach der Carolina gar nicht unter Todesstrafe. Ausdrücklich waren in solchen Fällen Hinrichtung und körperliche Strafe verboten (Artikel 104). Selbstverständlich sollten alle Beteiligten an einem Verbrechen vor Gericht gestellt werden, nicht nur einer. Eine Bevorzugung, gar ein Verschonen von Beteiligten, war in der Rechtsprechung verpönt. Die Carolina kannte in Resten ein öffentliches Gerichtsverfahren, in einem großen Abschnitt sah sie einen «Rechtstag» vor (Artikel 78–98), eine öffentliche Auseinandersetzung, in der sich der Beklagte zur Wehr setzen konnte. In Stuttgart wurde ein Geheimverfahren durchgeführt, geheim auch gegen den Angeklagten. Das Urteil sollte öffentlich verlesen werden. In Stuttgart hielt man schon für Öffentlichkeit, daß bei der Urteilsverkündung die Saaltüren geöffnet blieben. Eingelassen wurden nur wenige Regierungsleute und Patrizier: Anhänger der Gerichtspartei, ein handverlesenes Grüppchen, die magere Kulisse eines Schauprozesses. Auch die Landrechte kannten die Möglichkeit, daß ein Angeklagter «öffentlich vor Gericht protestiert».

Im Urteil wäre «die Übeltat» zu nennen gewesen (Carolina, Artikel 200). Statt dessen fand sich eine summarische Beschuldigung, die im Prozeß gar nicht verhandelt worden war und die keine Straftat, eher eine Gesinnungsfrage darstellte. Zudem stimmte sie nicht mit der geheimen Urteilsbegründung des Kriminalgerichts überein. Nach den Landrechten durften die Anklagepunkte nicht «zu gemein und general» formuliert werden. Zuletzt hatte ein zum Tode Verurteilter das Recht auf einen Geistlichen (Artikel 102). Selbst diese Vorschrift hielt man bei Süß nicht ein. Am Ende sollten die Akten beim Gericht behalten werden, «damit solcher Gerichtshandel daselbst zu finden wär»

(Artikel 202). Die Akten wurden dagegen zu Geheimmaterial erklärt und blieben bis zur Novemberrevolution 1918 weggeschlossen, ausgenommen für wenige obrigkeitstreue Historiker, die sich auf die Kunst der unterwürfigen Selbstbeschränkung verstanden.

Noch ausufernder verletzte das Gerichtsverfahren die Prozeßvorschriften der Württembergischen Landrechte. Eine Anklageerhebung war formell verpflichtend. Gegen Süß unterblieb sie, wobei man sich der Rechtsverletzung bewußt war und sie kurz diskutierte. Eine Anklage durfte nicht mehrere und unterschiedliche Sachen enthalten. Bei Süß handelte es sich um ein unüberschaubares Sammelsurium. Die Richter sollten über jedes einzelne Faktum ein Urteil fällen. Was herauskam, war ein nebulöses Pauschalurteil. Von den Schriftsätzen sollte der Beklagte Abschriften bekommen, dies geschah nie. Der Beschuldigte durfte eine Anklage als «ineptus [untauglich] und unformlich [formwidrig]» anfechten. Es war ihm erlaubt, auf jeden Artikel der Klage einzeln zu antworten. Nach einem Protest gegen die Klage konnte der Prozeß gar nicht eröffnet werden. Alle diese Rechte wurden Süß verweigert.

Der ganze Prozeß war eine Farce. Es ging nie darum, die Sachverhalte aufzuklären und sie rechtlich zu würdigen. Schon Mitte Mai 1737 stand das Todesurteil fest, vor der Eröffnung des Kriminalprozesses. Zur Voreingenommenheit des Gerichts gehörte auch die Manipulation bei den Zeugenvernehmungen. Die Justiz wußte bei den Zeugenverhören, im Herbst 1737, aus Süß' Firmenakten, wer von den Geschäftsleuten mit Süß zu tun gehabt hatte, wer also voreingenommen sein mußte, positiv oder negativ. Isaac Simon Landau legte sich bei der Belastung tüchtig ins Zeug und folgte nur seinen finanziellen Interessen, nicht dem Recht. Im Verhör warb er für Süß' Hinrichtung mit dem Pathos, der wahre Vertreter des Judentums zu sein. Weil

bei der Abfindung über die Tabakfabrik der Freidenker Süß mit
flottem Mundwerk von Gott gesprochen hatte, empfahl Simon
im Brustton der Orthodoxie, «dieses sei nach ihrer Religion ein
solches Verbrechen, daß, wann man an drei unterschiedene
Rabbinen diesen Casum [Fall] schicken würde, sie ihn alle ver-
urteilen würden, gesteiniget zu werden». Isaac Simon Landau
hoffte insgeheim auf ein Entgegenkommen der Regierung. Er
und seine Familie hatten bei den württembergischen Herzögen
seit Jahrzehnten 17000 Gulden ausstehen. Sein Einsatz für die
Todesstrafe erntete keine Belohnung, Regierung und Landstände hatten keine Lust zu zahlen.

Einige der Vorwürfe gegen Süß waren in Württemberg überhaupt nicht mit der ständischen Verfassung zu vereinbaren. Die
eifersüchtigen Räte warfen Süß vor, der Herzog habe während
des Dauerkonflikts mit der Regierung und den Landständen unabhängige, nichtwürttembergische Beamte eingestellt. Sie erhoben für das regierende Patriziat offen einen Anspruch auf die
Vorherrschaft und hielten die Regierungsstellen für ein Privileg
ihrer Clique. Tatsächlich durften die Herzöge bei Spannungen
mit den Landständen Nichtwürttemberger in ihren Apparat holen, um überhaupt regieren zu können. Der Herzog war nur in
Budgetfragen auf die Landstände angewiesen, bei Einstellun-
gen und Entlassungen konnte er als Souverän handeln. Im
höchsten württembergischen Regierungsorgan, dem Geheimen
Rat, hatte es nur zwischen 1630 und 1650 eine Mehrheit von
Württembergern gegeben. Ansonsten zogen es die Herzöge
vor, den größten Teil ihrer Geheimräte aus anderen deutschen
Staaten zu holen. Sie wollten sich von den versippten Familien
des Patriziats freihalten. Übrigens galt der Vorwurf, Nichtwürttemberger hereingeholt zu haben, nicht in jedem Fall. Der
stellvertretende Kammerdirektor Korn, führend bei der Schwäbischen Kreisversammlung in Ulm und heftiger Süß-Gegner,

stammte nicht aus Württemberg und brachte gleich noch seinen Bruder mit ins Land, wurde aber in die Führungsgruppe aufgenommen, weil er bei der Feindschaft gegen Süß wacker mithielt.

Ein Verstoß gegen Verfassungsgrundsätze war, daß man das Absolutorium vom 12. Februar 1737 für Süß mißachtete. Die Begründung hierfür wurde an den Haaren herbeigezogen: Ein solcher Erlaß gelte nicht für landständische Belange. Tatsächlich warf man Süß jedoch fast nichts in Sachen Landstände vor. Für die meisten Beschuldigungen hätte das Absolutorium Straffreiheit bewirkt, auch für die angeblichen Majestätsverbrechen, denn es war allgemein formuliert, nicht nur in bezug auf Süß' Honorare und Provisionen. Gegen alle «unverdiente Verfolgung und Gehässigkeit», gegen «puren Neid und Mißgunst», gegen «alle Beschuldigungen» erhielt Süß vom Herzog «eine hinlängliche und beständige Sicherheit». Der Herzog erklärte, daß «jetzo und fürohin derselbe [Süß] in Ansehung seiner Uns zu Unserem völligen gnädigsten Vergnügen geleisteter untertänigster Diensten überhaupt und ohne Ausnahm zu einer Verantwortung nicht gezogen werden» darf. Als ob er geahnt hätte, wie schwerhörig seine Räte sein würden, hatte der Herzog am Ende hinzugefügt: niemand dürfe «bei Vermeidung Unserer fürstlichen Ungnade» Süß «einigen Vorwurf» machen. Kaum war der Herzog tot, da schuf sich die patrizische Partei ein neues Recht. Ihre Legalität suchte sie mit der Fabel zu beweisen, der Herzog habe einen Haftbefehl gegen Süß erlassen. Die Justiz mußte diese Fälschung bald aufgeben, damit hätte das Absolutorium für Süß' Verteidigung uneingeschränkt zur Verfügung gestanden.

Die Untersuchungsrichter bewiesen ihre Einäugigkeit, indem sie die gleichen Sachverhalte nicht auf gleiche Weise verfolgten, sondern nur bei Süß und, abgeschwächt, bei wenigen untergeordneten Räten. Wer sich rechtzeitig auf die siegreiche Seite geschlagen hatte, bei dem sah man durch die Finger. So blieben alle Patrizier, Geschäftsleute und höheren Beamten im Land, die die Finanzpolitik des Herzogs durch eigene Vorschläge unterstützt hatten, ohne Strafverfahren. Sogar Süß' Vertrauensleute in den Landständen wurden höchstens ausgewechselt, nicht bestraft.

Gegen Ende des Kriminalverfahrens kristallisierte die Justiz eine neue Beschuldigung heraus, die bei der Abfassung der Verteidigungsschrift noch nicht vorgelegen hatte: «Majestätsverbrechen». Die schwächste Idee des ganzen Prozesses. Das späte Einbringen beweist, wie stark die Richter sich der Unhaltbarkeit ihrer ganzen Anklage bewußt waren. Die Landrechte verboten ausdrücklich, nach der Klageerhebung neue Beschuldigungen aufzutischen. Unter Majestätsverbrechen rechnete man Süß' freien Ton, seinen unkonventionellen Stil am Hof, auch gegenüber dem Herzog, und seine Verweigerungsstrategie, um die Entlassung zu erzwingen. Die Justiz bemerkte nicht, daß sie mit dem letzten Vorwurf ein Eigentor schoß. Wenn Süß seit zwei Jahren Württemberg unbedingt verlassen wollte – was seinen Gegnern nur hätte recht sein können –, geriet sein erzwungenes Bleiben viel eher in das Licht einer herzoglichen Gewaltmaßnahme.

Die wichtigsten Zeugen für Süß' «grausam freien» Ton vor dem Herzog waren die servilsten Gestalten des Hofes, Diener, die in den herzoglichen Räumen Zeugen des Umgangstones geworden waren. Carl Alexander hatte manchmal Süß im Scherz als Betrüger angefahren und ihm lachend mit dem Galgen gewunken. Der Herzog besaß einen makabren Humor, den Süß sich gefallen lassen mußte. In absichtlicher Verkennung der Situation, deren Harmlosigkeit selbst die Zeugen bestätigt hatten, schmiedeten die Richter aus Späßen und Bagatellen Majestätsverbrechen. Solche Vorwürfe waren schon deshalb unerheblich, weil sie verspätet aufkamen. Ihre Lächerlichkeit konnte nicht mehr diskutiert werden: Wie sollte ein Regent beleidigt worden sein, der zu Lebzeiten davon nie etwas hatte verlauten lassen? Warum hatte er nicht selbst Süß sofort zur Rechenschaft gezogen?

Und noch einmal schob die Justiz verspätet eine neue Beschuldigung in den Vordergrund. Der Punkt 8, «Consilia wider die Landschaft», bekam ein gefährlicheres Gesicht: «Hochverrat». Darunter verstand man im strengen Sinn die Vorbereitungen auf den katholischen Staatsstreich, die konspirativen Beziehungen zu Würzburg und die Absprachen mit Remchingen zum Sturz der landständischen, evangelischen Verfassung. Niemand konnte Süß' Verwicklung in Putschvorbereitungen bestätigen. Doch zur Abwehr jedes Eingriffs von seiten des Kaisers oder anderer Staaten schien gerade dieser Vorwurf am besten geeignet zu sein. Die Beschuldigung bekam noch mehr Gewicht, als sie auf jede energische Handlung Süß' im Auftrag des Herzogs ausgeweitet wurde. Als die eigentliche Majestät, die sich beleidigt fühlte, deklarierte sich der Regierungsapparat selbst.

Die Verteidigungsschrift Möglings wurde vom Gericht überhaupt nicht gelesen, in der Sachdarstellung von Jäger und in der Diskussion über das Urteil finden sich keine Hinweise. Eine argumentative Auseinandersetzung hielten die Richter für unnötig. Das Interesse galt nur der Frage: Wie kann man Süß formgerecht umbringen? Hilfsweise stützte sich die Justiz auf die beiden nachgereichten Vorwürfe «Majestätsverbrechen» und «Hochverrat». Dazu lag freilich am allerwenigsten Material vor, die Zeugenverhöre hatten sich dafür als unergiebig erwiesen, Dokumente fehlten.

Nun erklären sich die Untersuchungsrichter zum Kriminalgericht, Präsident wird von Gaisberg, die anderen Richter sind von Pflug, Harpprecht, Schoepff, Faber, Dann, Günther Albrecht Renz, Jäger, Bardili und als Sekretär Christoph Ludwig Gabler.

In den insgesamt 17 Sitzungen zwischen dem 13. November und 6. Dezember 1737, die im Stuttgarter Rathaus stattfinden, läßt das Kriminalgericht sich nur aus den Untersuchungsakten vorlesen, ohne Stellung zu beziehen. Der Aufbau folgt den Anklagepunkten, wie sie erstmals der Verteidiger zugrunde legte. Beim letzten Punkt «Sein ärgerliches Privatleben» taucht ein neues Detail auf, das allerdings mehr über die repressive Sexualmoral der Richter als über den Beklagten aussagt: «Süß habe das crimen onaniticum [Verbrechen der Onanie] mehrfältig begangen.» Ein Verbrechen ist das selbst in Württemberg nicht. Süß sprach nebenbei wohl einmal über sein gelegentliches Onanieren, in den Verhörprotokollen findet sich davon nichts.

Sobald es am 13. Dezember 1737 im Gericht um das Urteil und die Gründe für die Verurteilung geht, erscheint die Debatte unübersichtlich, gespalten und verwirrt. Der Präsident von Gaisberg nimmt keine Stellung, als erster äußert sich Pflug. Die Herren reden das Kauderwelsch ihres Berufs: ein holperiges Deutsch, durchsetzt mit lateinischen Rechtsbegriffen und halben Sätzen in Latein, Zitaten aus Gesetzen, Kommentaren und Lehrbüchern. Pflug bemüht sich, die verworrene Lage juristisch zu systematisieren und die bisher fehlende Grundlage für die Exekution zu schaffen. Seine Unsicherheit ist gut zu beobachten. So nennt er erst einmal drei Gründe für die Verurteilung: «Amtserschleichung (ambitus), Fälschungen, Majestätsverbrechen oder so gut wie (quasi) Hochverrat». Verräterisch wirkt das Nachklappen des Hochverrats: ein Lückenbüßer. Pflug behauptet, nur wegen des letzten Grundes sei die Todesstrafe gerechtfertigt. Da er spürt, wie mager sein Ergebnis aussieht, schiebt er einen weiteren Grund nach, ebenfalls todeswürdig: die Münze. Für die Exekution schlägt er den eisernen Galgen vor und daß der Kadaver «mit Ketten allda nach dem Tod angemacht, daß er nicht gestohlen werden könne».

Als zweiter ergreift Harpprecht das Wort, Württembergs angesehenster Juraprofessor, aus einem der einflußreichsten patrizischen Familienverbände. Er schließt sich an und plädiert dafür, die Leiche gegen Entwendung nicht mit Ketten zu sichern, sondern mit einem «eisernen Korb». Dann breitet er seine juristischen Kenntnisse aus. Sein langatmiger Beitrag führt nur zu weiterer Verwirrung.

Als dritter spricht Professor Wolfgang Adam Schoepff. In Abweichung von allen Kriminalrichtern zweifelt er die Todesstrafe an: «Es frage sich, ob eine Todesstrafe statthabe. Nach artic. 105 [der Carolina] scheine, daß solche Strafe nicht statthabe, wo sie nicht determiniert sei.» Die Richter werden ihn entgeistert angesehen, dann vehement angefahren haben. Unter dem Druck des Kollegiums hält Schoepff seine Bedenken nicht lange aufrecht, er wird sich bewußt, was er dem Land schuldig ist. Er knickt ein und fügt entschlossen hinzu: «Er glaube, Süß habe den Galgen meritiert [verdient].» Übereifrig, um seinen Ausrutscher gutzumachen, fügt er zwei Gründe an, die ihm zuerst nicht eingeleuchtet haben, er plappert Pflug nach: «Majestätsverbrechen, quasi Hochverrat.» Dann bricht bei ihm eine Hysterie durch, die alle Proportionen sprengt: Süß habe das Land «in den Ruin gebracht».

Die anderen Richter können sich nach Schoepff nicht mehr richtig entfalten, das Notwendige ist gesagt, sie sind nur noch Statisten und folgen Pflugs Linie. Faber, Renz und Jäger plädieren noch für den «Galgen». Der letzte, Bardili, in der Hierarchie ganz unten, versetzt mit Genugtuung dem Zweifler Schoepff einen Hieb, er «halte das Verbrechen des Hochverrats [für] fundiert». Die Debatte dreht sich nur noch um «Majestätsverbrechen» und «Hochverrat».

Dann formuliert das Gericht seinen Antrag an den Herzogsvormund: Todesstrafe, «am obern eisernen Galgen», der Kada-

WOLFFGANG ADAM SCHOEPFF
U. I. Dr. et Antecefsor, Serenifsimi et Potentifsimi Dni
Ducis Würtemb: Consiliarius,
Senior Facultatis Iuridicæ et primarius ex ICtorum ordine
in Supremo Appellat: Tribunali et Collegio
Ill: Afsefsor.

G. I Ostertag delin: et sculps: Lindæ:

Wolfgang Adam Schoepff, Richter
und zaghafter Kritiker des Todesurteils gegen Joseph Süß.
Kupferstich von G. J. Ostertag

ver sei «mit einem eisernen Gitter zur Verhütung der von seinen Glaubensgenossen etwa intendierenden Abnahme verwahren zu lassen». Gründe für das Todesurteil werden schon hier nicht mehr genannt. Es folgt der erste in den Akten festgehaltene Vorschlag für ein Urteil, die Sache wird immer nebelhafter. Alle juristischen Überlegungen haben sich verflüchtigt: Es gehe um «zerschiedene höchst beschwerliche Verbrechen», der Tod sei gerechtfertigt «wegen seiner begangenen und bekannten vielen und landesverderblichen Missetaten». Als von allen Richtern akzeptierte Gründe für die Hinrichtung nennt der Vorschlag Majestätsverbrechen und Münzfälschung. Der zweite Grund war tatsächlich kaum erörtert worden. Einer der Richter habe den Hochverrat bezweifelt, Schoepff wird nicht genannt, die übrigen wischen dessen Einwand weg. Ihrer fundamentalen juristischen Unsicherheit suchen sie dadurch zu entrinnen, daß sie alle Einzelbeschuldigungen dem Oberbegriff «Hochverrat» unterordnen, selbst Zahlungsschwierigkeiten und Armeelieferungen. Dabei handelt es sich größtenteils um Sachverhalte, die von sachkundigen Räten schon lange akzeptiert worden sind und ohnehin vor ein Zivilgericht gehören.

Mit einemmal fällt ein nagelneuer Vorwurf vom Himmel, über den nie diskutiert worden war: «Blasphemie». Angesichts der Legitimationsnot greifen die Richter nach jedem Strohhalm. Weiter halten sie für strafverschärfend, «daß der Inquisit [Beschuldigte] ein Jud ist, welche besonders in delictis [Verbrechen], denen sie [die Juden] ergeben sind, härter zu bestrafen gehören». Erst hier, sehr spät, springt der Judenhaß als Grundlage des ganzen Justizmords ins Auge. Das Kriminalgericht stimmt über das Urteil ab, Süß ist zu keiner Sitzung geladen worden. Um die Uneinigkeit und die juristische Ratlosigkeit zu vertuschen, spricht das öffentlich verlesene Todesurteil nur noch pauschal von Süß' «an Herren und Leuten verübten verdammlichen Mißhandlungen». Sein juristisches Scheitern überspielt das Gericht mit Entschlossenheit: Das Todesurteil wird einstimmig gefällt.

Am 9. Januar 1738 berät auch das Regierungsorgan Oberrat über den Tod. Als Grund für die Exekution wird nur «Hochverrat» genannt, von Majestätsverbrechen, Münze und Blasphemie ist hier nicht die Rede. Um so breiter entfaltet sich die Vorliebe für Grausamkeit. Einer der Räte erwärmt sich für die Hinrichtung mit dem Schwert. Bei der Frage, ob Süß zum Schluß noch auf die Folter zu legen sei, spricht einer der Oberräte dafür, doch das Kriminalgericht lehnt die Folter «einstimmig» ab, nicht aus Mitleid, sondern aus Berechnung. Die Richter schrecken davor zurück, daß die jammerwürdige Gestalt unter den Händen der Folterknechte sterben könnte. Von der Folter sei abzusehen, weil Süß «durch eigensinniges Fasten sich bereits so abgezehrt, daß er bei seiner subtilen Leibeskonstitution nicht ohne Gefahr [sei], der verdienten Straf und statuierendem Exemplar subduziert [entzogen] zu werden».

Den Asperger Festungskommandanten Glaser, der täglich Süß' Überlebenskampf ausgesetzt ist, drückt am Ende wegen des Geheimverfahrens das Gewissen. Als Süß, eine Woche vor der letzten Fahrt nach Stuttgart, noch immer auf den Kaiser hofft und seinen Prozeß nicht verloren gibt, vertröstet ihn Glaser mit zynischer Doppeldeutigkeit: Süß solle «nicht glauben, ob hielte man seine Sachen geheim, und die hiesige Landesart brächte es mit sich, daß, wann der rechte Prozeß angehe, alles öffentlich traktiert und er nun bald wieder unter viele Leute kommen werde».

Die Württembergischen Landrechte bewiesen in einem Punkt prophetische Weitsicht. Sie rechneten mit dem Fall, daß ein Urteil unter Verletzung des Prozeßrechtes zustande kommen könnte, darunter durch falsche Zeugenaussagen. Dann galt das Urteil für nichtig. Somit ist nach damaligem Recht das Todesurteil gegen Joseph Süß Oppenheimer als ungültig zu betrachten.

Die Rückkehr
zum Judentum

Unter keinen Umständen wollte Süß als Jude angesprochen werden. Seine Lebensgefährtin Luciana Fischer beschrieb diese Einstellung in ihrem Gnadengesuch, mit rheinfränkischem Dialekteinschlag: «Was sein Glauwe anlangt, daß er ein Jud sei gewesen, das habe [ich] nicht gewiß gewußt, weilen er nicht hat wellen als ein Jud traktiert sein, auch sein Gesetz nicht gehalten, und in dem Charakter [amtliche Stellung], worin er gestanden, habe [ich] es gar nicht glauwen kennen.»

Gestorben ist Süß nach dem Vorbild der jüdischen Orthodoxie. Ein Widerspruch? Die jüdischen Gemeinden verachteten das späte Bekenntnis und verweigerten Süß die Anerkennung als Märtyrer. In den Zeiten seines Erfolgs hatte der Freidenker nicht zu ihnen gehalten, nichts zum Gemeindeleben beigetragen und über ihre Ängstlichkeit bei Ritualvorschriften gespottet. Da mußte Verdammung die Antwort sein. Etliche Glaubensgenossen dürften ihn nur deshalb verflucht haben, um sich dem obrigkeitlich geschürten Haß anzupassen. Den übermächtigen Feinden warf man ein Opfer hin, um sich selbst zu retten. Dennoch hielt die Stuttgarter Gemeindeleitung zu Süß, erschüttert von seiner Haltung in der Haft.

Die Wirtshauserzählung über Süß' Auftritt in Gießen von 1734 zeigt eine ganz andere Erscheinung: einen aufgeklärten Juden, der einen eigenen Weg geht, zwischen Gleichgültigkeit und Orthodoxie. Nach außen hin lebt er modern, absichtlich verwechselbar mit einem christlichen Geschäftsmann. Ein stolzer Herr, dem die Unterwürfigkeit nicht schmeckt. Die Zeit des Ausschlusses aus der deutschen Gesellschaft ist für ihn vorbei, unwiderruflich. Aber dann geht ihm das Herz auf, als er Juden trifft, zuerst den Düsseldorfer Lipmann. Süß ruft ihn zu sich und unterhält sich mit ihm. Worüber? Natürlich über die Geschäfte, die Familie, die täglichen Sorgen. So kommen die beiden einander näher und zum Judentum. Der praktische Aufklärer Süß reißt seine Witze, erklärt die Ritualvorschriften für «Narrenpossen», er will durch das eigene Beispiel überzeugen, nicht durch philosophische Ausführungen. Und noch einmal öffnet sich seine geheimgehaltene jüdische Identität, als er bei Sabbatbeginn auf Betteljuden stößt. Er fühlt mit der Armut und gibt großzügig, obwohl er als Aufklärer keine Belohnung von Gott erwartet. Jedenfalls hat er stets «ein Herz für die Bedrängten».

Hätte Süß in seinem Innersten sich nicht mehr als Jude gefühlt, er hätte schon längst zum Christentum übertreten können, mit großem materiellem und politischem Gewinn. Handel trieb er mit allem, aber seine Gesinnung, sein Innerstes, hielt er frei von merkantilen Überlegungen. In Mannheim hätte er es als Katholik am Hof und gegen den Stadtrat weitergebracht, in Frankfurt hätte er sich den Ärger mit dem Magistrat gespart, in Bonn wäre er vom Kurfürsten eher respektiert worden, in Wien hätte sein Förderer Graf von Colloredo ihm den Aufstieg erleichtern können. Als Katholik wäre Süß ohne weiteres in den Adelsstand erhoben worden. In Stuttgart wäre er nie solchen Gehässigkeiten ausgesetzt gewesen, er hätte nicht als rechtlos gegolten. Das Festhalten an seiner jüdischen Identität war ein außerökonomischer Faktor seiner Überzeugung. Es brachte ihm nur hohe Kosten und Mühen und trieb ihn in die Isolierung. Seine höfische Orientierung machte ihn zu einem einsamen Menschen, der zwischen allen Stühlen saß, unbeliebt bei beiden, bei Juden wie bei Christen.

Auch in seinen geschäftlich erfolgreichsten Zeiten schätzte Süß den Talmud, bei den Verhören und seinen grundsätzlichen Erklärungen berief er sich dann mehrfach darauf. Ein Freudentaler Rabbinatsstudent setzte 1736 seine Hoffnung auf Süß, der ihm ein Stipendium gewähren möge. In hebräischer Schrift wandte er sich an den Kassier Isaac Samuel Levi: «Seckel des frommen Rabbi Simeon Levi Sohn, welcher damals in Stuttgart war, derselbe bittet den Isaac, wenn er seinem Herrn möchte vorstellen oder wenn er selbst möchte mit seinem Herrn reden können, daß er ihm zu einem Stück Brot wolle helfen, so wolle er sich dagegen obligieren [verpflichten], alle Tage wegen seiner im Talmud zu studieren.» Der Student fand Gehör. Am 1. November 1736 schickte er Süß, auf dessen Verlangen hin, eine Denkschrift, nannte Süß «Resident» und «Exzellenz» und meldete, «wie er täglich eine Stund seinetwegen tut studieren und tut zu Gott vor ihm [für ihn] beten». Von Löw Kahn, der sonst in Süß' Umgebung nicht auftauchte, ließ sich Süß für 20 Gulden eine «Sepher Thora» abschreiben, die fünf Bücher Mosis.

Seckel Engers stellte für Süß in Frankfurt Kontakte zu jüdischen Händlern her und beobachtete den Geld- und Goldmarkt. So vermittelte er Süß einen «jungen gelehrten Juden», wohl als Schächter, der auch die koschere Küche überwachen konnte. Er war sich sicher, daß Süß Rabbinatsstudenten unterstützte. Wie er am 16. Dezember 1736 nach Stuttgart schrieb, versprach er «dem jungen Burschen, welcher ein Rabbi sollte abgeben, jährlich 60 Gulden». Doch sei man an diese Abmachung nicht gebunden, «man kann mit demselben einen andern Akkord [Vertrag] machen». Bei aller Aufklärung lebten in Süß unverändert zentrale Ideen des Judentums. Des Todestages seines Vaters blieb er sich immer bewußt, 31 Jahre lang, was sich erst in der

Todeszelle offenbarte. Allerdings wollte er sein Judentum nicht aus dem Fenster hängen.

Mit zunehmendem Ansehen in Stuttgart wuchs Süß in eine Rolle hinein, die einem Schtadlan vergleichbar ist, einem Judenschultheiß. Gegen die Obrigkeit und nach innen vertrat er zwar nicht die religiöse Gemeinde, dafür aber die politischen und wirtschaftlichen Belange der nach Württemberg eingereisten Juden, einer losen Geschäftsgemeinde. Einmal bat ein Hechinger Jude um die Anstellung seines Sohnes, mit Empfehlung des Fürsten von Hohenzollern, der seine brotlosen Juden loswerden wollte. Ein andermal verwandte sich Süß für Nathan Jacob aus Kochendorf beim Vogt Neuffer in Backnang, weil der Jude beim Viehhandel behindert wurde. Als in Kirchheim unter Teck zwei Gochsheimer Juden ins Gefängnis gesteckt wurden, zitierte Süß den Vogt zu sich nach Wildbad. Dieser Befehl eines Juden an einen württembergischen Beamten schürte die im Untergrund grollende konservative Revolte.

Immer wieder sorgte Süß für Verhaftete. So verhalf er dem Hoffaktor Wolff Gabriel Levin von Fürth und Lämmle Löw von Affaltrach zur Freiheit, ohne seine Hilfe wären sie im Kerker zugrunde gegangen. Viele Opfer amtlicher Willkür setzten ihre letzte Hoffnung auf Süß. Im württembergischen Künzelsau war der Berlichinger Jude Mayer in Haft geraten, auf Betreiben des als brutal bekannten Vogtes. Der Graf von Berlichingen schickte Mayers verzweifelte Schilderung zu Süß nach Ludwigsburg. Mayer hatte unter Haft und Folter gelitten, «bei anderthalb Jahren, daß nicht allein ich dardurch großen Schaden, Schmerzen und Pein erlitten, sondern sogar dardurch ein abscheulicher Krüppel, welcher nicht gehen, sondern kriechen muß [geworden]». Wegen einer Schuldforderung war Mayer lange und schwer gefoltert worden. Unter dem Schreck starb seine Frau. Der gehunfähig gewordene Witwer blieb verelendet mit vier kleinen Kindern zurück und vermochte nicht mehr «sein Stücklein Brot bei gutherzigen Leuten vor deren Türe zu suchen». Die herrschaftlichen Abgaben brachte er schon lange nicht mehr auf. Nun bat er den Grafen um Entschädigung «wegen meiner graden Glieder, so ich dardurch verloren hab». Gegen solche Gewaltakte war Süß machtlos. Hätte er «Präpotenz», die Übermacht, besessen, die man ihm im Hochverratsprozeß vorwarf und die zur Rechtfertigung des Galgens herhalten mußte, er hätte nicht gezögert, den Vogt zu Entschädigung und Geldstrafe zu zwingen. Süß mußte das Gesuch resigniert beiseite legen.

In geringem Ausmaß konnte Süß in seinem Stuttgarter Büro jüdischen Geschäftspartnern Pässe ausstellen, ersparte ihnen so den Judenleibzoll und, noch wichtiger, die Demütigung. Die vielen kleinen jüdischen Händler aber, die bei ihm Hilfe und Geschäfte suchten, hielt er sich vom Leib. Er befürchtete, daß diese Masse ihn mit nach unten ziehen würde. Gelegentlich, wenn es ihm besonders notwendig erschien, drückte er ein Auge zu. Ein Knecht des Hoffaktors Isaac Simon Landau hatte in Stuttgart seinem Herrn Weißzeug und Silber im Wert von 100 Gulden gestohlen und war in der Stadt untergetaucht. Als er am nächsten Morgen Stuttgart verlassen wollte, hatte Simon an allen Stadttoren Leute postiert, die den Flüchtigen kannten. Der Dieb wurde am Esslinger Tor von der Bürgerwache festgenommen und auf die Hauptwache gebracht, das Diebesgut befand sich noch bei ihm. Elias Hayum lastete ihm auch den Diebstahl eines Ringes an und verlangte vom Stadtvogt Groß, «die Sach nach der Schärfe zu untersuchen, allein habe derselbe sich erklärt, er möchte mit der Sach nichts zu tun haben, bis Süß von Frankfurt wieder zurückkomme». Süß holte dann den Knecht aus der Haft und entzog ihn der brutaleren christlichen Justiz. Er ließ ihn in sein Haus bringen, zwischen 14 und 20 Hiebe verab-

reichen und dem Stadtvogt den Befehl geben, «den Knecht fortzuschicken, mit ernstlichem Verbot, sich Zeit seines Lebens
nimmer in Württemberg betreten zu lassen». Simon Landau,
der es als französischer Jude am besten wissen mußte, sagte
dazu, «wann dieses in Frankreich geschehen wäre, [würde] der
Knecht ohne alle Barmherzigkeit gehängt». Der Stadtvogt selbst
respektierte Süß' Machtbefugnis über die jüdische Händlerge-
meinde und sah in ihm faktisch den Schtadlan.

Als im Haus des Ludwigsburgers Maram Kahn ein jüdischer
Knecht starb, vermied Süß alle Komplikationen. Selbst ein toter
Jude wäre zu verzollen gewesen, wie eine Ware. Süß ließ die
Leiche heimlich aus der Stadt nach Freudental bei Brackenheim
fahren und auf dem jüdischen Friedhof beerdigen. Kahn mußte
sich von Elias Hayum fragen lassen, wie er sich rechtfertigen
wolle. Süß fuhr ihn an: Hayum «solle nur fort und kein groß
Wesen davon machen». Später wollte die württembergische Justiz selbst in dieser Kleinigkeit Hochverrat erblicken.

Im Sog von Süß' Aufstieg kamen als Folge zunehmender
wirtschaftlicher Aktivität einige Juden ins Land. Von einer
«Überschwemmung», wie die Nazis den Deutschen eintrichter-
ten, kann nicht die Rede sein. Im antijüdischen Württemberg
erregten die jüdischen Händler den Neid der Patrizier und Geschäftsleute und wurden für Süß zu einer Belastung. Sie drängten an seinen Tisch, weil sie sonst nirgends koscher essen konnten, und schauten sich bei Süß nach Aufträgen um. Dabei besaß
der Herr Resident bis Sommer 1736 nur eine kleine Wohnung in
der Stuttgarter Münze, dann für eine kurze Zeit ein bis zwei
größere Wohnungen in Ludwigsburg, erst ab Ende Januar 1737
das Palais in Stuttgart.

Allerdings gewann Süß den Herzog für eine Lösung, die sich
am 28. November 1736 in einem gedruckten Erlaß niederschlug.
Erlaubt wurde, «daß derselbe [Süß] etliche wenige jüdische Fa-

milien, von deren guten Conduite [Betragen] er versichert, zum Aufenthalt bei Unserem Hof allhier und zu Ludwigsburg ausersehen dörfe, denen unter seiner Direktion der Aufenthalt verstattet, und ihm Unserem Geheimen Finanzienrat Süß hierinnen weder von Unserem Kabinett, noch einem anderen Collegio [Regierungsorgan] etwas in den Weg geleget, sondern diese ganze Sache von Uns allein immediate [unmittelbar] und ihm dependieren [abhängen] solle». Genehmigt waren zwei jüdische Familien in Stuttgart und sechs in Ludwigsburg. Süß wirkte bei der Beschränkung der jüdischen Niederlassung mit und ließ andere Händler ausweisen. Erlaubnis zum Wohnen in Stuttgart gab er nur Salomon Mayer, der Armeeaufträge ausführte, und dem Mannheimer Koch Götsch, der einige Monate in Stuttgart im Haus des Glasers Ruff eine Garküche betrieb. Eine Genehmigung für Ludwigsburg erhielt Maram Kahn von Aldingen, der schon länger da war. Die anderen Juden, die das Mißfallen der Württemberger erregten, gehörten zu Süß' zahlreichem Personal oder zum Betrieb des Hoffaktors Marx Nathan oder waren durch herzogliche Aufträge legitimiert, wie der Salzhändler Noe Mergentheim oder die Tabakskompanie Bensheimer aus Mannheim. Obwohl nach württembergischem Recht nichts auszusetzen war, behaupteten die Untersuchungsrichter schon beim Verhör, Süß habe durch die Niederlassung der Juden, die nach der Landesordnung «als nagende und schädliche Würmer nicht geduldet werden sollen», den Landständen «in ihre Privilegien gegriffen», was «ein hochstrafbares Ding» sei. Die Juristen spekulierten auch hier auf Hochverrat.

Im «gütlichen Verhör» bekam Süß durch den Verteidiger die Gelegenheit, auf die antijüdische Verschwörungstheorie einzugehen. Ob gegen die Juden im Land «jemals eine Klage, daß sie die Untertanen drücken oder hintergehen, eingekommen sei?»

Darauf erklärte Süß mit bestem Gewissen: «Er habe niemalen von solchen Klagen gesehen noch gehört.» Der daneben sitzende Untersuchungsrichter mußte die Zurechtweisung hinunterschlucken. Im gesamten Prozeß gelang es niemandem, die Grundlüge der württembergischen Verfassung zu belegen, Juden schadeten der einheimischen Wirtschaft.

Als Süß auf dem Hohenneuffen lag, berichtete aus Mannheim der kurpfälzische Konsistorialrat Wagner von der antijüdischen Stimmung in der dortigen Beamtenschaft. Während einige Mannheimer und Heidelberger Juden sich in Wetzlar für Süß' Freilassung einsetzten, verachteten «andere bemittelte und etwas besser gesinnte Juden das monstrum hominis morale [das moralische Ungeheuer eines Menschen]», also Süß. So behauptete Wagner. Diese «bessere» Gesinnung rückte er in die Nähe eines «Patriotismus, der sich bemerkenswerterweise erst gegen Juden profilierte. Gemeint war die Mannheimer jüdische Orthodoxie, die sich vom Häftling Süß nicht laut genug distanzieren konnte. Sobald sich der christliche Haß auf einen eingekerkerten jüdischen Glaubensgenossen stürzte, zogen die Vorsichtigen den Kopf ein. Besser war es, den Häftling als Belastung über Bord gehen zu lassen. Auf ihre Art waren sie sehr wohl assimiliert, dazu feige und grausam.

In seinem letzten grundsätzlichen Schreiben an den Herzog vom 9. Februar 1737 hatte Süß sich unter dem äußersten Druck gezwungen gesehen, dem Fürsten seine Religionsgrundsätze zu offenbaren, «die sicherste und beste Religion», ein Programm der Aufklärung: «den höchsten Beherrscher Himmels und der Erde fürchten und lieben», den Herzog «verehren, meinem Nächsten gern, ohne auf Geld und Gut zu sehen, zu dienen». Religionsgespräche selbst waren Süß' Sache nicht, die evangelische Geistlichkeit gehörte zu seinen Todfeinden. Von der Kurpfalz und dem Hof her kannte Süß eher Katholiken.

Mit dem Herzog, seinen beiden Beichtvätern und der Verbindung nach Würzburg berührte ein katholisches Element sein Leben.

An einer religiösen Propaganda für die eigene Person lag Süß nichts. In Stuttgart hatte sich dazu einmal eine Chance geboten. Der Typograph Israel Abraham reichte Süß einen detaillierten Vorschlag für eine ehrende Edition ein. Mit neu gegossenen Lettern wollte er in einer Mindestauflage von 500 Stück einen siebenteiligen Lobgesang auf Süß publizieren, hebräisch und lateinisch. Der Drucker stellte Süß neben Joseph, den Sohn Jakobs und Rahels, und nannte ihn einen «Gnadenstern». In erhabener Schwülstigkeit, die er einen «poetischen Stil» nannte, ging es weiter. Süß' Reichtum sollte mit dem Bild von «Kornähren» besungen werden, die sich überschwer zur Erde neigen. Sein Ruhm sei «so weit erschollen, daß alle Notleidenden zu Joseph kommen, ihren Hunger zu brechen». Süß wird mißtrauisch gewesen sein, diese Propaganda hätte seinen Feinden Munition geliefert, außerdem stimmte wenig mit der Wirklichkeit überein.

Mit diesem Projekt sei er, der Typograph, «im Traum lange Zeit schwanger gegangen», bis er auf Joseph Süß verfiel. Ihm schwebe ein vierbändiges Werk vor, für das er 1000 Subskribenten zu gewinnen hoffe, beim Subskriptionspreis von 8 Reichstalern (12 Gulden). Der Kupferstich sei in 8000 Stück zu drukken. Als Vorschuß verlangte der Typograph 100 Dukaten (400 Gulden). In dem Kupferstich solle eine Ehrenpforte mit Säulen und Pyramiden vorangestellt werden. Zu sehen sei darauf «der in Weisheit und Verstand erleuchtete Joseph, welcher sich höflichst für Pharao bückend». Mit sieben Horen (Stundengebeten, hier Lobgesängen) in der einen Hand, die mit einem hebräisch beschriebenen Band verziert sind, in der anderen Hand mit dem Titel und kurzer Inhaltsangabe des ganzen Werkes. Dieser

Joseph trage das Gesicht von Süß, der Pharao das des württembergischen Herzogs, «in türkischem Habit gekleidet» mit einem
gekrönten Turban. Pharao Carl Alexander solle Joseph Süß den
Generalfeldmarschallstab überreichen.

An der Konzeption fällt auf, daß Süß vom Drucker, der sonst
Werke der Orthodoxie zu veröffentlichen pflegte, ganz selbstverständlich ins Judentum eingereiht und ohne jegliche Spannung
neben den christlichen Herrscher gestellt wird. Ein seltsam an-
mutendes Werk, durchaus reizvoll in seiner Annäherung der
Kulturen und Religionen, leider nicht realisiert. Bei aller Eitelkeit
empfand Süß diese Trompete als unpassend: Sein Judentum
wollte er nicht hinausrufen lassen.

Bei dem rätselhaften Drucker, identifiziert von Adriaan Klaas
Offenberg (Bibliotheca Rosenthaliana, Amsterdam), handelte es
sich um Israel ben Moses ben Abraham, dessen Vater in Prag zum
Judentum übergetreten war und der um 1700 als hebräischer
Drucker in Halle an der Saale und Amsterdam wirkte. Israel arbeitete 1696 bei seinem Vater in Amsterdam als Setzer und führte
den Familienbetrieb fort, bei dem die weibliche Mitarbeit auffällt.
Um 1700 druckte er mit seiner Schwester in Dessau, dann in
Berlin und Frankfurt/Oder. Später ging er als Setzer nach Offen-
bach/Main und besaß dort von 1724 bis 1733 eine hebräische
Druckerei, 1734 druckte er in Homburg vor der Höhe, wo Süß mit
dem Landgrafen zu tun hatte. 1735/36 befand sich der Familienbetrieb in Neuwied. Die Söhne setzten die hebräischen, die Tochter die judendeutschen Texte, stets mit hebräischen Lettern. 1737
kehrte die Druckerei nach Offenbach zurück, 1739 ging sie nach
Jeßnitz (bei Halle). Politische Schikanen von christlicher Seite
zwangen den Betrieb zur ständigen Wanderung.

Gleich bei seinem ersten Verhör wurde Süß gefragt, ob er bei
seiner Religion bleiben wolle. Hätte er nur im geringsten ge-
schwankt, jetzt wäre noch Zeit zur Konversion gewesen, die sich

ausbezahlt hätte. Die vierte Frage: «Von was Religion?» Süß: «Er sei ein geborner Jude, habe aber die Religion von einem ehrlichen Menschen.» Auf die fünfte Frage: «Ob er sich zur jüdischen Religion noch dato bekenne?» antwortete er ohne Einschränkung: «Ja.» Dann hielt man ihm sein Bekenntnis vor, das er einmal mündlich bei den Landständen abgegeben hatte: Er sei «ein Volontair von allen Religionen». Im beschränkten Württemberg, das noch nichts von der Aufklärung gehört hatte, konnte man damit nichts anfangen. Das ahnte Süß und fügte deshalb hinzu, er habe es gesagt «in der Intention und mit der Explikation [Erklärung], daß er gegen keine Religion einige Passion [Vorurteil] habe und also einer weder geneigt noch abhold sei». In der vom Protokoll erzwungenen Kürze wirkt dieses Glaubensbekenntnis eines jüdischen Freidenkers verwirrend. Der Nachsatz auf die vierte Frage, «habe aber die Religion von einem ehrlichen Menschen», bringt eine Einschränkung gegen die Orthodoxie und schlägt zugleich die Brücke zur Aufklärung. Alle Religionen stehen für Süß auf einer Stufe. Mit diesem Programm der Toleranz kam Süß wenigstens ein Jahrhundert zu früh für Württemberg, der Hochburg einer sich pietistisch einfärbenden lutherischen Orthodoxie.

Joseph Süß blieb beim Glauben seiner Vorfahren, einen Widerspruch zu seinem aufgeklärten Freidenkertum empfand er nicht. Als er in den Hohenasperger Verhören wieder einmal alles gestehen wollte, erleichterte er sich mit einem Herzenswunsch: Er wolle entweder den Rest seines Lebens in der Stille zu Freudental, einem Dorf bei Brackenheim mit jüdischer Gemeinde, oder an einem anderen Ort verbringen. Falls man ihn hinrichte, wünsche er mit den Zeremonien seiner Religion begraben zu werden. Ein andermal wollte er an irgendeinen Ort entlassen werden, um dort nach seinem Glauben zu leben und zu sterben. Damals war er krank und litt unter Depressionen.

Beim ersten Bekehrungsversuch durch Pfarrer Rieger auf dem Hohenasperg am 4. Dezember 1737 hielt sich Süß den zudringlichen Geistlichen mit einer Weitsicht vom Leib, die für Württemberg unvorstellbar war: «Ich bin ein Jud und bleib ein Jud. Ich würde kein Christ werden, wenn ich gleich Römischer Kaiser werden könnte. Religion ändern ist eine Sache für einen freien Menschen und stehet gar übel an einem Gefangenen.» Als Rieger ihn am Ende resigniert «dem Gott Abrahams, Isaacs und Jacobs» empfahl, nahm ihm Süß den Wind aus den Segeln: «Ja, dieser Gott ist auch mein Gott.»

Mit seinem Tod beschäftigte sich Süß nicht erst in der Haft. Schon in einem seiner frühesten Entlassungsschreiben, vom 17. August 1735, hatte er sein Lebensgefühl des ständigen Bedrohtseins beschrieben: ein Grundgefühl jüdischer Existenz. Giftanschläge erwartete er seit langem, sie beunruhigten ihn noch in der Haft. Neben der Todesgewißheit brach aber immer wieder sein Lebenswille durch. Süß bäumte sich auf, erschwerte dem Kommandanten und der Wachmannschaft das Leben und entschuldigte sich später dafür. Bei ihm war alles im Fluß.

Je dunkler es in seinem Leben wurde, desto intensiver stürzte sich Süß in die jüdische Askese und klammerte sich zugleich an jede politische Möglichkeit der Rettung. Seinem Verteidiger hämmerte er ein, «die Menschenfurcht» fahrenzulassen. Über allen Zwang stellte Süß die Freiheit des Inneren, die Unangreifbarkeit der Würde des Menschen. Darin war der Finanzier seiner Umgebung weit überlegen. Noch eine Woche vor der Einlieferung in die Todeszelle nahm er alle Schuld auf sich, die auf seinen Kassier Isaac gefallen war, «er sei durch das Gesetz seines Talmuds verbunden, ihm [Isaac] nachzugeben». Nachdem ihm alle Rechtswege abgeschnitten waren, berief sich Süß gegen das voreingenommene Gericht allein auf Gott. Wen hätte er sonst nennen sollen, der hier überhaupt zählte? Allen, die ihn bekehren wollten, versicherte er, als Jude sterben zu wollen, und verlangte immer wieder einen Rabbiner. Die Geheimräte waren selbst zu diesem Zugeständnis zu feige, wie sie auch die Zeugenschaft der Mutter fürchteten und ihr den Abschied von ihrem Sohn verweigerten.

Bis zuletzt lehnte Süß ab, sich einem unentrinnbaren Schicksal zu ergeben. Hoffnung und Niedergeschlagenheit wechselten sich ab. Als der erschütterte Konvertit Bernard ihm in der Todeszelle versicherte, Süß sterbe als Kadosch, als Heiliger, als jüdischer Märtyrer, wollte der Todgeweihte davon nichts wissen. Mit einem bis zuletzt kämpferischen Lebenswillen antwortete er: «O welch ein schlechter Trost.» Der äußerlich völlig modernisierte Finanzier hatte trotz der eigenen Lebensangst nicht vergessen, daß beim Märtyrertod eines Juden ein Pogrom zu befürchten war. Diese Grundangst jüdischen Lebens war nicht eingeschlafen.

Joseph Süß Oppenheimer starb in der Selbstgewißheit eines deutschen Juden – Opfer eines christlichen Justizmords. Seinen Glauben und zugleich seinen Widerstand hatte er in einem langen politisch-religiösen Hungerstreik bewiesen. Bis zuletzt bezeugte er beide Aspekte seiner Identität durch das hebräische Glaubensbekenntnis «Schma Jisrael, Adonai Elohenu, Adonai Echad». Zum Galgen hinaufgezerrt wurde er als orthodoxer Jude. Vor der Fesselung hatte er sich in der Todeszelle mit einem schwarzen Taschentuch eine Abschrift der Zehn Gebote an die Stirn gebunden, Marx Nathan und Salomon Schächter hatten sie ihm besorgt.

Letzte Angriffe
auf die Justiz

Noch bevor Süß starb, schlich sich der Tod ins Ludwigsburger Zuchthaus zu seinem drei Monate alten Söhnchen, in die Zelle von Luciana Fischer. Widerwillig hatte die Justiz ein wenig Bekleidung für den kränkelnden Säugling genehmigt. Am 5. Januar 1738 nahm sie den Tod zu den Akten, erleichtert, daß sie dem Kind aus dem Vermögen des Vaters kein Geld mehr auszuwerfen brauchte.

Von alldem wußte Süß nichts. Der Hohenasperger Kommandant hatte der Wachmannschaft eingeschärft, dem Häftling kein Sterbenswörtchen von dem unverhofften Kind zu sagen, aus Rache, weil Süß sich der Justiz nicht unterworfen und Luciana Fischer ihre Schwangerschaft bis zur Geburt verborgen hatte. Der Ludwigsburger Leibarzt Breyer sah nach der jungen Mutter und erzählte dem Kommandanten davon. Glaser machte sich in einem Brief an den Verteidiger Mögling wichtig, Breyer habe ihm gesagt, «daß der junge Hebräer noch lebe und die Fischerin um des Kindes Gesundheit sehr bekümmert sei [...] Die Fischerin mache sich Hoffnungen, den Süß noch zu bekommen, er habe sich in Holland taufen und mit ihr kopulieren zu lassen versprochen.»

Es war ein strenger Winter, der Hohenasperg ein eisiger Aufenthalt, vom Fortgang des Geheimprozesses abgeschnitten. Glaser schrieb an Mögling: «Sind die Zeiten im Oberland an Neuigkeiten mager, so glaube [ich], daß hier alles eingefroren.

Alles ist still. Meine Arrestanten haben mir und ich ihnen das Neujahr gewünscht, und haben wir einerlei Meinung, daß nämlich ich sie und sie meiner bald loswerden, gegeneinander gehegt.» Mit dem ebenfalls hier oben inhaftierten ehemaligen Regierungschef, dem Oberhofkanzler Scheffer, leerte der Kommandant allerdings manches Gläschen Wein. Scheffer hatte einst so gut wie alle Maßnahmen von Süß mitgetragen. Obwohl er als «Komplize» von Süß eingekerkert war, erfreute er sich bevorzugter Behandlung, das Patriziat ließ auch seine Abtrünnigen nicht verkommen.

Gegen die Depressionen, die ihn immer wieder niederschlagen, klammert sich Süß beim Jahresbeginn 1738 an ausgreifende Pläne, wie wenn er bald wieder die Macht dazu hätte. Davon erfährt nur Glaser, der Mögling wissen läßt: «Wann ich effektuiere [durchsetze], daß der Jud die Herzogin zu sprechen bekommt, will er mich zum kaiserlichen Obristen machen.» Süß' Gedanken fliegen nach Wien an den kaiserlichen Hof. «Er bleibt noch immer dabei, daß er dem Kaiser vier Regimenter stellen und mich zum Obristen machen wolle. Dieser Tagen sagte er, wie [er] doch wünschte, die Feiertage überstanden zu haben, damit sein Sachen zu End gingen und er auf freien Fuß käme. Alsdann wolle er eine Kur machen und sich ein ganz frisches Fleisch ziehen, dieses noch habende sei wildes Fleisch und ungesund.»

Diesen optimistischen Wunsch kommentiert Glaser mit Zynismus: «Nun wünsche [ich], daß diese Kur bald vorgehe, besorge aber, sein Fleisch werde noch wilder werden.» Eine Anspielung auf die baldige Exekution, mit dem zu erwartenden heftigen Widerstand des Verurteilten. Zugleich zeigt sich der Kommandant zufrieden mit dem schwierigsten seiner Gefangenen: «Indessen macht der Jud keine sonderliche Depensen [Kosten], bleibt immer bei Wasser und Brot, außer daß er dann und wann Zucker zum Brot frißt und täglich zweimal Tee mit Eiern trinkt.»

Mit der Redeweise vom alten, wilden, ungesunden Fleisch streift Glaser den bejammernswerten Zustand von Süß. Die fast zehn Monate dauernde Haft haben den Häftling gesundheitlich ruiniert. Die niedrigen Unterhaltskosten rühren von Süß' Bemühungen her, auch ohne einen eigenen Koch koscher zu essen. Glaser, nach unten ein Grobian, nach oben ein Schönredner, versteht sich auf die Glättung der Wirklichkeit. Am selben Tag malt er der Justiz in Stuttgart ein beschönigtes Bild des Gefangenen: «Der Jud befindet sich ziemlich wohl bis anhero, er speist manchmal ein halb Laiblen Kommisbrot, manchmal vor vier, fünf bis sechs Kreuzer mürbes oder Weißbrot des Tages, auch seinen Tee mit Eiern zweimal.» Er wolle wieder mit seinem Verteidiger reden und habe ihm etwas geschrieben, was hiermit zur Zensur vorgelegt werde.

In dem beiliegenden Brief, seinem letzten, spricht Süß seinem Anwalt sein Mißtrauen aus. Mögling habe nicht das geringste für eine bessere Unterbringung unternommen, für eine Verlegung nach Ludwigsburg in Hausarrest oder gar für eine Beendigung des Prozesses. In seiner Verteidigungsschrift habe der Advokat «Wasser genug dem Wein zugesetzt». Wenn er, Süß, aus dem «mörderischen Arrest» freikommen solle, müsse Mögling «ganz andere Rechtsmittel ergreifen».

Von Anfang an spürte Süß, daß der ihm aufgezwungene Pflichtverteidiger nicht die geringste Lust hatte, ihm zur Freiheit zu verhelfen. Bis jetzt habe er, Süß, noch nie die genauen Anklagepunkte erfahren können. Mögling müsse bei der Verteidigung «im Blinden tappen». Der Anwalt habe es unterlassen, mit Süß alles genauestens durchzusprechen, was über die Akten hinaus darzulegen wäre. Der «gezwungene Prozeß» komme auf «die richtigen Fakten» an. Wenn die Justiz im Recht wäre, hätte sie nicht so «unerlaubte Mittel» gegen ihn, Süß, ergreifen müssen wie die Beschlagnahmung seines Archivs, seiner Korrespondenz und seiner Konzepte, «die Abschneidung von aller Kommunikation», von seinem Lebensunterhalt und besonders von seiner Religion. «Dies wird in der ganzen Welt nicht vor Recht zu erkennen sein.»

Zwei Tage nach diesem Brief, am 7. Januar 1738, fand Süß' in Stuttgart inhaftierter Kassier Isaac Samuel Levi eine Möglichkeit, sich selbst zu helfen. Er war mit 50 Prügeln mißhandelt worden. Zusammen mit einem württembergischen Freidenker, der wegen «Gotteslästerung» einsaß, brach er nachts aus und schlüpfte durch ein Tor in der Stadtmauer.

Anfang 1738 kam Süß' Mutter nach Stuttgart, sie war 58 Jahre alt und vor kurzem zum zweiten Mal Witwe geworden. Die allein auf sich gestellte Frau verband Privates mit Finanziellem, sie bat darum, ein letztes Mal ihren Sohn besuchen zu dürfen. Gleichzeitig verlangte sie, daß man ihr den Originalkaufbrief ihres Heidelberger Hauses ausliefere. Die Justiz fand das Dokument nicht, es lag noch im Frankfurter Nachlaß, der erst später nach Stuttgart abgegeben wurde. Anfangs genehmigte die Justizkommission den Besuch der Mutter, am Ende wurde ihr doch verweigert, von ihrem Ältesten Abschied zu nehmen. Regierung wie Justiz hatten vor dem Häftling, der entschlossen um sein Leben kämpfte, so viel Angst, daß sie jeden Einfluß von außen zu verhindern suchten.

Das Todesurteil wird erst am 13. Dezember formell gefällt. Das Kriminalgericht zögert danach weitere sieben Wochen die Exekution hinaus, um möglichst viel über Süß' Schuldner und versteckte Werte herauszubekommen. Eine eigenartige Umkehrung des Klischees: Geldgierig ist tatsächlich die christliche Justiz, nicht der Jude. Am 23. Januar 1738, eine Woche vor der Bekanntgabe des Todesurteils, wird Süß auf dem Hohenasperg ein letztes Mal zum Verhör geführt. Faber und Jäger wollen wissen, wann der erste Münzvertrag abgelöst worden sei. Wieder einmal haben sie die Akten flüchtig gelesen. Und noch einmal kann der einstige herzogliche Finanzberater, dem Hungertod nahe, seine geistige Überlegenheit beweisen. Man habe ihn immer wieder wegen der Münze beim Herzog verklagt, diese «viele Denunziationen [hätten] sich niemalen in der Wahrheit befunden». Der Herzog habe alles untersuchen lassen. Die aus höchsten Regierungsleuten zusammengesetzte Münzkommission habe alles kontrolliert und nichts gefunden. Süß legt den Finger auf eine der vielen Wunden des Hochverratsprozesses, die völlig unzureichenden Verhöre. Man solle ihm endlich konkrete Fragen vorlegen, nicht immer nur allgemeine Vorhaltungen machen.

Die Richter sind auch dieses Mal dazu nicht fähig, obwohl sie sich zehn Monate lang mit den Dokumenten beschäftigt haben. Der von allen Unterlagen abgeschnittene, völlig abgemagerte, oft erschöpfte und verzweifelte Todeskandidat weiß mehr als seine ausgeruhten Richter samt dem ganzen Regierungsapparat. Die Frager wollen wissen, wer Süß einst entlastet habe. Die damals verantwortlichen Minister und Geheimräte, nun unter Süß' Feinden, stellen sich unwissend.

Blitzschnell ergreift der Gefangene eine Chance zur Verteidigung und zur Rettung seines Lebens. Er fordert noch einmal, seinen Prozeß dem Kaiser in Wien vorzulegen, dem der Schutz der deutschen Juden anvertraut ist. Er verlangt, «den ganzen Punkt des Münzwesens dem Kaiser und dem Reichsmünzdirektor zu übertragen, was die Livrance [Lieferung], Ausmünzung, Schmelzung anbelange, was aber das Punctum contractus [Vertrag] betreffe, einen unparteiischen Richter von Ihro Kaiserlichen Majestät, maßen [weil] die Münzdeputation oder seine dermalen gnädigst niedergesetzte Kommission als pars contrahens [widerstreitende Partei] zu considerieren [betrachten], mithin sich Inquisit [Beklagter] bishero nicht getraut, seine rechte Defension [Verteidigung], so ihm zustatten kommen sollte, an Tag zu geben, zumalen man ihm keinen fremden Advokaten oder Beistand zulassen wollen».

Die Württemberger überhören den Einwand und brechen das Recht der Juden, an den Kaiser zu appellieren. Man spürt aus dem letzten Verhör heraus, wie Süß an Tempo gewinnt. Wenn er schon dabei ist, dann diktiert er weiter ins Protokoll. Selbst mit seinem Pflichtverteidiger habe er nur reden dürfen, wenn einer der Richter daneben saß. Jede Idee der Verteidigung war von Anfang an dem Kriminalgericht bekannt, unbequeme Dinge wurden nicht notiert.

Bei der Frage der Richter nach dem weiteren Vermögen unterläuft dem Protokollanten Pregizer ein Fehler. Monatelang hatten er und Gabler aufgepaßt, daß keine Hinweise auf die Folter sich ins Protokoll einschlichen. Was Süß da erwähnt, hätte der Sekretär nicht aufzeichnen dürfen: Er, Süß, habe die Frage nach der großen Anleihe schon einmal beantwortet, «als man ihm mit [dem] Scharfrichter gedroht». – Die Richter bohren woanders weiter, immer dem lieben Geld hinterher. Wohin gleich nach der Verhaftung ein großes Paket mit Wechselbriefen gekommen sei? Süß glaubte anfangs, der Kassier Isaac habe es in Händen, dort fand man es nicht. – Süß weiß nicht, daß sein Kassier seit mehr als zwei Wochen entkommen ist. – Er bedauert, daß er Isaac verdächtigte. Vielleicht habe Johann Sigmund Fürnkranz, der Generalkontrolleur aller Landeskassen, die Wechsel an sich genommen? Noch immer beherrscht Süß das Verhör, als er nach zwei Wechselbriefen gefragt wird. Er erinnert sich, daß die beiden einst an Wert verloren und mit Verlust weiterverkauft wurden. Da habe er sie «wieder eingelöst, um seinen Kredit zu konservieren». Die Frage nützt Süß zu einem Beweis seiner geschäftlichen Solidität. Die Richter sind unfähig, das Gegenteil zu beweisen.

Der Häftling sieht, daß dennoch alles gegen ihn gewendet wird. So bemüht er sich wenigstens, seine Leute zu schützen. Er will keinen Verdacht auf Isaac geworfen haben, entschuldigt sich mit einem Irrtum und offenbart dabei sein Talmudverständnis. Den Schwachen, den Außenseitern, den Ausgestoßenen gegenüber sieht er sich zur Hilfe verpflichtet. «Weil der Isaac vor gewiß behauptet, daß der Fürnkranz es [das Paket Wechselbriefe] genommen haben könnte, ohne daß er [Isaac] es ihm zugestellt, so sei er [Süß] durch das Gesetz seines Talmuds verbunden, ihm nachzugeben, weil er es nicht, jener aber gewiß wüßte».

In dem Verhör sieht Süß besser aus als seine Richter, in einem öffentlichen Verfahren hätte er manchen Erfolg feiern können. Jäger fragt, wieviel Geld Süß auf der Bank in Amsterdam liegen habe. Süß antwortet mit einer lebenslustigen Mischung aus Rätsel und Symbolik. «Diese [Gelder] solle Herr Kommissar Regierungsrat Jäger haben und seine Feinde so viel gute Jahr, als er [Süß] Kreuzer darinnen habe.» Der Neugierige ist so klug wie zuvor. Der Gefangene beweist Erzählkunst und Galgenhumor.

Die Richter forschen schließlich nach den Kaufurkunden der beiden Heidelberger Häuser. Süß gelingt es, sie in die Irre zu führen: Von dem einen Haus, einem gemeinschaftlichen väterlichen Erbe, habe er gar keine Dokumente, das andere habe er seinem Bruder überlassen, gemeint ist Daniel Süßkind. Es wird Süß' letzter Sieg. Im Todesjahr, am 26. November 1738, verkaufen in Heidelberg der Edenkobener Schwager Mayer Hertz und der Stiefbruder Daniel Süßkind Oppenheimer das Haus in der Ingramgasse 6.

Am Vormittag des 24. Januar 1738 drängt Süß kurz vor der Mittagspause darauf, eine Erklärung zu Protokoll geben zu dürfen. Daraus werden 20 Seiten, die den ganzen Nachmittag beanspruchen. Flüssig formuliert er seine letzte Erklärung, sein politisches Testament. Er sitze nun schon seit elf Monaten im Arrest und habe um einen unparteiischen Richter oder einen fremden Verteidiger gebeten, auch um einen katholischen und einen lutherischen Geistlichen, um einen der Professoren von Tübingen und den Geheimrat Bilfinger. Ihnen wolle er die Argumente seiner Verteidigung angeben, was er sich bisher unter den ständigen Bedrohungen nicht getraut habe. Besonders vom Regierungsrat Pflug sei er in Verwirrung gestürzt worden, so daß er versäumt habe, das Nötige zu Protokoll zu geben.

Es folgt die Mittagspause, danach schüttet Süß sein Herz aus. Pflug habe ihm öfters gesagt, es sei keine Gnade zu hoffen. Deshalb habe er, Süß, seinem Anwalt zwei Briefe und sechs Blätter Stichworte für die Verteidigungsschrift geschrieben. Er verlange darin, vor dem Zusammentreten des Kriminalgerichts nach Stuttgart gebracht und über seine Papiere vernommen zu werden. Dann solle der Anwalt nach Fertigstellung seiner Schrift auf den Hohenasperg kommen, um aufzunehmen, «was zu seiner [Süß'] Rettung bei diesen betrübt anscheinenden Umständen dienlich sein möchte». Mögling habe ihm die Verteidigungsschrift nur im Konzept geschickt, nie in der Reinschrift.

Süß besitzt eine klare Vorstellung seiner Verteidigung. Es komme auf drei Dinge an: 1. die ihm vorgehaltenen Fakten, 2. die unterschriebenen Verhörprotokolle, 3. die Zeugenaussagen. Bei Punkt 1 fühlt sich Süß nicht schuldig, man habe ihm nur allgemeine Vorwürfe gemacht, er habe sich seine Verteidigung so lange vorbehalten, bis er mit konkreten Vorwürfen konfrontiert werde. Punkt 2, «daß er die Protocolla unterschrieben, sei sich nicht zu verwundern, indem er in Ängsten gestanden und allzuviel intimidieret [eingeschüchtert] worden». Punkt 3: Süß formuliert seine Einwände gegen die Belastungszeugen, beweist darin gründliche juristische Kenntnisse. Mögling solle bei den Zeugen untersuchen, ob sie unter Druck gesetzt, zu ihren Aussagen verleitet oder gezwungen, ob sie wegen eigener Verbrechen selbst verfolgt wurden und deshalb eingeschüchtert waren. Er habe nachzuforschen, ob sie mit dem Angeklagten geschäftlich zu tun hatten, ob sie selbst in Haft waren oder schon lange mit Süß im Streit lagen. Wenn man ihm, Süß, jetzt vorhalte, er sei ja einst gefragt worden, ob er etwas gegen die Zeugen einzuwenden habe, «so seien es entweder Juden gewesen, wider welche er kraft seines Gesetzes nichts angeben dürfte, daß sie in Unglück oder wohl ärger als der Beschuldigte selbst hineinkämen». Wieder stützt er sich auf den Talmud, fühlt sich zum Schutz schwächerer Juden verpflichtet, lieber nimmt er im Prozeß Nachteile auf sich. Bei den Christen habe er sich nicht vorstellen können, daß seine eigenen Leute oder guten Freunde drei Jahre lang darauf schauen, wie sie ihn denunzieren könnten.

Erneut bringt es der Sekretär Pregizer nicht fertig, alle Spuren der Rechtsbeugung zu verwischen. So gerät ins Protokoll, daß Süß über die Zeugenaussagen bis jetzt nicht informiert wurde. Der Angeklagte hatte also keine Möglichkeit, auf die Beschuldigungen zu antworten. Süß ist von der Verteidigung abgeschnitten, sein Anwalt hielt es für richtig, ihm die Zeugenaussagen vorzuenthalten. Der Pflichtverteidiger ein Gehilfe der Rechtsbeugung, schuldig der Beihilfe zum Justizmord.

Gleich anfangs, im Juni 1737, hatte Süß mit seinem Anwalt besprochen, ob das ganze Verfahren nicht als null und nichtig zu betrachten sei, weil niemals konkrete Anklagepunkte vorgelegt wurden. Dieser Schritt hätte beim Reichskammergericht in Wetzlar oder beim Reichshofgericht in Wien gute Chancen gehabt. Aber der Anwalt habe «ihn nur ausgelacht». Die vorherrschende Stimmung: Zynismus.

Der Häftling kommt bei Glaser auf seinen letzten Brief an Mögling vom 5. Januar 1738 zurück: er wolle aus der Festungshaft entlassen werden, zumal er in Stuttgart ein Vermögen von mehr als 600000 Gulden liegen habe. Seine Strategie: er will durch seinen Anwalt ein Gesuch beim Kaiser einreichen. Dabei stützt er sich auf das Absolutorium des verstorbenen Herzogs, auf seine schriftliche wie mündliche Kündigung des herzoglichen Dienstes, auf die Unterstellung unter den kaiserlichen Schutz und auf seine ungekündigte Stellung als kurpfälzischer Oberhof- und Kriegsfaktor in Mannheim. Diese Klage solle mit allen Unterlagen sofort durch einen Eilboten nach Wien geschickt werden. Des weiteren sucht Süß einflußreiche Reichsfürsten für sich zu interessieren: den Kurfürsten von Mainz als Reichskanzler und den Bischof von Würzburg. Diese Strategie unterläuft der Verteidiger, der für württembergische Routineverfahren taugen mag, aber bei einem politischen Prozeß, dessen tödlicher Ausgang von Anfang an feststeht, zum Todeshelfer werden muß.

In dieser Erklärung blickt Süß über seine Zeit und sein Schicksal hinaus. Er erkennt das geheime Gerichtsverfahren als entscheidendes Hindernis, um die württembergischen Rechtsbrüche aufzudecken. Er fordert die Öffentlichkeit des Verfahrens. Inzwischen bestätigt der Herzogsvormund das Todesurteil. Darin wird auf die Folter des Angeklagten verzichtet. Süß erhält ein weiteres Zugeständnis, das ihm später vom Kriminalgericht wieder verweigert wird: Er dürfe in der Todeszelle einen Rabbiner empfangen.

Dem nichtsahnenden Gefangenen läßt der Festungskommandant am Donnerstag, 30. Januar 1738, 6 Uhr morgens, neue Kleider in die Zelle bringen: Heute gehe es nach Stuttgart. Danach hat sich Süß seit Monaten gesehnt. Er zieht rasch seine schönste Kleidung an: Kattun, eine Weste und neue Hosen, alles scharlachrot. Zum ersten Mal erschrickt er, als Glaser ihm wieder die Fesseln anlegt, die erst am 3. Dezember abgenommen worden sind. Beide Hände werden hinter dem Rücken an einen Fuß gekettet. Zwei Grenadiere sitzen bei dem Gefangenen in der offenen Kutsche, zwei vorne auf dem Kutschbock, andere eskortieren den Zug nach Stuttgart. Ein zweites Mal fährt Süß zusammen, als Glaser sich beim Abschied verplappert: Der Kutscher habe in Stuttgart nicht vor Süß' Palais, sondern am Marktplatz hinter dem Herrenhaus zu halten.

In der Todeszelle

Die Eskorte mit dem Gefangenen passiert gegen 13 Uhr das Siechentor in Stuttgart, auch Tunzhofer oder Ludwigsburger Tor genannt, heute stünde es an der Ecke Marquardt-Bau am Schloßplatz. Eilboten haben den Zug angekündigt. Auf dem Weg über den Großen Graben und durch die Schulgasse hinunter auf den Marktplatz überschüttet man Süß mit Beschimpfungen. Tätlichkeiten sind angesichts der Mannschaft nicht möglich. Der Gefangene wird ins Herrenhaus eingeliefert, das auf dem Marktplatz quer neben dem Rathaus steht. Hier pflegt man die zum Tod Verurteilten vor der Exekution unterzubringen. Das Gebäude ist längst abgetragen, an seinem Ort handelt man heute mit Obst und Gemüse.

Salomon Schächter erlebt mit, wie Süß nach Stuttgart gebracht wird. Darüber schreibt er in der clandestinen Gedenkschrift der Stuttgarter Gemeinde: «Allein das Einführen, bis er zum Gemach [im Herrenhaus] gekommen ist, ist ebenfalls einem Stück des Todes zu vergleichen gewesen.» Die Mutter hält sich noch in Stuttgart auf, im Gasthof «Zum Rad» am Leonhardsplatz. Sie möchte weg, bevor ihr Sohn hingerichtet wird. Sie beantragt beim Gericht, 100 Gulden von der Schuldforderung an ihren Sohn zu bekommen. Damit wolle sie ihre Kosten für die Reise und den vierwöchigen Aufenthalt in Stuttgart und Ludwigsburg bestreiten. Sie erhält wenigstens 30 Gulden.

Nur unter ungestümem Protest läßt sich Süß ins Herrenhaus

zerren und ins Armsünderstübchen einschließen. Vier Zimmerleute haben in der Todeszelle die Fenster und die beiden Türen mit Brettern und Balken doppelt vergittert. 39 Soldaten verwandeln das Gebäude in eine Festung. Zwei Schildwachen befinden sich bei Süß in der Zelle, mit aufgepflanztem Bajonett, zwei stehen draußen davor, zwei oben an der Treppe und zwei unten.

Einen Kupferstich der Todeszelle schuf der Augsburger Künstler Elias Baeck, genannt von Heldenmuth, der eigens zur Hinrichtung nach Stuttgart gereist war und an Ort und Stelle Zeichnungen angefertigt hatte, Vorlagen für seine Stiche. Sein Blatt mit dem Inneren der Todeszelle wird durch Beschönigung zur Fälschung. Es zeigt Süß bei gesundem Aussehen, mit guter Kleidung, vor vier Fenstern, bei denen die grobe, dicke Vernagelung mit Brettern und Balken so ästhetisiert ist, daß sie für ungeschulte Augen verschwunden ist. – Baeck hat die Zelle wohl nie betreten. – Dann Süß' letzte Speisen, die unberührt bleiben.

Die Wache wird angewiesen, täglich einen Rapport zu schreiben, wie Süß sich verhalte. Inzwischen steht an jedem der sieben Stadttore ein Unteroffizier, der die hereinkommenden Juden zu verhören hat. Generell sind alle Fremden sofort auf der Stadtvogtei am Marktplatz zu melden. Süß verweigert zuerst alles, auch das Trinken, nicht nur das Essen. Einen Zinnbecher empfindet er als Beleidigung, er hätte ihn aus dem Fenster geworfen, wenn es nicht zugenagelt wäre. Vergeblich verlangt er seinen silbernen Trinkbecher. Von da an trinkt er aus der Kanne, in der man ihm ständig frisches Wasser holen muß. Die letzten sechs Tage ißt er nichts mehr. In einer zugleich religiös wie politisch motivierten Askese spannt er seine letzten Kräfte an, um doch noch irgendwie der Exekution zu entrinnen. Er konzentriert sich auf seine Verteidigung, mit dem Tod hat er sich keineswegs abgefunden. Erneut wünscht er seinen Verteidiger zu sprechen, will mit ihm einen einzigen Anklagepunkt suchen, der den Tod rechtfertigen könnte. Mögling sitzt in Tübingen und erwartet, wie er hinterfotzig dem Gericht schreibt, daß Justiz an seinem «Herrn Hebräer» vollzogen werde. Und er freut sich auf die Exekution, nennt sie wirklich ein Fest, «eine Solennität». Am zweiten Tag der letzten Haftzeit, Freitag, 31. Januar 1738, wird Süß gegen 15 Uhr ins obere Stockwerk des Herrenhauses geführt, in den Saal. Ein Teil des Kriminalgerichts eröffnet ihm das Todesurteil: als Vorsitzender Faber, unter den Beisitzern Harpprecht und Schoepff. Dem Todeskandidaten wird die Hinrichtungsart verschwiegen, man befürchtet Wutausbrüche oder schwärzeste Verzweiflung mit Selbstmordversuchen. Süß hört das Urteil, wie die Herren berichten, «mit ziemlicher Gelassenheit» an. Einige Male ruft er dazwischen: «Gott soll mein Beistand sein, der kennt mein Herz und Unschuld.» Gegen alles, was ihm zur Last gelegt wird, beruft er sich auf herzogliche Befehle. Die Leute seien massenweise und freiwillig zu ihm gekommen, er fühle sich in seinem Gewissen unschuldig und wolle es vor Gott verantworten.

Die Richter möchten ihr gutes Gewissen demonstrieren. In der ganzen Sache sei nichts überstürzt, alles gewissenhaft und legal behandelt worden, so behaupten sie kühn. Auch sämtliche Zeugenverhöre und übrigen Angelegenheiten seien «mit der äußersten Vorsichtigkeit vollführt und ihm seine Defension, mit welcher er bei deren Verlesung selbst und durchgängig wohl zufrieden gewesen, nach der Hand aber die ganze Verhandlung nicht allein von dem gnädigst niedergesetzten Judicio [Gericht], sondern zweien hochfürstlichen Collegiis [Regierungsorganen] wohlerwogen, von keinem ein[z]igen Membro [Mitglied] aber unter so vielen auf etliche und 20 Personen sich belaufenden

Räten anderst als auf die äußerste Todesstraf Gewissens halber angetragen werden können». Zum Schluß hatten alle Mitglieder des Geheimen Rates und des Oberrats das Todesurteil ausdrücklich bestätigt.

Spätestens an diesem Punkt geht eine «vaterländische» Legende in die Brüche. Im Jahr 1834 setzten die Autoren Dizinger und Pfaff in getrennten Werken, vielleicht nach Beratung, ein Märlein in die Welt, das seitdem durch die Süß-Literatur geistert, selbst durch die jüdische: Als einziger Richter habe Professor Harpprecht dem Todesurteil widersprochen. Die beiden hatten sehr begrenzte Akteneinsicht bekommen. Möglicherweise legte die Archivverwaltung einen gefälschten Auszug aus der Urteilsberatung vor. Dizinger behauptete, den Wortlaut von Harpprechts Widerspruch gelesen zu haben. Im Laufe der Zeit verklärte sich die Erfindung zu einem Zitat aus der geheimen Beratung. In den 121 Aktenbänden findet sich dieses Zitat nicht. Dagegen ist an mehreren Stellen festgehalten, daß das Todesurteil einstimmig zustande kam. Harpprechts ausdrückliche Befürwortung der Hinrichtung ist mehrmals und unbestreitbar belegt.

Joseph Süß läßt sich von der Einstimmigkeit des gesäuberten Regierungsapparats nicht beeindrucken. Seit Beginn seiner Stuttgarter Zeit kennt er das Zusammenhalten von Patriziat und Bürokratie. Er bleibt bei seinem Protest: Er glaube wohl, «wann noch 100 Personen aus dem Land über seine Sache gesetzt worden wären, sie nicht anderst als seine bisherigen Richter judiciert haben würden, im übrigen sei seine Defensionsschrift nicht wohl eines Kreuzers wert».

Das Gericht bietet ihm an, er dürfe noch einmal etwas zu seiner Verteidigung vorbringen, «alles frei und ungehindert». Ansonsten solle er sich erklären, «was er zu Beratung seiner armen Seele vorzunehmen und ob er sich nicht etwa eines evange-

lischen oder katholischen Predigers zu bedienen gedächte». Süß
bleibt bei dem, was er auf dem Hohenasperg zu Protokoll gegeben hat. Was seine Seele betreffe, «wolle er absolut keinen evangelischen oder katholischen Geistlichen haben, sondern allenfalls sich einen Rabbiner von Frankfurt, Mannheim oder jemand
der Seinigen ausbitten; auch wann ihm kein obernannter fremder Rabbiner gestattet würde, lieber keinen haben; er habe
schon lang Gott seine Sache befohlen und um Rettung seiner
Unschuld angerufen».

Jetzt hat Süß seine innere Sicherheit zurückgewonnen. Er erklärt, was von nun an jeder christliche Geistliche von ihm zu
hören bekommt, «er wolle als Jude sterben». Seine Religiosität
gibt sich nicht passiv, sie ist alles andere als Unterwerfung unter
das Schicksal. Dem Gericht schleudert er die Haupteinwände
seiner Verteidigung entgegen: Man habe keine auswärtigen
Gutachten eingeholt, aus Privatinteresse einiger Familien
müsse er als Schlachtopfer für ganz Württemberg dienen. Das
Gericht weiß darauf nichts zu antworten. Alles, was es ihm noch
an «Buße, Bekehrung und Demütigung vor Gott» einreden will,
kümmert den Verurteilten nicht mehr. Wortlos läßt er sich in
seine Zelle zurückführen, dort werden ihm die Fesseln wieder
abgenommen.

Um 20 Uhr kommen, gegen Süß' ausdrücklichen Wunsch,
zwei evangelische Geistliche zu einem neuen Bekehrungsversuch, dem zweiten, in die Zelle: der Diakon Christoph Conrad
Heller und der Vikar Hoffmann, beide bei der St. Leonhardskirche in der Stuttgarter Vorstadt. Geschickt sind sie von der Justizkommission, zur Vorbereitung auf den Tod. Heller redet fast
zwei Stunden auf Süß ein, der hier wie bei allen späteren Versuchen die gleiche Taktik anwendet. Der Gefangene läßt sich nicht
auf knifflige theologische Fragen ein, besonders nicht auf die
Messiasfrage, und bleibt bei seinem Grundsatz, «er wolle als

Jude sterben». Wenn der Geistliche, wie auch dieses Mal, nicht von Süß ablassen will, pflegt der Machtlose das Beste zu tun, was ihm bleibt: Er wirft sich vor dem Missionar auf den Boden, beschwört ihn, von ihm abzulassen, und hält sich die Ohren zu. Mal legt er sich ins Bett, mal zieht er sich eine Pelzkappe über den Kopf oder verbirgt ihn in Kleidern. Bei dem jetzigen Versuch verschont Süß die Geistlichen nicht mit Spott und verlangt am Ende nur, einige Juden sollten ihn besuchen, Namen nennt er nicht.

Süß bittet um hebräische Gebetbücher, die der Hoffaktor Marx Nathan am folgenden Tag schickt, am Sabbat. Nathan hat für Süß ein jüdisches Krankengebet ausgesucht, das zugleich Hoffnung und Versöhnung verheißt. Bernard gibt das Gebet übersetzt wieder:

«Eine Beicht und Gebet vor einen Kranken, darinnen er um Wiedergenesung bittet:

Ich bekenne dir, Herr, mein Gott und Gott meiner Väter, meine Sünde und meine Übertretungen und Mißhandlungen:

Ich bitte dich, laß mich nicht sterben an dieser Krankheit, sondern mache mich völlig gesund! Sollte ich aber nicht aufkommen, so lasse meinen Tod eine Versöhnung aller meiner Sünden sein! Amen.»

Bis zum Sabbat hat sich Süß überlegt, wen von den Stuttgarter Juden er sprechen möchte. Seine Wahl fällt auf Marx Nathan, den führenden Mann der kleinen Gemeinde. Nathan, 1672 im Frankfurter Getto geboren, war 26 Jahre älter als Süß. Bei den Juden hieß er Mardochai Schloß, nach dem Frankfurter Stammhaus der Familie. Seit 1706 lebte er in Stuttgart als Hoffaktor. Verglichen mit Süß machte er kleine Umsätze. Als orthodoxer Jude suchte er durch ein zurückgezogenes Leben Feindschaften zu vermeiden, mit Süß hatte er kaum Berührung. Auch er sprach im Zeugenverhör schlecht von Süß, aber mehr, weil er die Gerüchte von Süß' jüdischen Konkurrenten gedankenlos nachplapperte. Süß selbst kannte Nathans Zeugenaussage nicht.

Am Sabbat, dem 1. Februar 1738, begleiten zwei Personen Nathan ins Armsünderstübchen: der aus Tübingen herbefohlene Konvertit Bernard und der Sekretär Pregizer. Bernard war einst Rabbiner in Polen gewesen, hatte sich stellenlos und hungrig auf die Wanderschaft nach Westen begeben und war schon vor vielen Jahren zum Christentum übergetreten. Dafür erhielt er in Tübingen einen Freitisch im Evangelischen Stift und eine Stelle an der Universität, als Lektor für orientalische Sprachen. Nebenher publizierte er mehrere Werke gegen das Judentum, seine rabbinischen Kenntnisse verkaufte er der antijüdischen Propaganda. Ein groteskes Phänomen: im evangelischen Württemberg durften gar keine Juden leben; um sein Leben zu fristen, mußte Bernard eine religiöse Konkurrenz schlechtmachen, die im Land überhaupt nicht existierte. Judenhaß, ohne daß es überhaupt Juden gab. Bernard wurde vom Untersuchungsgericht mehrfach herangezogen. So mußte er im Sommer 1737 die in hebräischer Schrift abgefaßte jüdische Korrespondenz übersetzen, die bei Süß gefunden worden war. Während der letzten Tage vor der Exekution spielte er gegen Taglohn den Spitzel, der bei jedem Gespräch von Süß mit jüdischen Glaubensgenossen kontrollieren sollte, ob nicht etwas Verbotenes mitgeteilt würde, in hebräischer oder jiddischer Sprache oder mit flüsternder Stimme. Pregizer wiederum hatte auf Bernard aufzupassen, ein Spitzel auf den andern Spitzel. Die Richter schwebten in unvorstellbarer Angst vor den Geheimsprachen unterdrückter Juden.

Nathan und Süß fallen sich gleich um den Hals, schreien und weinen, die anwesenden Schnüffler sind für kurze Zeit vergessen. Süß würde mit Nathan gerne auch über politische und juri-

stische Fragen sprechen, aber die Zeit sei dafür zu kurz, so sagt
er gleich anfangs. Süß wird durch Bernard unterbrochen, der
eine religiöse Thematik anschlägt. Der Gefangene verbittet sich
jede Diskussion über Glaubensfragen und nimmt allem Mis-
sionseifer den Wind aus den Segeln. Er habe sich entschlossen,
als Jude zu sterben. Dann spricht er laut das jüdische Glaubensbekenntnis, mit gehobener Stimme, was Bernard als Schreien
empfindet: «Schma Jisrael, Adonai Elohenu, Adonai Echad,
Adonai Hu Elohim, Adonai Hu Elohim» (5. Mose 6,4, erweitert), übersetzt: «Höre Israel, der Ewige, unser Gott, der Ewige
ist einzig! Der Ewige ist Gott, der Ewige ist Gott.» Die letzten
Worte dieses Bekenntnisses zum Monotheismus wiederholt
Süß siebenmal, der Atem geht ihm fast aus. Dabei klammert sich
der Gefangene bis zuletzt an die Hoffnung, er werde vielleicht
doch noch dem Galgen entgehen. Das Sicherste aber ist ihm sein
Judentum.

Den Konvertiten Bernard, der Süß noch nie gesehen hat, erschüttert der Anblick des Totenähnlichen, dieser Eindruck setzt
für kurze Zeit seine aggressive Abneigung außer Kraft. Davon
hat sich in seinen Erinnerungen ein Stück erhalten, ein wohltu-
ender Fremdkörper in dem hetzerischen Werk. «Es ist fast unglaublich, wie gräßlich mir der Anblick dieses elenden Menschen
war. Hier sah ich von dem vormals so herrlich und ansehn-
lichsten Mann fast nichts übrig als einen schwebenden Totenkörper, der nächstens völlig zerfallen würde: Schmerzen und
Ängste hatten ihm statt der Würmer das Fleisch abgenaget, und
sein ohnehin verstelltes Angesicht wurde noch abscheulicher,
weilen es mit einem dichtschwarzen Bart als ein Totenkopf mit
Moos umwachsen war. Die vormals muntere Augen waren wie
zwo ausgelöschte Kerzen und ihre noch übrige Bewegung so
außerordentlich, daß man die Zerschiedenheit der Affekten unmöglich ermessen konnte. Der übrige Habit trug noch meh-

rers zu dieser außerordentlichen und über die Maßen großen
Verstellung bei. Die auf dem Kopf stehende stumpichte Haare
bedeckte er mit einer grünen Kappen. Der Hals wurde durch ein
seidenes Schnupftuch umwunden. An dem übrigen Leib aber
hing ein kurzes und weites Überkleid, welches in der geraumen
Zeit seiner Gefangenschaft fast mit ihm selbsten zuschanden gegangen war. Kurz, ich hätte ihn eher vor einen Sklaven angesehen, welcher nach harter Dienstbarkeit endlich befreit, anbei
aber die Zeichen seines vorigen Elendes, zu Erweckung christlichen Mitleidens, an sich herumtraget.»

Der Sekretär Pregizer sucht Süß, der sich seit Tagen wieder im
Hungerstreik befindet, in die Ecke zu drängen, er will wissen,
warum Süß nichts esse. Der Gefangene: Wenn er essen wolle,
müsse er jüdisch essen, dafür brauche er einen jüdischen Koch,
aber den Männern traue er nicht. Sterbe er im Gefängnis, so
heiße es, der Koch habe ihm Gift gegeben. Nähme er sich eine
jüdische Köchin, so sage man, selbst im Gefängnis müsse er eine
Hure haben.

Nun wendet sich Süß zum Angriff und schimpft auf das Gericht, das ihn zum Tod verurteilt hat, ohne einen Grund dafür
angeben zu können. Sollte er etwas begangen haben, so könne
es mit einer Geldstrafe erledigt werden. Dann reißt ihn sein
Temperament mit, im Widerspruch zu seiner zerfallenden Gestalt. Mit beiden Händen ergreift er Pregizers Gesicht, bittet ihn,
eine Berufungskommission in die Wege zu leiten. Klare Vorstellungen besitzt er über deren Zusammensetzung, ein Beweis für
seine gute autodidaktische Schulung und seine intellektuelle
Schlagfertigkeit. Über die Berufung sollten drei Württemberger
und sechs Personen aus anderen deutschen Staaten entscheiden, nach einem Konfessionsproporz, der den stockevangeli-
schen Württembergern gar nicht schmecken konnte: drei Katholiken, drei Lutheraner und drei Reformierte. Als der Sekretär

meint, das sei unmöglich, modifiziert Süß seine Vorstellung: Dann wolle er nur drei Ausländer haben. Mit Ausländern waren Nichtwürttemberger innerhalb des Deutschen Reiches gemeint. Außerdem wolle er, Süß, sein ganzes Vermögen hergeben und noch 100 000 Reichstaler für die Armen stiften.

Gegen Süß, der sich heiß geredet hat und kaum mehr aufzuhalten ist, lehnt sich Bernard an eine Idee an, die er für jüdisch hielt: Ergebung in das Schicksal, das von Gott vorbestimmt sei. Süß gerät in Wut. «Er polterte und tobete noch eine geraume Zeit zu unserem größten Verdruß, alle Gegenvorstellungen, die man ihm machte, schlug er in den Wind, und die stärkste Beweggründe waren nicht im Stand, ihn in eine gute Disposition zu setzen. Hier war guter Rat teuer.» So empfindet Bernard, der den Häftling ablenken soll.

Doch Süß läßt sich nicht irreführen. Da nimmt Bernard seine Zuflucht zur christlichen Staatstheologie: Süß dürfe nichts am Urteil aussetzen, «der Ratschluß Hochfürstlicher Commission [sei] zugleich ein Ratschluß Gottes». Bernard will Süß dazu bringen, aus einem der jüdischen Bücher ein Sündenbekenntnis abzulegen und alle Sünden in einem langen Sündenregister zu gestehen. Damit trifft er Süß am empfindlichsten Punkt, an der Ehre, am Ansehen. Der Gefangene fühlt sich an das erniedrigende Erlebnis erinnert, das er bei der Einfahrt durch das Siechentor nach Stuttgart hatte. Er stößt das Buch weg und greift erneut seine Richter an, erklärt sich für unschuldig, «behauptete, niemalen etwas getan zu haben, worüber er nur um 50 Gulden könnte gestraft werden».

Dann verteidigt er sich gegen die Zurufe aus dem Volk: «Ich achte meines großen Reichtums nicht, den ich besessen und nach welchem ich Fürsten, Grafen und Edelleute über meinem Tisch gespeist und die Tafel mit Silber und Gold, mit dem besten Essen und kostbarsten Weinen überstellt habe. Ich achte meines

Verstandes und Weisheit nicht, da lauter große Herrn sich meiner Ratschläge bedienet. Ich will auch den schmerzlichen Tod nicht achten, den ich ausstehen muß; aber das ist mir unerträglich, daß man mich einen Spitzbuben, Hurenvogel und Landbetrüger gescholten. Was? ein Spitzbub? hab' ich dann jemanden was abgenommen? Was? ein Hurenvogel? Wahr ist's und ich gestehe es: ein, zwei, drei Weiber hab' ich gehabt, aber 20, 50, 80 ist grundfalsch. So weiß ich auch, daß 20 Gulden Straf darauf gesetzet, nehmen sie 20000 Gulden hin und lassen mich mit Ruh. Ich soll ein Landbetrüger heißen und habe doch keinem etwas abgestohlen, sondern vielen sowohl Geistlichen als Weltlichen zu ihrem Stück Brot geholfen etc.»

Das Toben und Rasen gegen das Gericht gehen lange weiter. Zuletzt will Süß sein Glaubensbekenntnis nur vor Juden ablegen, bittet Bernard wiederzukommen, der zwei Juden mitbringen soll, nicht nur Nathan. Als dem Gericht berichtet wird, wie heftig Süß die Justiz angreife, beschließt es, ihn wieder in Fesseln legen zu lassen, falls er nicht aufhöre. Unter dieser Drohung gibt sich Süß zeitweise ruhiger.

Um 16 Uhr erscheint nochmals Diakon Heller, zum dritten Bekehrungsversuch, und bleibt zwei Stunden. Danach geht Süß, wie schon den ganzen Tag, in der Stube auf und ab und sagt ständig: «Ach Gott! Ach Gott!» Manchmal auch noch: «Muß ich denn mein Blut noch verlieren.» Trotz allen Zuredens durch die Wache verweigert er alle Speisen, trinkt nur Wasser aus der Kanne. Von 18.30 bis 23 Uhr schläft er auf seinem Bett, wacht kurz auf und schläft bis 2 Uhr weiter. Dann steht er auf und bleibt den Rest der Nacht wach. Eine Stunde lang betet er, am Tisch sitzend, mit einem der jüdischen Gebetbücher und spricht alleine sein jüdisches Sündenbekenntnis. Danach fühlt er sich mit Gott versöhnt. Er merkt sich die Uhrzeit, in der er die Grundlage seiner seelischen Sicherheit gefunden hat, die ihn bis

zum Galgen durchhalten läßt: 3 Uhr in der Nacht. Um 5 Uhr legt
er seine Gebetsriemen an und spricht vor dem Tisch stehend die
Zehn Gebote. Er möchte erneut nur noch mit Glaubensgenossen reden und nennt Marx Nathan.

Inzwischen ist Sonntag, 2. Februar 1738. Süß betet weiter. Um
8.30 Uhr taucht Vikar Hoffmann zum vierten Bekehrungsversuch auf und bleibt eine Stunde. Er lebt einen besonders aggres-
siven Pietismus aus, der Süß zu demütigen, zu ängstigen und
seelisch zu vernichten wünscht. Süß bleibt fest und erklärt zum
ersten Mal, er wolle als Märtyrer seiner Religion sterben. Dieses
Bekenntnis macht den Geistlichen noch rabiater. So kommt es
zum härtesten Bekehrungsversuch, den Süß nur unter Aufbietung seiner ganzen Kraft übersteht. Zuerst unterbricht er ständig Hoffmanns Ausführungen: Er selbst trage viel Theologie im
Leib, habe zahlreiche evangelische und katholische Bücher gegen die Juden gelesen und seine Bibel dagegengehalten. Er
wisse jetzt, was er zu glauben habe, er wolle ungestört bei
seinem Glauben bleiben, er sei unschuldig. Er bittet, von ihm
abzulassen, er könne und wolle Hoffmann nicht anhören. Er
wünsche, leben und sterben zu dürfen auf den «Glauben Abrahams, Isaacs und Jacobs», was auch der Glaube seiner Vorfahren gewesen sei, den er nun 40 Jahre lang beibehalten habe.

Angesichts dieses Widerstands hängt Hoffmann sein Ziel tiefer. Er will Süß nur noch zum Geständnis der Sünden bringen
und zählt ihm die Vergehen auf. Süß spricht dem Geistlichen
jedes Recht ab, ihn nach Sünden auszufragen. Er sei seit heute
nacht 3 Uhr mit Gott versöhnt, er kasteie sich und wisse nun,
daß er selig sterbe, Gott werde sein Blut rächen. Als Hoffmann
mit theologischer Raffinesse Süß' Glauben zu erschüttern sucht,
antwortet Süß: «Um Gottes willen, machen Sie mich nicht irre in
meinem Glauben.» Über die Opfertheorie sucht Hoffmann die
Messiasfrage einzuschmuggeln. Süß fällt vor dem Vikar auf die

Knie und ruft, wenn Hoffmann nicht von ihm ablasse, lege er, Süß, sich ins Bett und wickle den Kopf ein, um nichts zu hören. Hoffmann läßt sein Opfer nicht in Ruhe: Süß habe ja nie viel auf die Religion gegeben, vor dem Untersuchungsgericht habe er sich als «Neutralisten» bekannt. Gemeint ist, daß Süß im ersten Verhör sich als «Volontair von allen Religionen» bezeichnet hatte, mit der Erläuterung, er empfinde gegenüber keiner Religion irgendeine Leidenschaft, sei «einer weder geneigt noch abhold».

Unbarmherzig zielt Hoffmann auf das Fundament von Süß' Glauben. Der Gefangene wehrt sich: «Lassen Sie mich in meinem Glauben, sonst bin ich verloren.» Süß bittet den Leutnant der Wache, das Gericht solle ihm keine weiteren Geistlichen schicken. Dann tobt er im Zimmer herum: den Tod habe er nicht verdient. Der starrsinnige Vikar läßt nicht locker: Süß habe viele Verbrechen gegen das Land begangen, im Fall des 6. Gebots (Ehebruch) habe er auch nach jüdischem Gesetz den Tod verdient. Solche Beschuldigungen, auch vom Untersuchungsgericht reichlich allgemein abgehandelt, sind bereits in die Landeslegenden über den Gefangenen eingegangen. Aber Süß läßt sich nicht umwerfen. Der Geistliche wendet sich ab, stellt sich ans vernagelte Fenster und betet zu Gott, dieser möge dem Gefangenen das harte Herz brechen und ihn aus den Stricken des Satans nüchtern machen. Süß wirft sich vor dem Vikar nieder und bittet unter Tränen, von ihm abzulassen. Hoffmann muß ohne Erfolg abziehen.

Um diese Zeit beginnt Pfarrer Rieger den Gottesdienst in der Leonhardskirche. Die Stuttgarter erwarten eine Sensation. Die Kirche ist überfüllt wie nicht einmal beim Bußgottesdienst 1733, als man vor dem Einfall einer französischen Armee zitterte. In Riegers Predigt muß Süß als das Muster eines Sünders herhalten. Das Gleichnis vom Weinberg bietet eine billige Chance, mit dem Stichwort vom «gerechten Lohn» Schadenfreude über Süß' Ende auszuschütten. Ein infames Gebet über die «Nacht des jüdischen Unglaubens» unterbricht die Predigt in der Mitte. Süß' Schicksal verkommt in diesem Gottesdienst zu einem jämmerlichen Symbol für Württemberg: Der Tod eines Andersgläubigen predigt nichts als die versteinerte Selbstgerechtigkeit des Landes.

Am Montag morgen, 3. Februar, 10 Uhr, kommt der Quälgeist Hoffmann schon wieder, führt sich beim fünften Bekehrungsversuch wilder und entschlossener auf als am Tag zuvor. Der Gefangene fühlt sich im Gebet gestört, der Vikar will mit ihm aus den Psalmen und Propheten beten. Als Hoffmann trotz eines Fußfalls des Gefangenen nicht abzieht, wird Süß politisch. Er bezweifelt die frisch geborene württembergische Sage, das ganze Land habe unter ihm geseufzt. Er erinnert an die vielen Menschen, die ihn als letzte Hoffnung gegen die höfische und patrizische Selbstherrlichkeit anriefen.

Vikar Hoffmann revanchiert sich mit der wiederholten Drohung, auf Ehebruch stehe die Todesstrafe. Den Begriff Ehebruch dehnt er unbedenklich auf das Sexualleben Unverheirateter oder Verwitweter aus. Süß hat die Absicht durchschaut und schreit dauernd dazwischen: Man wolle erreichen, daß er sich in den Worten vergreife. Eine Warnung an Hoffmann. Bei Süß' «promptem Naturell» konnte es in dieser verzweifelten Lage eine Ohrfeige oder einen Fausthieb absetzen, es ist der letzte Tag vor der Exekution, Süß hat nichts mehr zu verlieren. Da läßt Hoffmann seine theologische Maske fallen: Er verunglimpft Süß als Verstockten, beim Weggehen verdammt er ihn: «Nun, Ihr wollt den Fluch haben, so wird er Euch kommen.»

Eine Stunde lang hat der Kampf mit Hoffmann gedauert. Bis 13.30 Uhr geht Süß wieder unruhig auf und ab, beteuert seine Unschuld. Der Wache schenkt er Kleidungsstücke, die er morgen nicht mehr brauchen wird. Vom Stadtknecht, der ihn bedient, läßt er sich seine Trauerkleidung holen, wichtig sind ihm vor allem schwarze Bänder an einem schlichten Hemd. Zum Galgen fahren will er in Trauer, stellvertretend für das Judentum. Das Gericht gönnt ihm nicht einmal diesen letzten stillen Triumph. Es befiehlt die rot gehaltene Staatskleidung.

Um 14.45 Uhr betreten vier Personen die Todeszelle: Marx Nathan, Salomon Schächter, Bernard und Pregizer. Dieses Mal haben die beiden Spitzel zu verhindern, daß Süß die Art seiner Hinrichtung erfährt. Der Gefangene liest soeben in der Beichte, dem Sündenbekenntnis. Er hat noch immer die Gebetsriemen angelegt und setzt den Hungerstreik fort. Heute fastet er in Erinnerung an den Todestag seines Vaters. Er springt auf und umarmt schreiend und weinend den Hoffaktor Nathan, erklärt, man solle die wenige Zeit nicht mit weltlichen Dingen verbringen, er wolle jetzt die Buße ablegen. Doch gleich läuft er wütend in der Stube auf und ab und ruft immer wieder: «Ich muß unschuldigerweise wie ein Märtyrer sterben. Gott nehme sich meiner an und strafe die Richter!»

Für die gefährlichsten Denunzianten, denen er das Todesurteil zu verdanken habe, hält er die Räte Hallwachs und Metz und den Mannheimer Hofjuden Don Barthelmi Pancorbo d'Ayola et Guerra. Davon wird er noch unterm Galgen sprechen. Wenn er diesen Eindruck aus den spärlichen Informationen seines Verteidigers gewonnen hatte, so war er ein weiteres Mal hinters Licht geführt worden. Das Gericht hatte diese Zeugen gar nicht nötig, Pancorbo wurde nie gefragt.

Anschließend liest Süß das hebräische Sündenbekenntnis, wobei ihm angesichts der verblaßten Sprachkenntnisse der Lektor helfen muß. Nathan und Salomon sagen nach einem Formular Süß die Freisprechung von allen Sünden zu. Bernard hat gehofft, der Gefangene werde jetzt zusammenbrechen, er sieht sich enttäuscht: «Seine [Süß'] Gemütsverfassung hatte sich im geringsten nicht geändert und gebessert, er war noch der alte Süß.» Nach der Absolution legt er das Gebetbuch weg, Bernard meint, Süß habe es verächtlich weggeworfen. Süß' Worte kreisen um die alten Themen: Angriff gegen die Untersuchungsrichter, Beteuerung der Unschuld, Rache. Erstmals widerspricht er Schuldforderungen jüdischer Händler.

Zuletzt diktiert Süß sein Testament. Er war ein Patriarch, in dieser Haltung will er sich verabschieden, auch wenn er weiß, daß er über sein Vermögen nicht mehr verfügen kann. 3000 Reichstaler bestimmt er für die Synagogen in Frankfurt und Heidelberg, «an die Judenversammlungen, da Gelehrte sind, davon lernen zu lassen und ein beständiges Licht ein ganz Jahr hindurch zu brennen». So überliefert es Salomon Schächter in seiner clandestinen Gedenkschrift. Weitere Zuwendungen wünscht Süß für die Treuesten seines Personals, für die Offiziere, für Glaser und Bernard. Selbst den evangelischen Geistlichen verspricht er Spenden zugunsten der Armen. Auch angesichts des Todes bleibt Süß einem seiner Charakterzüge treu: Er kann rasch aufbrausen, aber nachtragend ist er selten. Bei aller Härte und Entschiedenheit besitzt sein Innerstes einen weichen, liebenswürdigen und liebesbedürftigen Kern, der ihn mit Schwächeren mitfühlen läßt. Zuletzt bedenkt Süß seine Familie: seine Mutter in Wassertrüdingen, seinen Stiefbruder Daniel in Heidelberg und seinen Schwager Mayer Hertz in Edenkoben. Doch die württembergische Bürokratie überließ der Familie nichts, weder Geld noch irgendwelche persönlichen Gegenstände.

Den wichtigsten Teil von Süß' Letztem Willen beachten die beiden Spitzel nicht. Süß spricht lange darüber. Salomon Schächter sieht darin die Notwendigkeit zu einer Gedenkschrift der Gemeinde: «Auch hat er [Süß] den geehrten R[eb] Mardochai Schloß gebeten, nach seinem Tod zu schreiben an alle heilige Versammlungen, seiner reinen Seel ja nichts zum Schimpf oder zum Bösen nachzureden, sondern die Welt wissen zu lassen, daß er über der Heiligung des Namens des hochgelobten Gottes gestorben ist und sich immer gefürchtet hat vor fernerer Tötung der Kinder Israel, die Gott verhüte!» Der moderne, seiner Umgebung angeglichene Geschäftsmann hat nicht vergessen, daß Juden ständig mit blutiger Verfolgung rechnen müssen.

Wenige Tage nach der Hinrichtung beschrieb Salomon Schächter die letzten Lebensstunden. Vermutlich mit Nathans Geld kam das Flugblatt Ende April 1738 bei der Fürther jüdischen Druckerei von Chajim ben Zwi Hirsch in hebräischen Lettern heraus. Von allen Seiten fiel man über die Schrift her. Die Christen fühlten sich von dem Gedanken beleidigt, der Hingerichtete sei ein Märtyrer gewesen. In flammender Empörung machten sich unabhängig voneinander vier christliche Übersetzer daran, das Flugblatt ins Deutsche zu übertragen, mit gehässigen Fußnoten zu übersäen und herauszubringen. Der jüdische Gemeindevorstand von Fürth erwarb den größten Teil der Auflage und übergab die Blätter dem Feuer. So wie es jetzt aussieht, hat nur ein einziges Exemplar überlebt, unerreichbar in Privatbesitz, ein zweites Exemplar in der Landesbibliothek Stuttgart ist verlorengegangen.

Um 16.30 Uhr stößt noch Diakon Heller zu Süß, für den sechsten Bekehrungsversuch. Süß hält sich wieder die Ohren zu und bittet mit einem Fußfall, ihn nicht länger zu quälen. Dann betet er in der Stille. Gegen 20 Uhr bittet er um Kerzen, er wolle in der Nacht beten. Von 21 bis 22.30 Uhr befindet sich der Generalkontrolleur Fürnkranz bei Süß, Pregizer kommt als Aufpasser mit.

Gegen Mitternacht legt sich Süß auf den bloßen Boden, nimmt seine Stiefel als Kopfkissen. Später verlangt er zwei Holzscheite

als Kopfunterlage, man verweigert sie ihm. In seiner letzten
Nacht schläft er nicht mehr als eine halbe Stunde. Das Fasten hat
ihn in eine euphorische Stimmung versetzt, die ihn harte seeli-
sche Belastungen durchstehen läßt. Nachts beunruhigt ihn der
außergewöhnlich starke Verkehr von Pferden und Fuhrwerken
über den Marktplatz. Ihn überkommt, wie er der Wache sagt,
die Ahnung: «Er müsse glauben, daß Leute von 200 Meilwegs
herkommen, seine Exekution zu sehen, und müsse er also ein
abscheuliches Spectacul sein, wollte gern sterben, wann er nur
nicht unter so vielen Leuten hingerichtet, sondern in der Stuben
totgeschossen würde.»

An den Galgen

Das Armsünderglöckchen läutet morgens um acht Uhr auf dem Herrenhaus den Todestag ein: Dienstag, 4. Februar 1738. Ganz Stuttgart befindet sich auf den Beinen, ein großer Tag, für viele der aufregendste ihres Lebens. Am Abend vorher wird mit Beginn der Dämmerung und nach Trommelschlag in den Straßen ausgerufen, wie man sich am nächsten Tag zu verhalten habe. Kein Haus dürfe leer- und offenstehen, in jedem müsse eine Person zurückbleiben, die nach Feuer und Licht zu schauen und auf Einbrecher und Diebe zu achten habe. Alle Kaufläden seien geschlossen zu halten, auf dem Marktplatz keine Stände erlaubt. Die Gastwirte sollen alle Fremden anzeigen, die bei ihnen übernachten. «Verdächtiges oder liederliches Gesindel» dürfe nicht aufgenommen werden. An jedem Stadttor werde ein Schreiber die Namen der Hereinkommenden notieren. Alle fremden Juden seien aus der Stadt auszuweisen, die Stuttgarter Juden dürfen ihre Wohnungen nicht verlassen. Das Hofpersonal muß den ganzen Tag im Schloß bleiben. In den Gassen patrouillieren Tag und Nacht vermehrt Bürgerwachen, zusammen 100 Mann.

Eine Stadt im Ausnahmezustand. 1200 Milizsoldaten halten den Marktplatz besetzt, weitere 600 haben schon frühmorgens draußen vor der Stadt einen Kreis um die Hinrichtungsstätte gezogen, noch einmal 600 liegen als Reserve in den Kasernen. 18 Stadtreiter haben während der Exekution auf der Galgensteige zu patrouillieren, um Unruhe zu verhindern. Das Militär ist bürgerlich: Miliz und Stuttgarter Stadtreiter. Das Mißtrauen gegen das herzogliche Militär gehört zur konservativen Revolte.

In der allgemeinen Aufgeregtheit können keine Hochzeiten abgehalten werden. Deshalb hat die evangelische Kirchenbehörde den Brautpaaren erlaubt, die beliebten Dienstagshochzeiten ausnahmsweise auf Montag vorzuverlegen. Am Montag durfte sonst nicht geheiratet werden, die Hochzeitsvorbereitungen hätten die Sonntagsheiligung verletzt.

Das Kriminalgericht trifft sich morgens zwischen 7 und 8 Uhr in der Wohnung des Vorsitzenden, des Oberhofrichters von Gaisberg. Alle Richter tragen Schwarz, nur das Opfer Scharlachrot. In drei Kutschen fahren sie vor das Herrenhaus. Begleitet von Stuttgarter Patriziern, betreten sie den großen Saal im ersten Stock. Hier stehen drei Tische in Hufeisenform, mit roten Decken überzogen. Das Gericht nimmt an der Stirnseite Platz, an einem größeren Tisch, der an der Fensterfront zur Münze hinüber steht und mit Schranken umgeben ist. Heute bleiben die Türen des Gerichtssaales offen, das erste und einzige Mal in diesem Geheimprozeß. Das Todesurteil muß nach der «Peinlichen Halsgerichtsordnung» bei offenen Türen verkündet werden, auch wenn die auf dem Marktplatz wartende Menge davon nichts hören kann.

Ein vierzigköpfiges Milizkommando führt gegen 9 Uhr den Verurteilten ohne Fesseln in den großen Saal hinauf. Süß hat sich rechtzeitig, solange er noch keine Fesseln trägt, die Zehn Gebote an die Stirn gebunden. Die ganze Nacht hat er so gut wie nicht geschlafen, dennoch ist er überwach. Die Urteilsverkündigung stellte der Augsburger Elias Baeck in einem Stich dar, vermutlich teilweise nach der Natur gezeichnet, wie einige seiner Blätter über Süß' Ende. Auch er bezeugt keine Öffentlichkeit. Neben 13 Richtern beherrschen 15 Wachsoldaten den Saal. Hinter Süß stehen der Scharfrichter, die Henkersknechte und wenige Privatleute.

Süß ist bereit, noch einmal um sein Leben zu kämpfen. Gleich nach dem Betreten des Saales fällt er auf die Knie und bittet um Gnade. Der Gerichtspräsident läßt ihn nicht zu Wort kommen, befiehlt ihm Schweigen und faßt das Kriminalverfahren zusammen. Beim Stichwort «Landesverderber» protestiert Süß laut. Der Scharfrichter Jacob Christoph Neher will ihm den Mund zuhalten, Süß gibt ihm eine Ohrfeige und schreit: «Laß mich gehen, ich wehre mich meines Lebens.» Während Süß ständig dazwischenruft, verliest der Sekretär Gabler das Todesurteil:

«Gleichwie Serenissismus sich in Dero Gewissen verbunden erachten, der von Gott Ihnen anvertrauten Justiz ein Genüge zu tun und sowohl vor den Augen der Auswärtigen als dieses ganzen Herzogtums und Landes darzulegen, mit welch gerechtem Eifer höchst Dieselbe die an Herren und Leuten verübte verdammliche Mißhandlungen an des Juden Joseph Süß Oppenheimers Person abzustrafen, als ist höchst Deroselben ernstlich und unabänderlicher Will und Meinung, daß peinlich beklagter Inquisit [Angeklagter] Jud Joseph Süß Oppenheimer ihm zur wohlverdienten Straf, jedermänniglich aber zum abscheulichen Exemplar an den obern eisernen Galgen mit dem Strang vom Leben zum Tod gebracht werden soll.

Decretum [beschlossen] Stuttgart, den 25. Januarii 1738.

Carl Rudolph.»

Das Urteil nennt keine Straftaten und verweigert eine Begründung. Die «verdammlichen Mißhandlungen» bleiben so allgemein, wie sie im ganzen Prozeß verhandelt wurden. Die Justiz steht so wenig über dem Verfahren, daß sie bei aller Verschlungenheit der Sätze eigenartig stumm bleibt. Merkwürdig sieht die Rücksicht auf die «Augen der Auswärtigen» aus. Ein nebulöser

Versuch, die Verantwortung aus Württemberg hinauszuverlagern. Ganz und gar unglaubwürdig, weil dem Verurteilten nie irgendeine Tat außerhalb Württembergs vorgeworfen wurde, auch von anderen Staaten nicht. Das Urteil läuft auf eine faustdicke Lüge hinaus. Wenn man es abklopft, klingt alles hohl, eine schwache Leistung nach einem elf Monate dauernden Verfahren, das weit über 100 Aktenbände mit Verhören, Protokollen und Dokumenten produzierte.

Der Vorsitzende zerbricht ein dünnes, weißes Stäbchen in drei Teile und wirft sie dem Verurteilten vor die Füße. Mit dieser Symbolhandlung ist das Todesurteil rechtskräftig. Süß erklärt sich für unschuldig, ruft nach Rache gegen seine Richter und verflucht sie. Der Scharfrichter, direkt hinter Süß stehend, wird gefragt, ob er das Urteil verstanden habe. Er bejaht, bekommt den Befehl zum Vollzug und fesselt Süß kreuzweise.

Miliz führt den Gefangenen in die Todeszelle zurück, zur Henkersmahlzeit. Der Vogteiknecht und seine Frau haben das letzte Essen bereitgestellt, durch ein Gelübde sind sie verpflichtet, dem Juden nichts «Schädliches zu reichen». Ein letztes Mal wird auf koschere Speisen geachtet. Süß rührt nichts an, er trinkt auch nichts. Die Geistlichen Heller und Hoffmann versuchen ein weiteres Mal, Süß dem Judentum abspenstig zu machen, inzwischen der siebte Bekehrungsversuch. Süß schreit ihnen ununterbrochen entgegen: «Schma Jisrael, Adonai Elohenu, Adonai Echad.»

Das Kriminalgericht fährt inzwischen zur Richtstätte voraus und setzt sich auf eine eigene Tribüne, um während der Exekution für Entscheidungen bei der Hand zu sein. Für die Honoratioren stehen drei weitere Tribünen daneben, von 32 Zimmerleuten in zweieinhalb Tagen aufgebaut. Gegen 9.30 Uhr wird Süß aus dem Herrenhaus auf den Marktplatz hinuntergeführt und dem Stadtvogt Groß übergeben. Er sträubt sich, der Scharf-

1. *Portrait des Iud. Ioseph Süß in seinem guten Standt.* 2. *Eben daßelbe an Seinem Gerichts Tag.* 17. *Paruque* 3. *Der Iud auf dem Schnider Karrn.* 4. *Ein Schnider Knecht welcher Ihm einen Becher mit Wein gibt.* *und Stab Ve* 6. *Die den Maleficanten begleitende Escorte.* 6. *Herrn-Hauß.* 7. *Rath-Hauß.* 8. *Sonnen Wihrtshauß.* *gerüste Offi* 9. *Apoteck.* 10. *Röhrbrun.* 11. *Höltzerner Esel.* 12. *Schnapgalgen.* 13. *Der Eißerne Galgen.* 14. *Der Iud wie* 24. *Ordinari* *er in der obern Haggen des annoch offenen und Zwischen die Leitern ruckwärts gebundnen Kæficht auf* *an Andern ich* *gehenckt wird.* 16. *Große gedoppelte Leiter von 28 Sproßen.* 16. *Die dem Iuden abgezogene Schuh.* *lißte Gügel-*

Die letzte Fahrt Joseph Süß Oppenheimers
vom Stuttgarter Herrenhaus zum Richtplatz.
Kupferstich von Jakob Gottlieb Thelot

er herunter gefallen. 18. H. Licentiat Groß Expeditions Rath.
Mayor Schultz. 20. Beyde H. Geystliche. 21. Comandirte Bür-
gerkrais gemacht. 23. 18 Mann comandirte Bürgerliche Reuter.
so vor Cavaliers und Dames aufgebaut worden. 28. Wasser Thurn
rchen. 30. St. Leonhart. 31. Schloß. 32. Der Neue Bau. 33. Mal-
fach haus.

richter zerrt ihn auf den Todeskarren, einen einachsigen Wagen mit einem alten Klepper, zwingt ihn auf einen erhöhten Holzsitz aus ungehobelten Brettern und bindet ihm die hinter dem Rükken gefesselten Hände an einem Fuß und am Wagen fest. Ein Henkersjunge setzt sich auf das Pferd.

Der Zug nimmt den Weg zurück, den Süß vom Hohenasperg herunter nach Stuttgart gekommen ist: Schulgasse, Großer Graben, Siechentor. 120 Grenadiere eines einquartierten württembergischen Kreisinfanterieregiments begleiten den Karren mit aufgesteckten Bajonetten, bereit zum Nahkampf gegen einen imaginären Feind. Den Weg säumen Hunderte von Stadtreitern. Süß betet unablässig und laut sein Glaubensbekenntnis. Neben dem Karren gehen zwei Henkersknechte, mit Weinkrug und Becher in der Hand. Nach dem Passieren des Siechentors fragen sie Süß beim Siechenhaus, ob er trinken wolle. Der Todgeweihte beweist seine Überlegenheit gegenüber dieser Verspottung, die wie eine Parodie auf den Gang Jesu nach Golgatha aussieht, indem er antwortet: «Ihr spottet meiner nur. Fahret fort!»

Über die Wiesen zum Galgenberg hinauf kommt der Zug an Süß' Verteidiger vorbei, der sich aus Feigheit vor den Blicken des Opfers hinter einem Zaun versteckt hält. Wenigstens stimmt die Kasse: Mögling hat für seine Verteidigungsschrift samt Spesen 1000 Gulden eingestrichen. Damit kann man in Stuttgart fast ein Haus kaufen. Der Henker dagegen erhält für das Aufhängen nur 30 Kreuzer. Die Blutarbeit wird kümmerlich bezahlt.

Gegen 10.15 Uhr erreicht der Zug den Galgenberg. Endlich herrscht wieder schönes Wetter, nach einigen Tagen Regen kommt wieder die Sonne durch. Der Wagen hält an, der Gefesselte wird in den Kreis geführt, der von der Miliz gebildet wird. Der zehn Meter hohe Galgen ist schon am Freitag aufgebaut worden, auf einem schweren Fundament aus Quadersteinen, der Sockel zweieinhalb Meter breit und eineinhalb Meter hoch. Die Fugen hat man mit Eisen ausgegossen und den ganzen Unterbau leuchtendrot angestrichen. Das Ganze wiegt 25 Zentner. Die Leiter weist 49 Sprossen auf, so sagt die Rechnung der Zimmerleute: eine Doppelleiter mit drei Holmen und vier Stützen. Dahinter steht eine einfache Leiter. Der eigentliche Galgen, aus Eisen geschmiedet, ragt über den hölzernen Hauptgalgen um zwei Meter hinaus. Süß wird zwölf Meter über dem Erdboden hängen, am höchsten Galgen des Deutschen Reiches. Am obersten Galgen ist ein eiserner Käfig von dreieinhalb Zentnern Gewicht festgemacht, hergestellt von der Stuttgarter Schlosserzunft. 12 Schlossermeister und 20 Gesellen haben zwischen einem und vier Tagen daran gearbeitet, die meisten zweieinhalb. Beim Zusammenfügen in der Werkstatt und beim Anbringen am Galgen haben 23 Meister, 25 Gesellen und fünf Lehrjungen mitgewirkt, anderthalb Tage lang. Weil alle bei dieser verfluchten Arbeit mit Hand anlegen müssen, kann nachher niemand für unehrlich erklärt und aus der Zunft ausgestoßen werden, wie man es nach der Zunftmoral tun müßte. Der Käfig ist in einem weithin leuchtenden Rot angestrichen.

Im Kreis der Miliz befinden sich bereits der Stadtvogt Groß, der die Hinrichtung zu leiten hat, und als Zeugen des Todes die Stuttgarter Bürgermeister Johann Daniel Hoffmann und Ernst Friedrich Schweizer, umgeben von 18 Stadtreitern. Ebenfalls im Kreis stehen die Geistlichen Heller und Hoffmann, um Süß zum Christentum herüberzuziehen. Der achte Versuch. Sie beten ihm laut das Vaterunser vor, Süß hält sich die Ohren zu und brüllt ihnen das «Schma Jisrael, Adonai Elohenu, Adonai Echad» ins Gesicht. Auf der Tribüne des Kriminalgerichts wartet ein katholischer Geistlicher, falls Süß sich dieser Konfession anschließen möchte. In einem nahen Weinberghäuschen stehen

Der gefesselte Joseph Süß auf dem Wagen.
Kupferstich von Elias Baeck

auf einen Schinder Karren, (welchen er vor seine x.v. crepirte Pferdt machen
gewalt geseßt, und über den Plaß durch die Schul gaß und das Siechen
5. Grenadiers mit aufgepflanzten Bayonet, auf dem Karren bey dem Juden
an solte nur zufahren, sie trieben nur Spott mit ihm; die Menge der Zu-
begrabt worden, 1. S. T. der Stadt Vogt mit einer Compagnie Burger Reut-
inder Knecht so ihn begleite. 6. der eiserne Galge u. ander Hochgericht Zuschau-r.

die katholischen Kultusgegenstände bereit. Ein Rabbiner wird bis zum Schluß verweigert. Der Stadtvogt, der es am besten sehen und hören kann, bezeugt in seinem Exekutionsbericht: Süß habe «bis in sein ohnglückliches Ende hebräisch geredet und die 10 Gebot, woran er sich doch in seinem Leben wenig gekehret, mit einem schwarzen Schnupptuch an die Stirn geknüpfet». Die Hinrichtung gaben nach eigener Anschauung die Augsburger Künstler Elias Baeck, Lucas Conrad Pfandzelt und Jakob Gottfried Thelot in Kupferstichen wieder.

Süß macht keine Bewegung freiwillig, zu allem muß er gezwungen werden. Bis zum Schluß gibt er seinen Willen nicht auf, wirft sein Leben nicht weg. Es ist 10.30 Uhr, als ihm unten an der Leiter die Schuhe ausgezogen, das Halstuch abgenommen und der Strick um den Hals gelegt werden. Vier Henkersknechte ziehen und schieben ihn die Leiter hinauf, dem Käfig entgegen: ein ständiger Kampf der vier kräftigen Männer gegen die skelettähnliche Gestalt.

Als das Menschenknäuel die Mitte der Leiter erreicht hat, flattern Süß' Hut und Perücke zu Boden. Während des ganzen Ringens ruft Süß sein «Schma Jisrael» hinaus. Schon beim ersten Mal läßt der kommandierende Major die Trommeln rühren. Der über Süß' Hartnäckigkeit zornige Vikar Hoffmann schreit hinauf: «Du verstockter Jud, weil du denn nicht anders willst, so fahre hin. Jesus, den du verleugnet hast, wird nun bald dein Richter sein.» Kurz bevor Süß erdrosselt wird, krönt der Vikar seinen Eifer: «Du wirst in wenigen Augenblicken sehen, in welchen du gestochen hast. Jesus lebt!» Der letzte Satz stellt noch heute den Schlachtruf des Pietismus dar.

Als die Henkersknechte mit Süß oben beim Käfig angekommen sind, zieht Georg Franck, ein 20 Jahre alter Sohn des Straßburger Scharfrichters, von hinten den Strick um den Hals zu. Süß wird nicht gehenkt, er wird erwürgt, von einem franzö-

sischen Henker. Die Württemberger sind zu feige, einen der
Ihren damit zu beauftragen. Die Henkersknechte heben die
spindeldürre Leiche in den Käfig. Nachdem Süß eine Viertelstunde lang kein Lebenszeichen von sich gegeben hat, wird der
Strick abgenommen und durch eine Kette um den Hals ersetzt.
Man klappt die bewegliche gekrümmte Vorderseite des Käfigs
zu und verschließt sie durch drei große Schlösser und eine dicke
Kette. Die Exekution ist zu Ende. Um 12 Uhr kehrt das Gericht in
die Stadt zurück, zum Mittagessen.

Die Zuschauer verhalten sich die ganze Zeit über ruhig: keine
Haßausbrüche, keine Schmährufe, keine Schadenfreude. Das
vom Tod gezeichnete Aussehen, der verzweifelte Kampf um
das Leben, das ständige laute Beten in einer unverständlichen
Sprache, die massive Militärgewalt – das alles läßt Entsetzen,
Furcht und Todesahnung spüren. Aber nicht Mitgefühl rät zum
Schweigen, sondern Neugier, ob der Sterbende Todeslaute von
sich gibt.

Zwölftausend sehen Süß enden, es können auch mehr gewesen sein. Stuttgart hat damals knapp 20000 Einwohner. Es sind
viele Auswärtige gekommen. Auffallend, daß über diese Hinrichtung keine Memoiren berichten, keine Briefe, keine seriösen
Publikationen. Stuttgart besitzt noch keine literarische Kultur.
Bald wälzt sich dumpfer Haß durch die Druckereien und läßt in
einer Masse von Flugschriften, Flugblättern und Liedern Verleumdungen über dem Hingerichteten zusammenschlagen.
Alle Autoren müssen anonym auftreten, Hetzschriften dieser
Art sind, wenn sie jemand aus dem Herrscherhaus oder der Regierung beleidigen, verboten. Als ein Lied mit 82 Strophen, ver-
faßt von dem Stuttgarter Hauslehrer Johann Georg Edler, die
Herzoginwitwe mit Süß' Tod in Verbindung bringt, wird es beschlagnahmt und vom Scharfrichter auf dem Pranger verbrannt.
Der Autor flüchtet für neun Monate aus dem Land und kommt

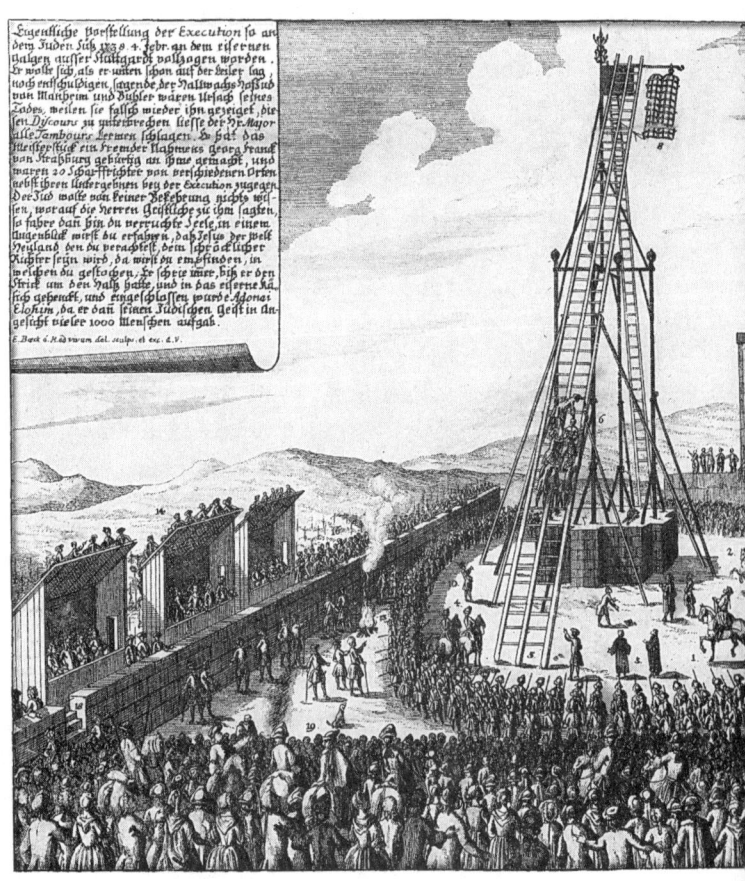

Die Hinrichtung Joseph Süß Oppenheimers.
Kupferstich von Elias Baeck

1. Mr. Lic. Groß Expeditions Rath.
2. Comandirender Hr. Major Schulze.
3. Die 2 Herren Geistliche.
4. Comandierte Bürgerliche Officiere.
5. gedrangesse Arien von 60 Straße.
6. Der Jud Süß auf der Leiter.
7. Der eiserne Galgen.
8. Das offne Gericht.
9. Das ordinari Hochgericht.
10. Geschlossener Creiß von 6. Compagnien Soldaten.
11. Comand. burgerl Reuthe 25. Mann.
12. Der Schinder Karren.
13. Das Wachtfeur.
14. 2 Buden so vor Cavalliers und Dames aufgericht worden.
15. 2 Gerüste so auf die Zuschauer vor Geld gelassen worden.
16. Die Weingärten.
17. Schildwacht bey dem Eingang zu dem Gerichts Platz.
18. Schildwachten bey den Buden.
19. Die Zuschauer.

am Ende glimpflich davon. Dem Diakon Heller verbietet die Regierung, seine Bekehrungsgespräche mit Süß zu publizieren. Durch Schweigen soll Süß' Hinrichtung aus der Erinnerung gelöscht werden.

Am Hinrichtungstag bleibt eine Wache unter dem Galgen zurück, die Nacht hindurch patrouillieren acht Soldaten. Man befürchtet, auswärtige Juden könnten ihren Glaubenszeugen aus dem Käfig holen und auf einem jüdischen Friedhof beerdigen. In Wirklichkeit sind die Juden gelähmt, in Erwartung einer blutigen Verfolgung.

Die Furcht vor Süß und das schlechte Gewissen lassen Gespenster entstehen. Zuerst sieht man unter dem Galgen einen Mann, der bei der Annäherung eines Beobachters in die Weinberge flieht. Später laufen Anzeigen ein: Nachts seien Verdächtige unter dem Galgen gesehen worden, die Gewalt an den Käfig legten, ein Loch hineinbrachen und die Abnahme der Leiche versuchten. Von da an patrouilliert eine Bürgerwache unter dem Kadaver. Der Scharfrichter muß zur Leiche hinaufsteigen und schauen, ob oben noch der Richtige hängt. Er bestätigt es, entdeckt kein Loch, keinerlei Gewaltanwendung am Käfig, keine Spuren einer Feile. Der heftige Februarwind hatte die Kleider des Toten zerrissen, daher die Aufregung.

In seinem Schlußbericht über die Hinrichtung ist der Stadtvogt stolz darauf, daß alles so schön geklappt hat. Nach «dieser wichtigen Exekution [haben] die höchstbeleidigte Justiz und viele tausend arme gedrückte württembergische getreue Untertanen sehnlich geseufzt, [...] auch außer denen Landesinwohnern [habe] ein ziemlicher Teil von Europa geraume Zeit her sich aufmerksam bezeugt und die Nachwelt [wird] mehrers admirieren [bewundern]». Die Württemberger glauben kurze Zeit, im europäischen Licht zu stehen, wie Helden. Dem Toten, seit langem enteignet, stellt man noch die Hinrichtungskosten in Rechnung: 539 Gulden, 34 Kreuzer, 3 Heller. Renz, Sekretär des Kirchenrats, der als Beisitzer am Todesurteil mitgewirkt hat, vereinigt die Quittungen in einem eigenen Aktenband. Nach der Exekution wird der Tod pedantisch verwaltet. So genau hatte man es früher selten genommen.

Sechs Jahre lang bleibt die Leiche im Käfig hängen, zur Einschüchterung aller Juden. 1744 läßt der junge Herzog Carl Eugen, soeben auf den Thron gekommen, das Gerippe am Fuße des Galgens verscharren. Das geheime Grab lag in der Wolframshalde; die Stelle wäre heute bei den drei Hochhäusern in der Mönchstraße zu suchen. An zwei von Süß' Richtern erinnern Grabplatten in der westlichen Vorhalle der Tübinger Stiftskirche: an Pflug und Dann.

Schon drei Monate vor der Hinrichtung hat der Tübinger Buchhändler Christoph Heinrich Berger eine Marktchance gewittert. Neun Tage nach der Hinrichtung wiederholt er seine Bitte an die Regierung, den Prozeß gegen Süß ganz oder in Auszügen publizieren zu dürfen. Er habe bisher aus Rücksicht Abstand davon genommen, «jetzo aber mehr als jemals das Publikum wünscht, eine authentique Nachricht von diesen weltbekannten Delictis zu haben, um dadurch die bishero ausgesprengte viele falschen Gerüchte von den wahren zu unterscheiden». Der Händler nimmt an, Regierung und Justiz hätten ein Interesse daran, die Wahrheit bekanntzumachen. Der Geheime Rat beschließt jedoch, die Sache auf sich beruhen zu lassen. An den mageren Kenntnissen über den Hochverratsprozeß hat sich über zweihundert Jahre lang nichts geändert.

Anhang

Quellennachweise

Orthographie und Interpunktion aller Zitate aus den Quellen wurden modernisiert, sprachliche Eigentümlichkeiten und grammatikalische Fehler dagegen nicht behoben.

Jüdisch-hebräische Korrespondenz und Schriftstücke erscheinen hier nach Übersetzungen oder Zusammenfassungen in den Prozeßakten. Die Originale wurden nach Prozeßende weggeworfen.

Die Nennung der archivalischen Fundstellen erfolgt nach Archiv, Signatur, eventuell Seite oder Blatt. Wenn die nächste Quelle im selben Archiv und Bestand liegt, wird nur der Band (Büschel) genannt. Wenn eine Quelle mehrmals verwendet wird, erscheint sie nur beim ersten Mal. Bl. = Blatt; Bü = Büschel.

Ursprünge im Nebel?

Schneider: Süß und Dreyfus, 1991, S. 82 – Heidelberg, Judentum, Krieg: Kurtze Beschreibung Der uralten Chur-Pfältzischen Residentz-Stadt Heidelberg, 1693, Neuedition 1993; Leopold Löwenstein: Geschichte der Juden in der Kurpfalz, 1895; Berthold Rosenthal: Heimatgeschichte der badischen Juden, 1927; Barbara Löslein: Geschichte der Heidelberger Synagogen. Magisterarbeit 1989 (Maschinenschrift, Stadtarchiv Heidelberg) – Verwandtschaft Süßkind: Hauptstaatsarchiv Stuttgart, A 48 F Süß Bü 90, Daniel: Bü 119, Tauffenberg Konkurs 1717, Hausprozeß: Bü 75 – 1. Verhör: Bü 2, bis Frage 41, gedruckt Hellmut G. Haasis: Joseph Süß Oppenheimers Rache, 1994, S. 105ff. – Protokoll Pregizer, Testament: Bü 12 – 4. Bekehrungsversuch: Arnoldus Liberius: Vollkommene Historie und Lebens-Beschreibung des fameusen und berüchtigten Avanturiers, Jud Joseph Süß Oppenheimer, 1738, S. 99ff. – Buselmeier: Literarische Führungen, 1991, S. 86f.

Die Süßkinds in Heidelberg

Hausgeschichte: Stadtarchiv Heidelberg, längere Studien von Diana Weber in «Contractenbüchern» und Ratsprotokollen, dafür freundlichsten Dank – Erbvergleich 1718: Stuttgart, A 48 F Süß Bü 119 – Verhör 4. Juni 1737: Bü 4 Bl. 11 – Daniel Süßkinds Klageschrift: Bü 3 Stück 192 – Verhaftung Michele Gabriel, Verfluchung: gedruckt Haasis S. 132 f. – Letzte Gespräche: Christoph David Bernard: Ausführlicher Discurs, 1738, teils gedruckt Haasis S. 233 – Angebliche große Reisen 1713–17: Selma Stern: Jud Süß, 1929, S. 16.

Die jüdische Gemeinde Heidelberg

Geldgeschäfte seit 1717: Verhör Bü 4 Bl. 17 – Erbe, Haus: Bü 98 + 119 – Mieter de la Marck: Bü 98.

Gesellschaftlicher Aufstieg in Mannheim

Quittungen Mannheim: Bü 98, 117, 118 – Wohnung Pfeifer: Bü 116 Wechselbuch 1732, S. 13, Brief Kaiserslautern: Stadtarchiv Frankfurt/Main, Criminalia 4732 Bl. 14 f. – Wohnung Metternich: Stuttgart, A 48 F Süß Bü 119, Klage gegen Metternich: Bü 40 + 98 – Heiratsgut Thamar: Stuttgart, A 48 F Süß Bü 117 Quittung 462 – Erbstreit Daniel 1728: Bü 119 – Schneider Dopper: Berthold Rosenthal: Unbekannte Spuren von «Jud Süß». In: Mannheimer Geschichtsblätter, 30, 1929, Sp. 108–115 – Brief Wahler 1732: Frankfurt, Criminalia 4732 Bl. 16 – Apothekerrechnungen: Stuttgart, A 48 F Süß Bü 118 Quittungen 1223–1235 – Verhör Höfflen: Bü 68 Bl. 89–94 – Mannheimer Rechtshilfe: gütliches Verhör Bü 6 Bl. 1 – Korrespondenz de Beche: Bü 98 Liste Lit. V – Geschäft Thurn und Taxis: Bü 98 – Kunden, Geschäftspartner: Bü 116 Journal, Wechselbücher/-briefe, Schreibkalender – Leining über Kredit: Bü 67 Brief 8. 10. 1737 – Korrespondenz Feltenburg: Bü 113 – Denkschrift 2. 11. 1729 für Venningen: Frankfurt, Criminalia 4730 – Karlsruhe, August 1732: Stuttgart, A 48 F Süß Bü 118 – Stempelpapier Darmstadt 1732: Frankfurt, Criminalia 4737 Bl. 82 – Wormser Stadtrat 1730: Stadtarchiv Worms, Ratsprotokoll 12. 12. 1730, Bl. 200.

Quellennachweise

Pächter des kurpfälzischen Stempelpapiers

Akten kurpfälzisches Stempelpapier: Generallandesarchiv Karlsruhe, 77/6158, 6159, 6168, 6169, 6188 – Vermögen Mannheim: Möglings Verteidigungsschrift, immer zitiert nach Möglings eigenem Exemplar: Universitätsbibliothek Tübingen, Mh 470 Bl. 4 – Ablösung Stempelpapier: Stuttgart, A 48 F Süß Bü 4 Bl. 13; Bü 67 Verhör Leining S. 6 – nicht mit 100000 Gulden auskaufen: Bü 6 Frage 13.

Münzproduzent in Darmstadt

Vorstellung Wildbad: Bü 4 Bl. 17 – Alte Forderungen von Isaak Simon Landau: A 56 Bü 12–19 – Schulden Carl Alexanders bei Samuel Moyses Oppenheimer/Witwe Brunelle: Bü 14 – Brief 6. 11. 1732: Frankfurt, Criminalia 4732 Bl. 11 – Ernennungsurkunde 14. 11. 1732: Stuttgart, A 48 F Süß Bü 81 Stück 119, gedruckt Stern S. 189 – Brief 20. 11. 1732: Bü 81 Stück 2 – Brief Krafft: Bü 81 – Brief Wahler an Leining, Briefe aus Darmstadt an Leining: Frankfurt, Criminalia 4732 – Darmstadt: Jürgen Rainer Wolf: Joseph Süß Oppenheimer («Jud Süß») und die Darmstädter Goldmünze. In: Neunhundert Jahre Geschichte der Juden in Hessen, 1983, S. 215–261 – Abtretungsvertrag 5. 5. 1733: Stuttgart, A 48 F Süß Bü 87 – Landgraf über Süß: Bü 80 Stück 45 – Empfehlungsschreiben für Karlsruhe: Bü 81 Stück 9.

Die Übersiedlung nach Frankfurt

Mietverträge 2. 2. 1733, 20. 10. 1733: Bü 118 Quittung 41 – Mietvertrag 15. 8. 1735: Quittung 16 – Entwurf 12. 9. 1733 für Schreiben Herzog an Frankfurter Magistrat: Bü 81 Stück 50 – Korrespondenz Herzog und Magistrat: Frankfurt, Räte und Residenten Bd. IV – Vollmacht für Verhandlungen mit Gräfin Würben: Stuttgart, A 48 F Süß Bü 81 Stück 3; Bü 21 Stück 155 – Brief Herzog 27. 12. 1733: Bü 81 Lit. L Stück 12 – Audienz 2. 1. 1734: Bü 19 Stück 43 Brief Süß 3. 1. 1734 – Ernennung Resident: A 7 Bü 15 Dekret 35 – Konzept Süß an Keller 20. 2. 1734: A 48 F Süß Bü 81 Stück 13 – Amtsinstruktion für Residenten: Bü 75, gedruckt Stern S. 201f. – Anweisung Eidabnahme: Bü 70 – Eid bei Rentkammer: Haasis S. 111 – Brief Ullmann

mit Schusters Neugierde: Frankfurt, Criminalia 4732 Bl. 98 – Brief
14. 4. Herzog für Süß' Zollbefreiung und freies Geleit: Stuttgart, A
48 F Süß Bü 79 – Mietvertrag 14. 4. 1735: Bü 119 – Protest Herzog
beim Frankfurter Magistrat: A 7 Bü 39 Kabinettsdekret 17, Antwortschreiben Frankfurter Magistrat: A 48 F Süß Bü 40 Stück 45 – 2500
Kontenbewegungen: Heinrich Voelcker: Jud Süß Oppenheimer
und seine Beziehungen zu Frankfurt a. M. In: Alt-Frankfurt, 2,
1929, S. 54.

Das württembergische Hofmilieu

Abfindung Gräfin Würben 50000 Gulden: Hauptstaatsarchiv Stuttgart, A 48 F Süß Bü 3 Stück 212; Verteidigungsschrift Bl. 33 – endgültige Abfindung 30. 8. 1736: 350000 Gulden: Bü 7 – 14000 Gulden
Honorar für Moses Kleiff: sein Brief Berlin 18. 3. 1736 Bü 44 Liste S.
46 Nr. 90 – Neuffer Informant: Verteidigungsschrift Bl. 86f. – Ver-
zeihung für Neuffer: A 203 Bü 106a – Bestätigung als Agent 17. 12.
1733: A 48 F Süß Bü 81 – Süß' Gratulationsschreiben: Bü 80 Stück 35
(1. Konzept), Stück 36 (2. Konzept) – Schulden Herzogin: Bü 9 –
Leihgeschäft Heyland: Bü 60 – Keine Geschäfte in Württemberg,
Sklave: Verteidigungsschrift Bl. 10 – Verhör 7. 6. 1737: Bü 3 Stück
212 – Gütliches Verhör 26. 8. 1737: Bü 6 + 17 – Verhör Demmler: Bü
66 Bl. 51ff. – Audienz 2. 1. 1734: Brief Süß: Bü 19 Stück 43 – Aaron
Beer, Kampf gegen Drach: Isidor Kracauer: Geschichte der Juden in
Frankfurt a. M., 1. Bd. 1925, S. 49ff., 219ff. – Süß' Korrespondenz
mit Beer: Bü 98 Lit. W Nr. 27 Stück 16 – Brief 10. 1. 1734: Bü 80
(Reinschrift), Bü 81 (Konzept) – Brief 18. 1. 1734: Bü 19 Stück 45 –
Brief 29. 1. 1734: Bü 80 Stück 16 – Dekret an Landstände, Tübingen
31. 1. 1734: A 7 Bü 15 – Brief 1. 2. 1734: Bü 19 Stück 44 (Reinschrift),
Bü 80 Stück 30 (Konzept) – Brief 9. 2. 1734: A 6 Bü 168.

Die Münze in Stuttgart

Münze allgemein: A 48 F Süß Bü 19, 31, 64, 68–70, 79–81; A 7 Bü 18
– Süß' Verhör: A 48 F Süß Bü 4 + 6 – Selbstadministration: Reskript
Herzog 6. 4. 1734: A 7 Bü 18 – Münzprobleme, Wechselkurs 1736
Nürnberg, Augsburg: C 12 Bü 32 + 63 – Briefe, Abrechnungen
Münzlieferanten: Frankfurt, Criminalia 4733 + 4736 – Süß' Münzlie-

feranten: Stuttgart, A 48 F Süß Bü 99 Kassenbuch 1736/37 – Vorschuß 7. 3. 1734: Bü 118 Quittung 1467 – 1. Münzvertrag, Stellungnahme Geheimer Rat: Bü 70 Stück 42, gedruckt Stern S. 200f. – Hypothek ganzes Vermögen: A 7 Bü 17 Dekrete März Nr. 39 – Verhöre Münzmeister Breuer: A 48 F Süß Bü 68 Bl. 3ff. – Münzfuß: Bü 69 – Undatiertes Münzprojekt, evtl. Caspar und Halder: Bü 75 – Verhöre: Münzpersonal: Bü 68, Münzwardein Müller: Bü 67, Münzschlosser Müller: Bü 66 – Münzfuß der Höhe nach befohlen wie Kurpfalz, Bayern, Darmstadt: Bü 66 Verhör Pfau Bl. 115f. – Verhör Münzkontrolleur Held: Bü 66 Bl. 103ff. – Süß über 1. Münzvertrag: Verhör Bü 4, gütliches Verhör Bü 6 Bl. 80ff. – Falschaussage Müller 9. 10. 1734: Bü 70 Stück 3 – Brief Isaac, Heidelberg 17. 6. 1736: Bü 44 Liste S. 17 Nr. 80 – Brief 26. 3. 1734: Bü 70, gedruckt Stern S. 205 – Undatierter Brief an Herzog über Sonderprofit: Bü 19 Stück 46a – Instruktion Breuer 10. 4. 1734: Bü 69 Stück 12 – Verhör Breuer: Bü 69, Doc. prob. III Bl. 1 – Befehl Münzkommission 18. 5. 1734: Bü 69, Doc. prob. III Bl. 2 – Süß' Konzept 19. 5. 1734 an Münzkommission: Bü 81 Stück 8 – Kurpfälzische Münze Heidelberg ab 1. 5. 1734: Generallandesarchiv Karlsruhe 77/4832 – Anfrage aus Düsseldorf, 20. 6. 1735, Mayer Linz, Kammeragent und Obermünzmeister: Stuttgart, A 48 F Süß Bü 44 Liste S. 16 Nr. 75 – Münzstreit mit Georgii: außer den Verhören Verteidigungsschrift Bl. 117f., Aussage Neuffer Bü 64 Frage 4 Spezialfrage 2 Zeuge 25 – Verweigerung Darmstadt, Schreiben Landgraf 8. 9. 1734: Bü 79 – Brief pfälzischer Kurfürst 27. 9. 1734 gegen Stuttgarter Münze, Schreiben Keller 2. 10. 1734: Bü 79 Unterfasz. 3 Nr. 5 – Brief 17. 3. 1734: Bü 80 Stück 6, gedruckt Stern S. 213ff. – Briefe Leining 23. 4. 1735: Bü 31 Beilage 7, 10. 5. 1735: Beilage 13 – Brief 24. 5. 1735: Bü 80 Stück 18, gedruckt Stern S. 215ff. – Brief 9. 6. 1735: Bü 70 Doc. prob. 127 – Brief Bonn 26. 7. 1735: Frankfurt, Criminalia 4733 – Brief Herzog 16. 7. 1735: Stuttgart, A 48 F Süß Bü 79 Stück 18, gedruckt Stern S. 218f. – Brief 17. 8. 1735: Bü 75, gedruckt Stern S. 219ff. – Antwort Herzog 19. 8. 1735: Bü 79 Stück 23 – Brief 21. 2. 1736: Bü 38, gedruckt Stern S. 233ff. – Brief 15. 5. 1736: Bü 114.

Berater des Herzogs

Herzog beauftragt Süß mit Gutachten über Pulver- und Salpeterproduktion 15. 10. 1734: Bü 35, Süß' undatiertes Gutachten: Bü 35, gedruckt Stern S. 206 ff. – Mühlenthal: Bü 6 Bl. 75 ff. – Reorganisation 18. 4. 1735: A 202 Bü 1819 – Kölner Kurfürst 7. 5. 1735: A 6 Bü 154 – Pacht der Spielkarten 27. 4. 1735: A 202 Bü 1680 – Brief Herzog 20. 7. 1734: A 48 F Süß Bü 81 Lit. L Stück 7 – Brief Pfau 23. 6. 1735: Frankfurt, Criminalia 4733 Bl. 118 – Brief Neuffer 28. 7. 1735: Stuttgart, A 48 F Süß Bü 81.

Lieferant für die Rheinarmee

Süß angeblich Hauptlieferant des Schwäbischen Kreises: Stern S. 45 – Briefe Moses Kleiff: Bü 44 Liste S. 9 Nr. 44, S. 10 Nr. 49, S. 12 Nr. 51, S. 14 Nr. 65, S. 46 Nr. 90, S. 64 Nr. 75, S. 65 Nr. 77, S. 75 Nr. 32, S. 78 Nr. 48 – Herzogliches Dekret für Ullmann 16. 3. 1734: A 7 Bü 17: zu Ullmanns Lieferungen Aussagen jüdischer Zeugen: A 48 F Süß Bü 66 – Streit mit Salomon Mayer Dezember 1735: Verhör Süß Bü 4 Bl. 184 ff., 291 ff. – Süß verlangt 6000 Gulden Honorar für Liefervertrag: Bü 51 – Verhör Mayer: Bü 10, 64, 66, Dekret für Mayers Freilassung 8. 12. 1735: Bü 79 Unterfasz. 18 Stück 10, Aktenverzeichnis zu Mayer: Bü 85 – Vertrag 19. 1. 1735: Bü 76 Klage des Kirchenrats – Versuch Handelsgesellschaft mit herzoglichen Räten 15. 2. 1735: Bü 81 Gutachten Elsässer 30. 8. 1737 – Auftrag des Herzogs 7. 2. 1735: Bü 81 Lit. L Stück 8, Vertrag 16. 2. 1735: A 7 Bü 28 – Zwei Briefe 11. 3. 1735, herzogliche Drohung, französischer Brief Keller: A 6 Bü 7 – Versorgung Münsteraner und Paderborner Kreistruppen, Konzept Mai 1735: A 48 F Süß Bü 81 Lit. M Stück 5 – Entlassungsgesuch 17. 8. 1735: Bü 75 – Verkauf Liefervertrag an Lemle Löw und Maram Kahn: Bü 110 Nr. 2 – Uniformlieferung mit Böhm: Verteidigungsschrift Bl. 35 – Süß 6000 Gulden Verlust: Bü 71 Verhör Süß Bl. 165 – 300000 Gulden Schaden: Bü 66 Verhör Kahn Bl. 30 f.

Der Geheime Finanzrat des Herzogs

Überlassung Haus Metzgergasse, Ludwigsburg, als «Eigentum», Dekret 30. 6. 1736: Bü 20 – Verzeichnis Tapezier Jean Benet mit Beschreibung Zimmer und Inventar: Landesbibliothek Stuttgart, Cod. hist. fol. 1022 Nr. 5, Verkauf für 6000 Gulden: Hauptstaatsarchiv Stuttgart, A 48 F Süß Bü 109 Rentkammerforderung 1 – Mietvertrag Bamberger Haus 17. 6. 1736, Jahresmiete 200 Gulden: Bü 99 Kassenbuch 18. 10. 1736 – Brief Bamberger 9. 5. 1737: Bü 102 zu Nr. 171 fol. 711 – Brief Fürnkranz 8. 9. 1736: Bü 31 Beilage 44 – Stuttgarter Palais, Lautz als Strohmann erlaubt: Bü 20, Hausbeschreibung Kaufvertrag: Bü 21 Stück 121, Protokoll Stadtvogt Groß 29. 3. 1737: Bü 1, detaillierte Beschreibung Kuratellbuch 1737–41: Bü 100 Bl. 1 ff., Rechnungen: Bü 101, Unterkunft Kapuziner: Bü 4 Bl. 152, Interesse Herzog: Bl. 628 – Ernennung Kabinettsfiskal 30. 1. 1736: Verteidigungsschrift Bl. 52 – Vollmacht 6. 2. 1736: Bü 20 Stück 27, gedruckt Stern S. 226f. – Ernennung Geheimer Finanzrat 30. 6. 1736: Bü 20 Stück 2; Bü 21 Stück 26, gedruckt Stern S. 240ff.; zwei Konzepte A 7 Bü 45 Kabinettsdekrete Juni 1736 Nr. 67 – Absolutorium 12. 2. 1737: A 48 F Süß Bü 20 Stück 5; Bü 21 Stück 122; Druck Bü 58 Mitteilungsblatt Nr. 7 S. 2 – Errichtung Gratialamt 15. 10. 1736: Bü 21 Stück 141 (1. Konzept), Bü 23 Stück 22 (2. Konzept), gedruckt Stern S. 255f. – Erlaß 24. 10. 1736: Plakatdruck Bü 23, gedruckt Stern S. 257f. – Denkschrift Süß Kameralwesen 23. 11. 1736: Bü 37, gedruckt Stern S. 258ff. – Herzog verlangt 30. 11. 1736 Zahlungen von Landständen und Kirchenkasse: Stern S. 89f. – Brief Herzog 27. 12. 1736: Bü 20 Stück 7 – 300000 Gulden Gewinn Juwelenhandel: Verhör Bü 71 Bl. 165 – Herzog zahlt mit Anweisungen auf Naturalabgaben: Bü 4 Bl. 32 – 600000 Gulden: A 202 Bü 1819 – 457000 Gulden: Universitätsbibliothek Tübingen, Mh 468 – 205000 Gulden Aktiva: Stuttgart, A 48 F Süß Bü 104 – Noe: Heinrich Schnee: Die Hoffinanz, IV S. 188ff. – Wertheimer: Paul Sundheimer: Die jüdische Hoffinanz und der bayerische Staat im 18. Jh., Diss. 1924 (Maschinenschrift) – «weltkündig»: Brief Moses Margaritha, Wien 10. 2. 1736: Bü 44 Liste S. 24 Nr. 125; Bernard rechnet das Jahr oft um eins zu hoch um – Verhör Salomon Mayer: Bü 66 – Verhör Joachim Friedrich Neuffer: Bü 64 Frage 4 Spezialfrage 2 Zeuge 25 – «Dimission, vogelfrei»: Verteidigungsschrift Bl. 10.

Geschäftspartner und Personal

Geschäfte Moses Rothschild: Bü 41 Stück 43; Bü 119 Wechselbriefe 1735–37, 21. 10. 35, 5. 6./22. 11. 36, 8. 3. 37 – Patent Levin und David Ullmann 18. 11. 1735: A 211 Bü 410 – Tod Levin: Bü 697 – Patent Nathan Gabriel in Heilbronn: A 48 F Süß Bü 5 Stück 262 – Brief Stiefvater 14. 2. 1734: Haasis S. 129f. – Brief Neuburger 1. 5. 1734: Stuttgart, A 48 F Süß Bü 44 Liste S. 32 Nr. 177 – Ullmanns Wechsel-fälschung: Bü 93 + 94, württ. Denkschrift: Bü 95 + 96 – Brief Ull-mann 4. 4. 1737: Bü 2 Stück 90 – Salomon Mayer: Berthold Rosen-thal: Aus den Jugendjahren der jüdischen Gemeinde Karlsruhe. In: Monatsschrift für Geschichte und Wissenschaft des Judentums, 71, 1927, S. 207–220 – Isaac Samuel Levi : Prügel in Haft Bü 8, 7. 11. 1737; Flucht Bü 9, 7. 1. 1738; Steckbrief Bü 12; späteres Leben Bü 86 – Brief Rabbi Hauser: Bü 44 Liste S. 54 Nr. 28 – Briefe Seckel Engers 8. 4. 1736: Liste S. 82 Nr. 75, 28. 1. 1734: Liste S. 52 Nr. 18 – Brief David aus Prag 21. 10. 1736, Liste S. 1 Nr. 1 – Brief Amschel Oppenheim: Liste S. 17 Nr. 81, Brief Oscher Anschil: Liste S. 6. Nr. 31 – Emanuel Mayer 21. 9. 1736: Bü 38 – Mayer Hirschel: Bü 44 Liste S. 13 Nr. 62 – Heß und Grundgeiger: Bü 70 – Nathan Marum: sein Verhör Bü 85, Geldleihertätigkeit seines Bruders Abraham, bis 1749 Kabinettsse-kretär des Grafen von Hohenlohe-Öhringen, Hoffaktor: Akten im Hohenlohe-Zentralarchiv Neuenstein – Briefe Schäffer 21. 8. 1735: Frankfurt, Criminalia 4733 Bl. 178–180, 17. 10. 1735: Bl. 202 – Verhör F. B. Bing, Frankfurt 29. 4. 1737: Stuttgart, A 48 F Süß Bü 2.

Die Mutter Michele

Michele August 1715 als Ehefrau von Nathan Gabriel in Wassertrü-dingen nachweisbar: Staatsarchiv Nürnberg, Rep. 137, 4, Bd. 225 Nr. 133ff. – Micheles Briefe: Stuttgart, A 48 F Süß Bü 44 Liste S. 6 Nr. 25, S. 31 Nr. 173, S. 33 Nr. 22, S. 44 Nr. 78, S. 50 Nr. 7 + 9, S. 51 Nr. 11, S. 62 Nr. 69, S. 68 Nr. 93, S. 89 Nr. 9 + 11; Gesuch 8. 1. 1738: Haasis S. 134ff.; beim Untersuchungsgericht: Bü 71, 14. 1. + 30. 1. 1738 – Eingabe 11. 3. 1741: Bü 94, Haasis S. 250.

Frauen und Liebschaften

Schade: Haasis S. 109; Bü 4 Frage 972, Süß' Brief an ungenannten Bonner Hofkavalier 23. 11. 1735: Bü 81 Fasz. M, ihre Schulden: Bü 98 Stück 64, Auflauf vor Süß' Haus Frankfurt: Bü 22; A 7 Bü 39 Kabinettsdekrete Dez. 1735 Nr. 17 – Kosten der Liebschaften angeblich 20000 Gulden: A 48 F Süß Bü 73 – Gesellschaft bei Pfau, Süß' Sexualleben: Verhör Henßler Bü 10 Bl. 138–146; Bü 7 – Brief Frau Mühlenthal 28. 5. 1736, Süß' Antwort 1. 6. 1736: Bü 40 – Strümpfe bei Gräfin von Sponeck: Brief Fürnkranz Bü 42 Stück 7 – Frau Götz: Brief Süß Bü 44, Liste S. 22 Nr. 112 – Jüdische Händlerin: Liste S. 6 Nr. 28 – Sex-Geständnis: Bü 7, 14. + 20. 6. 1737; Bü 4; Verteidigungsschrift Bl. 123 – Angst vor Bindung, Dechargieren: Bü 4 – Frau Müller/Wertheim: A 7 Bü 50 Kabinettsdekrete Nov. 1736 Nr. 4 – Verhöre Personal: Bü 2 + 7 – Verhör Isaac: Bü 68 Bl. 89 – «Venerische Krankheit»: Bü 75 Verhör Isaac, Barbier Johann Conrad Walz: Süß und Isaac mit Gonorrhöe, Süß gleichgültig: Bü 68, gesteht «Galanteriekrankheit»: Bü 4 Bl. 116 – Frauen von de la Marck geschickt: Bü 75, Wildbader Verhöre über Süß' Sexualleben: Bü 52, Verhör Georgii 27. 4. 1737: Bü 52 + 67 – Verhör Sänftenträger Jacob Berlen über Prostituierte in Ludwigsburg, Verhöre Frau Kirch: Bü 7 – Frauenbesuch in der Münze: Bü 68 Carben, «Hurenhaus»: Bü 68 Bl. 12 – Pfannzelt: Bü 8 + 10 Bl. 354 – Barbara Schneider: Bü 52 – Verhör Leibesuntersuchung Homberger: Bü 2 Stück 109 – Burk: Bü 10 Bl. 246 ff.; Bü 85 Verhör Marum – Reyher: Bü 8 – Hettler-Faber: Bü 75 – Becker-Walter: Bü 8 + 75.

Heiratspläne

Portugiesin: Verteidigungsschrift Bl. 16 – Herzog 25. 10. 1735: Bü 21 Stück 128 Nobilitierung: Bü 4 Verhör 6. 6. 1737; eigener Faszikel: Bü 18 Stück 26, Fichtl 11. 7. 1736: Bü 39 Stück 24 – Bamberger Partie: Bü 10 Verhör Marum Bl. 246 ff. – Süßkind Stern, Engers 28. 10. 1736: Bü 44 Liste S. 91 Nr. 17, Marum: Verhör Bü 85 – Zur Frankfurter Judenschaft: Alexander Dietz: Stammbuch der Frankfurter Juden, 1907; ders.: Frankfurter Handelsgeschichte, 4. Bd., 1925 ff. Tamerle 13. 7. 1736: Bü 44 Liste S. 2 Nr. 3 – Briefe Mendel Wiener: Liste S. 16 Nr. 77, S. 21 Nr. 104, S. 33 Nr. 23, S. 41 Nr. 59 + 63, S. 51 Nr. 14, S. 64 Nr. 76, S. 77 Nr. 45, S. 88 Nr. 4 – Brautvater Cahen: Pierre-André

Meyer: La communauté juive de Metz aux XVIIIe siècle, Nancy 1993, S. 137, 205 ff. – Briefe Cahen: Bü 44 Liste S. 3 Nr. 13, S. 97 Nr. 23 – Vertrag 50000 Reichstaler: Bü 4 Frage 973 – Cahens ältere Beziehungen zu Süß, Ankunft Verwandtschaft in Stuttgart: Bü 95 Brief Jacques Berard Pasteur – Süß wollte Urlaub: Verteidigungsschrift Bl. 10.

Luciana Fischer, die Lebensgefährtin

Taufpatin, Tod der Mutter: Kirchenbuch Gaugrehweiler im Zentralarchiv evang. Kirche der Pfalz, Speyer, mit freundlichstem Dank an Karl Schläfer, Schifferstadt – Verhör Schwerd: Bü 10 – «verborgene Stiege»: Bü 85 Verhör Dettelbach; Bü 10 Verhör Wildenberger – Lucianas Verhöre: Bü 7, 8, 10, 75, Unterleibsuntersuchung: Bü 7, Brief Heß 2. 5. 1737: Bü 3 – Gnadengesuch: Haasis S. 244 ff. – Konkursgericht: Bü 87 fol. 37 b.

Phantasie, Sprache, Persönlichkeit

Verhör Pfau: Bü 64 zu Frage 4 – «prompter und merkurialischer Geist»: Bü 81 undatierter Brief – Johannes Casparson: Leben und Tod des berüchtigten Juden Joseph Süß Oppenheimers, 1738, S. 46 ff. – Lust am Schauspiel, Aussage Bensheimer: Verhör Süß Bü 4 Bl. 208 – Verhöre Maram Kahn und Isaac Simon Landau: Bü 66, Kupferstichsammlung: Landesbibliothek Stuttgart, Cod. hist. fol. 1022 Nr. 18; im Band Verkaufsprotokolle – Frankfurter Versteigerung: Hauptstaatsarchiv Stuttgart, A 48 F Süß Bü 98 – Gesellschaft Kochendorf, Besuch Hauptmann Mettes: Bü 85 Verhör Marum – Brief Bolderin 7. 11. 1736: Bü 42 Stück 36 – Brief Seckel Engers 23. 7. 1736: Bü 44 Liste S. 73 Nr. 21 – letzte Haftbriefe: Haasis S. 137 ff. – «Diffikultätenmacher»: Bü 68 Bl. 92, «Diffikultätenräte» schon Darmstadt 1733: Wolf S. 247 – «Weg mit Unterschriften pflästern»: Bü 66 Verhör Kahn Bl. 27 – «höchstens einen Expeditionsrat»: Bü 4 Bl. 655 – «mit dem Geldgeiz besessen»: Bü 19 Brief Süß Frankfurt 31. 10. 1733 – «Flugschüsse»: Verhör Bü 71 Bl. 166 – «Himmel geschenkt»: Wolf S. 240 – Vier Haiduken: Bü 75 Verhör Neuffer – Fürnkranz: «Konfusion»: Bü 75 sein Verhör Bl. 11, «Hazardeur»: Bü 52 Verhör Fürnkranz – dem Herzog den Rücken zukehren: Bü 64 Frage 6 Spezialfrage 3 Zeuge 25 – «submiß»: Verteidigungsschrift

Bl. 7. – Marx Nathan traute sich nicht mehr zum Herzog: Bü 64
Frage 4 Zeuge 51 – «Teufel im Leib»: Frage 76 Spezialfrage 2 Zeuge
51 – Frankfurter Bibliothek: Bü 98, gedruckt Stern S. 298 ff.

Die Obstruktion des Patriziats und der Landstände

Anweisungen 17. 3. 1735, 11. 8. 1736: A 202 Bü 29 – Briefe 21./28./
29. 10. 1736: Bü 67 – Dekret 24. 10. 1736: Plakatdruck A 48 F Süß Bü
23, gedruckt Stern S. 257 f. – Herzog zum Landtag 1. 2. 1737: A 203
Bü 105 – Salomon Mayers Maklergebühr: A 48 F Süß Bü 10 Bl. 278 –
Akten Remchingen: A 48 F Remchingen – Brief Herzog, Belgrad 3.
10. 1733: A 48 F Süß Bü 81 Lit. L. Stück 9 – Weißensee: Bü 71 Bl. 170
Verhör Süß; von Untersuchungskommission entlastet Bü 73 – Verhör Strotbek: Bü 10 – Weißer, Rampacher: Bü 71 Bl. 169 f. Verhör
Süß – Behauptung, Süß wollte herzogliche Einnahmen verringern:
Bü 64 Frage 147 Zeuge 57 – Röder: Brückengeld, «Achselträger»: Bü
71 Bl. 164 Verhör Süß, Süß geküßt und in die Lippen gebissen: Bl.
168, Verhöre über Röder: A 202 Bü 1827 Stück 22, Unterschlagung:
A 48 F Süß Bü 12 Bl. 26 Verhör Süß 21. 1. 1738 – Notter und Stuber
dreimal in Ämterkauf verwickelt: Geständnis Bü 66 Bl. 47 Zeuge
Stuber.

Die konservative Revolte

Marx Nathan Bitte um Schutz: A 210 III Stück 134 – Dettelbach:
Verhör A 48 F Süß 85 – Kassier Isaac: Bü 86, Verhöre Bü 68 + 75 –
Engerer Ausschuß 26. 3. 1737, Tagesordnung Landtag 14. 7. 1737: A
203 Bü 106 a – Beschuldigungen 28. 3. 1737: Bü 50 – Anzeige Kir-
chenrat 1. 4. – 21. 5. 1737: Bü 76 – Requisitionsschreiben nach
Worms 20. 4. 1737, Antwortschreiben: Stadtarchiv Worms, Rats-
protokoll 1737, Anlagen Bd. 713 Bl. 8, weiteres Schreiben aus Stutt-
gart: Wormser Ratsprotokoll 1737, Bl. 77 – Kellers Darstellung für
Goy: Stuttgart, A. 48 F Süß Bü 3, Warnung aus Wetzlar: Bü 71 –
Gräfin Leiningen Juni 1737: Stadtarchiv Worms, Ratsprotokoll 1737
Bl. 77 – Klage Frankfurter Geschäftsleute in Wetzlar: Voelcker S. 54.

Erste Haft auf der Festung Hohenneuffen

Walter Bär: Der Neuffen, 1992, S. 103 f. – Vorschlag Justiz 24. 3. 1737: Stuttgart, A 48 F Süß Bü 71 – Befehl 26. 3. 1737: Bü 2 – Deß Hertzogthums Würtemberg Erneuert gemein Land-Recht. Stuttgart 1743 – Berichte Pflug/Jäger, Inquisitionskommission: Bü 2 + 72; A 202 Bü 1823 – Inquisitionskommission 20. 5. 1737: A 48 F Süß Bü 71 Bl. 122 f.; Bü 3.

Haft und Verhöre auf dem Hohenasperg

Jägers Aufschrieb nach Besuch bei Süß 7. 6. 1737: Bü 3 Stück 212 – Ablehnung eines kurpfälzischen Verteidigers: Bü 71 Bl. 157 – Beschluß Fesselung 17. 6. 1737: Bl. 184–187 – Salomon Schächter: Relation von dem Joseph Süß, seel. Gedächtnus. Fürth/Stuttgart 1738, Neuedition Reutlingen 1994 (bibliophile Gedenkmappe, Originalradierung Angela Laich; Der Freiheitsbaum, 72 770 Reutlingen, Tannenstr. 17) – Mögling lehnt Mandat lange Zeit ab, Bedingungen seines Nachgebens: Bü 71 + 114 – Süß weigert sich anfangs gegen gütliches Verhör: Bü 71 Bl. 297 f. – Georg Cunrad Rieger: Gute Arbeit gibt herrlichen Lohn. In einer Predigt . . . In der Kirche zu St. Leonhard in Stuttgart, 1738; Riegers «Summarische Erzählung» über Besuch bei Süß: Bü 71 Bl. 439.

Die Strategie der Verteidigung

Denkschrift 9. 2. 1737: Bü 42 Stück 50, gedruckt Stern S. 273 ff. – Pupillenamt Vorschlag Salomon Mayer, Glücksspiele in Kaffeehäusern, Süß gegen Vermögenssteuer: Bü 4 Bl. 365 ff. Bierpacht: Bü 98, Neuffers Gewinn: Bü 4 Frage 723 – Jägers Gutachten «Species facti»: Bü 11 – «Articuli Defensionales»: Bü 66.

Die Vorbereitung des Justizmords

Die Peinliche Gerichtsordnung Kaiser Karls V. von 1532, Neudruck 1980 – Deß Herzogthums Würtemberg Erneuert Gemein Land-Recht (zitiert nach der Ausgabe 1740) – Heinrich Schnee: Die Hoffinanz und der moderne Staat. 6 Bände, 1953–67 (Süß IV S. 109 ff.) – Isaac

Simon Landau für Süß' Steinigung: Bü 66 Verhör Bl. 16ff. – Beratung, Begründung Urteil, Verzicht auf Folter: Bü 11 + 12.

Die Rückkehr zum Judentum

Briefe Seckel Levi Freudenthal: Bü 44 Liste S. 57 Nr. 45, S. 70 Nr. 5 – Abschrift Löw Kahn: Bü 12 Bl. 10 – Brief Seckel Engers 16. 12. 1736: Bü 44 Liste S. 42 Nr. 67 – Schreiben 26. 7. 1736 an Kirchheimer Vogt: Bü 50 – Eingabe Mayer an Graf von Berlichingen 1. 10. 1736: Bü 20 Stück 55 – Bestrafung Diebstahl: Bü 75 Verhör Simon Landau Bl. 7–9 – Beerdigung Freudenthal: Bü 75 – Erlasse für begrenzte Judenansiedlung 28. 11. 1736, 21. 1. 1737: Plakatdrucke Bü 57 – Süß: keine Klagen, daß Juden die Untertanen drücken: Bü 6 Frage 279 – Konsistorialrat Wagner 17. 6. 1737: Bü 3 Stück 205 – Plan Abraham Israel für Gedenkschrift: Bü 40 Stück 37, A. Freimann: Israel ben Moses und die Druckerei in Neuwied. In: Zeitschrift für hebräische Bibliographie, 15, 1911, S. 27–29 – Verhör 3. 7. 1737: Bü 4 – Verhör 23. 1. 1738: Bü 12 – «schlechter Trost»: Haasis S. 229.

Letzte Angriffe auf die Justiz

Briefwechsel Glaser: Haasis S. 149–194 – Verhör Süß 23. 1. 1738: Bü 12 – Erklärung Süß 24. 1. 1738: Bü 12.

In der Todeszelle

Erklärung 24. 1. 1738: Bü 12 – Rapporte der Wache: Haasis S. 212ff. – Mögling: «Herrn Hebräer»: Haasis S. 209f. – Karl Friedrich Dizinger: Beiträge zur Geschichte Württembergs und seines Regentenhauses zur Zeit der Regierung Herzogs Karl Alexander ..., 1. Heft 1834 S. 143ff.; Karl Pfaff: Beiträge zur Geschichte Württembergs und seines Regentenhauses, 1. Heft, 1834, S. 160 – «schwebender Totenkörper»: Haasis S. 210f.

Quellennachweise

An den Galgen

Exekution, Bericht Groß: Bü 12 – Lied J. G. Edler: Bü 86 – Publikationsverbot Heller: Bü 113 – Kontrolle Galgen: Bü 71 – Hinrichtungskosten: Bü 102 – Buchhändler Berger: A 202 Bü 1824.

Sachwortregister
Orte, Länder, Staaten

Nicht aufgeführt werden Frankfurt am Main, Heidelberg, Hohenasperg, Kurpfalz, Ludwigsburg, Mannheim, Stuttgart, Württemberg.

Personenregister

Wegen zu häufigen Vorkommens wird nicht einzeln aufgeführt: Carl Alexander, Herzog von Württemberg. Bei Juden werden, sofern mir bekannt, die Herkunfts- und Wohnorte hinzugefügt.

Nachweis der Bildquellen